소프트웨어와 문제해결

조대제 • 송희헌 • 배미영 공저

INFINITYBOOKS
인피니티북스

랩터와 파이썬을 활용한 문제해결

국립중앙도서관 출판시도서목록(CIP)

이 도서의 국립중앙도서관 출판예정도서목록(CIP)은 서지정보유통지원시스템 홈페이지(http://seoji.nl.go.kr)와 국가자료종합목록 구축시스템(http://kolis-net.nl.go.kr)에서 이용하실 수 있습니다.

(CIP제어번호 : CIP2019052136)

소프트웨어와 문제해결

본 교재는 과학기술정통신부 및 정보통신기획평가원의
SW중심대학지원사업의 연구결과로 수행되었음(2019-0-01113)

머리말

"자동차는 가솔린이 아니라 소프트웨어로 달린다."

독일의 유명 자동차 회사인 벤츠사의 CEO인 Dieter Zetsche의 말이다.

이제는 소프트웨어 중심사회이다. 소프트웨어 없이는 아무 일도 할 수 없으며 세계 소프트웨어 시장의 규모는 자동차, 반도체, 휴대폰 시장을 합친 것 보다 크다. 소프트웨어로 인해 전통적인 일자리가 많이 없어지고 있기도 하지만, 앞으로는 새로운 일자리가 대부분 소프트웨어 관련 분야에서 발생할 것이다.

1차, 2차, 3차 산업혁명의 시대를 거쳐 바야흐로 4차 산업혁명의 시대에 접어들었다. 4차 산업혁명의 시대의 키워드라고 할 수 있는 ICBM(사물인터넷, 클라우드 컴퓨팅, 빅데이터, 머신러닝)은 소프트웨어 기술 없이는 구현할 수 없다.

4차 산업혁명의 시대에 살고 있는 우리들은 소프트웨어를 이해하고, 컴퓨터를 이용하여 복잡한 문제를 해결할 수 있는 능력을 가져야 한다. 이를 위해서는 인간의 사고 능력과 컴퓨터의 계산 능력을 통합한 컴퓨팅 사고에 대한 이해가 필요하다. 그리고 컴퓨터 관련 전공자가 아니더라도 다양한 분야에서 소프트웨어를 사용해야하는 시대이기 때문에, 주어진 문제를 컴퓨팅 사고로 해결하는 능력을 길러야 한다.

이 책은 소프트웨어 비전공자들이 이해하기 쉽도록 작성되었다. 특히, 실생활의 예를 들어가며 어려운 개념을 쉽게 설명하기 때문에 비전공자들도 개념을 이해하는 데 많은 도움이 될 것이다. 이 책을 저술하면서 역점을 두었던 몇 가지는 다음과 같다.

- 컴퓨팅 사고력을 길러 주어진 문제에 대해 스스로 생각하여 해결하는 능력을 키우는 데 도움을 주도록 하였다.
- 시각적인 효과를 통하여 효율적으로 이해할 수 있도록 다양한 그림과 표를 통해 학습의 효과를 높이도록 하였다.
- 일상생활에서 만날 수 있는 친근한 예를 많이 활용하여 설명하였고, 문제해결을 위한 다양한 발상을 중심으로 다양한 주제와 응용들을 다루었다.

- 문제해결의 방법, 컴퓨팅 사고와 문제해결 그리고 상상력과 창의성을 활용한 창의적 코딩을 하도록 노력하였다.
- 주어진 문제에 대해 생각해보기와 문제해결 방법을 제시하여 독자의 창의적 사고를 유도하도록 구성하였다.
- 컴퓨팅 사고를 통해 정리된 생각을 랩터(흐름도)를 사용하여 알고리즘으로 구현해보도록 하였다.

끝으로, 이 책이 만들어지기까지 적극적으로 지원을 해주신 채희만 사장님과 이 책을 기획하는 단계에서부터 출판까지 늘 함께 하신 안성일 이사님께 감사드린다. 그리고 이 책을 공동으로 집필하느라 수고하신 송희헌 교수님, 배미영 교수님께도 감사드린다.

219년 12월
저자대표 조대제

목차

SOFTWARE and **P**ROBLEM **S**OLVING

CHAPTER 01

컴퓨팅 사고와 컴퓨터 이해하기

학습목차

18세기 철도 및 증기기관의 발명으로 인해 일어난 기계화 혁명을 1차 산업혁명이라고 하고, 19세기 말부터 20세기 초 전기에너지를 기반으로 생산 조립라인 등 대량 생산체계 구축 시대를 2차 산업혁명의 시대라고 한다. 3차 산업혁명은 20세기 후반 반도체와 컴퓨터, PC, 인터넷 기반의 정보기술 시대로 정리된다. 그러면 우리가 살고 있는 현재는 무슨 시대인가? 이제 우리는 3차 산업혁명 시대를 지나 4차 산업혁명의 시대에 살고 있다. '4차 산업혁명' 이라는 용어는 2016년 스위스 다보스에서 열린 세계경제포럼(WEF)에서 처음 언급되었으며, 4차 산업혁명이란 인공지능기술 및 사물인터넷(IoT), 빅데이터 등 정보통신기술(ICT)과의 융합을 통해 생산성이 급격히 향상되고 제품과 서비스가 지능화되면서 경제·사회 전반에 혁신적인 변화가 나타나는 것을 의미한다.

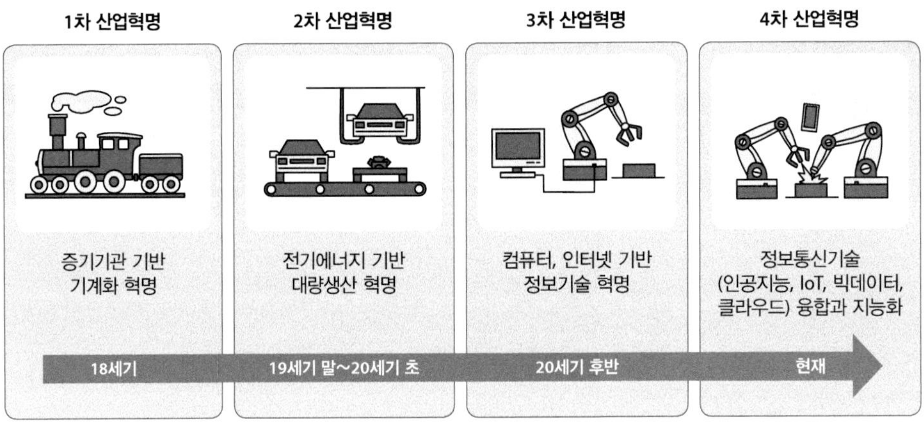

그림 1-1 ▸ 산업혁명 과정

1.1 4차 산업혁명과 ICBM

4차 산업혁명의 핵심 키워드는 ICBM이다. 우리는 ICBM이라고 하면 우선 떠오르는 이미지가 미사일이다. 왜냐하면 ICBM은 원래 대륙간 탄도미사일(Inter Continental Ballistic Missile)의 준말이기 때문이다. 하지만 이제 ICBM은 4차 산업혁명 시대를 지칭하는 핵심요소가 되었으며 Internet of things, Cloud computing, Big data, Machine learning의 준말이다. 아래 내용은 다음백과(https://100.daum.net)에 나오는 ICBM에 대한 설명을 쉽게 풀이한 것이다.

I(Internet of things): 사물인터넷

스마트폰, PC를 넘어 자동차, 냉장고, 세탁기, 시계 등 모든 사물이 인터넷에 연결되는 것을 사물인터넷이라고 한다. 이 기술을 이용하면 각종 기기에 통신, 센서 기능을 장착해 스스로 데이터를 주고받고 이를 처리해 자동으로 구동하는 것이 가능해진다. 교통 상황, 주변 상황을 실시간으로 확인해 무인 주행이 가능한 자동차나 집 밖에서 스마트폰으로 조정할 수 있는 가전제품이 대표적이다.

일반적으로 사물인터넷의 구동 과정은 3단계로 나눈다. 먼저 정보를 수집하고, 수집된 정보를 빠르게 전송하고, 이를 가공해 사용자에게 제공하는 것이다. 이에 사물인터넷을 위한 핵심 기술로는 정보를 수집하는 센서, 수집한 정보를 전송하는 네트워크, 이를 분석하는 빅데이터 기술을 꼽는다.

C(Cloud computing): 클라우드 컴퓨팅

클라우드 컴퓨팅은 사용자가 필요한 소프트웨어를 자신의 컴퓨터에 설치하지 않고도 인터넷 접속을 통해 언제 어디서나 사용할 수 있으며, 동시에 다양한 정보 통신 기기로 자료를 손쉽게 공유할 수 있는 사용 환경이다. 클라우드 컴퓨팅에서 클라우드(cloud: 구름)는 마치 구름처럼 컴퓨터 네트워크상에 숨겨진 복잡한 구조의 인터넷을 뜻하며, 컴퓨팅은 컴퓨터 기술 자원을 개발 및 사용하는 모든 활동을 말한다.

B(Big data): 빅데이터

스마트폰과 같은 스마트 기기의 빠른 확산, 소셜 네트워킹 서비스(SNS)의 활성화, 사물 인터넷(IoT)의 확대로 데이터 폭발이 더욱 가속화되고 있다. 빅데이터는 기존 데이터보다 너무 방대하여 기존의 방법이나 도구로 수집/저장/분석 등이 어려운 정형 및 비정형 데이터들을 의미한다. 기업, 정부, 포털 등에서 빅데이터를 효과적으로 분석 · 처리하여 미래를 예측해 최적의 대응 방안을 찾고, 이를 수익으로 연결하여 새로운 가치를 창출할 수 있다.

M(Machine learning): 인공지능

기계(machine)가 사람처럼 학습(learning)하는 것을 말한다. 인공지능의 한 갈래로 우리말로는 기계학습이라고 한다. 머신러닝은 컴퓨터 스스로 데이터를 수집하고 분석해 미래를 예측하는 과정이다. 먼저 컴퓨터를 알고리즘 기반으로 학습시킨 뒤 새로운 데이터를 입력해 결과를 예측하도록 한다. 컴퓨터는 학습한 내용을 기반으로 방대한 양의 빅데이터를 분석해 앞으로의 행동이나 가능성 등을 판단한다.

지난 2016년 3월, 우리나라의 이세돌 9단과 인공지능 바둑 프로그램 알파고가 세기의 바둑 대결을 펼쳐 화제를 모았다. 그때 이세돌 9단을 이긴 알파고가 전형적인 기계학습을 이용한 인공지능의 좋은 예이다.

4차 산업혁명 시대에 살고 있는 우리들은 하루 생활 중 많은 시간을 컴퓨팅 환경에서 보내고 있다. 아침에 일어나 제일 먼저 스마트폰을 보는 것이 습관화되었고, 학교나 직장에 출근하면 제일 먼저 하는 일이 컴퓨터의 전원을 켜는 일이다. 아래와 같이 이미 우리들은 실생활의 많은 부분에서 컴퓨터의 도움을 받고 있다.

- 통신 : 인터넷, 이메일, 휴대폰
- 워드 프로세싱 : 문서 입력/인쇄
- 비즈니스 애플리케이션 : 회계, 스프레드시트
- 엔터테인먼트 : 게임, 멀티미디어 애플리케이션
- 데이터베이스 관리 : 병원 진료 기록, 학생 성적 기록, 주식 시장
- 엔지니어링 애플리케이션: 과학 분석, 시뮬레이션
- 제조: CAD/CAM, 로봇 공학, 어셈블리

이처럼 컴퓨터는 우리 사회의 다양한 분야에서 사용되고 있으며, 이러한 컴퓨팅 기술의 발달은 사회를 급속도로 성장 · 발전시키는 원동력이 되었고, 인간의 사고만으로 해결하기 어려웠던 복잡한 문제들을 쉽게 해결할 수 있도록 도와주었을 뿐 아니라, 방대한 양의 자료를 수집, 가공하여 보다 유의미한 정보를 산출할 수 있도록 해주었다.

현대 사회에는 해결해야 하는 많은 문제들이 산재되어 있다. 간단한 문제일 경우 다른 도움 없이도 해결할 수 있지만, 문제가 복잡하거나 고려해야 하는 요소가 많으면 혼자의 힘으로 해결하기 어려울 때도 있다. 이런 어려움을 해결하기 위해 다양한 도움을 필요로 하고 있으며, 현대 사회에서는 그 역할을 컴퓨팅 시스템이 많은 부분 담당하고 있다.

컴퓨팅 사고(Computational Thinking)란 컴퓨터가 효과적으로 일을 수행할 수 있도록 문제를 정의하고 그에 대한 답을 기술하는 것이 포함된 사고 과정 일체를 일컫는다. 현재의 컴퓨터는 컴퓨터 스스로 이해하거나 인지할 수 없다. 단지 사람들이 어떤 일을 해결하기 위해 개발해놓은 프로그램에 대한 작업만 수행할 수 있다. 따라서 컴퓨터가 실행할 수 있는 프로그램을 만들려면 컴퓨터가 실행할 수 있는 기능을 이해하고 컴퓨터가 성공적으로 실행할 수 있는 모호하지 않은 일련의 명령을 작성할 수 있어야 한다.

1.2 인간과 컴퓨터

사람들은 다양한 분야에서 발생된 문제들을 컴퓨터를 활용하여 해결하고 있다. 컴퓨터가 문제를 해결하는 과정은 사람이 문제를 해결하는 과정과 비슷하다. 사람은 다양한 감각기관을 통해서 얻은 지식을 뇌에서 처리하고 처리된 결과를 다양한 방식(말, 표정, 행동)으로 표현한다.

컴퓨터는 키보드, 마우스, 스캐너와 같은 입력장치들을 통해 새로운 데이터를 전달받을 수 있다. 이런 컴퓨터를 사용하는 주체는 사람이므로 키보드나 마우스는 사람의 명령을 컴퓨터로 전달하는 역할을 수행한다. 키 입력, 마우스 클릭은 각각 컴퓨터에게 어떤 동작을 수행시킬 것인지 정해져 있으며 사용자는 이런 동작을 익힘으로써 컴퓨터를 사용자의 의도대로 다룰 수 있게 된다.

컴퓨터는 인간을 모방하여 만들었다. 사람의 뇌가 입력된 정보를 처리하는 역할을 담당한다면 컴퓨터에서는 중앙처리장치(CPU)가 그 역할을 담당하고 있다. 중앙처리장치는 컴퓨터의 모든 작업을 해결하는 부분으로 연산, 제어, 기억장치로 구성돼 각 부분에 명령을 내린다.

사람의 뇌에 기억된 기억은 시간이 지날수록 잊혀지는 것처럼 중앙처리장치에 기억해둔 데이터도 전원이 꺼짐과 동시에 사라진다. 이처럼 사라지는 기억이나 데이터를 저장하기 위해서 사람이 노트 필기, 녹음과 같은 보조 수단을 사용하듯 컴퓨터도 데이터를 반영구적으로 저장하기 위해서 보조기억장치를 사용한다.

사람은 입력된 정보를 뇌에서 처리하여 행동, 말, 표정으로 나타내는 것처럼 컴퓨터는 중앙처리장치에서 처리된 결과를 다양한 출력장치를 통해 나타낸다. 텍스트, 사진, 영상 등의 정보는 모니터로, 소리는 스피커로, 종이 출력물은 프린터로 출력한다.

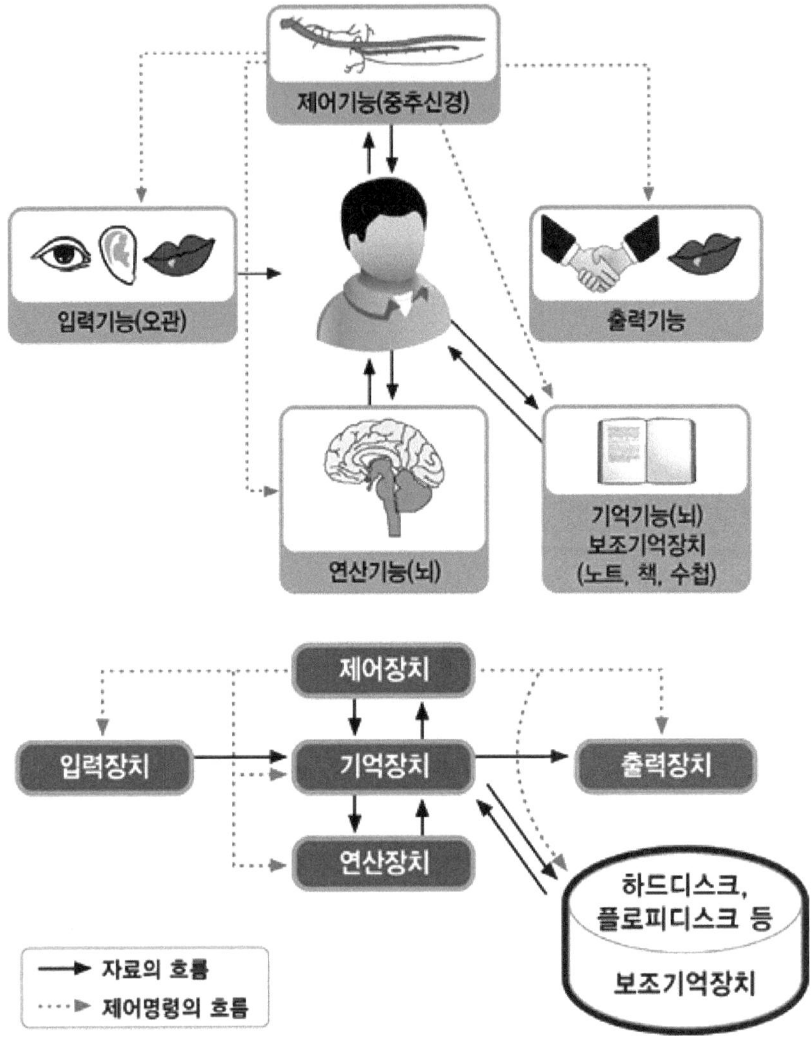

그림 1-2 ▸ 컴퓨터는 인간의 모방품(출처 : http://www.software.kr)

1.3 인간과 컴퓨터 간의 대화

사람들은 복잡하고 힘든 일을 컴퓨터에게 시킨다. 그러면 사람은 어떻게 컴퓨터에게 일을 시킬까? 사람의 명령을 컴퓨터가 이해할 수 있을까?

예를 들어, 어떤 회사에서 한국인 직장 상사가 한국인 부하 직원에게는 한국말로 일을 시키면 된다. 그런데 한국어를 하지 못하는 외국인 직원이라면 외국인 직원이 이해할 수 있는 언어로 업무 지시를 하거나, 통역을 통해서 외국인 직원의 언어로 일을 시킬 것이다.

이와 마찬가지로 사람이 사용하는 언어와 컴퓨터가 사용하는 언어는 다르다. 그러므로 컴퓨터에게 일을 시키려면 컴퓨터가 이해할 수 있는 언어('0'과 '1'로 이루어진 기계어)로 일을 시키거나 사람의 언어를 번역하여 컴퓨터가 사용하는 언어로 변경하여 일을 시켜야 할 것이다.

그림 1-3은 사람과 컴퓨터의 대화 과정을 나타낸 것이다. 사람이 프로그래밍 언어를 사용해 작성한 프로그램을 번역기를 통해서 컴퓨터가 이해할 수 있는 기계어로 변환하게 된다. 컴퓨터가 이해하는 언어인 기계어는 사람이 이해하기 힘들기 때문에 컴퓨터에게 일을 시키기 위해서는 일반적으로 번역기를 사용한다.

그림 1-3 ▸ 사람과 컴퓨터의 대화 과정

컴퓨터가 이해할 수 있는 언어인 기계어로 변환하는 번역기는 컴파일러(Compiler)와 인터프리터(Interpreter)가 있다. 컴파일러와 인터프리터는 고급언어(Java, c언어, Python등)로 작성된 프로그래밍 코드를 컴퓨터가 이해할 수 있는 기계어(2진수)로 변환하는 프로그램이다.

컴파일러는 프로그래밍 언어로 작성된 소스코드를 한 번에 기계어 또는 컴퓨터가 사용할 수 있는 코드로 변경시켜 실행 가능한 파일을 생성한다. 컴파일 언어로는 C, C++, JAVA, C# 등이 있다.

인터프리터는 프로그래밍 언어로 작성된 소스코드를 한 번에 기계어로 변환시키는 컴파일러와는 달리 프로그램을 한 단계씩 기계어로 해석하여 실행하는 언어 처리 프로그램이다. 즉, 프로그래밍 언어로 작성된 소스코드를 한 줄씩 읽어들여 실행하는 것으로 번역과 실행이 동시에 이루진다. 이것은 한 단계씩 테스트와 수정을 진행시켜 나가는 대화형 언어에 적합하지만, 실행 속도가 늦다는 단점이 있다. 프로그램이 직접 실행되므로 목적 프로그램을 생성하지 않아 별도의 실행파일이 존재하지 않는다. 인터프리터 언어로는 자바스크립트, HTML, SQL, Python, Ruby등이 있다.

1.4 컴퓨터 이해하기

컴퓨터 하드웨어

컴퓨터는 다음 그림과 같이 하드웨어와 소프트웨어로 구성되어있다. 하드웨어는 컴퓨터를 구성하는 기계적 장치이고, 소프트웨어는 하드웨어의 동작을 지시하고 제어하는 명령어들의 집합이다.

그림 1-4 ▸ 컴퓨터 시스템 구성

컴퓨터 하드웨어는 중앙처리장치, 기억장치, 입출력장치로 구성되어 있다.

중앙처리장치

사람의 뇌에 해당하는 장치로 중앙처리장치(CPU:Central Processing Unit) 또는 마이크로프로세서라고도 한다. 프로그램 명령어와 데이터를 읽어와 처리하고 명령어의 수행 순서를 제어하는 역할을 한다.

그림 1-5 ▸ 중앙처리장치

기억장치

컴퓨터 내부에 위치하여 작업 수행에 필요한 운영체제 및 처리할 프로그램이나 데이터를 일시적으로 기억하는 주기억장치와 주기억장치의 한정된 기억 용량을 보충하고 반영구적으로 저장할 수 있는 보조기억장치로 구분된다. 대표적인 보조기억장치로는 하드디스크, 광디스크 등이 있다.

그림 1-6 ▸ 주기억장치(RAM)와 하드디스크

입력장치

입력장치는 문자, 숫자, 소리, 그림 등의 다양한 정보를 컴퓨터에 입력하는 장치를 말한다. 입력된 다양한 정보는 2진수 형태로 변환되어 저장되며, 대표적인 입력장치로는 키보드, 마우스, 터치스크린, 마이크 등이 있다.

그림 1-7 ▸ 입력장치

출력장치

출력장치는 컴퓨터에서 처리한 결과를 사람이 인지할 수 있도록 다양한 형태로 변환하여 컴퓨터의 외부로 표현하는 장치로, 대표적인 출력장치로는 모니터, 프린터, 스피커 등이 있다.

그림 1-8 ▸ 출력장치

컴퓨터를 사용하다가 보면 컴퓨터의 구성요소인 하드웨어의 정보가 필요할 때가 있다. 예를 들어 윈도우 환경에서 최신 컴퓨터 게임이나 프로그램을 실행할 때 가끔 요구되는 시스템 최소 사양이 있다. 현재 내 컴퓨터 사양이 최소 권장 사양에 미치지 못하면 컴퓨터가 느려지거나 프로그램이 제대로 동작하지 않기 때문에 프로그램을 설치하기 전에는 내 컴퓨터 사양을 확인하고 권장 사양과 비교해봐야 한다.

실습예제 1-1

윈도우 운영체제에서 내 컴퓨터의 하드웨어, 즉 시스템 사양을 알아보도록 하자. 먼저 시스템 등록 정보 및 장치 관리자를 이용하여 컴퓨터에 장착된 하드웨어와 장치드라이버의 정보를 알아보도록 하자.

단계 1 시스템 속성 창을 열기 위하여 아래의 3가지 방법 중 하나를 선택하여 따라한다.

- 방법 1> 바탕화면의 내 PC를 선택한 후 마우스 오른쪽 버튼을 클릭하여 나타난 창에서 속성을 클릭한다.
- 방법 2> 윈도우 탐색기를 실행한 후 윈도우 탐색기의 내 PC에서 마우스 오른쪽 버튼을 클릭한 후 속성을 클릭한다.
- 방법 3> 키보드의 ⊞ 키와 Pause/Break 키를 함께 입력하면 [시스템] 속성이 열린다.

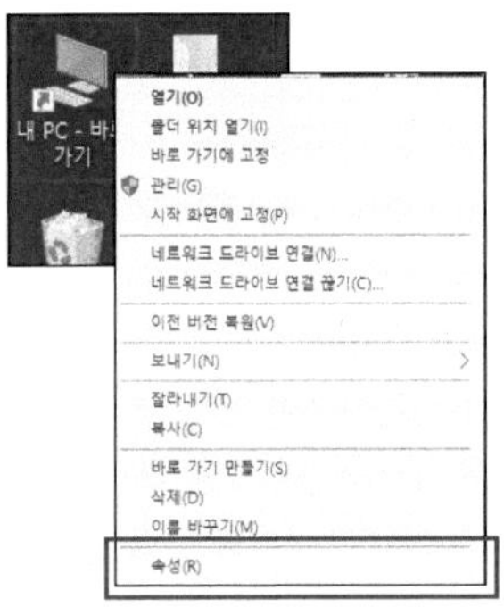

방법 1

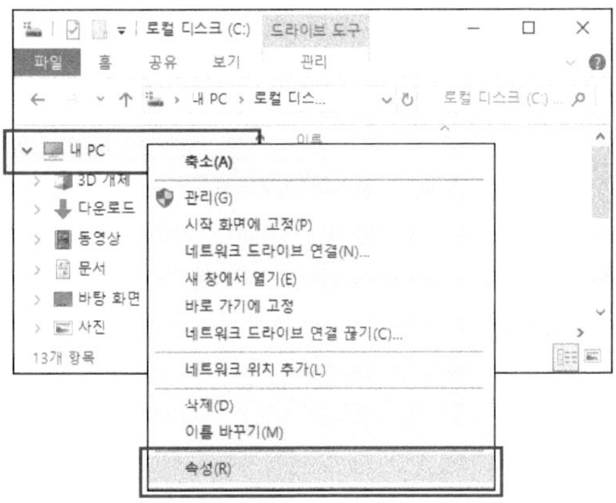

방법 2

단계 2 나타난 [시스템] 속성에서 운영체제, 프로세서, 메모리, 시스템 종류를 확인할 수 있다.

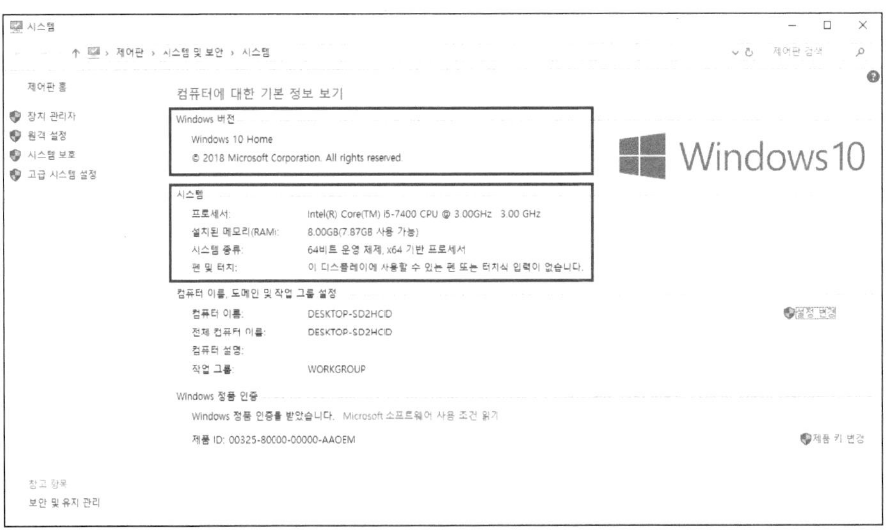

단계 3 [시스템] 속성의 왼쪽 메뉴 중 장치 관리자를 클릭한다.

단계 4 [장치 관리자]에서는 컴퓨터에 장착된 하드웨어, 장치 드라이버 정보 등을 확인할 수 있다.

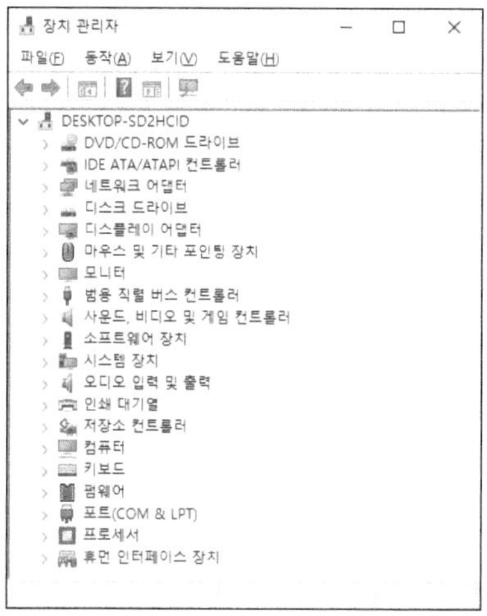

TIP 시스템 속성 중에 프로세서 정보를 살펴보면 3.00GHz라고 쓰여 있다. GHz란 무엇인가?

헤르츠(Hertz)는 0과 1 신호가 한 번씩 실행되는 주기(사이클, Cycle)를 의미한다. 즉, 1Hz는 1초에 0과1 신호를 한 번 실행하는 것이다. 1초에 1,000번의 신호를 실행하면 1KHz(킬로헤르츠), 100만 번 실행하면 1MHz(메가헤르츠), 10억 번 실행하면 1GHz(기가헤르츠)이다. 컴퓨터 CPU 클럭을 얘기할 때 헤르츠 단위를 쓰는 이유는 무엇일까? CPU가 일정한 속도로 동작하기 위해서는 일정한 간격으로 전기적 펄스를 공급받아야 하는데 이 전기적 펄스가 초당 CPU에 공급되는 횟수라는 개념에서 Hz라는 단위를 쓴다. 최근에는 GHz단위의 CPU가 빈번히 사용이 되는데 이는 1GHz의 CPU의 경우 1초에 약 10억 번의 전기적 펄스가 공급될 수 있다는 것을 뜻하며 그만큼 연산을 빨리 저리할 수 있다는 사실을 암시적으로 의미하는 것이다. 따라서 3.00GHz라 한다면, 1초에 0과 1 신호 처리가 약 30억 번 수행된다는 의미가 된다.

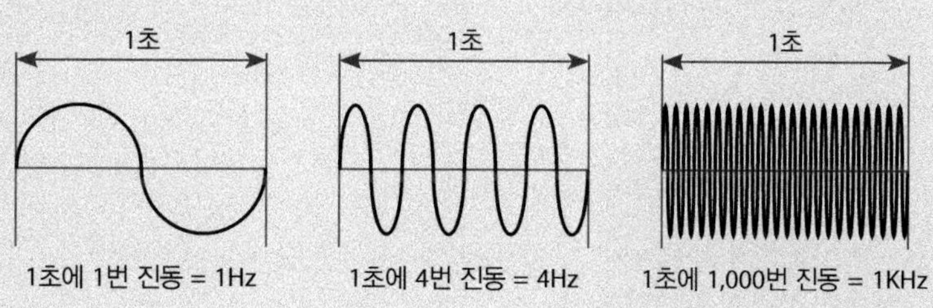

소프트웨어 이해하기

소프트웨어는 컴퓨터 시스템을 구성하는 주요 요소 중 하나로 모든 프로그램과 데이터를 통합해서 부르는 말로써, 하드웨어를 효율적으로 이용하기 위한 운영체제 및 컴퓨터에서 실행되는 응용 프로그램, 유틸리티, 컴퓨터에 악영향을 미치는 바이러스도 모두 소프트웨어에 해당된다. 이 모든 소프트웨어는 비트, 즉 0과 1로 이루어진 2진수로 이루어져 있다.

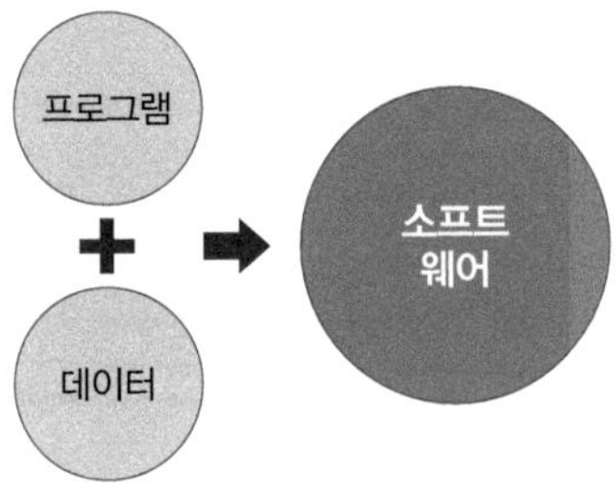

그림 1-9 ▸ 소프트웨어의 정의

우리가 컴퓨터를 사용하는 목적은 소프트웨어를 이용하거나 이 소프트웨어를 활용하여 데이터를 처리하기 위함이다. 컴퓨터에 전원을 켰을 때, 소프트웨어가 없다면 아무 일도 일어나지 않을 것이다.

소프트웨어는 크게 시스템 소프트웨어와 응용 소프트웨어로 분류된다.

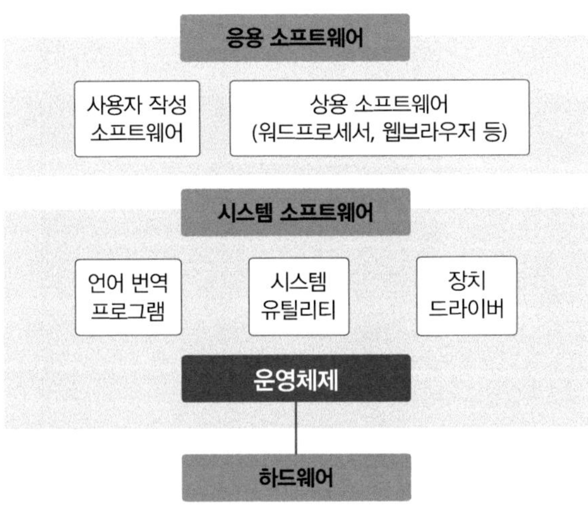

그림 1-10 ▸ 소프트웨어의 구성

시스템 소프트웨어(System Software)

시스템 소프트웨어는 컴퓨터 하드웨어와 컴퓨터 시스템을 운영하기 위해 만들어졌으며, 응용 소프트웨어를 실행하기 위한 환경을 제공하고, 컴퓨터 내부 하드웨어의 작동 및 다양한 주변 장치들도 제어할 수 있다.

시스템 소프트웨어에는 운영체제, 프로그래밍 언어, 언어 번역 프로그램, 장치 드라이버, 시스템 유틸리티 등이 포함된다.

응용 소프트웨어(Application Software)

워드프로세서, 웹브라우저 등과 같이 운영체제에서 실행되는 모든 프로그램을 응용 소프트웨어라고 한다. 이를 애플리케이션이라고도 하며 더 줄여 앱(App)이라고도 한다.

소프트웨어는 공급 방식에 따라 상용 소프트웨어, 프리웨어, 셰어웨어, 애드웨어, 번들 등으로 분류하기도 한다.

상용 소프트웨어

커머셜 소프트웨어(commercial software), 페이웨어(payware)라고도 하며, 상업적 목적이나 판매를 목적으로 생산되는 모든 컴퓨터 소프트웨어를 말한다. 대중적으로 많이 사용되고 있는 한글 워드프로세서, 마이크로소프트 오피스, 포토샵 등이 있다.

프리웨어(Freeware)

프리웨어는 실행파일의 형태로 무료로 배포되는 소프트웨어를 말한다. 흔히 공개판이라고 부르기도 한다. 대표적인 예로 Adobe Acrobat Reader, 반디집 등이 있다.

셰어웨어(Shareware)

실행파일의 형태로 무료 배포되지만 일정 기간 시험삼아 써보고 나서 사용자가 필요하면 돈을 지불하여 유상으로 전환하는 소프트웨어를 말한다. Shareware는 대개 판매를 목적으로 제작되지만 일단 사용해보고 마음에 들면 구입할 수 있도록 하는 프로그램으로 국내에서는 평가판이라 부르기도 한다.

애드웨어(Adware)

프로그램을 제한없이 무료로 사용하는 대신 해당 소프트웨어를 사용하는 동안 지속적으로 광고에 노출되도록 하는 마케팅 기법으로 등장한 소프트웨어이다. 대표적인 예로는 알집, 제트오디오 등이 있다.

번들(Bundle)

어떤 제품에 포함되어 무료로 배포되는 소프트웨어를 말한다.

1.5 실세계 정보와 데이터

컴퓨터 프로그램은 실세계의 정보를 처리하기 때문에 실세계 정보를 컴퓨터가 처리할 수 있는 데이터로 부호화하는 것이 중요하다. 실세계 정보는 여러 곳에서 다양한 형태로 수집되고 있다. 실세계 정보가 컴퓨터에서는 어떻게 표현되는지 알아보자.

정보와 데이터

현실 세계에서 벌어지는 일들을 단순한 방법으로 관찰하고 측정해서 얻은 값을 자료라고 하며, 온도, 습도, 날씨의 순수한 값들이 이에 속한다. 그리고 이 자료를 처리해서 얻을 수 있는 결과를 정보라고 한다. 즉, 자료에 대한 분석을 통해 얻은 지식 또는 의사 결정을 위한 지식이 이에 해당된다. 예를 들어 날씨 데이터는 나들이 가는 사람들에게 우산을 챙길지 여부에 대한 정보가 된다.

여러분은 간혹 "왜 컴퓨터는 흔히 사용하는 10진수 대신 2진수로 데이터를 사용하게 만들었을까?"하는 의문을 가져보았을 것이다.

초기의 컴퓨터인 에니악(ENIAC)의 경우에는 10진수를 사용하였으나, 연산상의 문제와 컴퓨터의 부피 증가 등의 문제점 때문에 다른 방법으로 데이터를 표현할 방법을 모색하게 되었다. 그 결과 On/Off로 동작하는 전기 신호 조합으로 정보를 표현할 수 있는 2진수는 표현하는 단계가 적은 만큼 잡음에도 강하고 처리 속도도 빨라 이후의 컴퓨터에서는 2진수를 사용하게 되었다.

그러나 2진수로 데이터를 표현하게 되면 정보의 양이 많을 경우 그 길이가 길어져서 표현하기에도, 한눈에 파악하기에도 어렵다. 그래서 사용하기 시작한 것이 2진수를 함축적으로 표현할 수 있으면서 기계적으로 변환이 가능한 8진수와 16진수다.

결과적으로, 컴퓨터 하드웨어에는 정보의 저장과 처리를 위해 0과 1의 2진수를 사용하고, 하드웨어를 제어하는 운영체제에서는 긴 데이터를 표현을 위해 8진수나 16진수를 사용하고, 응용 프로그램에서는 사용자와 가장 친밀한 10진수나 문자를 사용하게 되었다. 컴퓨터의 하드웨어와 운영체제 및 응용 프로그램에서의 데이터 표현은 다음과 같다.

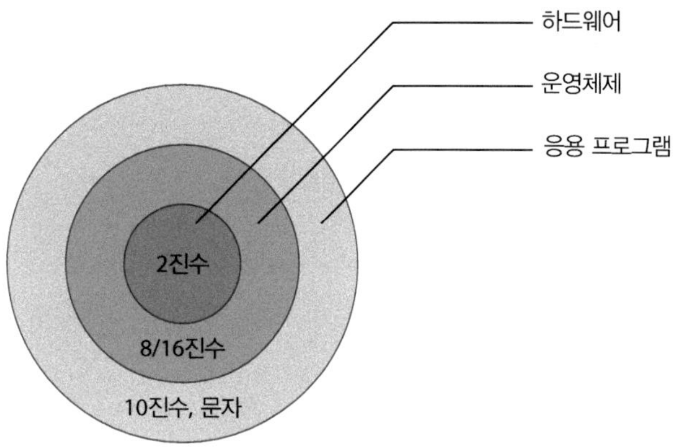

그림 1-11 ▸ 데이터 표현

2진수

2진수는 "0"과 "1"이라는 두 개의 숫자로만 구성된다. 사람들은 10개의 손가락을 펴거나 접힌 것을 세는 셈법, 즉 0부터 9까지 모두 10개의 숫자로 구성된 10진법을 주로 사용하며, 그보다 큰 숫자들은 10개의 숫자를 조합해서 만들어 사용한다. 그러나 컴퓨터는 전기적으로 "On", "OFF" 두 가지 상태를 표시할 수 있는 2진법 체계에 기초하고 있다.

10진법에서는 각 숫자의 위치가 10의 거듭제곱의 형태로 표현된다. 예를 들어 379라는 숫자를 살펴보자.

$$379 = 100(10^2)\text{이 } 3\text{개} + 10(10^1)\text{이 } 7\text{개} + 1(1^0)\text{이 } 9\text{개}$$
$$= 3 \times 100 + 7 \times 10 + 9 \times 1$$

이와 비슷한 원리로 2진법에서도 각 숫자의 위치는 2의 거듭제곱으로 나타내진다. 예를 들어 2진수 1101은 다음과 같은 수식을 이용하여 10진수로 바꿀 수 있다.

$$1101(2\text{진수}) = 8(2^3)\text{이 } 1\text{개} + 4(2^2)\text{가 } 1\text{개} + 2(2^1)\text{가 } 0\text{개} + 1(2^0)\text{이 } 1\text{개}$$
$$= 1 \times 8 + 1 \times 4 + 0 \times 2 + 1 \times 1$$
$$= 13(10\text{진수})$$

정보의 표현

컴퓨터는 문자나 숫자, 그림과 같은 모든 정보를 0과 1의 2진수 데이터로 처리한다. 예를 들어 컴퓨터 내부에서 문자 A와 숫자 12는 다음과 같이 2진수로 변환되어 사용된다.

정보	2진수
A	01000001
12	00001100

비트(bit)는 Binary digit의 약자로, 컴퓨터 데이터의 가장 작은 단위를 말한다. 컴퓨터는 0과 1의 조합(2진법)으로 수의 계산과 논리 연산을 한다. 즉, 컴퓨터와 같이 전기로 움직이는 디지털에선 OFF(0) ON(1)의 두 가지 경우 밖에 없다. 이렇게 0과 1로 표현되는 정보의 처리 단위가 바로 비트이다.

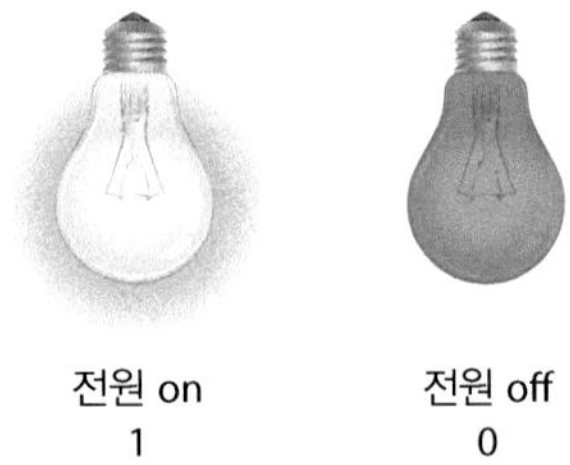

그림 1-12 ▸ 2진수의 원리

그러나 비트 하나로는 '0 또는 1'의 2가지 표현밖에 할 수 없다. 그래서 8개의 비트를 하나로 묶어 바이트(byte)라 하고 정보를 표현하는 기본 단위로 삼고 있다. 일반적으로 8bit를 1Byte라 하고, 1Byte가 표현할 수 있는 정보의 개수는 $2^8 = 256$ 개가 된다. 1바이트는 256가지의 정보를 나타낼 수 있어 숫자, 영문자, 특수문자 등을 모두 표현할 수 있다. 한글이나 한자는 한 문자당 2바이트로 표현한다.

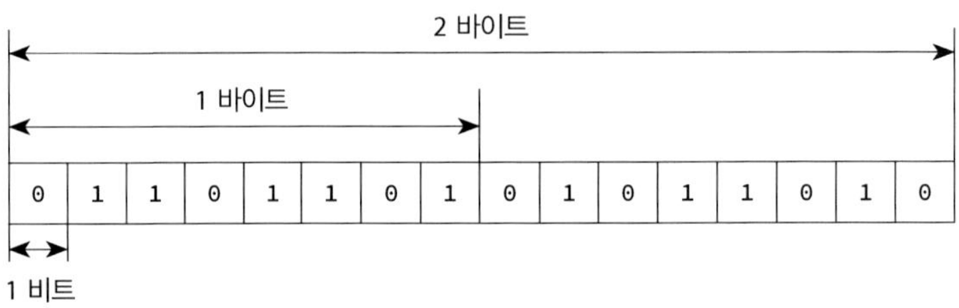

그림 1-13 ▸ 비트와 바이트의 길이 비교

예를 들어 메모장에 숫자 3개, 영문자 3글자, 특수문자 3글자, 한글 2글자를 입력한 후 test.txt로 저장하였다. 그리고 test.txt 파일의 속성을 살펴보면 그림1-14와 같이 크기가 13바이트임을 알 수 있다. 이 파일은 숫자, 영문자, 특수문자가 각각 3바이트이고 한글은 한 글자에 2바이트씩 총 4바이트이므로 파일의 크기는 13바이트가 된다.

그림 1-14 ▸ 숫자, 영문자, 특수문자, 한글의 크기 계산

컴퓨터 산업의 발달로 데이터의 양이 기하급수적으로 늘어나면서 더 큰 데이터 단위가 필요하게 되었다. 표1-1은 데이터의 양을 측정할 수 있는 단위를 나타낸 것이다.

표 1-1 ▸ 데이터 용량 단위

단위	기호	2의 거듭제곱	십진수
킬로바이트(Kilo Byte)	KB	2^{10}	10^{3}
메가바이트(Mega Byte)	MB	2^{20}	10^{6}
기가바이트(Giga Byte)	GB	2^{30}	10^{9}
테라바이트(Tera Byte)	TB	2^{40}	10^{12}
페타바이트(Peta Byte)	PB	2^{50}	10^{15}
엑사바이트(Exa Byte)	EB	2^{60}	10^{18}

표 1-2는 우리가 주변에서 많이 볼 수 있는 유형별 정보를 저장하기 위해서 얼마나 많은 데이터 용량이 필요한지를 나타내었다.

표 1-2 ▸ 데이터 용량 예시

정보의 유형	데이터 용량(단위: 바이트)
키보드 상의 문자	1B
한글 10페이지 분량 문서	35KB
4128 × 2322 JPG 사진(고해상도)	5MB
CD 오디오	800MB
MP3 음악 파일 25만개	1TB
700페이지 책 100만권	1TB

문자 저장 방식

컴퓨팅 시스템에 저장된 모든 데이터는 0과 1로 구성된 2진수이다. 그러나 컴퓨터에서는 한글, 영문자, 숫자, 특수문자 등 다양한 문자가 사용되며, 컴퓨터에서 문자가 표현되는 과정은 다음과 같다. 먼저 키보드를 통하여 입력된 문자는 정해진 코드표에 따라 2진수 값으로 변환되어 컴퓨터의 주기억장치에 저장된 다음 이를 중앙처리장치(CPU)로 보내 처리하게 한다. 그리고 입력된 문자를 출력장치(그래픽카드와 모니터 등)로 보내어 사람의 눈에 보이게 출력하는 것이다.

컴퓨터에서 문자를 표현하는 방법 중 가장 대표적인 것은 알파벳 26자를 기준으로 만들어진 1960년대에 미국표준협회가 제정한 아스키코드(American Standard Code for Information Interchange, 약칭 ASCII)이다. 아스키코드는 총 128개(2^7)의 영문자를 모두 표현하는 데 7개 비트가 필요하다고 보고 만들어진 코드로, 문자를 표현하는 7개 비트와 데이터 전송 시 오류를 검출하기 위한 1개의 비트, 총 8비트로 구성되어 있다. 우리가 통상 영문자를 1바이트 문자라고 하는 것은 여기에서 유래한 것이다.

표 1-3에서 대문자 'A'를 찾아보면 상위 3비트(100)와 하위 4비트(0001)가 합해져서 7비트(1000001)의 아스키코드가 되는 것을 볼 수 있다. 소문자 'a'의 아스키코드는 1100001이다.

아스키코드는 영문자와 숫자, 특수문자 등이 정의가 되어있다. 그렇다면 영어 이외의 한글이나 한자와 같은 다른 언어들은 어떻게 컴퓨터에서 변환되어 사용할 수 있을까?

아스키코드가 기본이 되어 전 세계의 모든 문자를 표현하기 위해 용량을 크게 확장한 2byte(2^{16} = 65536)의 유니코드(Unicode)라는 표준이 나오게 되었다.

1996년에 정의해놓은 유니코드에서 한글은 '가', '각', '갂', '갃' 등이 각각 하나의 문자로 총 11,172자가 유니코드에 등록되어 있으며, 유니코드의 인코딩 방법은 UTF-8이나 UTF-16 등의 다양한 표현 방식이 존재한다.

2015년 개봉한 영화 마션(Martian)을 보면 주인공과 NASA가 아스키코드로 통신하는 것을 볼 수 있다. 미국 항공우주국(NASA)은 와트니가 어떻게 화성에서 오랜 시간을 버텼는지 궁금해하며 "How alive"라는 문자 대신 16진수로 표현한 아스키코드 값 "48 4F 57 41 4C 49 56 45"를 전송하였다. 아스키코드에서 H는 10진수로 72이고, 16진수로 48이 되며, 이런 식으로 메시지를 16진수로 바꾸어 전송하였다. 와트니는 큰 원을 4등분하고, 각 사분면을 다시 4등분해 원을 16개의 영역으로 나누고 0부터 15까지로 정한 후 회전거울이 16개의 영역 중 특정한 영역을 가리키도

표 1-3 ▸ ASCII 코드표 일부

Dec	Binary	Hex	ASCII	Dec	Binary	Hex	ASCII	Dec	Binary	Hex	ASCII
32	010 0000	20	(Sp)	64	100 0000	40	@	96	110 0000	60	`
33	010 0001	21	!	65	100 0001	41	A	97	110 0001	61	a
34	010 0010	22	″	66	100 0010	42	B	98	110 0010	62	b
35	010 0011	23	#	67	100 0011	43	C	99	110 0011	63	c
36	010 0100	24	$	68	100 0100	44	D	100	110 0100	64	d
37	010 0101	25	%	69	100 0101	45	E	101	110 0101	65	e
38	010 0110	26	&	70	100 0110	46	F	102	110 0110	66	f
39	010 0111	27	‘	71	100 0111	47	G	103	110 0111	67	g
40	010 1000	28	(	72	100 1000	48	H	104	110 1000	68	h
41	010 1001	29	)	73	100 1001	49	I	105	110 1001	69	i
42	010 1010	2A	*	74	100 1010	4A	J	106	110 1010	6A	j
43	010 1011	2B	+	75	100 1011	4B	K	107	110 1011	6B	k
44	010 1100	2C	,	76	100 1100	4C	L	108	110 1100	6C	l
45	010 1101	2D	-	77	100 1101	4D	M	109	110 1101	6D	m
46	010 1110	2E	.	78	100 1110	4E	N	110	110 1110	6E	n
47	010 1111	2F	/	79	100 1111	4F	O	111	110 1111	6F	o
48	011 0000	30	0	80	101 0000	50	P	112	111 0000	70	p
49	011 0001	31	1	81	101 0001	51	Q	113	111 0001	71	q
50	011 0010	32	2	82	101 0010	52	R	114	111 0010	72	r
51	011 0011	33	3	83	101 0011	53	S	115	111 0011	73	s
52	011 0100	34	4	84	101 0100	54	T	116	111 0100	74	t
53	011 0101	35	5	85	101 0101	55	U	117	111 0101	75	u
54	011 0110	36	6	86	101 0110	56	V	118	111 0110	76	v
55	011 0111	37	7	87	101 0111	57	W	119	111 0111	77	w
56	011 1000	38	8	88	101 1000	58	X	120	111 1000	78	x
57	011 1001	39	9	89	101 1001	59	Y	121	111 1001	79	y
58	011 1010	3A	:	90	101 1010	5A	Z	122	111 1010	7A	z
59	011 1011	3B	;	91	101 1011	5B	[	123	111 1011	7B	{
60	011 1100	3C	<	92	101 1100	5C	＼	124	111 1100	7C	|
61	011 1101	3D	=	93	101 1101	5D	]	125	111 1101	7D	}
62	011 1110	3E	>	94	101 1110	5E	^	126	111 1110	7E	~
63	011 1111	3F	?	95	101 1111	5F	_	127	111 1111	7F	(Del)

록 하면서 메시지를 원시적인 방법으로 송 · 수신하였다. 수신된 16진수 값을 아스키코드표에서 그 값에 해당하는 문자로 변환하여 서로 메시지를 주고받았다.

그림 1-15 ▸ 영화 〈마션(Martian)〉의 한 장면

이미지 저장 방식

그림도 문자나 숫자와 같이 0과 1로 표현된다. 디지털 이미지는 실세계에 존재하는 사물 혹은 장면을 이미지 센서를 통해 얻은 아날로그 정보를 샘플링(sampling)과 양자화(quantization)를 거쳐 전기 신호로 바꾸며, 이렇게 2진수로 변환한 색상 정보를 2차원 격자로 저장한다.

이미지를 이루는 가장 작은 단위를 픽셀(pixel)이라 하며, 픽셀은 화면을 바둑판 모양으로 잘게 잘랐을 때 각각의 작은 구역을 말한다. 화면을 얼마나 잘게 잘랐는지를 나타내는 단위가 해상도(resolution)이다. 해상도는 픽셀의 행이 몇 개 있고, 열이 몇 개 있는지를 나타낸 것으로 640x480의 이미지는 가로로 640개의 픽셀과 세로로 480개의 픽셀로 이루어졌다는 의미이다.

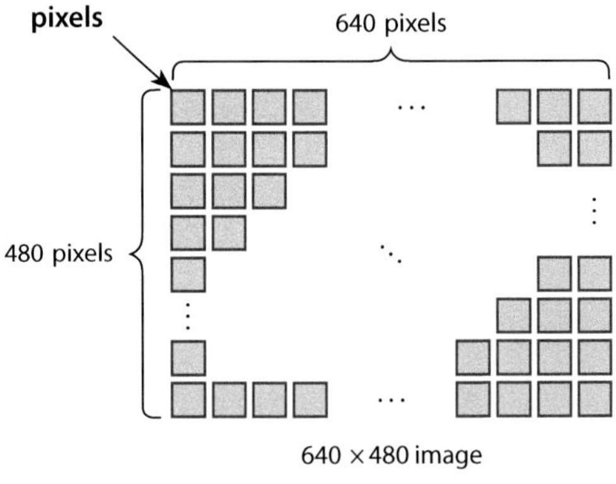

그림 1-16 ▸ 픽셀과 해상도

이러한 픽셀은 빛의 삼원색인 적청녹(RGB) 세가지 색의 조합으로 색상 정보를 저

장한다. 한 픽셀에 몇 개의 비트를 사용하는가에 따라 색의 정밀도(color depth)가 결정된다. 한 픽셀에 색상 정보를 1비트 사용하면 픽셀은 0(흑)과 1(백) 두 가지 값만을 가질 수 있게 되며, 이렇게 저장된 영상을 이진 영상(Binary image)이라고 한다. 한 픽셀이 8비트라면 픽셀은 $2^8 \times 256$가지의 색을 가질 수 있으며, 이 영상을 그레이 영상(Gray-scale image)이라 한다. 한 픽셀의 색상 정보를 24비트로 할 때를 트루 컬러(true color)라고 한다.

해상도가 640 = 480인 lanna영상이 그레이 영상일 경우는 640 × 480 × 1 byte = 307,200 byte의 용량을 차지하게 되고 640 × 480의 트루 컬러 영상일 경우는 640*480*3(24bit)byte = 921,600byte의 용량을 차지하게 된다.

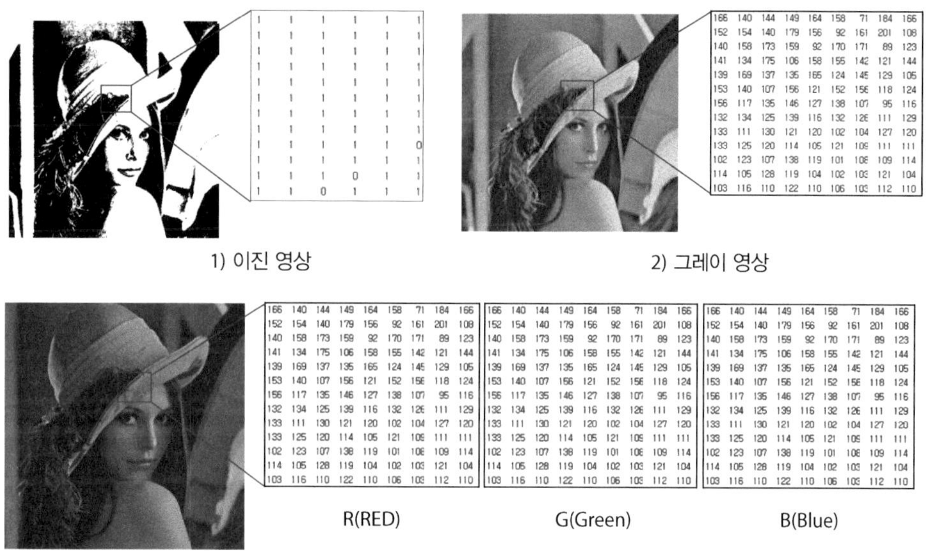

3) 트루 컬러 영상

그림 1-17 ▸ 이진 영상, 그레이 영상, 트루 컬러 영상

그림을 표현하는 방식에는 비트맵(Bitmap) 방식과 벡터(Vector) 방식이 있다. 첫 번째로 비트맵 방식은 픽셀을 모아 이미지를 표현하는 방식으로 흔히 사용하는 BMP, JPG, PNG 파일 형태가 이 방식으로 표현된 것이다.

두 번째로 벡터 방식은 점과 점을 연결하는 수식에 의해 선과 면으로 그림을 표현하는 방식이다. 그림을 확대하거나 축소하더라도 변형이 되지 않는 장점이 있으나, 표현할 수 있는 한계가 있다. 일반적으로 글자, 캐릭터 디자인에 사용되며, AI, WMF, EPS 파일 형태로 저장된다.

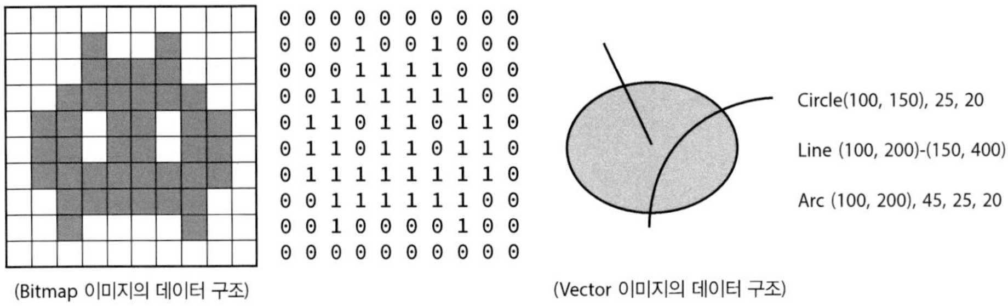

그림 1-18 ▸ 비트맵 이미지와 벡터 이미지

사운드 저장 방식

소리는 공기를 통해 전파되는 파동에 의해 만들어지는 물리적 현상이다. 소리는 물체의 진동이 공기를 진동시켜서 파형을 만들고 공기를 통해 우리 귀에 전달되는 것이다.

그림 1-19 ▸ 소리 전달 과정

아날로그 신호인 소리를 컴퓨터에서 사용하는 디지털 신호로 변환하기 위해서는 표본화, 양자화, 부호화라는 변환 과정을 거쳐야 한다. 아날로그 소리를 디지털 소리로 변환할 때는 손실이 발생하기 때문에 원본 아날로그 소리와 변환된 디지털 소리는 약간의 차이가 있다.

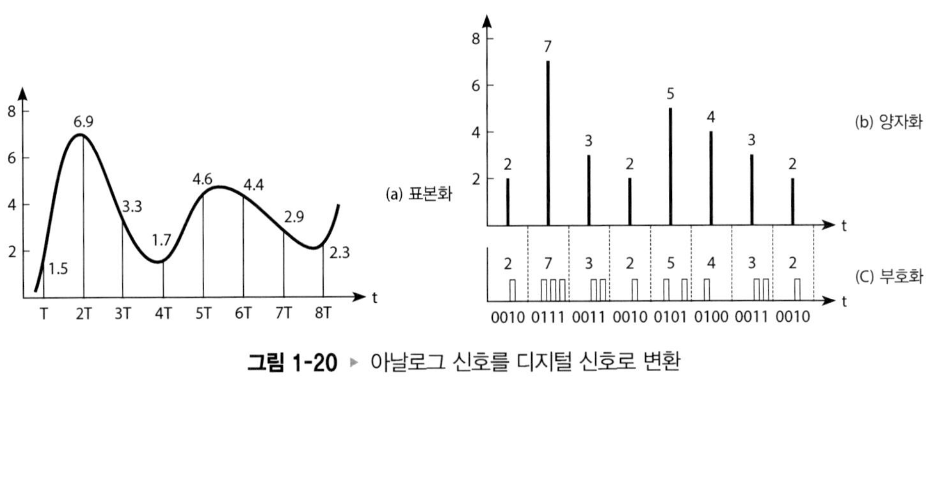

그림 1-20 ▸ 아날로그 신호를 디지털 신호로 변환

파일과 폴더 이해하기

컴퓨터에 저장되는 프로그램 및 데이터는 파일과 폴더로 구성되어 있다. 파일과 폴더에 대해서 알아보자.

파일

파일은 정보를 저장하는 최소 단위로, 프로그램 및 데이터를 컴퓨터의 보조기억장치에 저장해두는 것으로 '파일명.확장자'로 구성되어 있다. 컴퓨터에는 저장된 파일이 아주 많다. 이렇게 많은 파일들은 파일의 확장자로 어떠한 종류의 파일인지를 구별하게 된다.

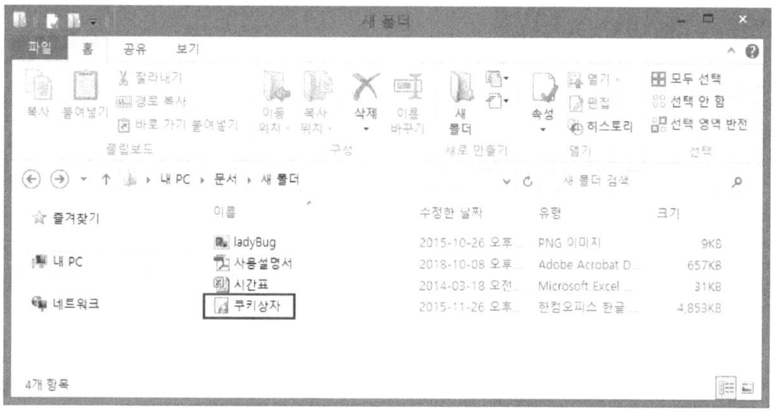

그림 1-21 ▸ 윈도우 탐색기 화면

일반적으로 파일 탐색기에서는 그림 1-21과 같이 파일 확장명은 표시되지 않고, 파일명과 그 파일이 만들어진 소프트웨어의 아이콘이 표시된다. 그림 1-21에서 한글 파일인 쿠키상자는 실제로는 쿠키상자.hwp로 되어 있으나, 확장자는 보이지 않게 설정이 되어 있어 화면에 나타나지 않는 것이다.

실습예제 1-2

기본적으로 파일의 확장자는 우리가 볼 수 없도록 숨겨져 있다. 하지만 컴퓨터 사용에 익숙해지면 파일의 확장자를 보는 것이 파일의 종류를 파악하는 데 도움이 된다. 그럼 파일의 확장자를 볼 수 있도록 설정을 바꿔 보도록 하자.

단계 1 윈도우 10일 경우: 탐색기의 [보기]를 클릭하여 나타난 화면에서 <표시/숨기기>그룹의 파일 확장명을 클릭하여 체크하면 된다.

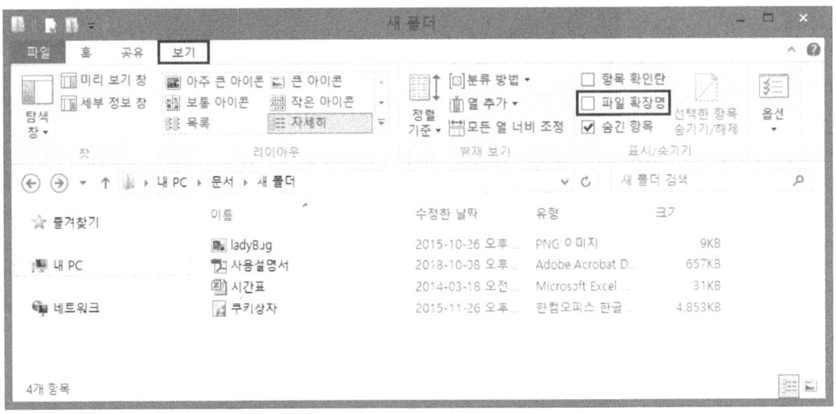

단계 2 파일의 확장자가 보이는 것을 확인할 수 있다.

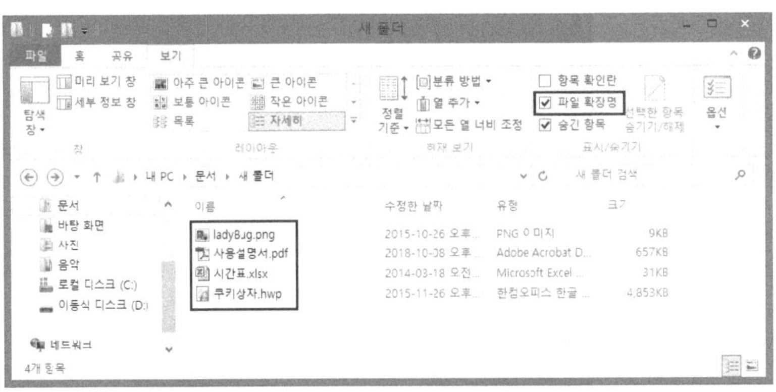

폴더

폴더는 파일을 담아 두는 곳이다. 컴퓨터에는 무수히 많은 파일들이 존재한다. 윈도우는 이렇게 다양한 파일을 종류별로 묶거나 관련 있는 것끼리 모아서 폴더라는 가상공간에 담아 보관하고 각 폴더마다 구분하기 쉽게 이름을 붙여 놓았다. 폴더에는 파일뿐만 아니라 다른 폴더도 보관할 수 있다. 윈도우에서 로컬 디스크(C:)는 가장 상위 폴더를 의미하며, 그 아래로 다른 폴더들이 존재한다. 폴더에 또 다른 폴더가 있다면 안에 있는 폴더를 '하위 폴더'나 '자식 폴더'라고 하며, 이 폴더를 포함하고 있는 폴더는 '상위 폴더'나 '부모 폴더'라고 한다.

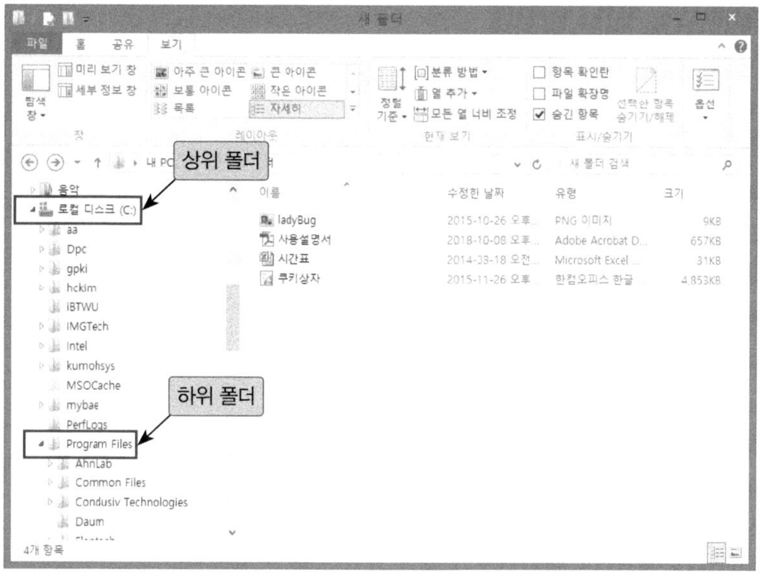

그림 1-22 ▸ 폴더의 구성

파일의 압축과 해제

파일을 압축하게 되면 저장 공간을 절약할 수 있고, 전송할 때도 더 빨리 전송할 수 있다. 텍스트, 이미지, 사운드, 동영상과 같은 모든 종류의 데이터는 압축할 수 있으며, 압축된 데이터는 크기가 줄어들게 된다. 국내에서 많은 사용자를 보유한 압축 프로그램으로는 알집(Alzip)과 빵집(Breadzip), 반디집(Bandizip), 다집(Dazip), V3로 잘 알려진 안랩(AhnLab)의 V3 Zip, 오랫동안 사용되어온 윈RAR(WinRAR)와 윈집(WinZip) 등이 있다. 그리고 윈도우에서는 기본으로 파일을 압축하는 서비스를 제공해주고 있다. 특히, zip 파일 및 폴더는 압축되지 않은 파일 및 폴더로 작업할 때와 같은 방식으로 작업할 수 있다.

실습예제 1-3

윈도우에서 제공하는 압축 서비스를 이용하여 파일과 폴더를 압축해보자.

단계 1 윈도우 탐색기에서 압축할 파일이나 폴더를 선택한다.

단계 2 선택한 파일이나 폴더 위에서 마우스 오른쪽 버튼을 클릭한 후 나타난 메뉴에서 [보내기]-[압축(ZIP) 폴더]를 선택한다.

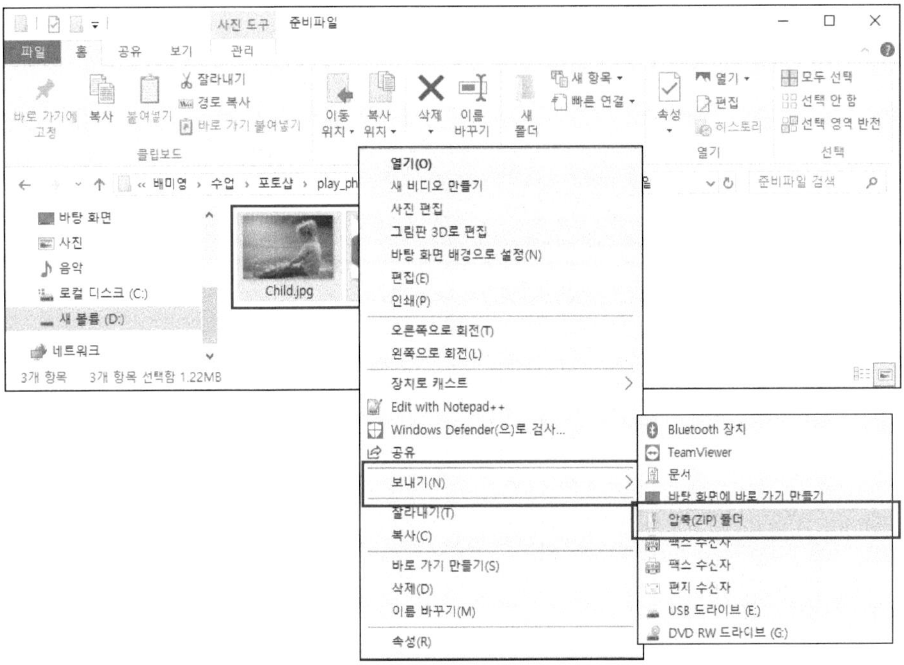

단계 3 압축된 파일이 같은 위치에 만들어진다. 이름을 변경하려면 폴더를 길게 누르거나 마우스 오른쪽 버튼으로 클릭하고 '이름 바꾸기'를 선택한 다음 변경하고자 하는 이름을 입력한다.

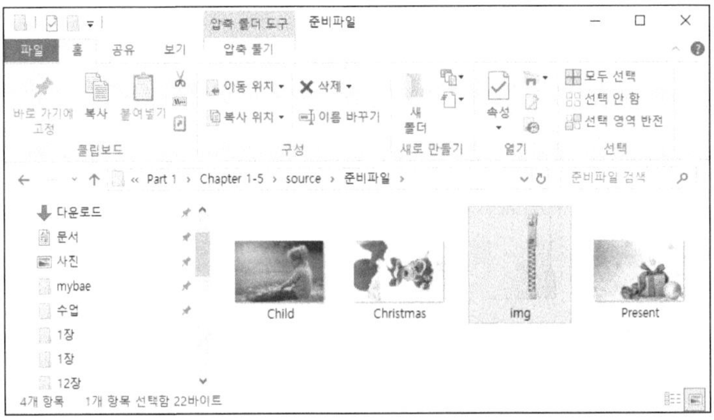

실습예제 1-4

윈도우에서 제공하는 압축 서비스를 이용하여 압축한 파일을 풀어보자.

단계 1 압축을 풀고자 하는 압축 파일을 마우스로 더블클릭하면 다음과 같은 창이 나타난다.

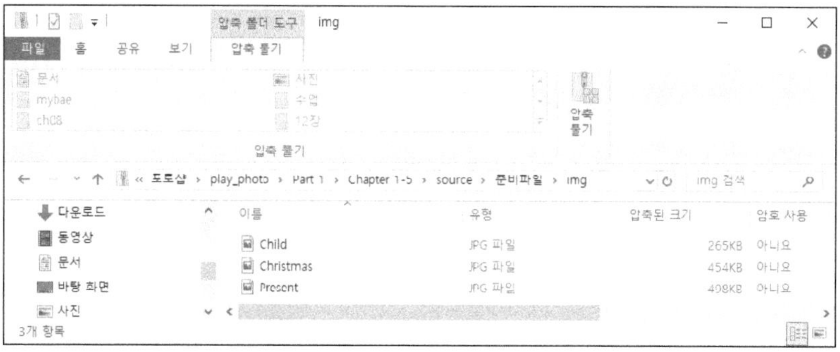

단계 2 현재 나타난 창은 압축이 풀린 상태가 아니기 때문에 파일을 더블클릭해서 열지 않도록 주의하자. [압축 폴더 도구]에서 압축 풀기를 클릭한다. 즉, 파일을 더블클릭하여 파일을 연 후, 압축 풀기를 클릭한다.

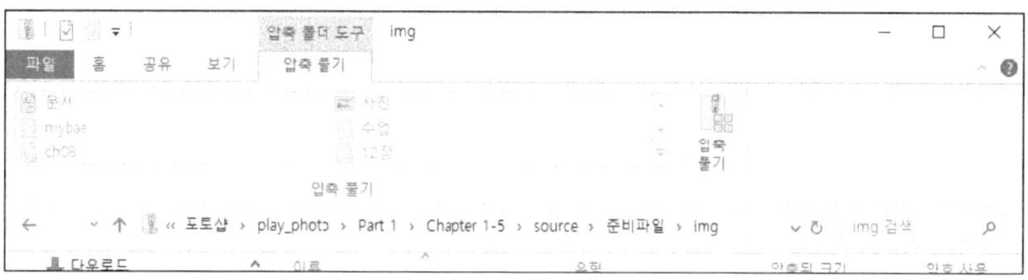

단계 3 압축 폴더 풀기 창에서 압축을 풀어서 놓을 폴더를 지정해주거나 기본으로 지정된 위치를 그대로 둔 상태로 압축 풀기를 클릭한다.

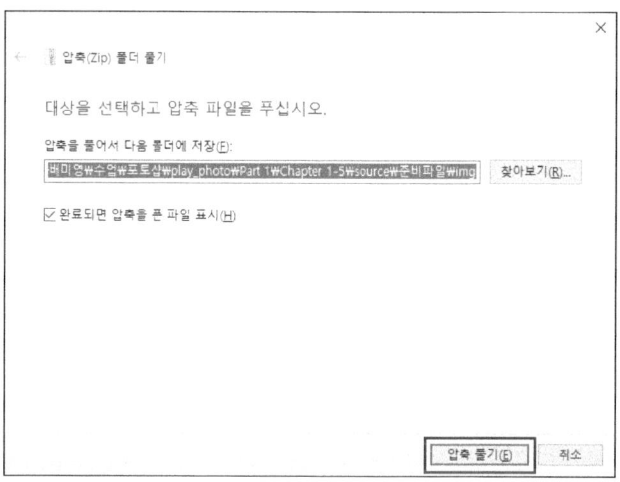

단계 4 압축 파일의 이름과 동일한 폴더가 생성이 되고 그 폴더 내에 압축되었던 파일이 풀려있는 것을 확인할 수 있다.

읽어보기

우리는 일상생활에서 아래 그림과 같은 디지털 숫자를 흔히 볼 수 있다. 엘리베이터의 층수 표시, 디지털시계 등 각종 가전제품에서는 숫자를 나타내기 위하여 7세그먼트 표시 장치(Seven-segment display)를 사용한다.

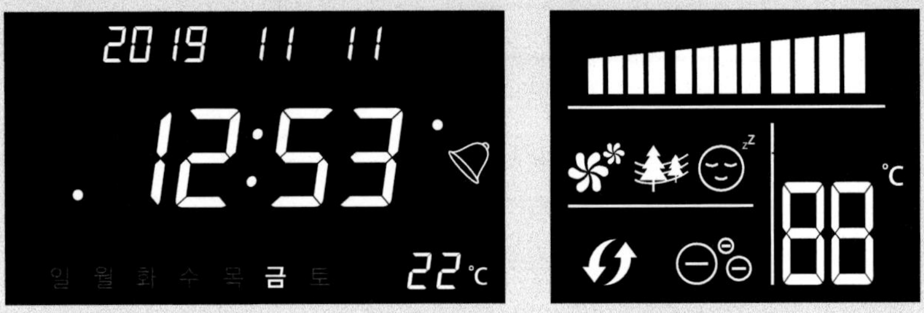

그림 1-23 ▸ 디지털 디스플레이

7세그먼트 표시 장치는 7개의 획으로 숫자나 문자를 나타낼 수 있다. 7개의 LED로 구현된 7세그먼트 표시 장치는 각 획 별로 하나의 핀이 배당되어 각 획을 끄거나 켤 수 있도록 되어 있으며, 숫자뿐만 아니라 제한적으로 로마자와 그리스 문자를 표시할 수 있다. 예를 들어 오디오 기기에서 '재생'을 나타내는 PLAY는 다음과 같이 표시할 수 있다.

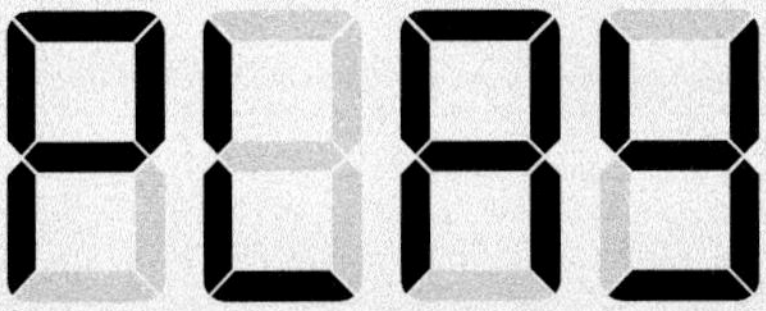

그림 1-24 ▸ 영문자 'PLAY'를 7세그먼트 표시 장치에 출력

그림 1-25는 7세그먼트 표시 장치의 실제 사진과 핀 번호를 나타내고 있다. 이 핀에 전기가 통하면 LED에 불이 들어온다. 예를 들어서 7번 핀에 전기가 들어오면 a LED에 불이 들어오는 식으로 작동된다.

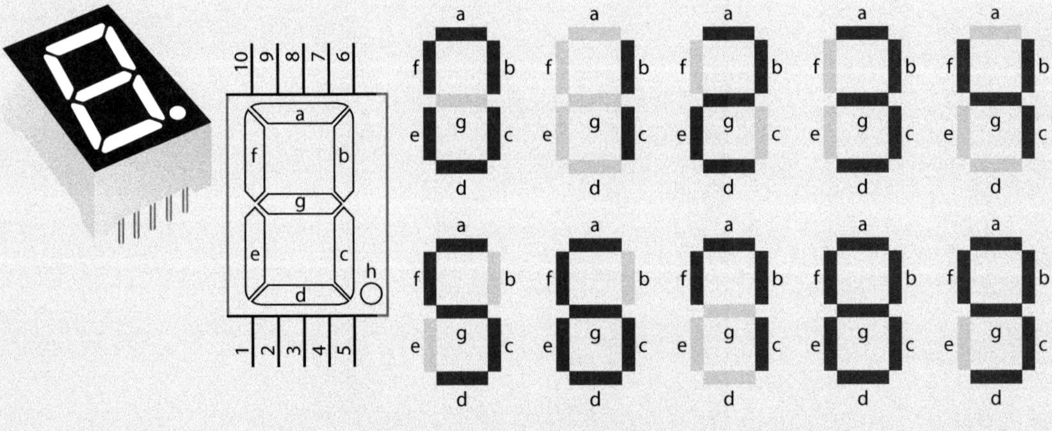

그림 1-25 ▸ 7세그먼트 표시 장치의 디스플레이 원리

LED가 켜진 상태를 2진수 1로, 꺼진 상태를 2진수 0으로 나타내면, 7세그먼트 표시 장치에 숫자 9를 디스플레이하기 위해서는 e를 제외한 나머지 6개의 LED가 모두 켜진 상태 즉, a=1, b=1, c=1, d=1, e=0, f=1, g=1이 되어야 할 것이다. 0부터 9까지의 숫자를 7세그먼트 표시 장치에 디스플레이하는 LED 상태표를 표 1-4에 나타내었다.

표 1-4 ▸ 디스플레이하는 숫자와 LED 상태표

숫자/분할 영역	a	b	c	d	e	f	g
0	1	1	1	1	1	1	0
1	0	1	1	0	0	0	0
2	1	1	0	1	1	0	1
3	1	1	1	1	0	0	1
4	0	1	1	0	0	1	1
5	1	0	1	1	0	1	1
6	1	0	1	1	1	1	1
7	1	1	1	0	0	1	0
8	1	1	1	1	1	1	1
9	1	1	1	1	0	1	1

01. 다음 글을 읽고 맞으면 ○, 틀리면 × 표시를 하시오.

① 소프트웨어는 시스템 소프트웨어와 응용 소프트웨어로 구성된다.( )
② 윈도우 10에서는 별개의 프로그램을 다운 받아야만 파일과 폴더를 압축할 수 있다.( )
③ 1바이트는 8비트로 구성되어 있다.( )
④ 프리웨어는 실행파일의 형태로 비용 없이 무료로 배포되는 소프트웨어를 말한다.( )

02. 다음 중 응용 소프트웨어의 종류에 해당되지 않는 것은?

① 워드프로세서 ② 이미지 편집 프로그램
③ 게임 프로그램 ④ 윈도우

03. 다음 중 Windows 10에서 제공하는 파일 압축이나 압축 풀기에 관한 설명으로 옳지 않은 것은?

① 압축된 파일은 저장 공간을 적게 차지한다.
② 압축되지 않은 파일은 압축된 파일 보다 빠르게 다른 컴퓨터로 전송할 수 있다.
③ 여러 파일을 하나의 압축 폴더로 묶을 수 있다.
④ 압축 폴더를 더블클릭한 후 압축 풀기를 누르면 압축이 풀린다.

04. 컴퓨터 하드웨어의 구성 요소가 아닌 것은?

① 입력장치 ② 중앙처리장치 ③ 장치드라이버 ④ 출력장치

05. 그림은 음성을 컴퓨터에 저장하는 과정이다. (가)~(라)에 대한 설명으로 옳은 것을 <보기> 에서 고른 것은?(2010학년도 수능문제)

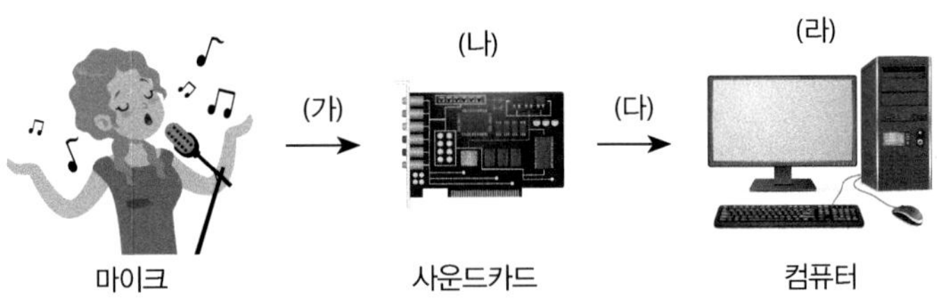

보기

ㄱ. (가)에서의 신호는 디지털이고, (다)에서의 신호는 아날로그이다.
ㄴ. (나)는 아날로그 신호와 디지털 신호를 상호 변환할 때 사용하는 장치이다.
ㄷ. (다)에서는 소리 데이터를 2진화 10진 코드의 형태로 전달한다.
ㄹ. (라)에서는 사운드 편집 프로그램을 이용하여 소리 데이터를 wav, mp3 등의 확장자를 가진 파일로 저장할 수 있다.

① ㄱ, ㄴ ② ㄱ, ㄷ ③ ㄴ, ㄷ ④ ㄴ, ㄹ

06. 그림과 같은 상황에서 선생님이 제시한 과제의 사진 데이터를 표현할 때 최소 바이트 수로 옳은 것은?(2006.3 학력평가)

① 10,000바이트 ② 100,000바이트
③ 1,000,000바이트 ④ 25,600,000바이트

07. ASCII 코드표의 일부이다. ASCII 코드에 대해 틀리게 설명한 것은?

A 1 0 0 0 0 0 1
B 1 0 0 0 0 1 0
C 1 0 0 0 0 1 1
D 1 0 0 0 1 0 0
⋮

① 256 가지의 문자를 표현할 수 있다.
② 컴퓨터 내부에서 한 문자를 표현하는 방식이다.
③ 문자 'c'의 코드 값은 문자 'a'의 코드 값보다 2 크다.
④ 문자 표현을 하는 7개 비트와 데이터 전송 시 오류 검출을 위한 1개의 비트, 총 8비트로 구성되어 있다.

08. 컴퓨터를 발명한 이유는 사람이 하던 일을 대신할 수 있는 무언가가 필요했기 때문일 것이다. 아래 표에서 사람이 하는 일을 대신할 수 있는 컴퓨터 주변기기의 명칭을 적어보자.

사람	컴퓨터
머리(연산장치)	
머리(기억장치)	
눈(입력장치)	
입(말, 노래, 출력장치)	
손(필기, 출력장치)	
수첩(보조기억장치)	

09. 앞면에는 0, 뒷면에는 1이라고 적힌 이진 카드를 가지고 다음 그림과 같이 배치하면 2진수 100이고 10진수로는 4가 된다.

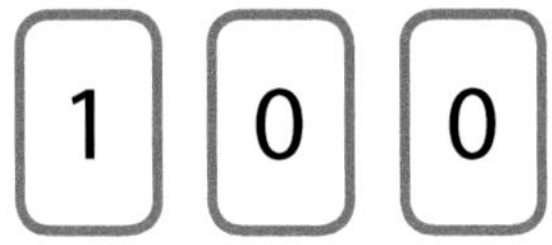

(1) 10진수 15를 표현하려면 최소한 몇 장의 이진 카드가 필요할까?

(2) 6장의 이진 카드로는 최소 몇부터 최대 몇까지 수를 표현할 수 있을까?

CHAPTER 02

컴퓨팅 사고와 문제 해결

학습목차

이 장에서는 우리가 해결하도록 주어지는 문제를 이해하고, 이를 바탕으로 문제를 해결하는 방법과 절차를 설명한다. 문제 해결방법과 절차의 이해를 돕기 위하여 인도의 대표적인 수학자이자 천문학자인 바스카라 2세(Bhaskara, A. 1114년~1185년)가 외동딸 리라바티(Lilavati)를 위해 아름다운 문장으로 쓴 수학책에 나오는 다음과 같은 내용을 해결해야 할 사례 문제로 인용하여 설명한다.

들판의 참새 떼

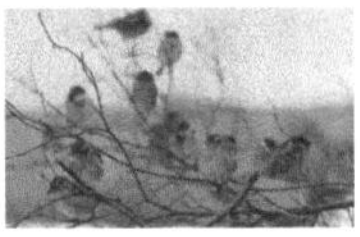

[사례 문제]

선녀같이 아름다운 눈동자의 아가씨여!
참새 몇 마리가 들판에서 놀고 있었는데 두 마리가 더 날아 왔어요.
그리고,
저 푸른 숲에서 전체의 다섯 배가 되는 참새들이 날아와서 함께 놀았어요.
저녁노을이 질 무렵,
열 마리의 참새는 숲으로 돌아가고, 남은 스무 마리는 풀 속에 숨었대요.

처음에 놀고 있던 참새는 몇 마리였는지 내게 말하여 주오.

그림 2-1 ▸ 참새의 개체 수 세기 문제

2.1 문제와 문제 해결

문제(problem)는 "답을 요구하는 물음"을 의미하는 단어로, "원래 의도했던 것과 다르게 진행이 되어 해결하기 어렵게 된 일이나 상태"를 일컫는다. 이는 '현재/초기 상태(*initial state*)'와 '목표 상태(*desired goal state*)' 사이에 장애로 인해 거리나 간격(또는 괴리)이 있는 것을 말한다. 주어진 문제의 장애를 극복하고 적절한 통로를 찾아 초기 상태에서 목표 상태로 이동해 감으로써 이들 사이의 거리나 간격을 없애는 과정을 문제 해결(*problem solving*)이라 한다. 따라서 "문제를 해결한다" 함은 요구하는 답을 찾아내는 것, 또는 "바람직한 현상을 만들기 위한 과정"이라 할 수 있다. 우리는 수시로 여러 가지 문제 상황에 부닥치게 된다. 잠에서 깨어나면서부터 문제의 연속이다. "바로 일어날까?", "오늘은 어떤 옷을 입을까?", "오늘 저녁엔 누구를 만날까?" 등 우리는 생활하면서 부딪히는 여러 문제를 본능적 또는 습관적으로 해결해가며 살고 있다. 하지만, 신중히 생각하고 해결방법을 찾아내야 하는 어려운 문제들에 직면하기도 한다. 이와 같은 문제들을 쉽게 해결하려면 문제의 상황을 정확하게 분석하고, 가장 적합한 문제 해결방법을 선택하는 과정이 매우 중요하다.

2.2 문제 해결 방법

우리가 접하는 다양한 형태의 문제들은 '계산(計算, *computation*)'을 통해 해결된다. 수를 헤아린다는 뜻으로 사용되는 계산이라는 단어는 국어 사전적 의미로 "주어진 수(number)나 식(expression)을 일정한 규칙에 따라 처리하여 결괏값을 구하는 일"로 정의되기도 한다. 이들 정의 속에서 찾을 수 있는 계산이라는 단어의 의미 요소는 "**헤아리고 처리하는 것**", "**처리의 규칙이 있다는 것**" 그리고 "**처리 규칙은 발생 가능한 모든 상황에 적용될 수 있어야 한다는 것**" 등이다. 이와 연관지어 보면 우리가 일상에서 흔히 사용하는 아래의 질문이나 부탁 모두가 계산이 필요한 말들임을 알 수 있다.

- 평균 점수가 얼마인가요?
- 작년에 호주 시드니의 최저 온도는 얼마였죠?
- 저희가 지불해야 할 음식 값의 총액은 얼마입니까?
- 이 속도로 계속 걸어가면 목표 지점에 언제쯤 도착할 수 있을까요?
- 어느 길로 가야 약속 장소에 빨리 갈 수 있나요?
- 오늘 난 어떤 옷을 입을까?
- 이번 방학 중에 다녀올 배낭여행 계획을 한 번 세워보세요.

구체적인 예로 "이번 방학 중에 다녀올 배낭여행 계획을 한 번 세워보세요"라는 요청에 응하려면 계산과 관련해 어떤 것을 고려하고 수행해야 하는 가를 생각해보자. 계산의 첫 번째 의미 요소인 '헤아리고 처리하는 것'과 관련된 일들에는 다음과 같은 것들이 해당될 수 있다.

- 함께 여행할 사람들의 경제적 · 시간적 형편을 헤아리고 처리해야 한다.
- 교통비, 숙박비, 식비 등 여행에 들어가는 제반 비용을 헤아리고 처리해야 한다.
- 수면 시간, 식사 시간, 원하는 방문지에서 보내는 시간, 방문지 간 이동 시간 등을 헤아리고 처리해야 한다.

두 번째 의미 요소인 '처리의 규칙이 있다는 것'과 관련된 일들로 다음과 같은 것들을 예로 들 수 있다.

- 여행 비용이 적정 수준을 넘지 않게 해야 한다.
- 일별 일정에 식사, 수면 등에 필요한 적정 시간을 포함 시켜야 한다.
- 방문지 및 활동 내용이 여행 참가자들의 선호도에 어느 수준 이상 부합해야 한다.

이 외에도 시간이나 예산 계획을 짤 때 여행 중 필요한 물건, 수행할 활동, 이용 숙박 시설 및 식당, 활용 교통편 등 발생 가능한 제반 상황 등을 고려해 처리 규칙을 적용해야 한다는 것이 세 번째 의미 요소인 '처리 규칙은 발생 가능한 모든 상황에 적용될 수 있어야 한다'는 것과 관련된 것이다.

이와 같이, 계산에 기초한 문제 해결방법으로 수학적 사고에 바탕을 둔 방법과 컴퓨팅 사고에 바탕을 둔 방법 등 크게 두 가지로 구분할 수 있다.

수학적 사고에 기초한 문제 해결

문제를 해결하기 위해 수학적 사고(Mathematical Thinking)에 기초한다 함은 주어진 문제에서 다양한 형태의 수학적 개념이나 원리로부터 공통된 요소를 추출하여, 그 적용의 폭을 확장시키고 보다 강한 추상성을 갖는 개념이나 원리로 발전시켜 감으로써 문제를 해결하는 것을 말한다. 수학적으로 문제를 해결하기 위한 사고는 내용 영역적 또는 기능적으로 분류할 수 있는데, 각각은 다음과 같은 사고를 포함한다.

- 내용 영역적 분류: 집합적 사고, 함수적 사고, 도형적 사고, 통계적 사고
- 기능적 분류: 논리적 사고, 추상화, 일반화, 연역적 사고, 귀납적 사고

예를 들어, 그림 2-1의 사례 문제를 해결하기 위해서는 처음에 있던 참새의 수를 구해야 하며 아래와 같이 간단한 방정식을 사용하면 처음의 참새의 수를 얻을 수 있다.

$$(5 + 1) \times (x + 2) - 10 = 20$$
$$6 \times (x + 2) = 30$$
$$(x + 2) = 5$$
$$x = 3$$

컴퓨터를 이용한 문제 해결

문제를 해결하기 위하여, 사람이 해야 할 일을 대신 처리할 수 있게 만들어 놓은 기계 장치에 해당하는 컴퓨터를 이용할 수 있다. 컴퓨터는 사람과 마찬가지로 산술 연산, 비교 연산, 논리 연산 등을 사람의 명령에 따라 수행할 수 있다. 따라서, 사람이 컴퓨터를 이용하여 문제를 해결하려면, 문제에 주어진 데이터를 추출하고 조직화하여 컴퓨터가 이해할 수 있는 형태로 표현하고, 이를 바탕으로 문제를 해결해 나가는 알고리즘을 설계한 다음, 프로그램으로 작성하여 실행시키고 그 결과를 분석해야 한다.

예를 들어, 그림 2-1에 주어진 사례 문제를 해결하기 위해서는 처음에 있던 참새의 수를 구해야 하는데, 수학적 사고에 기초하여 1차방정식으로 해결한 방식과는 달리, 다음과 같이 역순으로 컴퓨터의 연산 기능을 이용해 단계적으로 해결해 나가는 것도 가능하다.

단계 1: 저녁노을이 질 무렵 참새의 수

30 마리 = (숲으로 되돌아 간 참새 10 마리) + (풀 속에 남은 참새 20 마리)

단계 2: 저 푸른 숲에서 날아온 참새의 수

들판의 참새들의 5배

단계 3: 들판의 참새와 푸른 숲에서 날아온 참새의 수를 합하면 들판 참새의 몇 배인가?

6 × 들판의 참새 = (들판의 참새) + (5 × 들판의 참새)

단계 4: 들판의 참새 수

들판의 참새 수 = (저녁노을이 질 무렵의 참새 수) ÷ 6 = 30 ÷ 6 = 5 마리

단계 5: 두 마리의 참새가 더 날아오지 않았다면 처음 참새의 수

처음 참새의 수 = (들판의 참새 수) − 2 = 5 − 2 = 3 마리

2.3 컴퓨팅 사고의 이해

읽어보기

사고의 힘(Thinking Power)과 중요성

IBM의 왓슨 회장은 무너져가는 회사를 인수하면서 사훈을 'Think'로 내세워 IBM을 세계 굴지의 컴퓨터 회사로 만들었다. Apple의 스티브잡스는 남과 다르게 생각하라는 'Think Different'를 강조했다. Microsoft의 빌게이츠는 1년에 두 차례씩 한적한 통나무 별장에서 조용히 생각하는 'Think Week' 기간을 가지며 사업에서 새로운 발상을 구상해내곤 하였다.

전통적으로 우리는 주어진 문제에서 수학적 사고에 기초한 개념이나 원리 등의 공통된 요소를 추출하여 문제를 해결한 다음, 그 적용의 폭을 확장시키고자 보다 강한 추상성을 갖는 개념이나 원리로 발전시켜 왔다. 우리에게 주어진 업무를 처리하기 위해서는 집합적 사고, 함수적 사고, 도형적 사고, 통계적 사고, 논리적 사고, 연역적 사고, 귀납적 사고 등의 다양한 수학적 사고를 바탕으로 주어진 문제를 해결

할 수 있는 능력이 필요하지만, 문제 해결을 위한 수학적 사고는 이해하고 적용하기 어려운 것이 현실이다. 최근 들어 컴퓨터 기술이 발달하면서, 사람이 해결해야 할 문제를 컴퓨터가 해결하도록 함으로써 사람의 수학적 사고 능력을 보완하려는 시도가 활발하게 이루어지고 있는바, 이를 위해서는 인간의 사고 능력과 컴퓨터의 계산 능력을 통합한 '컴퓨팅 사고'에 대한 이해가 필요하다.

컴퓨팅 사고란 컴퓨터과학자에게만 적용되는 것이 아니라 누구에게나 일반적으로 적용되는 사고방식과 기술의 집합으로, 그 속에 컴퓨터과학의 기본 원리와 주요 개념은 물론 창의적이고 논리적인 사고를 위한 강력한 패러다임을 함축하고 있어, 컴퓨터과학 분야 자체의 놀라운 발전을 이끌어내고 있는 핵심요소 역할을 하고 있고, 컴퓨터과학과 다른 분야가 융합되는 경계에서 엄청난 변화를 일으키는 근본 요소로 작용하고 있다. 다양한 영역의 요소들이 융•복합되어 차원 높은 제품과 서비스가 창출되는데, 컴퓨터과학이 작용할 때 나타나는 창조성의 근원은 컴퓨팅 사고 과정에서 자연스럽게 발현된다.

창의성이란 특정 요구조건하에서 기존 정보(지식, 즉 심상이나 개념)를 새롭게 조합(combination) · 연결(connection) · 결합(association)시키는 것이나, 새롭고 유용한 어떤 것을 만들어내는 것과 관련된다. 따라서 관념의 세계, 상상의 세계를 매개로 실세계와 가상세계의 것들을 자유롭게 엮어내고 창조해내는 계산적 사고는 본질적으로 창의성과 직접 연결되어 있다. 계산적 사고는 도구 사용뿐 아니라 도구 창조의 본질 및 함축을 깊이 이해시켜 도구 창조에 능숙하게 해준다. 상상이 어떤 제약도 없이 우리 내면의 화랑(畵廊)에 어떤 상(像)을 만들어내듯, 계산적 사고는 가상세계 속에 다양한 추상체를 창조해낸다. 또한, 다수의 추상체들을 다양한 방식으로 엮어 한 차원 높은 추상체를 만들어낸다. 그리고 그 추상체를 관념 속에 허상으로 남겨두지 않고 '생명력을 가진 실체'로 만들어 실세계에서 우리가 처한 문제를 해결하게 만드는 것까지 생각하기에 계산적 사고는 창의성의 모든 요소를 가지고 있다. [Wang, 2006]

"1부터 10까지의 양의 정수의 합을 구하라"는 문제를 해결하는 방법을 생각해보자. 이 문제의 답을 구하는 과정은 두 가지 방법으로 생각해볼 수 있다.

첫 번째는 수학적 사고에 기초한 것으로 독일의 수학자 가우스(Friedrich Gauss, 1777~1855)의 덧셈 방법이다. 아래 그림으로 나타낸 바와 같이 처음 수 1과 마지막 수 10, 둘째 수 2와 마지막 바로 앞의 수 9 등과 같이 앞뒤의 두 수를 한 쌍으로 묶어서 합한 다음 쌍의 개수를 곱하면 총합이 된다.

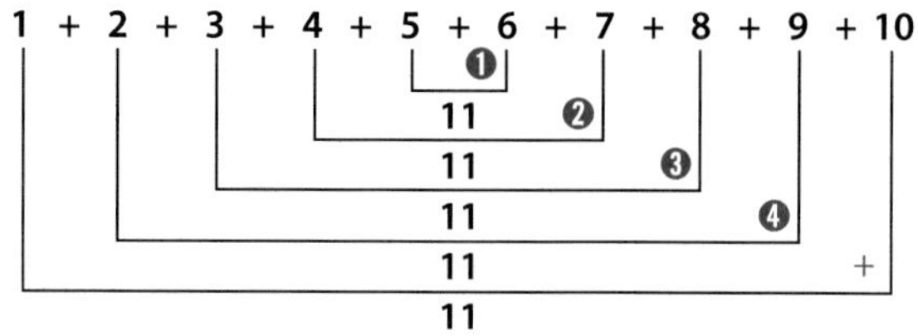

위의 과정은 아래 그림과 같이 또 다른 방법으로 나타낼 수 있다. 1부터 10까지 나열된 각 자리의 수에 10부터 1까지 역순으로 나열된 각 자리의 수를 더하면 11을 10번 더한 총합이 되는데, 이는 순서쌍의 두 배이다. 따라서, 총합을 2로 나누면 구하려는 답 즉, 11(순서쌍의 합)에 5(순서쌍의 개수 = 10 ÷ 2)를 곱하면, 총합은 55가 된다.

$$\begin{array}{r}
1 + 2 + 3 + 4 + 5 + 6 + 7 + 8 + 9 + 10 \\
+)\ 10 + 9 + 8 + 7 + 6 + 5 + 4 + 3 + 2 + 1 \\
\hline
11 + 11 + 11 + 11 + 11 + 11 + 11 + 11 + 11 + 11
\end{array}$$

이를 일반화시켜 가우스 공식으로 정의하면 다음과 같다.

$$\begin{aligned}
1\text{부터 } N\text{까지의 합} &= (N + 1) \times (N \div 2) \\
&= [N \times (N + 1)] \div 2
\end{aligned}$$

두 번째 방법은 사람이 행하는 가장 원시적인 방법으로 직관 또는 컴퓨터 논리에 의거하여 다음과 같이 순서대로 더해 나가는 것이다. 첫 번째 방법과 비교한다면 이와 같은 방법을 어려워하는 사람이 있을까?

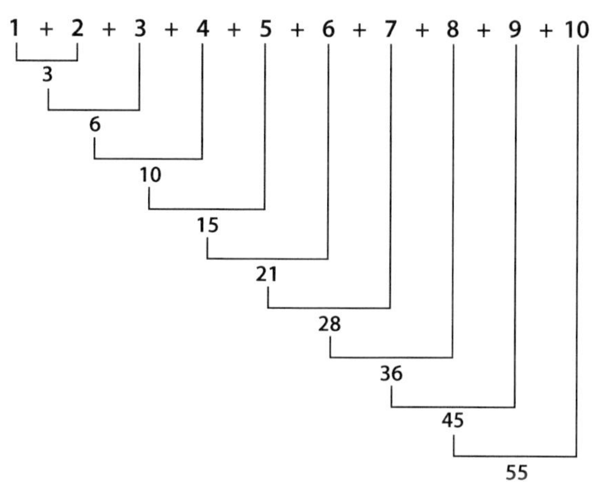

다만, N이 100만 넘어서도 사람이 할 일은 아닌 것으로 생각하는 사람이 나타나기 시작할 것이다. 그렇다면 컴퓨터가 이 일을 한다면 어떨까? 1초에 덧셈 연산을 50

억 번쯤 처리할 수 있는 요즘의 컴퓨터라면 N이 큰 수라 하더라도 눈 깜짝할 사이에 결과를 만들어 낼 수 있다. 앞으로 배우게 되겠지만, 위의 문제는 다음과 같은 간단한 명령어만으로도 컴퓨터를 이용해 답을 구할 수 있다. 이해를 돕기 위하여, 각 문장의 끝에 #으로 시작되는 주석문으로 명령문을 설명하였다.

n = 100	# 100까지의 합을 구하기 위해 마지막 수를 변수 n에 저장한다.
sum = 0	# 정수의 합을 누적하기 위한 변수를 준비하고 비워둔다.
for i in range(n+1):	# 자연수 집합 {1,2, ..., 100}의 각 원소를 차례로 i에 대입해 가며,
sum = sum + i	# 변수 i에 저장된 값을 변수 sum에 누적한다(총 100번 수행됨).
print (sum)	# 변수sum에 누적되어 저장된 총합 5050을 출력한다.

이것이 컴퓨터를 사용하거나, 컴퓨팅 사고로 문제를 해결해야 하는 이유이다. 그렇다면, 컴퓨팅 사고란 무엇일까? 위키 백과에서는 컴퓨팅 사고에 관하여 다음과 같이 다양하게 정의하고 있다.

- 데이터를 논리적으로 구성하고 분석하는 것
- 문제를 작은 부분 문제들로 나누어서 해결하는 것
- 패턴 인식(규칙 찾기) 및 추상화 과정을 거쳐 새롭고 다양한 방식으로 문제를 표현하는 것
- 반복이나 순환 기호로 표현하기, 논리 연산과 같은 프로그래밍 방식 사고 기술을 사용하여 문제에 접근하는 것
- 일련의 단계를 사용하여 문제를 해결하기 위해 문제를 재구성하는 것
- 효율적이고 효과적인 단계와 자원을 결합하여 가능한 해결책을 식별, 분석, 구현하는 것
- 특정한 문제를 위한 해결 과정을 다양한 문제로 일반화하는 것

컴퓨팅 사고는 문제를 효율적으로 해결하기 위해 컴퓨터의 능력에 인간의 사고력을 융합시킨 것으로 요약할 수 있다.

2.4 컴퓨팅 사고의 구성 요소와 적용 단계

미국 카네기 멜런 대학교의 컴퓨터과학과 지넷 윙(Jeannette M. Wing) 교수는 'Communications of the ACM'에 게재한 글에서 '컴퓨팅 사고'는 실제 세계의 문제를 이해하고 해결 가능한 상태로 표현하기 위한 사고 과정인 [추상화(Abstraction)]

과정과 추상화 과정에서 만들어진 모델이나 알고리즘을 컴퓨터가 이해할 수 있는 프로그래밍 언어로 표현하고 실행하여 원래의 목적에 부합하는지를 평가하는 [자동화(Automation)] 과정으로 구성된다고 주장하였다. 미국의 컴퓨터과학 교사연합인 CSTA, 교육 분야 기술 국제 모임인 ISTE, 그리고 Google에서는 컴퓨팅 사고력을 구체화시키기 위한 많은 연구를 통해 하위 사고력을 정의하였는데, 요약하면 표 2-1과 같다.

표 2-1 ▸ 컴퓨팅 사고의 구성 요소

<table>
<tr><th>Wing(2008)</th><th>CSTA & ISTE(2011)</th><th>Google for Edu.(2015)</th></tr>
<tr><td rowspan="3">문제 이해
(Problem Understanding)</td><td colspan="2">자료 수집(Data Collection)</td></tr>
<tr><td colspan="2">자료 분석(Data Analysis)</td></tr>
<tr><td colspan="2">자료 표현(Data Representation)</td></tr>
<tr><td rowspan="4">추상화
(Abstraction)</td><td colspan="2">문제 분해(Problem Decomposition)</td></tr>
<tr><td rowspan="2">추상화(Abstraction)</td><td>추상화(Abstraction)</td></tr>
<tr><td>패턴 일반화(규칙 찾기)
(Pattern Generalization)</td></tr>
<tr><td>알고리즘 및 절차
(Algorithm & Procedure)</td><td>알고리즘 설계
(Algorithm Design)</td></tr>
<tr><td rowspan="3">자동화
(Automation)</td><td colspan="2">자동화(Automation)</td></tr>
<tr><td colspan="2">병렬화(Parallelization)</td></tr>
<tr><td colspan="2">시뮬레이션 (Simulation)</td></tr>
</table>

표 2-2는 컴퓨팅 사고의 하위 구성 요소에 대한 의미를 설명하였다.

표 2-2 ▸ 컴퓨팅 사고 구성 요소의 의미

자료 수집	해결해야 할 문제와 관련된 알맞은 자료를 수집한다.
자료 분석	수집된 자료를 분석하고 패턴(규칙)을 찾아 문제를 이해한다.
자료 표현	분석된 데이터를 적절한 그래프, 차트, 글, 그림으로 표현한다.
문제 분해	문제나 데이터를 작고 다루기 쉬운 여러 부분으로 나눈다.
패턴 인식(규칙 찾기)	문제 해결 과정에 적용될 규칙을 포함하는 패턴(규칙)을 찾아낸다.
추상화	통합적으로 파악할 수 있는 중심적 아이디어를 추출해 낸다.
알고리즘 설계	문제를 해결하는 일련의 순서화된 명령어인 알고리즘을 설계한다.
시뮬레이션	모의실험을 위한 시범 모델을 실행하여 결과를 파악해 본다.
자동화	컴퓨터가 수행할 수 있는 형태로 해결책을 나타내고 수행시킨다.

컴퓨팅 사고의 발상은 컴퓨터의 능력과 사람의 사고 능력을 융합하여 문제를 효율

적으로 해결하려는 데 있다. 그러기 위해서는 문제를 효율적으로 해결하는 방법을 찾아내기 위해 깊은 사고를 통해 문제를 분석하여 이해하고, 추상화 과정(분해/규칙 찾기)을 거쳐 해결방법을 도출한 다음, 그 결과를 알고리즘으로 설계해야 한다. 완성된 알고리즘은 자동화 과정(프로그래밍/실행 및 결과 분석)을 통해 프로그래밍하여 컴퓨터에 실행시킨 다음 처리 결과를 평가하게 된다. 그림 2-2는 문제 해결 과정에 컴퓨팅 사고가 적용되어 문제가 해결되는 과정을 보여 준다.

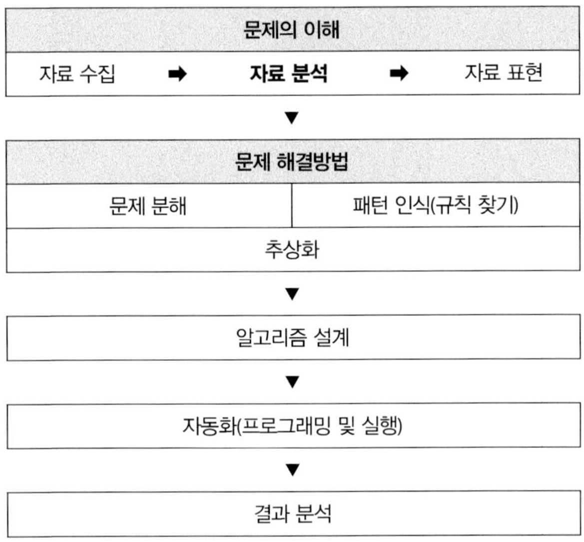

그림 2-2 ▸ 컴퓨팅 사고가 적용된 문제 해결 과정

2.5 알고리즘 설계 방법

알고리즘이란?

수학적 사고에 기초하건 컴퓨팅 사고에 기초하건 간에, 문제 해결방법이 결정되면 주어진 문제를 효율적으로 해결하기 위한 구체적인 방법과 절차가 필요하다. 알고리즘은 9세기 페르시아의 수학자인 무하마드 알콰리즈미(Muhammad al-Kwarizmi)의 이름을 라틴어화한 algorismus에서 따온 용어로, 어떤 작업을 수행하기 위한 절차를 말하며, 사람이 주어진 문제를 효율적으로 해결하는데 필요한 '설계도'와 같은 역할을 한다.

알고리즘을 설계하고 분석하기

집의 기초를 모래로 만들거나, 기둥 없이 지붕을 올릴 수 없듯이, 문제 해결 과정에도 튼튼한 기초와 올바른 순서가 필요하다. 훌륭한 설계도가 있어야 튼튼하고 아름다운 집을 지을 수 있는 것처럼 알고리즘의 설계 또한 문제를 해결하는 과정에 있어서 매우 중요한 작업이다. 알고리즘의 설계란 구체적인 문제 해결 방안을 단계별로 만들어 가는 과정을 말한다. 단순한 문제는 효율적인 알고리즘을 쉽게 구할 수 있지만, 대부분의 문제들은 효율적인 알고리즘을 찾는 것이 쉽지 않다. 따라서 좋은 알고리즘을 얻기 위하여 알고리즘을 설계할 때 다음과 같은 사항들을 고려해야 한다.

첫째, 문제를 해결하는 알고리즘을 찾기 전에 먼저 문제를 완벽하게 이해해야 한다. 그러기 위해서는 문제가 요구하는 결과가 무엇이고, 주어진 조건이 무엇인지 명확하게 분석해야 한다.

둘째, 해결하려는 문제와 유사한 유형의 문제를 해결할 수 있는 일반적인 알고리즘을 익혀야 한다. 다른 사람들이 개발한 알고리즘 기법들을 이해할 때 새롭고 유용한 알고리즘을 보다 쉽게 설계할 수 있기 때문이다.

셋째, 주어진 문제가 크거나 해결하는 과정이 복잡한 경우에는 문제를 여러 개의 작은 단위로 나누어 공략하는 것이 바람직하다.

구조적 프로그래밍(Structured Programming)은 1960년대 말 네덜란드의 E. W. Dijkstra 교수에 의해 개발된 프로그래밍 방식으로, 해결해야 할 문제를 순차(Sequence) / 선택(Selection) / 반복(Repetition) 등의 3요소로 프로그래밍할 수 있으며, 이와 같은 방식으로 작성된 프로그램에서는 하나의 출발점에서 출발하면 뒤에는 각각 판단 과정에서 논리의 흐름이 분기되어 전개되므로 역행이나 건너뛸 필요가 없다. 따라서 이 방법을 따르면 신속하고 정확하게 프로그램을 작성할 수 있으며 수정 시에도 명료하고 간결하게 처리됨으로 프로그램의 생산성을 높여 보수비용을 현저하게 감소시킬 수 있는 방법이다.

알고리즘의 표현 방법

문제의 해결 과정을 체계적으로 설계하고 구조화하기 위해, 알고리즘은 순차 구조, 선택 구조, 반복 구조 등 3가지 기본 구조를 사용하는 순서도(Flowchart)로 표현하거나, 자연어에 가까운 의사-코드(Pseudo-code)로 나타낼 수 있다. 표 2-3에서는 순서도와 의사코드를 이용하여 나타낸 알고리즘 설계의 예를 보여준다.

표 2-3 ▸ 3개의 기본 구조를 활용한 알고리즘 설계의 예

기본 구조	순서도	의사코드
순차 구조	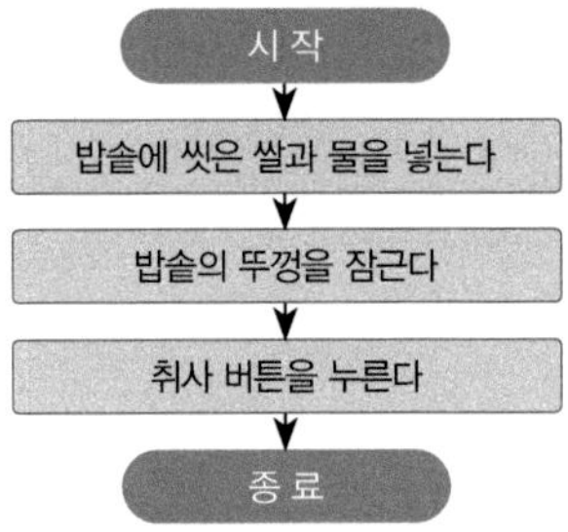	밥솥에 씻은 쌀과 물을 넣는다. 밥솥의 뚜껑을 잠근다. 취사 버튼을 누른다.
선택 구조	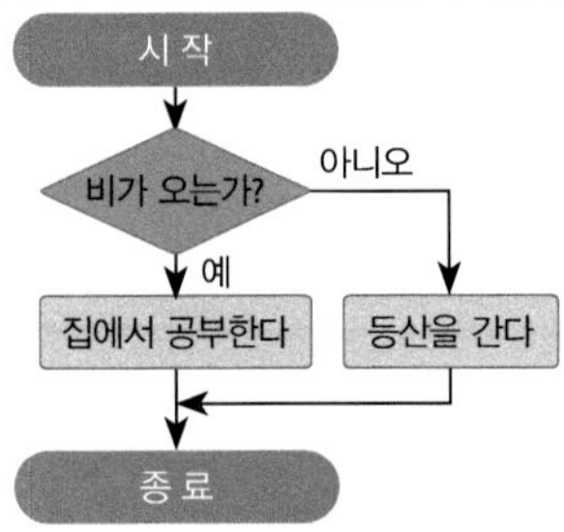	if (비가 온다) then (집에서 공부한다) else (등산을 간다)
반복 구조	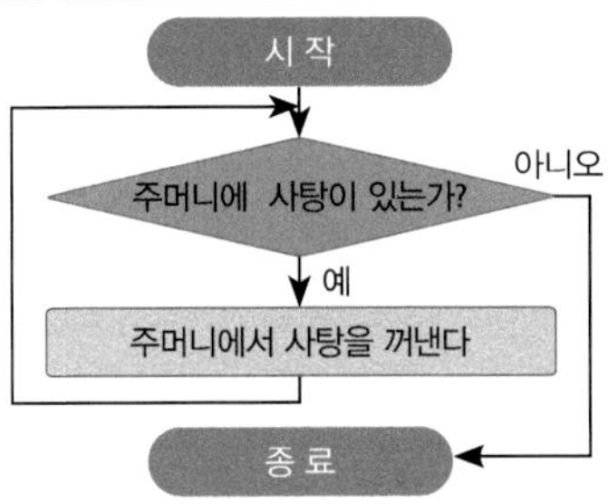	while (주머니에 사탕이 있다) do (주머니에서 사탕을 꺼낸다) end

알고리즘의 분석

알고리즘 분석의 필요성

우리가 가방이나 옷을 살 때에는 인터넷 쇼핑몰, 시장, 백화점 등에서 가격과 품질을 비교한 후에 품질도 좋고 가격도 저렴한 곳에서 구입하게 된다. 또 다른 예로, 집에서 학교까지 갈 때 첫 번째는 걸어서 가는 경우, 두 번째는 버스를 타고 가는 경우, 그리고 마지막으로 택시를 타고 가는 경우의 세 가지 방법이 있다고 가정해 보자. 우리는 머릿속에서 교통비, 걸리는 시간, 편안함 등의 요인을 고려해서 세 가지 방법 중 하나를 선택할 것이다. 이와 같이 어떤 문제를 해결하는데 알고리즘이 두 가지 이상 있을 경우에 그들 중 하나를 선택하려면 어느 알고리즘이 더 단순하다던가 아니면 어떤 알고리즘이 더 효율적인가 등으로 알고리즘을 분석하여 가장 좋은 알고리즘을 찾아야 한다. 즉, 동일한 문제를 해결하는데 여러 가지 알고리즘

이 있다면 각 알고리즘의 효율성을 고려하여 어느 알고리즘이 최선의 해결책인지를 찾을 수 있어야 한다. 이러한 과정을 알고리즘 분석이라 한다.

알고리즘을 분석하는 이유는 동일한 작업을 수행하는 여러 알고리즘을 비교하기 위하여, 주어진 문제에 입력되는 데이터의 양의 관점에서 결과를 얻는 데 얼마나 많은 시간이 걸리는 가를 예측하기 위함이다. 입력 데이터의 크기가 클 경우 알고리즘의 수행 시간에 관심을 갖게 되며, 그 경우 효율적인 알고리즘을 설계하는 것이 매우 중요하게 된다.

알고리즘 분석의 기준

동일한 문제를 해결하는 알고리즘이 여러 개 존재할 때 무엇을 기준으로 효율적인 알고리즘인지 판단할 것인가? 앞에서 예를 든 집에서 학교까지 가는 세 가지 방법은 필요한 교통비나 걸리는 시간을 기준으로 비교할 수 있다. 교통비를 기준으로 비교한다면, [걸어서 간다 → 버스를 타고 간다 → 택시를 타고 간다]의 순서대로 선택이 될 것이다. 이에 반해 걸리는 시간을 기준으로 비교한다면 [택시를 타고 간다 → 버스를 타고 간다 → 걸어서 간다]의 순서대로 선택될 것이다. 그렇다면, 컴퓨터에서 동작하는 알고리즘이라면 어떤 기준으로 각 알고리즘의 우열을 판단할 수 있을까? 일반적으로 어떤 문제를 정확하고 효율적으로 처리하는 알고리즘인가를 분석하기 위한 기준으로 정확성, 작업량, 기억장소 사용량, 단순성, 최적성 등을 들 수 있다.

- **정확성**: 알고리즘을 수행하는데 필요한 입력 자료와 알고리즘 수행 후에 출력되는 자료는 정확해야 한다. 짧고 단순한 문제는 종이와 연필로 알고리즘의 정확성을 쉽고 간단하게 증명할 수 있어야 한다. 반면에, 복잡한 알고리즘은 전체 알고리즘을 작은 단위로 나누어서 각각의 작은 단위의 알고리즘이 올바르게 실행되는 것을 증명하여 전체 알고리즘이 정확하도록 해야 한다.
- **작업량과 처리 속도**: 문제 해결을 위해 필요한 작업량을 알 수 있다면 같은 문제를 해결하는 여러 알고리즘 중에서 가장 적은 작업량을 갖는 알고리즘을 선택하는 것이 최선의 방법이다. 알고리즘의 작업량을 계산하는 방법에는 알고리즘이 실행되는 데 걸리는 시간을 측정하는 방법과 프로그램에서 실행되는 모든 연산의 개수를 세어 보는 방법 등이 있다.

실습예제 2-1

임의의 양의 정수 n을 입력받아, 1부터 n까지의 합을 구하는 알고리즘을 다음과 같이 두 가지 방법으로 설계하였다. 수행시간을 비교해보자.

<table>
<tr><th>A (컴퓨팅 사고)</th><th>B (수학적 사고)</th></tr>
<tr><td>
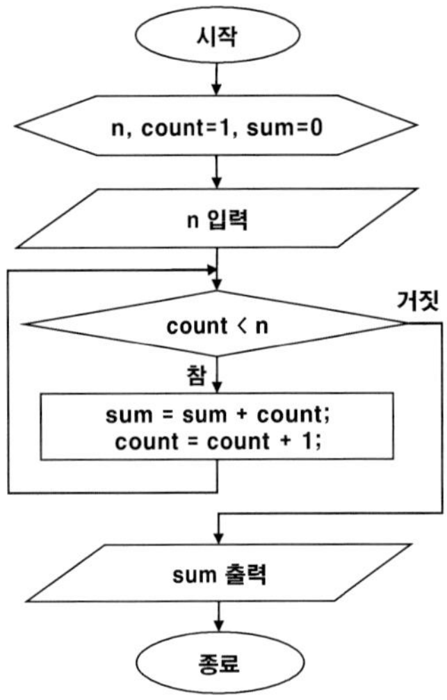

</td><td>
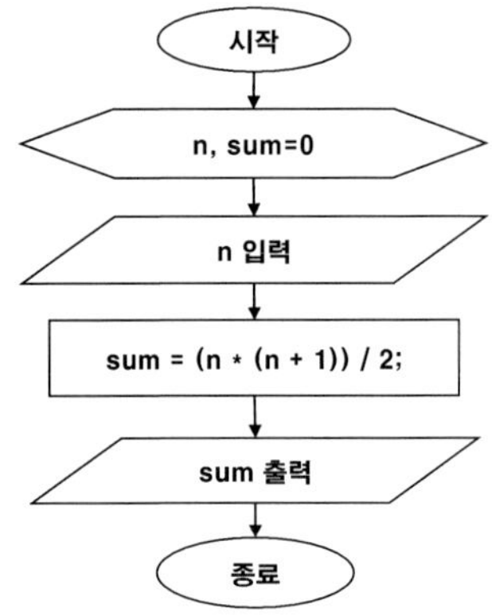

</td></tr>
<tr><td>1에서 n까지의 합을 구하기 위해 반복형 구조를 사용하여 작성한 알고리즘이다. 반복 구조를 약 n번 반복해야 하므로, 1에서 100까지 구하려면 약 100번을 반복해야 한다.</td><td>1에서 n까지의 합을 구하는 공식을 사용하여 작성한 알고리즘이다. A의 경우와 달리 단순히 순차적 구조만을 가지고 있으며, 입력되는 n값에 관계없이 실행 횟수는 같다.</td></tr>
</table>

- **기억 장소 사용량**: 프로그램이 실행될 때에는 명령어, 변수, 상수, 또는 입력 자료를 저장하기 위한 공간이 필요하다. 그리고 프로그램이 실행되는 동안 변경된 자료를 저장하는 공간 또한 필요하다. 적은 작업량과 적은 기억장소를 필요로 하는 것이 좋은 알고리즘이다. 하지만 요즘에는 중앙처리장치의 처리 속도가 매우 빠르고, 기억 장치의 용량이 크기 때문에 작업량이나 기억 장소의 사용량 보다는 이해하기 쉬운 알고리즘을 더 중시하는 추세이다.
- **단순성**: 알고리즘은 간단하게 설계하는 것이 중요하다. 알고리즘이 단순하면 알고리즘의 정확성을 증명하는 것이 쉬워지고 프로그램의 작성이나 수정이 수월해지기 때문이다.
- **최적성**: 최적성은 같은 문제를 해결하는 여러 알고리즘 중에서 더 적은 수의 연산을 수행하는 알고리즘을 선택하는 것을 의미한다. 최적이라는 것은 가장 잘 알려진 것이라기보다 가장 좋다는 의미이다.

알고리즘 설계의 예

0에서부터 시작하여 입력한 숫자까지의 홀수만을 출력하는 문제

<table>
<tr><th>의사코드 알고리즘</th><th>순서도</th></tr>
<tr><td>

[문제 분석]

입력한 수까지 홀수만을 출력한다.

[입력]

양의 정수를 입력한다.

[출력]

0에서부터 입력한 양의 정수까지의 홀수를 출력한다.

[알고리즘 설계]

1) 홀수 처리를 위한 변수 ODD를 만들고 0으로 설정(ODD=0)
2) 숫자 입력받아 N에 저장
3) 홀수 생성한다(ODD=ODD+1)
4) 홀수를 출력한다(PRINT ODD)
5) 홀수 값 출력을 위해 ODD값을 증가시킨다(ODD=ODD+1)
6) 현재의 홀수 값을 입력받은 수와 비교 (ODD>=N)
7) 조건 만족하지 않으면 3)으로 이동
8) 조건 만족하면 프로그램 종료

</td><td>

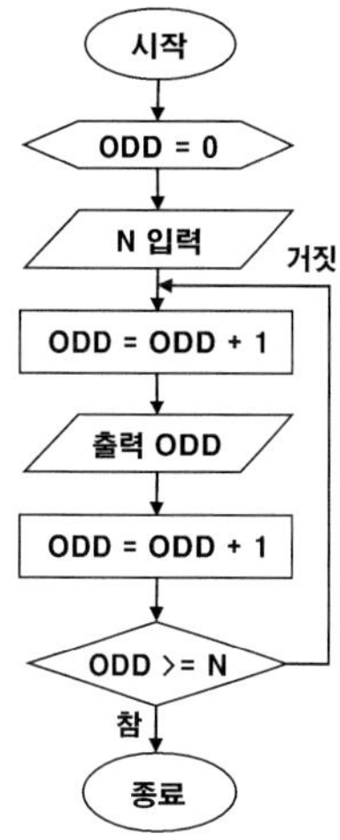

</td></tr>
</table>

입력한 숫자가 양수, 0, 아니면 음수인지 구분하는 문제

<table>
<tr><th>의사코드 알고리즘</th><th>순서도</th></tr>
<tr><td>

[문제 분석]

입력받은 숫자가 0보다 큰지, 같은지, 작은지를 판별한다.

[입력]

임의의 숫자를 입력한다.

[출력]

"양수, 0, 음수" 중 하나를 출력

[알고리즘 설계]

1) 변수 생성(N)
2) 숫자를 입력받아 변수에 저장
3) 변수의 값을 0과 비교(N==0, N>0, N<0)
4) 비교한 결과에 따라 "양수, 0, 음수" 중 하나를 출력
5) 프로그램 종료

</td><td>

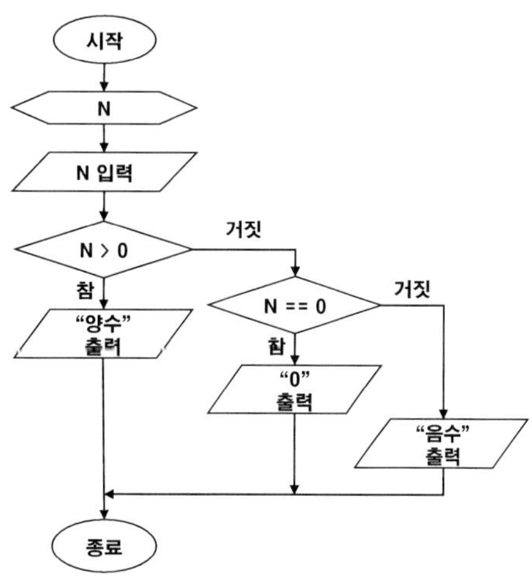

</td></tr>
</table>

2.6 문제 해결 과정

문제 해결 과정은 다음과 같이 요약할 수 있다.

문제의 이해

문제를 해결하기 위해서는 문제 상황을 정확하게 이해한 다음, 문제의 현재 상태와 목표 상태를 정의한다. 목표 상태에 도달하기 위해서는 수행해야 할 작업을 파악하는 것이 중요하다. 이를 위해서는 문제에 주어지거나 문제를 해결하는데 필요한 자료를 수집한 다음, 이를 분석하여 문제를 이해하고, 분석된 자료들을 표현한다.

자료 수집

문제를 해결하기 위해서는 가장 먼저 문제 상황을 명확하게 인식한 다음 문제를 해결하는데 필요한 자료를 수집해야 한다. 문제를 잘못 이해하고 자료를 수집하게 되면 전혀 다른 방향으로 문제 해결이 이루어질 수 있다. 문제를 올바르게 인식했다면 그 문제를 해결하는데 필요한 자료가 무엇인지 정확하게 파악한다. 문제와 관련된 다양한 자료는 문제를 해결하는데 직접적으로 관련되거나 문제 해결의 단서를 제공한다.

자료 수집 방법은 어떤 정보를 얻기 위해 자료를 수집하느냐에 따라 달라질 수 있다. 만약 다른 사람들의 생각과 의견을 알고 싶다면 질문지법을, 연구 대상을 직접 만나서 그들에게 연구 내용을 질문하고 연구 대상자의 의견, 감정 등을 파악하고 싶다면 면접법을 이용한다. 또한, 실험에 의한 자료 수집, 관찰 및 조사로 수집된 통계 등을 이용한다. 이처럼 하나의 문제 해결을 위해 다양한 자료를 여러 가지 방법으로 수집할 수 있다.우리는 인터넷에서 다양한 온라인 도구나 웹 사이트를 이용하여 자료를 수집할 수도 있다. 예를 들어, 그림 2-1에 주어진 사례 문제를 해결하기 위해 수행한 자료 수집 결과는 그림 2-3과 같다.

들판의 참새 떼

[문제 이해] - 자료 수집

(1) 처음에 들판에서 놀고 있던 참새의 수: ? 마리
(2) 더 날아온 참새의 수: 2 마리
(3) 들판의 참새들의 몇 배가 더 날아왔나?: 5 배
(4) 저녁노을이 질 무렵 몇 마리가 숲으로 돌아갔는가?: 10 마리
(5) 풀 속에 남아 숨은 남은 참새의 수는?: 20 마리

그림 2-3 ▸ 참새의 개체 수 세기 문제를 해결하기 위한 자료 수집

자료 분석

자료를 수집하고 분류한 다음에는 자료에서 의미를 찾고 그 자료를 문제 해결에 어떻게 활용할 수 있는 지에 대한 분석 과정이 필요하다.

예를 들어, 그림 2-1에 주어진 사례 문제를 해결하기 위해 수행한 자료 분석 결과는 그림 2-4와 같다.

들판의 참새 떼

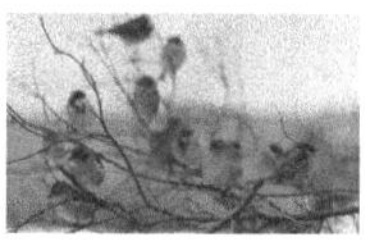

[문제 이해] - 자료 분석

(1) 처음에 들판에서 놀고 있던 참새의 수: x 마리
(2) 더 날아온 참새의 수: 2 마리
(3) 들판의 참새들의 몇 배가 더 날아왔나?: 5 배
(4) 저녁노을이 질 무렵 몇 마리가 숲으로 돌아갔는가?: 10 마리
(5) 풀 속에 남아 숨은 남은 참새의 수는?: 20 마리

(5배 + 1배) × (x + 2마리) − 10마리 = 20 마리

그림 2-4 ▸ 참새의 개체 수 세기 문제를 해결하기 위한 자료 분석

자료 표현

수집된 자료는 표나 그래프, 차트 등의 형태로 구조화하여 표현한다. 자료를 파악하기 쉬운 형태로 구조화함으로써 자료 간의 흐름과 관계를 쉽게 파악하여 문제 해결에 이르는 실마리를 찾을 수 있다. 이 때 쉽게 이해할 수 있는 방식으로 표현한다면 문제 해결에 더욱 효율적일 수 있다.

예를 들어, 그림 2-1에 주어진 사례 문제를 해결하기 위해 수행한 자료 표현 결과는 그림 2-5와 같다.

들판의 참새 떼

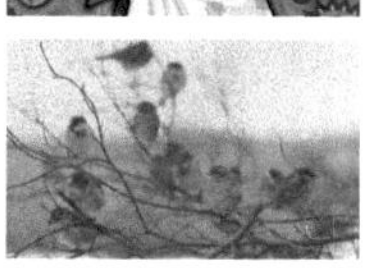

[문제 이해] - 자료 표현

(1) 처음에 들판에서 놀고 있던 참새의 수 (x): x = ?
(2) 더 날아온 참새의 수 (a): a = 2
(3) 들판의 참새들의 몇 배가 더 날아왔나? (b): b = 5
(4) 저녁노을이 질 무렵 몇 마리가 숲으로 돌아갔는가? (c): c = 10
(5) 풀 속에 남아 숨은 남은 참새의 수는? (d): d = 20

$$(b + 1) \times (x + a) - c = d$$
$$x = (c + d)/(b + 1) - a = (10+20)/(5+1) - 2 = 3$$

그림 2-5 ▸ 참새의 개체 수 세기 문제를 해결하기 위한 자료 표현

추상화(문제 분해 / 규칙 찾기 / 알고리즘 설계)

크고 복잡한 하나의 문제는 작고 다루기 쉬운 여러 단위의 문제로 나누어 각각의 단위 문제를 해결한 다음 이들을 통합하는 방식으로 해결할 수 있다. 나누어진 단위 문제들을 이용하면 문제 해결 과정을 개략적으로 표현해 전체를 직관해 볼 수 있게 하는 일련의 추상화 과정을 수행할 수 있다.

문제 해결 과정이 포함된 알고리즘을 구상한다. 알고리즘을 구체적이고 정확하게 표현하고 논리적인 순서로 작성하여 시행착오를 줄인다. 알고리즘은 문서 전체의 흐름을 파악하는데 유용하다.

예를 들어, 그림 2-1에 주어진 사례 문제를 해결하기 위해 수행한 수학적 사고에 기초한 알고리즘 설계 결과는 그림 2-6과 같다.

들판의 참새 떼

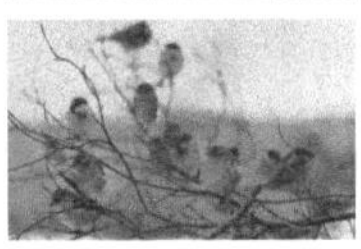

[문제 해결] - 알고리즘 설계

(1) x = ?
(2) a = 2
(3) b = 5
(4) c = 10
(5) d = 20

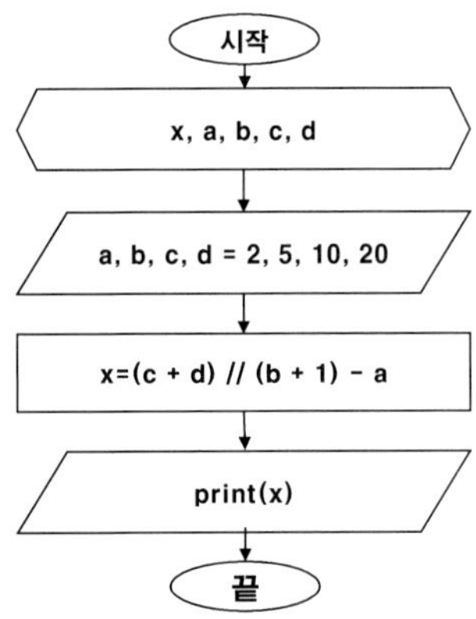

그림 2-6 ▸ 참새의 개체 수 세기 문제를 해결하기 위한 알고리즘

자동화(프로그래밍 / 실행 및 결과 분석)

설계한 알고리즘을 토대로 파이썬 프로그래밍 언어를 사용하여 문제를 해결하는 프로그램을 작성한다. 예를 들어, 그림 2-1에 주어진 사례 문제를 해결하기 위해 파이썬(Python) 언어를 이용하여 프로그래밍한 결과는 그림 2-7과 같다.

들판의 참새 떼

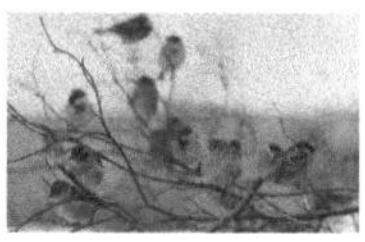

[문제 해결] - 프로그램 작성

(1) x = ?
(2) a = 2
(3) b = 5
(4) c = 10
(5) d = 20

```
a, b, c, d = 2, 5, 10, 20
x = (c + d) // (b + 1) – a
print (x)
```

그림 2-7 ▸ 참새의 개체 수 세기 문제를 해결하기 위한 프로그램 작성

위의 파이썬 프로그램에서 나눗셈 연산자로 사용한 연산자 '//'는 몫을 구하는 데 사용된다. 살아있는 참새의 수를 정수로 표현하기 위함이다.

프로그램 실행 및 결과 분석

그림 2-1에 주어진 사례 문제를 해결하기 위해 작성한 그림 2-7 프로그램의 실행 및 분석 결과는 그림 2-8과 같다.

들판의 참새 떼

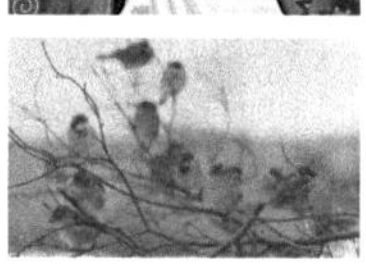

[문제 해결] - 프로그램 실행 및 결과 분석

[자동화]

(1) 소스 프로그램 작성

```
ex3_1.py - D:₩CTnPS₩ch03₩ex3_1.py (3.7.0)
File  Edit  Format  Run  Options  Window  Help
a, b, c, d = 2, 5, 10, 20
x = (c + d) // (b + 1) - a
print (x)
                                        Ln: 5  Col: 9
```

(2) 실행 결과

```
Python 3.7.0 Shell
File  Edit  Shell  Debug  Options  Window  Help
>>>
====================== RESTART: D:\CTnPS\ch03\ex
3_1.py ======================
3
>>>
                                        Ln: 6  Col: 4
```

처음
참새의 수
3마리

그림 2-8 ▸ 참새의 개체 수 세기 문제를 해결하기 위한 프로그램 실행 및 결과 분석

2.7 문제 해결 사례 분석

분석문제 1 용수철의 길이 구하기

용수철의 길이 구하기

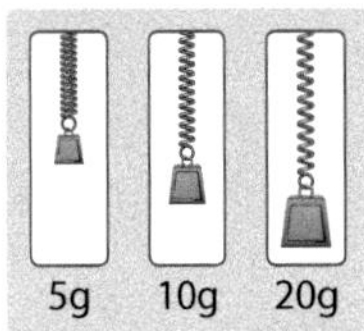

[응용문제 1]

10g짜리 추 (n1)개를 달았을 때 용수철의 길이는 (m1)cm 이고,
10g짜리 추 (n2)개를 달았을 때 용수철의 길이는 (m2)cm 입니다.
추를 달지 않았을 때 용수철의 길이는 몇 cm 입니까?
입력되는 값은 (n1) 보다 (n2)가 큽니다.

콘솔(console, 키보드)에서 n1, m1, n2, m2를 입력받아서 추를 달지 않았을 때 용수철의 길이를 구하여 보세요.

그림 2-9 ▸ 용수철의 길이 구하기 문제

- **배경지식**: 용수철(龍鬚鐵)은 용수(龍鬚)의 성질을 가진 쇠를 가리킨다. 이때 용수는 돌돌 말린 용의 수염을 일컫는데, 이 용의 수염을 잡아 당겨 곧게 펴더라도 돌돌 말린 모양으로 되돌아간다고 전해진다. 용수철이란 이름은 이러한 탄성체의 복원력을 빗대어 붙여진 이름으로 기계 에너지를 축적하는 데 쓰이는 탄력이 있는 물체이다. 용수철은 보통 강철로 만든다. 코일이 없는 단순한 용수철은 인류 역사 속에서 화살과 같은 데에 사용되었다. 청동기 시대에는 여러 문화에 핀셋이 널리 쓰인 것으로 보아 더 복잡한 용수철 장치들이 사용되었음을 알 수 있다. 알렉산드리아의 크테시비우스는 주석의 비중을 높여 청과 합금하여 주조한 뒤에 두들겨 단단하게 만들어냄으로써 용수철과 같은 특성이 있는 청동을 만드는 방법을 개발하였다.

  코일 형태의 용수철은 15세기에 나타났다. 최초의 용수철로 동작하는 회중 시계는 1524년에 피터 헨레인이 발명하였다. 이에 이어 1556년에는 Taqi al-Din과 헨레인이 용수철로 동작하는 시계를 처음 만들어 냈다. 또, 1559년에는 al-Din이 용수철로 동작하는 천문 시계를 처음으로 발명하였다. 크리스티안 하위헌스도 1675년에 용수철을 발명하였다.

생각해보기

문제 이해 → 추상화 → 자동화

문제의 이해

- **자료 수집**: 그림 2-9에 주어진 응용 문제를 해결하기 위해 수행한 자료 수집 결과는 그림 2-10과 같다.

용수철의 길이 구하기

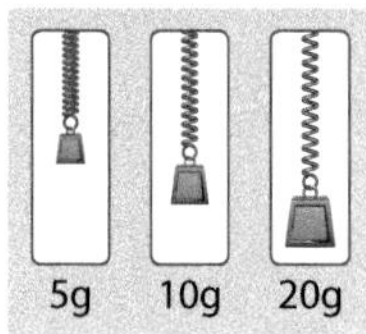

[문제 이해] - 자료 수집

가정: n1, m1, n2, m2 = 1, 12, 3, 16

(1) 처음에 추를 몇 개 달았는가?: 1 개
(2) (1)일 때 용수철의 길이는 얼마인가?: 12 cm
(3) 다음에 추를 몇 개 달았는가?: 3 개
(4) (3)일 때 용수철의 길이는 얼마인가?: 16 cm

그림 2-10 ▸ 용수철의 길이 구하기 문제를 해결하기 위한 자료 수집

- **자료 분석**: 그림 2-9에 주어진 응용 문제를 해결하기 위해 수행한 자료 분석 결과는 그림 2-11과 같다.

용수철의 길이 구하기

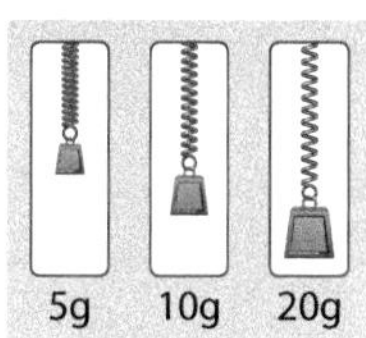

[문제 이해] - 자료 분석

(1) 추를 1개 달았을 때의 용수철 길이: 12cm
(2) 추 1개로 늘어나는 용수철의 길이: (16 − 12) ÷ (3 − 1) = 2cm
(3) 추를 달지 않았을 때 용수철의 길이: x = (1) − (2)

$$x = 12 - ((16 - 12) \div (3 - 1)) = 10\text{cm}$$

그림 2-11 ▸ 용수철의 길이 구하기 문제를 해결하기 위한 자료 분석

- **자료 표현**: 그림 2-9에 주어진 문제를 해결하기 위해 수행한 자료 표현 결과는 그림 2-12와 같다.

용수철의 길이 구하기

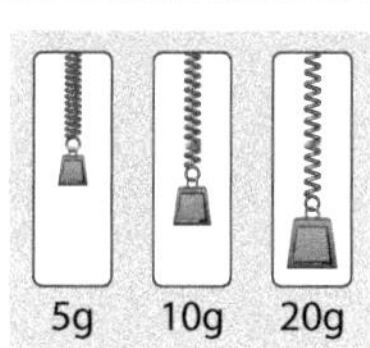

[문제 이해] - 자료 표현

(1) 처음에 추를 몇 개 달았는가? (n1): n1 = 1
(2) (1)일 때 용수철의 길이는 얼마인가? (m1): m1 = 12
(3) 다음에 추를 몇 개 달았는가? (n2): n2 = 3
(4) (3)일 때 용수철의 길이는 얼마인가? (m2): m2 = 16

$$\begin{aligned} x &= m1 - ((m2 - m1) \div (m2 - 1)) \\ &= 12 - ((16 - 12) \div (3 - 1)) \\ &= 10 \text{ cm} \end{aligned}$$

그림 2-12 ▸ 용수철의 길이 구하기 문제를 해결하기 위한 자료 표현

추상화(문제 분해/규칙 찾기/알고리즘 설계)

그림 2-9에 주어진 응용 문제를 해결하기 위해 수행한 알고리즘 설계 결과는 그림 2-13과 같다.

용수철의 길이 구하기

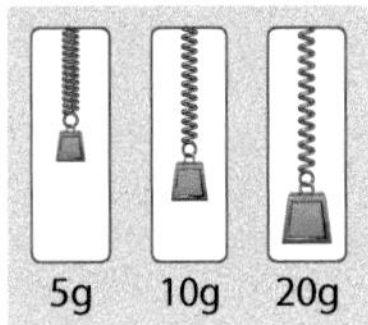

[문제 해결] - 알고리즘 설계

(1) x = ?
(2) n1 = 1
(3) m1 = 12
(4) n2 = 3
(5) m2 = 16

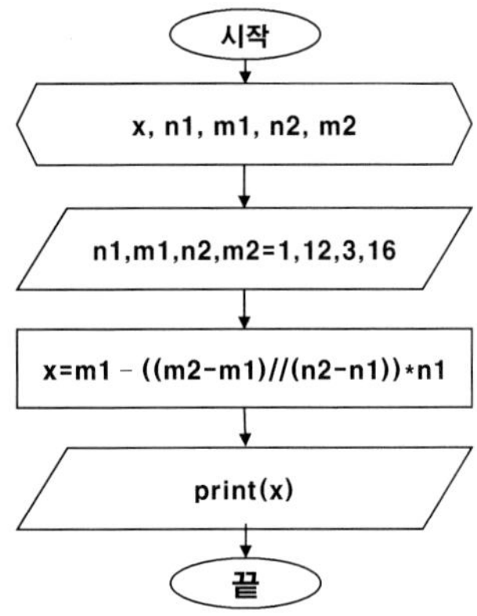

그림 2-13 ▸ 용수철의 길이 구하기 문제를 해결하기 위한 알고리즘

자동화(프로그래밍/실행 및 결과 분석)

- **프로그래밍**: 그림 2-9에 주어진 응용 문제를 해결하기 위해 파이썬 언어를 이용하여 프로그래밍한 결과는 그림 2-14와 같다.

용수철의 길이 구하기

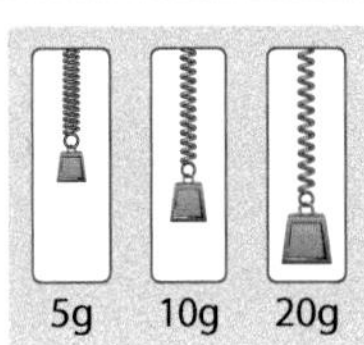

[문제 해결] - 프로그램 작성

(1) x = ?	
(2) n1 = 1	n1, m1, n2, m2 = 1, 12, 3, 16
(3) m1 = 12	x = m1 – ((m2 – m1)//(n2 – n1)) × n1
(4) n2 = 3	print (x)
(5) m2 = 16	

그림 2-14 ▸ 용수철의 길이 구하기 문제를 해결하기 위한 프로그램 작성

파이썬 프로그램에서, 나눗셈의 결과를 구하려 할 때는 '/' 연산자, 나눗셈의 몫을 구하려 할 때는 '//', 그리고 나눗셈의 나머지를 구하려 할 때는 '%' 연산자를 사용한다.

- **실행 및 결과 분석**: 그림 2-9에 주어진 응용 문제를 해결하기 위해 수행한 프로그램 실행 및 분석 결과는 그림 2-15와 같다.

용수철의 길이 구하기

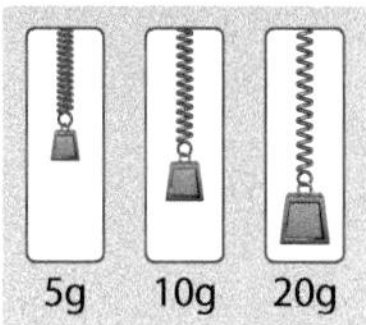

[문제 해결] - 프로그램 실행 및 결과 분석

[자동화]

(1) 소스 프로그램 작성

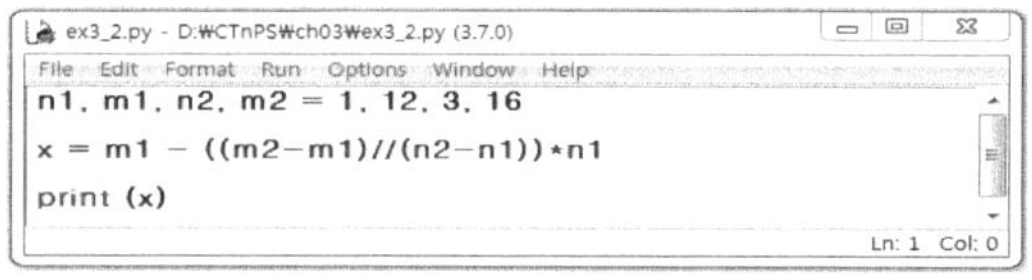


```
n1, m1, n2, m2 = 1, 12, 3, 16
x = m1 - ((m2-m1)//(n2-n1))*n1
print (x)
```

(1) x = ?
(2) n1 = 1
(3) m1 = 12
(4) n2 = 3
(5) m2 = 16

(2) 실행 결과

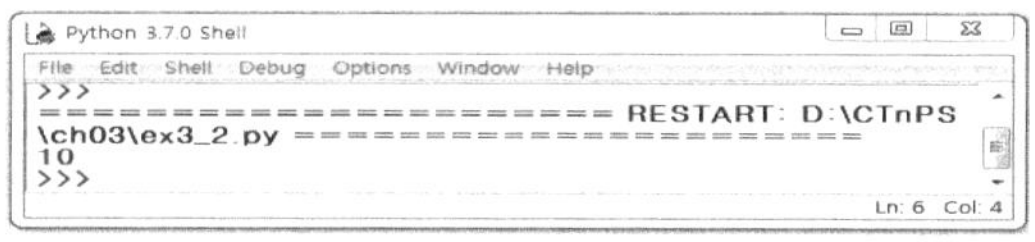


```
>>>
====================== RESTART: D:\CTnPS
\ch03\ex3_2.py ======================
10
>>>
```

그림 2-15 ▸ 용수철의 길이 구하기 문제를 해결하기 위한 프로그램 실행 및 결과 분석

분석문제 2 금화나누기

금화 나누기

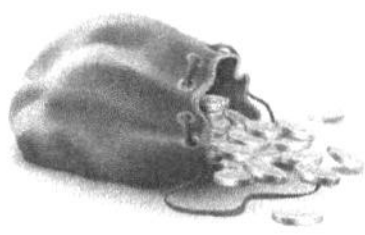

[응용문제 2]

한 사람은 빵을 a개 가져오고 다른 사람은 b개를 가져왔습니다. 그 때 나그네 한 사람이 왔습니다. 그는 빵이 없었기 때문에 여행객이 가져온 빵을 셋이서 똑같이 나누어 먹었습니다. 나그네는 감사하다고 말하면서 c개의 금화를 주고 갔습니다. 빵을 가져온 두 사람은 금화를 공정하게 나누어 가졌습니다. 그렇다면 a개의 빵을 가져온 사람과 b개의 빵을 가져온 사람은 각각 몇 개의 금화를 가졌을까요?
금화는 조각내지 않고 나누어 가질 수 있습니다.

그림 2-16 ▸ 금화 나누기 문제

- **배경지식**: 이 문제는 단순한 퍼즐형 문제가 아니며, 이러한 유형은 유체 흐름(송유관, 상하수도관 설계 등), 전기 역학(IC회로, 배전 송로 설계 등), 금융 공학(자본 투자, 금융거래 등), 네트워크 구성 등에서 빈번히 발생하는 첨단 공학과 연계되어 있는 문제이다.

생각해보기

문제 이해 → 추상화 → 자동화

변수가 있는 문제를 해결하는 것이 어렵다면 다음과 같이 상수 문제로 바꾸어 해결방법을 찾아보자.

여행객 두 사람이 차를 끓이고 식사를 하려 합니다. 한 사람은 빵을 5개 가져왔고 다른 사람은 3개를 가져 왔습니다. 그때 나그네 한 사람이 왔습니다. 그는 빵이 없었기 때문에 8개의 빵을 셋이서 똑같이 나누어 먹었습니다. 나그네는 감사하다고 말하면서 8개의 금화를 주고 갔습니다. 두 사람은 금화를 공정하게 나누어 가졌습니다. 그렇다면 5개의 빵을 가져온 사람과 3개의 빵을 가져온 사람은 각각 몇 개의 금화를 가졌을까요?

문제의 이해

- **자료 수집**: 그림 2-16에 주어진 응용 문제를 해결하기 위해 수행한 자료 수집 결과는 그림 2-17과 같다.

금화 나누기

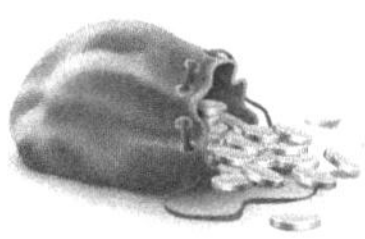

[문제 이해] - 자료 수집

(1) 5개의 빵을 가져온 사람의 빵의 조각 수?: 5 * 3 = 15 개

(2) 3개의 빵을 가져온 사람의 빵의 조각 수?: 3 * 3 = 9 개

(3) 3명 각각이 먹은 빵의 조각 수?: (15 + 9) ÷ 3 = 8

(4) 5개의 빵을 가져온 사람이 나그네에게 준 빵의 조각 수? :

15 - 8 = 7 개

(5) 3개의 빵을 가져온 사람이 나그네에게 준 빵의 조각 수? :

9 - 8 = 1 개

그림 2-17 ▸ 금화 나누기 문제를 해결하기 위한 자료 수집

- **자료 분석**: 그림 2-16에 주어진 응용 문제를 해결하기 위해 수행한 자료 분석 결과는 그림 2-18과 같다.

금화 나누기

[문제 이해] - 자료 분석

(6) 빵 없이 온 나그네가 먹은 빵의 조각 수: 8 개

(7) 빵 없이 온 나그네가 주고 간 금화의 개수: 8 개

(8) 빵 1조각 당 금화의 수: (7)의 결과 ÷ (3)의 결과 = 8 ÷ 8 = 1 개

(9) 5개의 빵을 가져온 사람이 가진 금화의 수 :

(4)의 결과 × (8)의 결과 = 7 개

(10) 3개의 빵을 가져온 사람이 가진 금화의 수 :

(5)의 결과 × (8)의 결과 = 1 × 1 = 1 개

그림 2-18 ▸ 금화 나누기 문제를 해결하기 위한 자료 분석

- **자료 표현**: 그림 2-16에 주어진 응용 문제를 해결하기 위해 수행한 자료 표현 결과는 그림 2-19와 같다.

금화 나누기

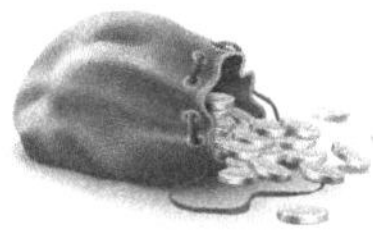

[문제 이해] - 자료 표현

가정: a, b, c = 5, 3, 8

(1) 5개의 빵을 가져온 사람의 빵의 조각 수? (pa): pa = a*3 = 15 개

(2) 3개의 빵을 가져온 사람의 빵의 조각 수? (pb): pb = b*3 = 9 개

(3) 3명 각각이 먹은 빵의 조각 수? (eat): eat = (pa + pb) ÷ 3 = 8 개

(4) 5개의 빵을 가져온 사람이 나그네에게 준 빵의 조각 수 ? (sa) :

sa = pa − eat = 15 − 8 = 7 개

(5) 3개의 빵을 가져온 사람이 나그네에게 준 빵의 조각 수 ? :

sb = pb − eat = 9 − 8 = 1 개

(6) 빵 1조각 당 금화의 수 (per): per = c ÷ eat = 8 ÷ 8 = 1 개

(7) 5개의 빵을 가져온 사람이 가진 금화의 수 (ga) :

ga = sa × per = 7 × 1 = 7 개

(8) 3개의 빵을 가져온 사람이 가진 금화의 수 :

gb = sb × per = 1 × 1 = 1 개

그림 2-19 ▸ 금화 나누기 문제를 해결하기 위한 자료 표현

추상화(문제 분해/규칙 찾기/알고리즘 설계)

그림 2-16에 주어진 응용 문제를 해결하기 위해 수행한 알고리즘 설계 결과는 그림 2-20과 같다.

금화 나누기

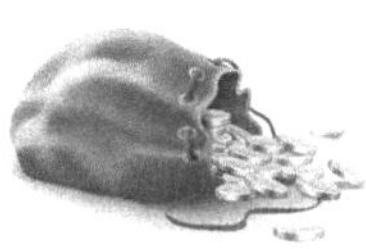

[문제 해결] - 알고리즘 설계

(1) a = 5

(2) b = 3

(3) c = 8

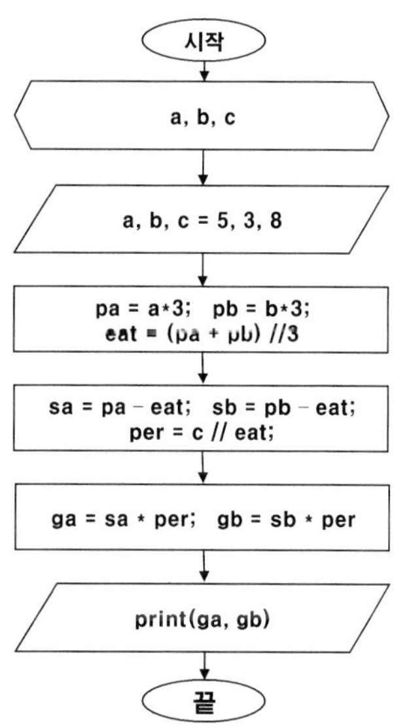

그림 2-20 ▸ 금화 나누기 문제를 해결하기 위한 알고리즘

자동화(프로그래밍/실행 및 결과 분석)

- **프로그래밍**: 그림 2-16에 주어진 응용문제를 해결하기 위해 수행한 프로그래밍 결과는 그림 2-21과 같다.

금화 나누기

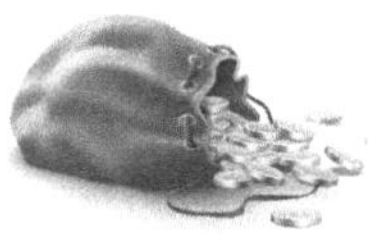

[문제 해결] - 프로그램 작성

(1) a = 5
(2) b = 3
(3) c = 8

```
a, b, c = 5, 3, 8
pa = 3 × a # a가 가져온 빵의 전체 조각수
pb = 3 × b # b가 가져온 빵의 전체 조각수
eat = (pa + pb) // 3 # 각자가 먹은 빵 조각 수
sa = pa − eat # a가 c에게 준 빵 조각수
sb = pb − eat # b가 c에게 준 빵 조각수
per = c // eat
ga = sa × per # a가 가진 금화의 수
gb = sb × per # b가 가진 금화의 수
print(ga,", ", gb)
```

그림 2-21 ▸ 금화 나누기 문제를 해결하기 위한 프로그램 작성

- **실행 및 결과 분석**: 그림 2-16에 주어진 응용 문제를 해결하기 위해 수행한 프로그램 실행 및 분석 결과는 그림 2-22와 같다.

금화 나누기

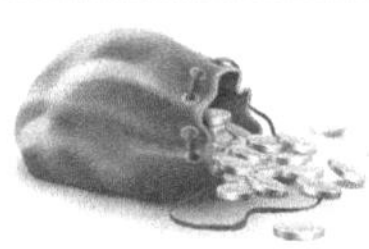

[문제 해결] - 프로그램 실행 및 결과 분석

[자동화]

(1) 소스 프로그램 작성

(1) a = 5
(2) b = 3
(3) c = 8

```
ex3_3.py - D:\CTnPS\ch03\ex3_3.py (3.7.0)
File Edit Format Run Options Window Help
a, b, c = 5, 3, 8

pa = 3 * a # a가 가져온 빵의 전체 조각수
pb = 3 * b # b가 가져온 빵의 전체 조각수

eat = (pa + pb) // 3 # 각자가 먹은 빵 조각 수

sa = pa - eat # a가 c에게 준 빵 조각수
sb = pb - eat # b가 c에게 준 빵 조각수
per = c // eat

ga = sa * per # a가 가진 금화의 수
gb = sb * per # b가 가진 금화의 수

print(ga, ", ", gb)
Ln: 1 Col: 0
```

(2) 실행 결과

```
Python 3.7.0 Shell
File Edit Shell Debug Options Window Help
on.
>>>
===================== RESTART: D:\CTnPS\c
h03\ex3_3.py =====================
7 , 1
>>>
Ln: 6 Col: 4
```

그림 2-22 ▸ 금화 나누기 문제를 해결하기 위한 프로그램 실행 및 결과 분석

분석문제 3 학과 거북이의 개체 수 구하기

문제를 해결하는 과정에 컴퓨팅 사고를 적용하는 절차의 이해를 돕기 위하여, 중국 고대의 수학책 산경십서(算經十書) 중 손자산경(孫子算經)에 나오는 문제를 사례 문제로 들어 그림 2-23에 나타내었다.

학과 거북이의 개체 수 구하기

[응용문제 3]

정원에는 나비와 벌이 꿀을 찾아 여행을 다닙니다.
참새 소리가 들리고, 학과 거북이도 보입니다.
학의 다리는 2개, 거북이의 다리는 4개랍니다.

정원에 학과 거북이가 35마리 있고, 다리 수를 세어보니 모두 94개이다.
학과 거북이는 각각 몇 마리가 있습니까?

그림 2-23 ▸ 학과 거북이의 개체 수 구하기

생각해보기

문제 이해 → 추상화 → 자동화

문제의 이해

문제를 해결하기 위해서는 문제 상황을 정확하게 이해한 다음, 문제의 현재 상태와 목표 상태를 정의한다. 목표 상태에 도달하기 위해서는 수행해야 할 작업을 파악하는 것이 중요하다. 이를 위해서는 문제에 주어지거나 문제를 해결하기 위해 필요한 자료를 수집한 다음, 이를 분석하여 문제를 이해하고, 분석된 자료들을 표현한다.

- **자료 수집**: 문제를 해결하기 위해서는 가장 먼저 문제 상황을 명확하게 인식한 다음 문제를 해결하는데 필요한 자료를 수집해야 한다. 문제를 잘못 이해하고 자료를 수집하게 되면 전혀 다른 방향으로 문제 해결이 이루어질 수 있다. 문제를 올바르게 인식했다면 그 문제를 해결하는데 필요한 자료가 무엇인지 정확하게 파악한다. 문제와 관련된 다양한 자료는 문제를 해결하는데 직접적으로 관련되거나 문제 해결의 단서를 제공한다.

  예를 들어, 그림 2-23에 주어진 사례 문제를 해결하기 위해 수행한 자료 수집 결과는 그림 2-24와 같다.

학과 거북이의 개체 수 구하기

[문제 이해] - 자료 수집

(1) 학과 거북이의 전체 마리 수: 35 마리
(2) 학과 거북이의 총 다리 수: 94 개

그림 2-24 ▸ 학과 거북이의 개체 수 구하기 문제를 해결하기 위한 자료 수집

- **자료 분석**: 주어진 문제에서 수집한 자료에서 의미를 찾고 논리적 분석을 통해 핵심적 상황들을 도출하여 그 결과를 문제 해결에 어떻게 활용할 수 있는 지를 점검한다.

  예를 들어, 그림 2-23에 주어진 사례 문제를 해결하기 위해 수행한 자료 분석 결과는 그림 2-25와 같다.

학과 거북이의 개체 수 구하기

[문제 이해] - 자료 분석

학을 x로 거북이를 y로 두면, 문제는 다음 방정식으로 나타낼 수 있다.

$$x + y = 35$$

$$2x + 4y = 94$$

위의 방정식을 풀면 x는 23, y는 12가 된다.

그림 2-25 ▸ 학과 거북이의 개체 수 구하기 문제를 해결하기 위한 자료 분석

- **자료 표현**: 분석된 자료는 표나 그래프, 차트 등의 형태로 구조화하여 표현한다. 문제 해결에 사용할 데이터를 다루기 쉬운 형태로 구조화함으로써 자료 간의 흐름과 관계를 쉽게 파악하여 문제 해결에 이르는 실마리를 찾을 수 있다. 이 때 쉽게 이해할 수 있는 방식으로 표현한다면 문제 해결에 더욱 효율적일 수 있다.

  예를 들어, 그림 2-23에 주어진 사례 문제를 해결하기 위해 수행한 자료 표현 결과는 그림 2-26와 같다.

학과 거북이의 개체 수 구하기

[문제 이해] - 자료 표현

(1) 학과 거북이의 전체 마리 수 (totalPopulation): 35 마리
(2) 학과 거북이의 총 다리 수 (noOfLegs): 94 개
(3) 학의 마리 수 (cranePopulation): ?

cranePopulation = ((4 * totalPopulation) − noOfLegs) / 2

(4) 거북이의 마리 수 (turtlePopulation): ?

turtlePopulation = totalPopulation − cranePopulation

그림 2-26 ▸ 학과 거북이의 개체 수 구하기 문제를 해결하기 위한 자료 표현 결과

추상화(문제 분해/규칙 찾기/알고리즘 설계)

문제에 대한 이해가 끝나면 문제를 해결하기 위한 적절한 방법을 찾는다. 문제를 해결하는 방법에는 여러 가지가 있다. 한 가지 방법을 시도하여 문제가 해결되지 않으면 다른 방법을 차례로 시도하여 해결해 나갈 수도 있고, 결과가 이미 알려진

문제의 전 해결 과정을 한 단계씩 거꾸로 올라가며 문제를 해결할 수도 있다. 다소 복잡한 문제의 해결방법을 찾는 일반적인 방법은 문제에 주어진 조건을 충분히 분석하고 재조직하여 숨겨져 있던 규칙이나 원리, 관계성 등을 발견해 나가는 것이다. 컴퓨팅 사고에서는 문제를 분해하고 규칙을 찾는 작업 등을 통해 문제 해결방법을 추구한다.

- **문제 분해**: 주어진 복잡한 문제를 좀 더 쉽게 다룰 수 있도록 여러 개의 작은 문제로 나눈 다음, 각각의 문제를 해결해나가는 방법이다. 문제를 해결하는 데 사용되는 데이터를 나누어 그룹별로 문제를 해결하는 것도 방법일 수 있다. 예를 들어, 그림 2-23에 주어진 사례 문제를 해결하기 위해 문제 해결을 위해 주어진 자료를 분해할 수 있다. 그림 2-27에서와 같이, 먼저 학 공간에 35마리의 학을 배치해 다리 수를 세어본다. 이 경우, 총 다리 수는 70개가 되므로 문제에 주어진 다리 수 94개에서 24개의 다리가 남게 된다. 따라서, 남는 24개의 다리를 거북이의 다리로 간주하고, 학 12마리를 거북이 공간에 있는 12마리의 거북이로 대체하면 총 94개의 다리가 됨을 알 수 있다. 결과는 거북이 수만큼 학을 빼내면 학과 거북이의 수를 구할 수 있게 된다.

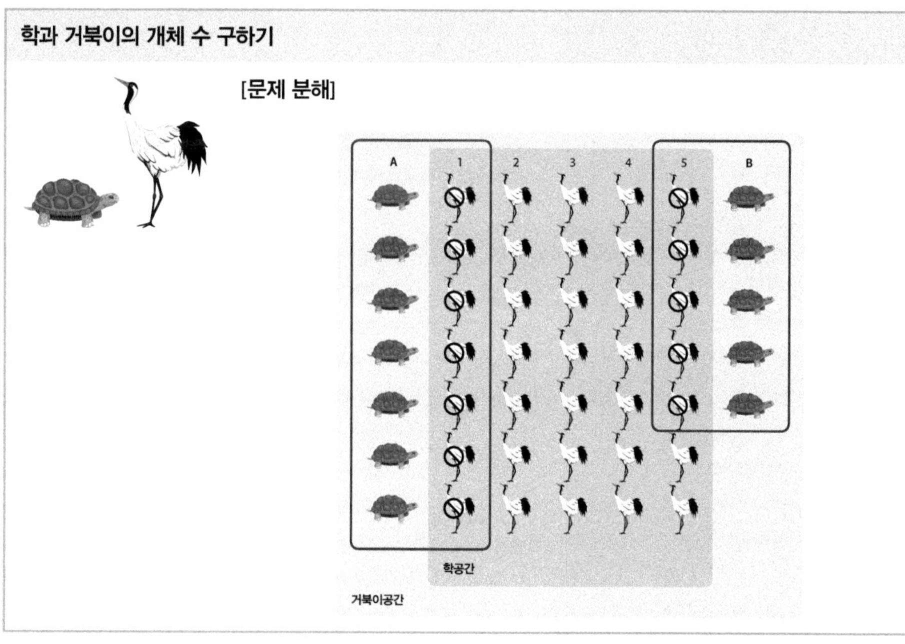

그림 2-27 ▸ 학과 거북이의 개체 수 구하기 문제를 해결하기 위한 문제 분해 결과

- **규칙 찾기**: 패턴(규칙)이란 해결해야 할 문제나 문제에 주어진 데이터 집합에서 공통적으로 가지고 있는 유사성이나 특징을 말한다. 패턴은 여러 문제들을 보다 단순하게 파악할 수 있도록 해준다. 패턴 인식이란 규칙성을 찾아내서 문제를

해결하는 데 사용하기 위함으로, 문제를 보다 효율적으로 해결하기 위하여 문제나 문제에 주어진 데이터에 포함되어 있는 유사성이나 패턴을 찾는다. 패턴은 규칙성을 의미하며, 반복 또는 함수 처리 등을 통해 문제를 효율적으로 처리하는 단서가 될 수 있다. 또한, 규칙을 찾게 되면, 유사한 다른 문제에도 해당 규칙을 적용하여 결과를 예측하거나 문제를 해결할 수 있다.

- **알고리즘 설계**: 추상화는 단순화와 일반화로 구분할 수 있는데, 단순화는 문제를 해결할 때 문제를 구성하는 요소 중에서 문제 해결의 열쇠를 쥐고 있는 핵심적인 요소만 남기고 불필요하고 복잡한 요소를 없애는 과정이다. 즉, 주어진 문제를 해결하는데 필요 없는 부분들을 걸러내고 꼭 필요한 부분을 분리해서 집중하는 과정이다. 일반화는 주어진 여러 문제 상황을 해결하기 위해 필요한 핵심요소를 도출한 다음 공통으로 포함되는 요소의 상위 개념을 발견하는 과정으로, 아이디어를 단순화하고 핵심적인 개념을 모아 일반적인 원리를 찾아낸다. 수집된 자료에 나타나는 규칙이 문제를 해결하기 위한 핵심 요소가 될 수 있다.

  예를 들어, 그림 2-23에 주어진 사례 문제를 해결하기 위해 수행한 추상화 결과는 그림 2-28과 같다.

학과 거북이의 개체 수 구하기

[추상화]

정원에는 나비와 벌이 꿀을 찾아 여행을 다닙니다.
참새 소리가 들리고, 학과 거북이도 보입니다.
학의 다리는 2개, 거북이의 다리는 4개랍니다.
정원에 학과 거북이가 35마리 있고, 다리 수를 세어보니 모두 94개이다.
학과 거북이는 각각 몇 마리가 있습니까?

(1) 문제 해결에 불필요한 요소 제거

나비와 벌, 참새 소리는 문제 해결에 불필요하므로 제거한다.

(2) 핵심 요소 도출

학의 발은 2개, 거북이의 다리는 4개: $2x + 4y = 94$

그림 2-28 ▸ 학과 거북이의 개체 수 구하기 문제를 해결하기 위한 추상화 결과

알고리즘은 주어진 문제 또는 그 문제와 유사한 문제들을 해결할 수 있는 일련의 논리적인 지시이다. 문제에 대한 단계적인 해결책, 설명, 지시사항 들을 설계한다. 분해된 작은 문제들 간의 관계를 파악하여 문제를 해결하기 쉽도록 구조화하는 작업을 포함한다.

예를 들어, 그림 2-23에 주어진 사례 문제를 해결하기 위한 알고리즘 설계 결과는 그림 2-29와 같다.

학과 거북이의 개체 수 구하기

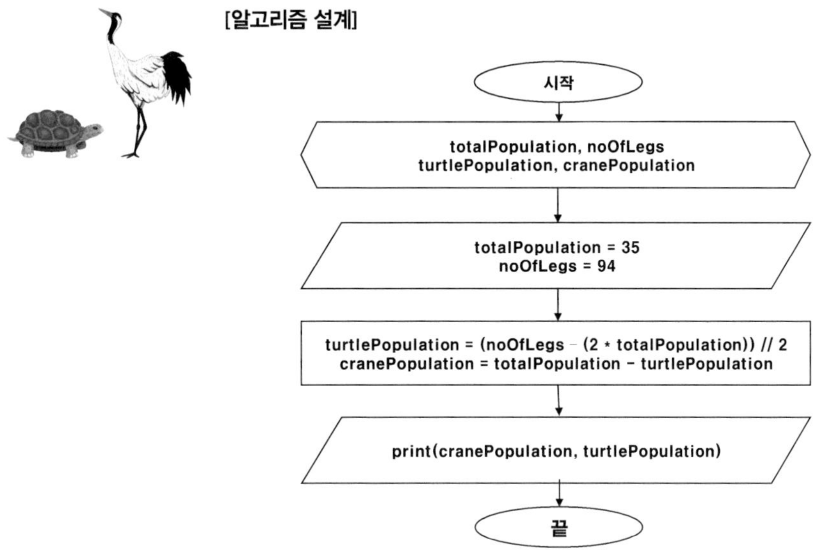

그림 2-29 ▸ 학과 거북이의 개체 수 구하기 문제를 해결하기 위한 알고리즘 설계 결과

자동화(프로그래밍/실행 및 결과 분석)

시뮬레이션은 시범 모델을 만들어 모의실험을 해보고 실제와 같은 효과를 내는지 확인하는 작업이다. 알고리즘 설계의 결과를 랩터를 이용하여 순서도로 나타낼 경우, 설계된 알고리즘을 랩터의 실행 기능을 이용하여 시뮬레이션해볼 수 있다. 컴퓨터 프로그램을 작성하고 실행하여 문제가 올바르게 해결되었는지를 확인하고 더 좋은 방법이 있는지를 생각해본다. 예를 들어, 그림 2-23에 주어진 사례 문제를 컴퓨터에서 실행한 그 결과를 그림 2-30에 나타내었다.

학과 거북이의 개체 수 구하기

[문제 해결] - 프로그램 실행 및 결과 분석

[자동화]

(1) 소스 프로그램 작성

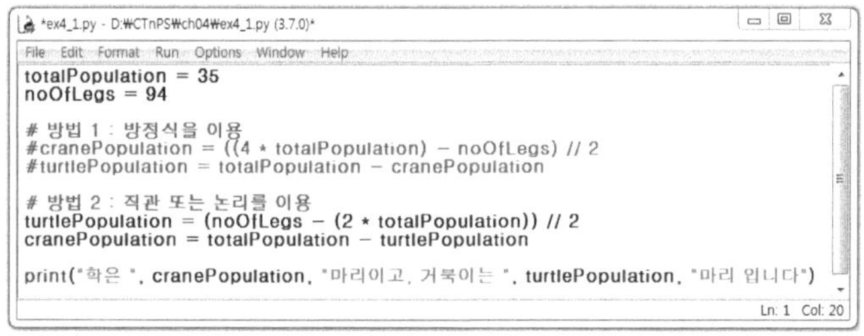

```
*ex4_1.py - D:\CTnPS\ch04\ex4_1.py (3.7.0)*
totalPopulation = 35
noOfLegs = 94

# 방법 1 : 방정식을 이용
#cranePopulation = ((4 * totalPopulation) - noOfLegs) // 2
#turtlePopulation = totalPopulation - cranePopulation

# 방법 2 : 직관 또는 논리를 이용
turtlePopulation = (noOfLegs - (2 * totalPopulation)) // 2
cranePopulation = totalPopulation - turtlePopulation

print("학은 ", cranePopulation, "마리이고, 거북이는 ", turtlePopulation, "마리 입니다")
```

(2) 실행 결과

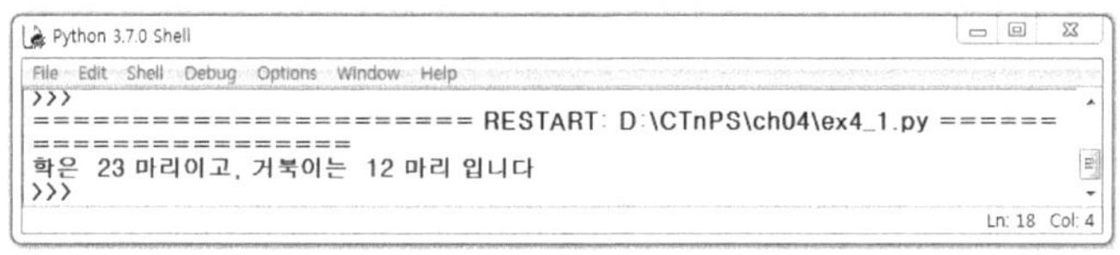

```
Python 3.7.0 Shell
>>>
===================== RESTART: D:\CTnPS\ch04\ex4_1.py ======
=================
학은  23 마리이고, 거북이는  12 마리 입니다
>>>
```

그림 2-30 ▸ 학과 거북이의 개체 수 구하기 문제의 실행 및 결과 평가

분석문제 4 서울시의 구별 미세먼지 농도 데이터 분석

서울시의 구별 미세먼지 농도 데이터를 분석하는 문제는 다음의 그림 2-31과 같이 요약할 수 있다.

서울시의 구별 미세먼지 농도 데이터 분석

[응용문제 4]

서울시에서 미세먼지 농도가 가장 높은 구와 가장 낮은 구는 어디일까? 이와 같은 내용의 보고서 작성을 위해 미세먼지 농도 분석 결과를 구해 보자.

그림 2-31 ▸ 서울시의 구별 미세먼지 농도 데이터 분석하기

- **배경지식**: 미세먼지는 사람의 눈에 보이지 않을 정도로 아주 가늘고 작은 먼지 입자이다. 호흡 과정에서 폐 속에 들어가 폐의 기능을 저하시키고, 면역 기능을 떨어뜨리는 등 폐질환을 유발하는 대기오염물질로, 1g의 백만분의 일에 해당하는 μg(마이크로그램)을 기준 단위로 한다.

  미세먼지의 발생 원인은 대부분 자동차, 발전소, 보일러 등에서 연료를 태워 발생하는 배출물질이 주요 원인이다. 그 외에 공사장이나 도로에서 날리는 먼지도 포함된다. 난방용 연료 사용이 증가하는 겨울철에 미세먼지의 발생량이 많으며,

국내뿐 아니라 국외에서 유입된 오염물질도 우리나라 대기에 영향을 미친다. 황사는 바람에 의해 하늘 높이 올라간 미세한 모래먼지가 대기 순환을 따라 이동하다가 서서히 떨어지는 현상 또는 떨어지는 흙모래로 주로 자연적 활동으로 발생하고, 주로 칼슘, 철분, 알루미늄, 마그네슘 등 토양 성분으로 이루어져 있으나, 미세먼지는 황산염, 질산염, 암모니아 등의 이온성분과 금속화합물, 탄소화합물 등 연소 결과물인 유해물질로 되어 있다.

생각해보기

문제 이해 → 추상화 → 자동화

문제 이해(자료 수집/분석/표현)

- **자료 수집**: 다음은 서울시 공공데이터 포털사이트에서 발췌한 대기오염 정보 자료로, 미세먼지가 극성을 부린 2018년 9월 13일부터 11월 12일 까지 두 달간의 구별 미세먼지 농도를 나타낸 표이다.

표 2-4 ▸ 서울시의 구별 미세먼지 농도 자료 (기간: 2018.9.13.~11.12.)

(단위: μg/m^3)

구	미세먼지 농도 (평균)	구	미세먼지 농도 (평균)
강남구	26.4	서대문구	16.6
강동구	33.6	서초구	32.8
강북구	21.8	성동구	30.1
강서구	29.5	성북구	29.0
관악구	36.1	송파구	19.2
광진구	30.6	양천구	28.9
구로구	35.2	영등포구	39.6
금천구	29.3	용산구	23.3
노원구	30.1	은평구	31.2
도봉구	29.2	종로구	27.4
동대문구	25.6	중구	27.8
동작구	31.3	중랑구	24.2
마포구	36.5	-	-

출처: 서울시 공공데이터 포털사이트, 대기오염정보

그림 2-31에 주어진 응용문제를 해결하기 위해 수행한 자료 수집 결과는 그림 2-32와 같다.

서울시의 구별 미세먼지 농도 데이터 분석

[문제 이해] - 자료 수집

(1) 미세먼지 농도 자료가 수집된 구의 수: 25 개

(2) 각 구의 미세먼지 농도 측정 데이터: 25 개

[26.4, 33.6, 21.8, 29.5, 36.1, 30.6, 35.2, 29.3, 30.1, 29.2,
25.6, 31.3, 36.5, 16.6, 32.8, 30.1, 29.0, 19.2, 28.9, 39.6,
23.3, 31.2, 27.4, 27.8, 24.2]

(3) 최고 미세먼지 농도: ?

(4) 최저 미세먼지 농도: ?

그림 2-32 ▸ 서울시의 구별 미세먼지 농도 데이터 분석 문제를 해결하기 위한 자료 수집

- **자료 분석**: 그림 2-31에 주어진 응용문제를 해결하기 위해 수행한 자료 분석 결과는 그림 2-33과 같다.

서울시의 구별 미세먼지 농도 데이터 분석

[문제 이해] - 자료 분석

(1) 현재 상태: 25개의 미세먼지 농도 데이터가 주어진 상태

(2) 목표 상태: 25개의 미세먼지 농도 중 최고값, 최젓값을 구한 상태

(3) 수행 작업 :

(가) 25개의 미세먼지 농도를 서로 비교하기,

(4) 핵심요소 :

(가) 미세먼지 농도 데이터 개수 및 값, 최고값, 최젓값

그림 2-33 ▸ 서울시의 구별 미세먼지 농도 데이터 분석 문제를 해결하기 위한 자료 분석

- **자료 표현**: 그림 2-31에 주어진 응용문제를 해결하기 위해 수행한 자료 표현 결과는 그림 2-34와 같다.

서울시의 구별 미세먼지 농도 데이터 분석

[문제 이해] - 자료 분석

(1) 미세먼지 농도 자료가 수집된 구의 수: noOfDistrict = 25

(2) 각 구의 미세먼지 농도 측정 데이터 particulatesDataLists (25 개)

particulatesDataLists = [26.4, 33.6, 21.8, 29.5, 36.1, 30.6,
35.2, 29.3, 30.1, 29.2, 25.6, 31.3, 36.5, 16.6, 32.8, 30.1,
29.0, 19.2, 28.9, 39.6, 23.3, 31.2, 27.4, 27.8, 24.2]

(3) 최고 미세먼지 농도 (maxParticulates): ?

maxParticulates = (25개 미세먼지 농도 값들 중 가장 큰 값)

(4) 최저 미세먼지 농도 (minParticulates): ?

minParticulates = (25개 미세먼지 농도 값들 중 가장 작은 값)

그림 2-34 ▸ 서울시의 구별 미세먼지 농도 데이터 분석 문제를 해결하기 위한 자료 표현

추상화(문제 분해/규칙 찾기/알고리즘 설계)

- **문제 분해**: 그림 2-31에 주어진 응용문제를 해결하기 위해 문제 또는 주어진 자료를 분해할 수 있다. 분해 방법은 다음과 같이 다양하다.

❶ 문제(기능) 분해

› 문제를 최고값 찾기, 최젓값 찾기 등 2개의 기능 단위로 분해할 수 있다.

❷ 데이터 분해

› (분해 방법 1) 25개 전체 데이터에서 한 번에 최고값과 최젓값 찾기

{ 26.4, 33.6, 21.8, 29.5, 36.1, 30.6, 35.2, 29.3, 30.1, 29.2, 25.6, 31.3, 36.5, 16.6, 32.8, 30.1, 29.0, 19.2, 28.9, 39.6, 23.3, 31.2, 27.4, 27.8, 24.2 }

› (분해 방법 2) 25개 전체 데이터를 이분법으로 나누어 각 그룹에서 최고값과 최젓값 찾기

{ 26.4, 33.6, 21.8, 29.5, 36.1, 30.6, 35.2, 29.3, 30.1, 29.2, 25.6, 31.3 }
{ 36.5, 16.6, 32.8, 30.1, 29.0, 19.2, 28.9, 39.6, 23.3, 31.2, 27.4, 27.8, 24.2 }

› (분해 방법 3) 25개 전체 데이터를 작은 단위로 시작하여 최고값과 최젓값을 찾아나가기

{26.4}에서 최고값과 최젓값 찾기
{26.4, 33.6}에서 최고값과 최젓값 찾기
{26.4, 33.6, 21.8}에서 최고값과 최젓값 찾기
{26.4, 33.6, 21.8, ...}에서 최고값과 최젓값 찾기

여기서는 데이터 분해 방법 3으로 분해하도록 한다. 그림 2-31에 주어진 응용문제를 해결하기 위해 수행한 자료 분해 결과는 그림 2-35와 같이 리스트로 만든다.

서울시의 구별 미세먼지 농도 데이터 분석

[문제 분해] - 자료 분해

particulatesDataLists = [26.4, 33.6, 21.8, 29.5, 36.1, 30.6, 35.2, 29.3, 30.1, 29.2, 25.6, 31.3, 36.5, 16.6, 32.8, 30.1, 29.0, 19.2, 28.9, 39.6, 23.3, 31.2, 27.4, 27.8, 24.2]

그림 2-35 ▸ 서울시의 구별 미세먼지 농도 데이터 분석 문제를 해결하기 위한 분해

- **규칙 찾기**: 구별 미세먼지 농도 값을 순서대로 배열한 리스트(집합)로 놓고, 리스트 내의 각 미세먼지 농도 값을 차례로 가져와서 그 값이 현재의 최고값과 비

교하여 현재의 최고값보다 크면 두 값을 교환하고, 현재의 최솟값과 비교하여 현재의 최솟값보다 작으면 두 값을 교환한다. 그림 2-35에 제시된 particulates-DataLists로 최고값과 최젓값을 구해 나가는 과정은 다음과 같다.

(현재 상태) {26.4, 33.6, 21.8, 29.5, ..., 27.8, 24.2}: 최고값(−100), 최젓값(100)
(다음 상태 1) {26.4, 33.6, 21.8, 29.5, ..., 27.8, 24.2}: 최고값(26.4), 최젓값(26.4)
(다음 상태 2) {33.6, 21.8, 29.5, 36.1, ..., 27.8, 24.2}: 최고값(33.6), 최젓값(26.4)
(다음 상태 3) {21.8, 29.5, 36.1, 30.6, ..., 27.8, 24.2}: 최고값(33.6), 최젓값(21.8)

:

:

(목표 상태 24) {27.8, 24.2}: 최고값(39.6), 최젓값(16.6)
(목표 상태 25) {24.2}: 최고값(39.6), 최젓값(16.6)

그림 2-31에 주어진 응용 문제를 해결하기 위해 수행한 추상화 결과는 그림 2-36과 같다.

서울시의 구별 미세먼지 농도 데이터 분석

[추상화]

(1) 문제 해결에 불필요한 요소 제거
  없음
(2) 핵심 요소 도출 – 두 수의 교환
  미세먼지 농도 리스트 내의 각 미세먼지 농도 값을 차례로 가져와서 그 값이 현재의 최고값(최솟값)과 비교하여 현재의 최고값(최솟값)보다 크면(작으면) 두 값을 교환한다.

그림 2-36 ▸ 서울시의 구별 미세먼지 농도 데이터 분석 문제를 해결하기 위한 추상화

- **알고리즘 설계**: 그림 2-31에 주어진 응용문제를 해결하기 위한 알고리즘 설계 결과는 그림 2-37과 같다.

자동화(프로그래밍/실행 및 결과 분석)

시뮬레이션은 시범 모델을 만들어 모의실험을 해보고 실제와 같은 효과를 내는지 확인하는 작업이다. 알고리즘 설계의 결과를 랩터를 이용하여 순서도로 나타낼 경우, 설계된 알고리즘을 랩터의 실행 기능을 이용하여 시뮬레이션해 볼 수 있다. 그림 2-31에 주어진 응용 문제를 파이썬으로 프로그래밍하고 컴퓨터로 실행시킨 결과를 그림 2-38에 나타내었다.

서울시의 구별 미세먼지 농도 데이터 분석

[알고리즘 설계]

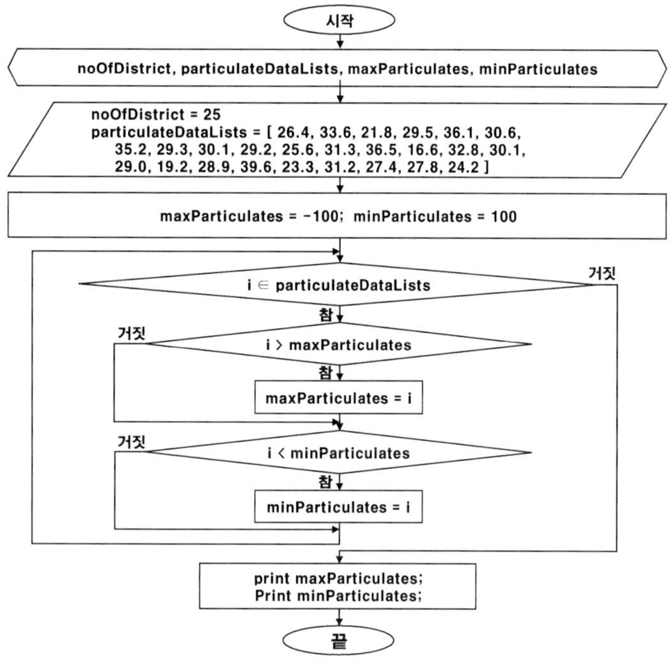

그림 2-37 ▸ 서울시의 구별 미세먼지 농도 데이터 분석 문제의 설계 결과

서울시의 구별 미세먼지 농도 데이터 분석

[문제 해결] - 프로그램 실행 및 결과 분석

[자동화]

(1) 소스 프로그램 작성

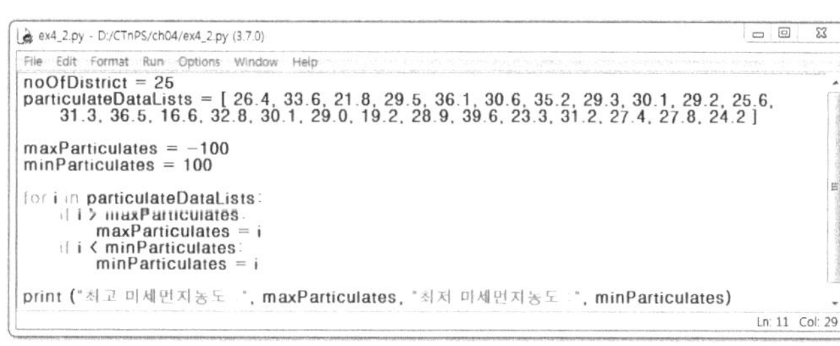

```
noOfDistrict = 25
particulateDataLists = [ 26.4, 33.6, 21.8, 29.5, 36.1, 30.6, 35.2, 29.3, 30.1, 29.2, 25.6,
    31.3, 36.5, 16.6, 32.8, 30.1, 29.0, 19.2, 28.9, 39.6, 23.3, 31.2, 27.4, 27.8, 24.2 ]

maxParticulates = -100
minParticulates = 100

for i in particulateDataLists:
    if i > maxParticulates:
        maxParticulates = i
    if i < minParticulates:
        minParticulates = i

print ("최고 미세먼지농도 : ", maxParticulates, "최저 미세먼지농도 : ", minParticulates)
```

(2) 실행 결과

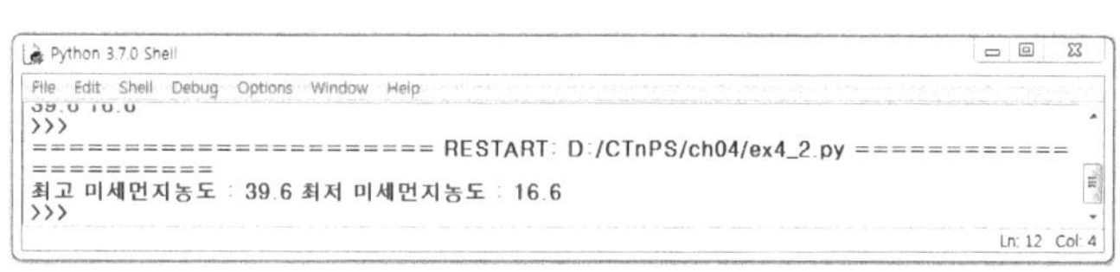

```
>>>
===================== RESTART: D:/CTnPS/ch04/ex4_2.py ===========
==========
최고 미세먼지농도 : 39.6 최저 미세먼지농도 : 16.6
>>>
```

그림 2-38 ▸ 서울시의 구별 미세먼지 농도 데이터 분석 문제의 실행 및 결과 평가

분석문제 5 추장의 인원 파악

추장의 인원 파악

[응용문제 5]

부시맨 부족의 추장인 당신은 돌멩이로 부족을 관리하고 있습니다. 그러던 어느 날 이웃 마을에서 사람이 찾아와 그 마을 총각과 우리 마을 처녀를 결혼 시키자고 합니다. 당신은 즉시 부족회의를 소집했습니다. 사냥 등으로 마을을 떠나 있는 사람을 제외하고는 마을 사람 모두가 회의에 참석해야 합니다. 한 사람만 빠져도 회의가 안 됩니다. 마을 전체의 사람 수를 나타내는 돌멩이의 수, 마을을 떠나 있는 사람을 나타내는 돌멩이의 수, 그리고 회의에 참석한 사람들에게 하나씩 나누어 준 돌멩이 수를 입력받아 회의를 할 수 있으면 True, 할 수 없으면 False를 출력하는 프로그램을 작성해보세요.

그림 2-39 ▸ 추장의 인원 파악 문제

- **배경지식**: 추장은 보통 각 가족의 장(長)이 선출하는데, 노인으로서 설득력이 있고, 시원 시원한 사람을 뽑는다고 한다. 주로 하는 일은 싸움을 말리고, 먹을 것을 고르게 나누면서 부족들이 안전하게 살 수 있도록 하는 것이다. 부족들이 안전하게 살도록 할 때 가장 중요한 것은 인원 파악(사람의 수를 헤아리는 것)이다. 그런데 부족생활을 하는 원시인들은 숫자 계산을 잘 못한다. 만약 당신이 숫자 계산을 하지 못하는 원시 부족의 추장이라면 어떻게 마을 사람들의 수를 헤아릴까? 새로 태어난 아이도 있고, 밀림에서 희생된 사람도 있고, 사냥도 들랑날랑하고, 회의를 주재할 때 사냥 나간 사람, 이웃 마을에 간 사람 등을 빼고 회의 참석을 다 했는지 알아 봐야 되지 않겠는가? 아프리카의 추장들은 돌멩이를 사용한다고 한다. 부족의 수가 50명이라면 집안의 어느 곳에 50개의 돌멩이를 모아 둔다. 사냥을 나가면 그 수만큼 돌멩이를 저쪽으로 옮겨 놓고, 돌아오면 다시 제자리로 옮긴다. 아이가 태어나면 돌멩이 하나를 새로 주워서 보태고, 누가 죽으면 하나를 버리고 그렇게 관리하다가 회의를 할 때면 참석자들에게 돌을 하나씩 나눠 주어서 꼭 맞으면 모두 참석했음을 알 수 있다.

문제 이해(자료 수집/분석/표현)

- **자료 수집**: 그림 2-39에 주어진 응용문제를 해결하기 위해 수행한 자료 수집 결과는 그림 2-40과 같다.

추장의 인원 파악

[문제 이해] - 자료 수집

(1) 부족 전체를 나타내는 돌멩이 수?: (50)
(2) 마을을 떠나있는 사람을 나타내는 돌멩이 수?: (7)
(3) 회의에 참석한 사람들에게 나누어준 돌멩이 수?: (43)

그림 2-40 ▸ 추장의 인원 파악 문제 문제를 해결하기 위한 자료 수집

- **자료 분석**: 그림 2-39에 주어진 응용문제를 해결하기 위해 수행한 자료 분석 결과는 그림 2-41과 같다.

추장의 인원 파악

[문제 이해] - 자료 분석

(1) 현재 상태: 전체 부족, 출장 부족, 회의 참석 부족을 나타내는 돌의 개수
(2) 목표 상태: 회의 개최 여부 판단
(3) 수행 작업 :
  (가) 출장 부족 수와 회의 참석 부족 수의 합이 전체 부족 수와 같은지 판단
(4) 핵심요소 :
  (가) 전체 부족 수, 출장 부족 수, 회의 참석 부족 수를 나타내는 돌의 개수)

그림 2-41 ▸ 추장의 인원 파악 문제를 해결하기 위한 자료 분석

- **자료 표현**: 그림 2-39에 주어진 응용문제를 해결하기 위해 수행한 자료 표현 결과는 그림 2-42와 같다.

추장의 인원 파악

[문제 이해] - 자료 표현

(1) 부족 전체를 나타내는 돌멩이 수: total_no = 50
(2) 마을을 떠나있는 사람을 나타내는 돌멩이 수: leave_no = 7
(3) 회의에 참석한 사람들에게 나누어준 돌멩이 수: attend_no = 43

그림 2-42 ▸ 추장의 인원 파악 문제를 해결하기 위한 자료 표현

추상화(문제 분해/규칙 찾기/알고리즘 설계)

- **문제 분해/규칙 찾기**: 부족 전체를 나타내는 돌멩이의 수와 출장 중인 부족을 나타내는 돌멩이의 수, 그리고 회의에 참석한 부족을 나타내는 돌멩이의 수로 회의 개최 여부를 판단하는 과정은 다음과 같다.

```
(현재 상태) 부족 전체를 나타내는 돌멩이의 수 50, 출장 중인 부족을 나타내는 돌멩이의 수 7,
            그리고 회의에 참석한 부족을 나타내는 돌멩이의 수 43
(판단) (출장 중인 부족 수 + 회의에 참석한 부족 수) = 7 + 43 = 50 = 전체 부족 수: OK!
(목표 상태) 회의 개최
```

- **알고리즘 설계**: 그림 2-39에 주어진 응용문제를 해결하기 위한 알고리즘 설계 결과는 그림 2-43과 같다.

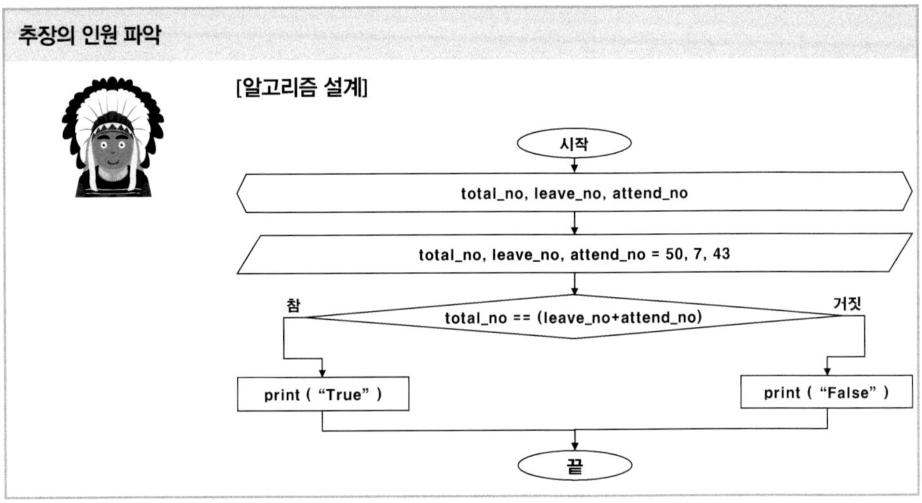

그림 2-43 ▸ 추장의 인원 파악 문제의 설계 결과

자동화(프로그래밍/실행 및 결과 분석)

시뮬레이션은 시범 모델을 만들어 모의실험을 해보고 실제와 같은 효과를 내는지 확인하는 작업이다. 알고리즘 설계의 결과를 랩터를 이용하여 순서도로 나타낼 경우, 설계된 알고리즘을 랩터의 실행 기능을 이용하여 시뮬레이션해 볼 수 있다. 그림 2-39에 주어진 응용 문제를 파이썬으로 프로그래밍하고 컴퓨터로 실행시킨 결과를 그림 2-44에 나타내었다.

추장의 인원 파악

[문제 해결] - 프로그램 실행 및 결과 분석

[자동화]

(1) 소스 프로그램 작성

```
ex4_3.py - D:/CTnPS/ch04/ex4_3.py (3.7.0)
File  Edit  Format  Run  Options  Window  Help
total_no , leave_no, attend_no = 50, 7, 43

if (total_no == (leave_no + attend_no)):
    print ("True")
else:
    print ("False")
                                                    Ln: 1  Col: 30
```

(2) 실행 결과

```
Python 3.7.0 Shell
File  Edit  Shell  Debug  Options  Window  Help
Type "copyright", "credits" or "license()" for more information.
>>>
==================== RESTART: D:/CTnPS/ch04/ex4_3.py ====================
True
>>>
                                                    Ln: 6  Col: 4
```

그림 2-44 ▸ 추장의 인원 파악 문제의 실행 및 결과 평가

읽어보기

데이터를 어떤 기준에 의하여 순서대로 배치하는 것을 정렬(Sort)한다고 하며 작은 수부터 큰 수의 순서로 정렬하는 것을 오름차순 정렬이라고 하고, 큰 수부터 작은 수의 순서로 정렬하는 것을 내림차순 정렬이라고 한다.

학창 시절에 키가 작은 사람부터 큰 사람까지 줄을 서본 경험이 있을 것이다. 줄을 서는 학생 수가 적을 때는 직관적으로 쉽게 줄을 세울 수 있으나 학생 수가 10명 이상 되면 키를 일일이 비교하여 줄을 세우는 것이 쉽지 않다. 하지만 바로 앞과 뒤에 있는 사람의 키를 비교하는 것은 그리 어렵지 않다. 앞, 뒤에 있는 사람의 키를 서로 비교하여 앞에 있는 사람의 키가 뒤에 있는 사람보다 크면 서로 자리를 바꾼다. 이 과정을 반복하여 키 순서대로 정렬될 때까지 계속한다.

- 정렬 과정 1단계

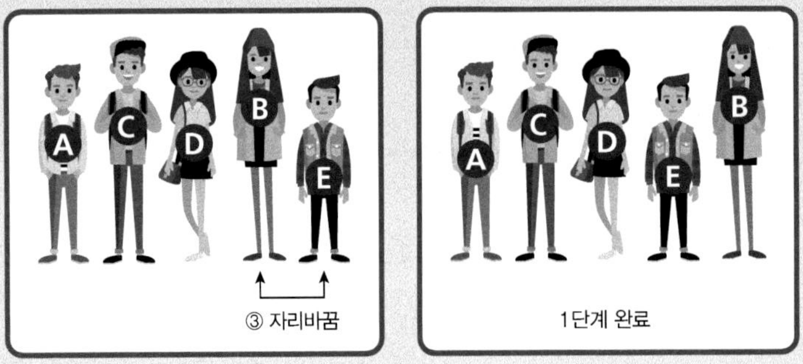

- 정렬 과정 2단계

- 정렬 과정 3단계

- 정렬 과정 4단계

01. 삼각형의 밑변과 높이에 대한 정보를 가지고 면적을 구하는 문제를 해결하고자 한다. 이 문제를 해결하는 과정을 우리말을 사용하여 단계별 알고리즘으로 기술해보자.

02. 입력된 두 개의 정수에 대한 크기를 비교하여 그 결과를 출력하는 문제를 해결하고자 한다. 이 문제를 해결하는 과정을 우리말을 사용하여 단계별 알고리즘으로 기술해보자.

03. 알고리즘은 문제를 해결하기 위한 절차와 방법을 기록한 것이고 주어진 입력에서 원하는 결과를 얻는 과정에 대한 순서이다. 알고리즘을 기록하기 위해서 의사코드와 순서도를 이용할 수 있다. 다음 그림과 같이 주어진 재료로 땅콩버터 샌드위치를 만드는 과정을 기술해보자. 작성을 완료하였으면 유튜브(www.youtube.com)에서 '샌드위치코딩교육'이라는 영상을 찾아서 여러분이 만든 알고리즘과 비교해보도록 하자.

재료(입력)

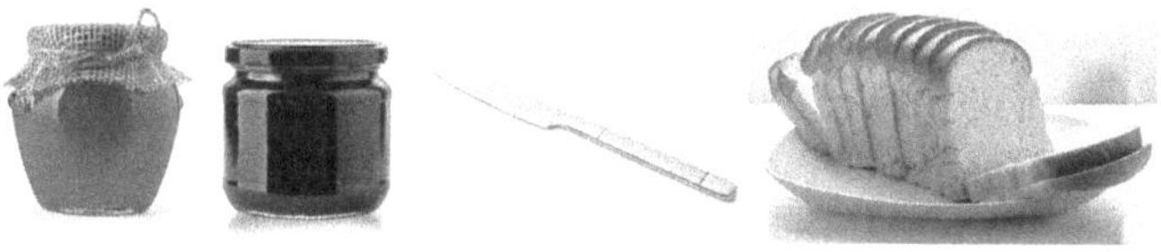

결과(출력)

04. 어느 백화점에서 고객 사은행사를 위해 500원 짜리 동전을 10개씩을 넣은 복주머니를 1024개 만들었다. 그런데 모두 만들고 보니 동전이 한 개가 남는 것이 아닌가? 1024개의 복주머니에 똑같이 10개씩 넣었다면 남는 동전이 하나도 없어야 하는데 1개가 남는다는 것은 어떤 복주머니에는 9개의 동전만 들어있다는 사실이다. 9개의 동전만 들어있는 복주머니를 어떻게 찾을 수 있을까? 일일이 복주머니를 열어서 확인하려면 1024개의 복주머니를 모두 열어봐야 할 것이다. 이 문제를 해결할 수 있는 보다 효율적인 방법을 찾아보고 의사코드로 작성해보자.

05. 꿀벌의 세계는 신기하다. 한 무리의 꿀벌들은 모두 같은 여왕벌의 알에서 태어난 형제들이다. 여왕벌이 낳은 알에는 수정이 된 것과 수정이 되지 않은 것이 있는데 수정이 된 알에서는 암벌이 태어나고 수정이 되지 않은 알에서는 수벌(수펄)이 태어난다. 그러므로 암벌은 어머니(여왕벌)와 아버지가 있지만 수벌은 어머니만 있다. 암벌 가운데 몇 마리는 로얄 젤리(royal jelly)라는 특별한 먹이를 먹고 여왕벌이 되어 새로운 무리를 만들지만 대부분의 암벌들은 일벌이 된다.

> 수벌들의 조상을 생각해 봅시다. 한 마리의 수벌이 있습니다. 이 수벌의 1대 조상은 여왕벌 1마리입니다. 2대 조상은 여왕벌의 부모인데 여왕벌은 암벌이므로 수정이 된 알에서 태어났습니다. 그러므로 여왕벌은 아버지와 어머니가 있습니다. 즉, 이 수벌은 할아버지와 할머니가 있습니다. 2대 조상의 수는 2마리입니다. 3대 조상을 생각해봅시다. 이 수벌의 할아버지는 어머니만 있고 할머니는 부모가 모두 있으므로 3대 조상의 수는 3마리입니다.
>
> :
>
> :
>
> 그렇다면 이 수벌의 10대 조상은 몇 마리일까요?

06. 지금으로부터 4000년도 더 오래된 메소포타미아 시대에는 60이 되면 자리 올림하는 60진법을 사용했다. 왜 그랬을까? 손가락도 10개인데 10진법을 쓰지 않고 말이다. 그러나 이런 생각을 해볼 수 있다. 10의 약수는 2, 5 이렇게 2개이므로 분수의 분모가 2, 5 또는 이것들의 곱일 때는 실수로 정확히 나타낼 수 있지만 그 외에는 불가능하다. 그러나 1과 자기 자신을 제외한 60의 약수는 2, 3, 4, 5, 6, 10, 12, 15, 20, 30 이렇게 10개나 된다. 그러므로 분수 계산 등에 융통성이 매우 많다. 그래서 60진법을 사용했을 가능성이 있다.

왼쪽의 시계는 우리가 사용하는 60진법의 시계이다. 하루는 24시간이며 1시간은 60분으로 계산한다. 그러나 오른쪽 시계는 하루를 20시간으로, 한 시간을 100분으로 계산하는 10진법 시계이다. 60진법 시계로 10시 10분은 10진법 시계로는 8시 47분쯤 된다. 60진법 시계의 10시 10분을 10진법 시계의 시, 분으로 변환하는 알고리즘을 작성해보자.

참고문헌

[Wing, 2006] Jeannette M. Wing, Computational Thinking, Communications of the ACM, Vol. 49, No. 3, March 2006, pp. 33–35.

CHAPTER 03

정보를 담는 그릇: 변수

학습목차

3.1 변수의 개념

다음 그림과 같이 콜라가 가득 들어있는 잔과 사이다가 가득 들어있는 잔이 있다. 이렇게 두 개의 잔에 들어 있는 음료수를 서로 바꾸어 담으려면 어떻게 해야 할까?

두 종류의 음료수를 서로 섞지 않고 바꾸어 담으려면 새로운 컵을 사용해야 한다. 이 문제를 해결하기 위해서는 그림3-1과 같이 새로운 컵이 필요하다. 이제 새로운 컵을 이용하여 두 종류의 음료수를 바꾸어 담는 과정을 생각해보자.

① 콜라 컵 속의 콜라를 새로운 컵에 옮겨 담는다.

② 사이다 컵에 들어 있는 사이다를 비어있는 콜라 컵으로 옮긴다.

③ 마지막으로 새로운 컵에 옮겨 놓았던 콜라를 비어있는 사이다 컵으로 옮긴다.

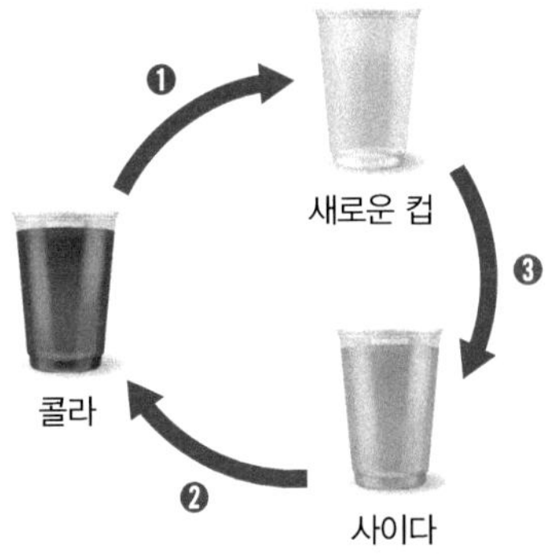

그림 3-1 ▸ 콜라와 사이다 바꾸어 담기

컴퓨터 프로그래밍도 마찬가지이다. 프로그래밍에 사용할 여러 가지 정보를 효율적으로 저장하고 관리하기 위해서는 각각의 용도에 적합한 그릇이 필요하다. 이러한 그릇을 변수라고 부른다.

변수도 데이터를 담는 그릇이므로 그림 3-2와 같이 변수 A와 변수 B에 들어 있는 값을 서로 교환 하려면 새로운 변수(Temp)가 필요하다.

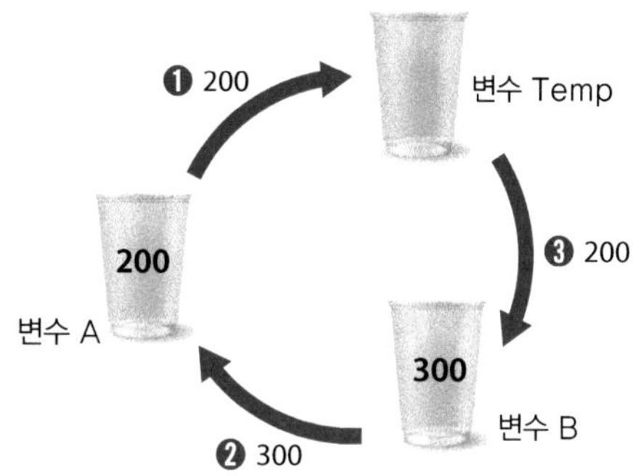

그림 3-2 ▸ 두 개의 변수 값 교환하기

지금까지 설명한 바와 같이 두 개의 변수 값을 교환하려면 다음과 같이 코딩하면 된다. 아래의 프로그램에서 3행은 변수 A에 들어 있는 값을 Temp 변수에 할당하라는 의미이며 값이 복사되는 효과를 가진다. 그리고 3, 4, 5 과정이 수행되면 변수 A의 값과 변수 B의 값은 서로 바뀌게 된다.

```
1: A=200
2: B=300
3: Temp=A
4: A=B
5: B=Temp
```

실습예제 3-1

앞에서 배운 두 개의 변수 A=200, B=300 값을 서로 교환하는 프로그램을 랩터를 이용하여 만들어보자.

문제 해결방법

① 변수 A에 200을 할당한다(Assignment 기호 필요).

② 변수 B에 300을 할당한다(Assignment 기호 필요).

③ 변수 A에 저징된 값(200)을 새로운 변수 Temp에 할당한다(Assignment 기호 필요).

④ 변수 B에 저장된 값(300)을 변수 A에 할당한다(Assignment 기호 필요).

⑤ 변수 Temp에 저장된 값(200)을 변수 B에 할당한다(Assignment 기호 필요).

단계 1 다음 그림과 같이 컴퓨터 바탕화면의 왼쪽 하단에 있는 윈도우 시작 버튼(①)을 누르면 설치된 프로그램 중에서 랩터 아이콘(②)을 찾을 수 있다. 이 아이콘을 클릭하여 랩터를 실행시킨다.

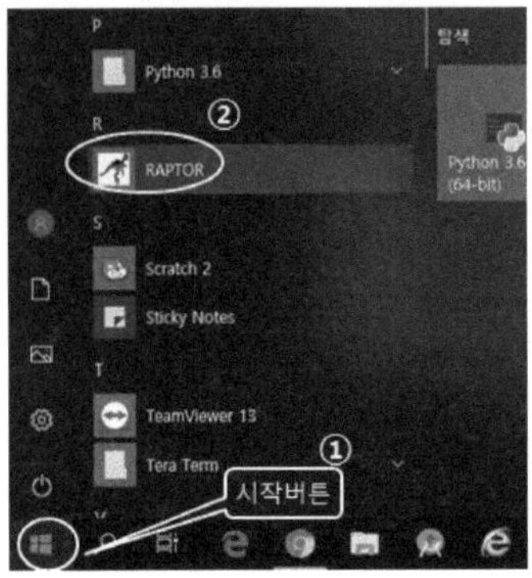

랩터를 실행할 수 있는 또 다른 방법은 랩터가 설치된 폴더에서 raptor.exe 파일을 선택한 후 마우스 왼쪽 버튼을 더블클릭하여 랩터를 실행하는 방법이다.

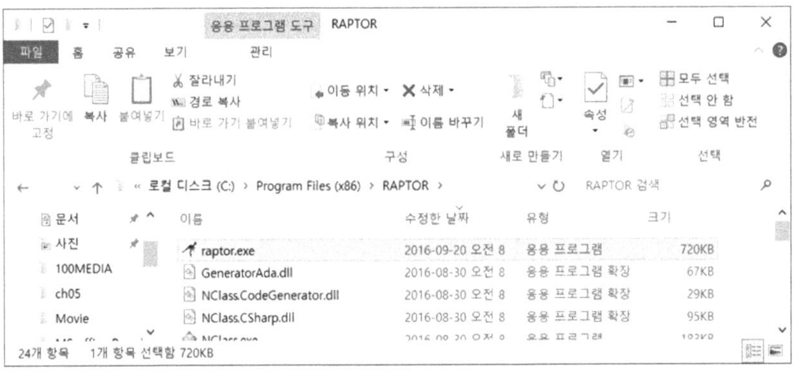

TIP 랩터 프로그램을 자주 사용하는 경우에는 raptor.exe 파일을 선택한 후, 마우스 오른쪽 버튼을 클릭하여 '보내기' 메뉴와 '바탕화면에 바로가기 만들기' 메뉴를 차례로 선택하여 아이콘을 바탕화면에 두고 사용하는 방법도 있다.

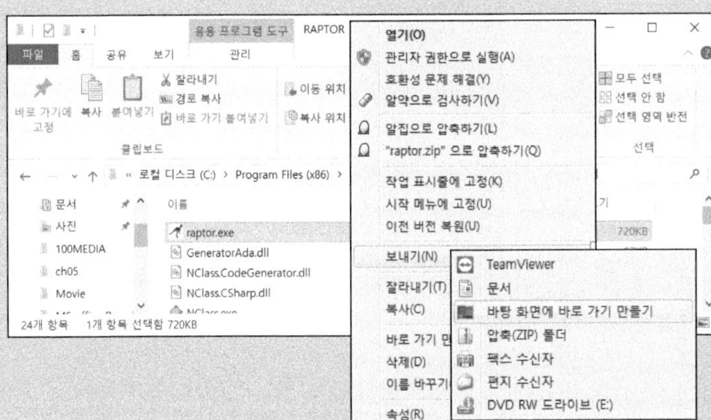

단계 2 랩터를 실행하면 다음과 같은 초기화면이 나타난다.

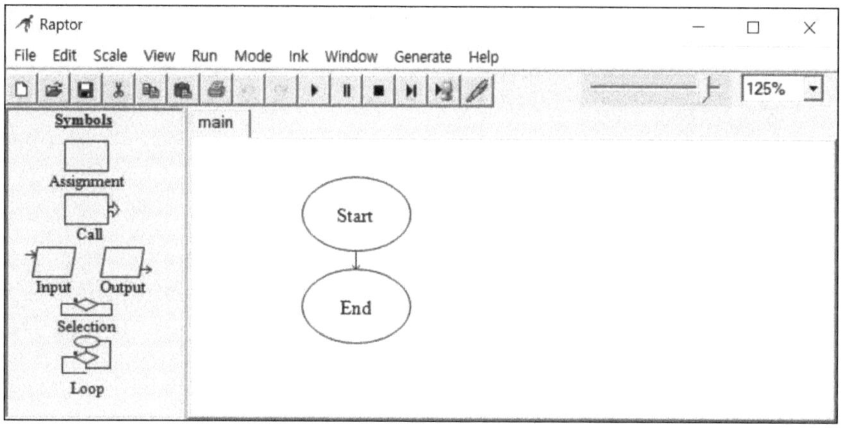

단계 3 혹시라도 작업하던 것을 분실할 염려가 있으니 지금까지 만들어 놓은 것을 저장해보자. 다음 그림과 같이 [File] 메뉴를 클릭하여 [Save As]를 선택하면 '다른 이름으로 저장'이 가능하다. 만약 이때 'ex3-1'라고 저장하면 'ex3-1.rap라는 파일 이름으로 저장된다.

TIP 랩터로 만든 프로그램을 저장할 때 '.rap'가 자동으로 붙는데 이것을 확장자라고 한다. 이 확장자를 사용하여 랩터 파일임을 알 수 있다. 훈글로 문서를 작성할 때 확장자 ".hwp"가 붙는 것도 같은 원리이다.

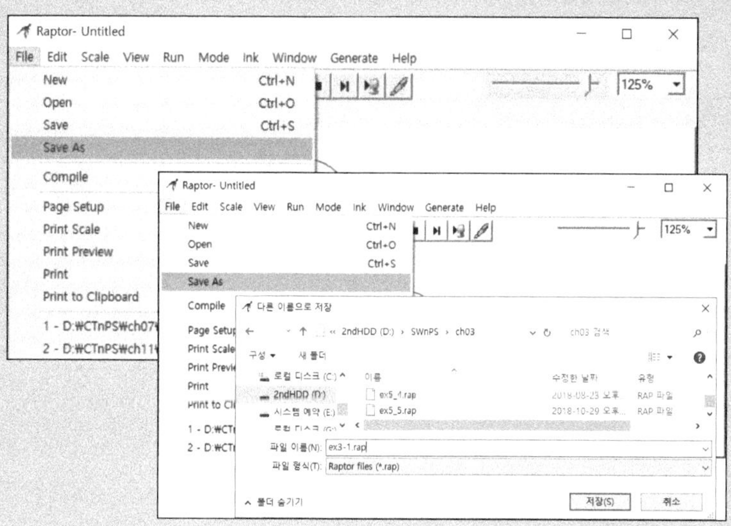

단계 4 **단계 2**의 랩터 실행 후 초기화면에서 화면 좌측의 기호(Symbols) 메뉴에서 할당(Assignment) 기호를 마우스 왼쪽 버튼을 누른 채 메인화면(작업 창)의 Start와 End 사이에 끌어다 놓는다. 이렇게 끌어다 놓는 것을 드래그 앤 드롭(Drag and drop)이라고 한다.

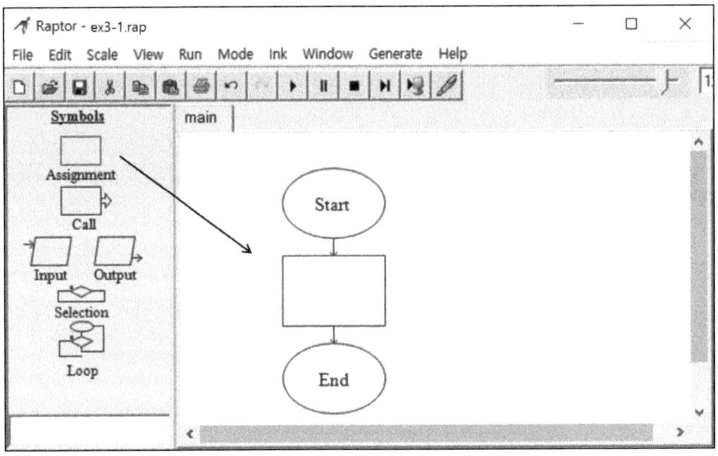

단계 5 메인화면에 끌어다 놓은 할당 기호를 마우스 왼쪽 버튼으로 더블클릭하면 다음과 같은 화면이 나오는데 Set 부분에는 A를, to 부분에는 200을 입력하고 Done 버튼을 클릭한다.

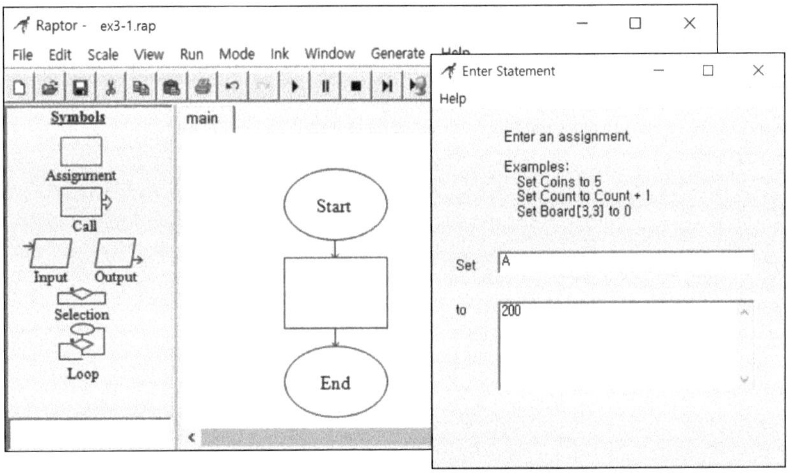

단계 6 다음 그림과 같이 되었으면 변수 A에 200이라는 값이 할당된 것이다.

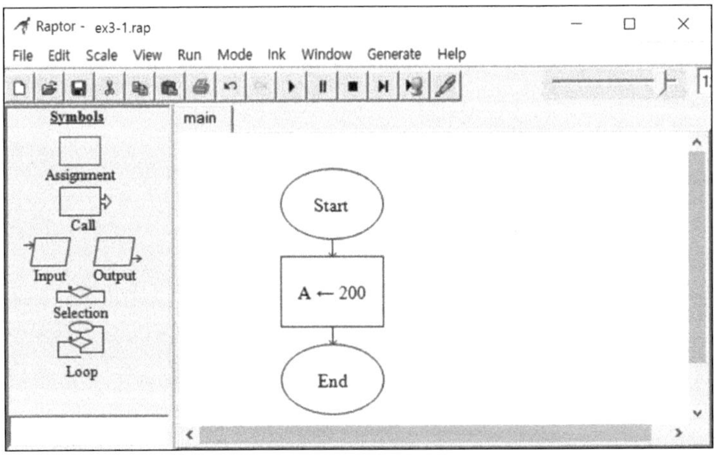

단계 7 앞에서 설명한 방법을 반복하여 다음 그림과 같이 할당문을 완성한다.

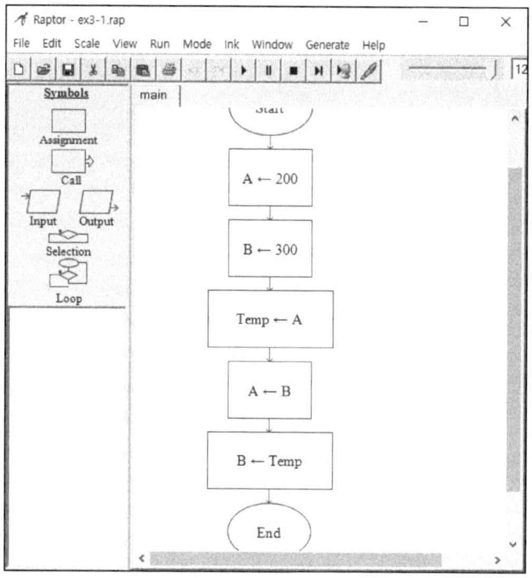

단계 8 이제 완성된 프로그램을 실행시켜 보자. 메뉴에 있는 Run을 클릭하거나, 아래 그림에서 동그라미 표시되어 있는 실행 버튼(▸)을 누르면 프로그램이 실행된다. 이 랩터 프로그램은 출력 부분을 작성하지 않았기 때문에 결과는 출력되지 않는다. 하지만 랩터 화면 좌측 하단에서 변수에 값이 할당되는 것을 볼 수 있다.

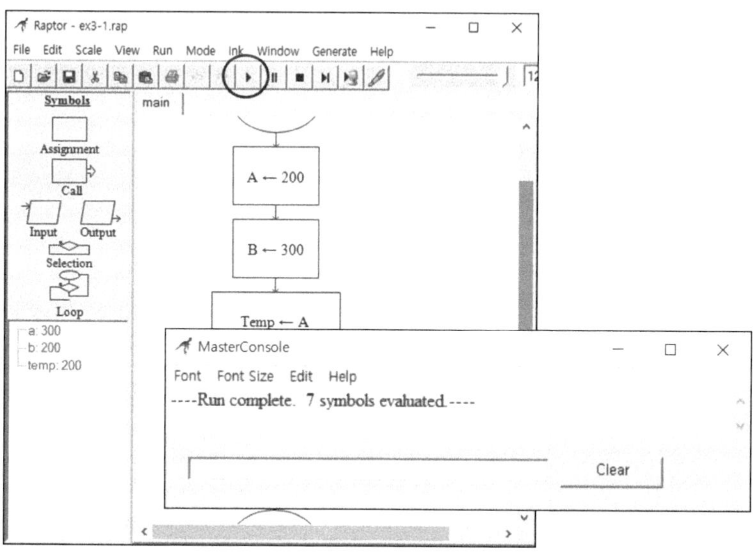

이 프로그램의 실행 과정은 다음과 같다. 먼저 랩터 프로그램에서 변수 A에 200을 할당했고, 변수 B에 300을 할당하였다. 그리고 콜라와 사이다를 교환하듯이 Temp라는 새로운 변수를 사용하여 데이터를 서로 교환하였다. 이렇게 데이터를 서로 교환하면 변수 A에 300이 들어가고, 변수 B에는 200이 들어갈 것이다. 화면 좌측의 각 변수 안에 어떤 데이터가 할당되어 있는지 잘 나타나 있다.

변수명을 만드는 규칙

우리는 앞 절에서 데이터를 담는 그릇, 즉 변수에 대해서 공부하였다. 프로그램을 구성하는 가장 기본적인 요소로서 변수와 상수가 있다. 변수는 한 순간 하나의 값을 저장하는 메모리 위치이다. 변수는 특정 유형의 데이터의 단일 값만을 보유하고 있지만 프로그램이 실행될 때 변수에 저장된 데이터 값은 변경될 수 있다. 그래서 프로그램에 따라 저장된 데이터가 다를 수 있기 때문에 변수라고 한다. 상수는 프로그램의 실행 도중에 값이 바뀌지 않는 고정된 값으로, 숫자 상수와 문자 상수로 구분된다. 프로그래밍 언어마다 변수를 구성하는 규칙은 조금씩 다르지만 일반적으로 다음과 같은 규칙을 갖는다.

- 변수명으로 사용할 수 있는 문자는 A~Z, a~z의 영문자와, 0~9의 숫자와 _(언더바)이다.
- 변수명의 첫 문자는 반드시 영문자로 시작한다.
- 변수를 만들 때 중간에 공백을 허용하지 않는다.
- 예약어(reserved word)는 변수명으로 사용할 수 없다.
- 랩터 프로그램에서는 대문자 A와 소문자 a는 같은 문자로 취급한다. 하지만 C언어, 파이썬 언어 등에서는 대문자와 소문자를 서로 다른 문자로 취급한다. 예를 들어 변수 AAA와 aaa는 랩터에서는 같은 변수로, C언어, 파이썬 언어 등에서는 다른 변수로 취급한다.

TIP 예약어란 프로그래밍 언어에서 사용되는 명령어를 의미한다. if, else, and, print 등 이미 예약된 단어들은 변수명으로 사용할 수 없다.

상기 규칙에 따라 자료들에 대한 변수명을 부여해보자.

올바른 예	틀린 예	틀린 이유
name = "홍길동" jumsu = 100 Korea_score= 200	if= 200 jum su = 100 jum*su = 200 4tax = 300	예약어를 변수명으로 사용 변수명 중간에 공백이 들어감 변수명에 특수문자(*)가 들어감 변수명이 숫자로 시작

대부분의 프로그래밍 언어와 달리 랩터에서는 변수를 프로그램에서 별도로 선언하지 않아도 되며, 변수는 처음 사용할 때 정의하면 된다. 값을 변수에 처음 할당하는 것을 변수 초기화라고 한다. 변수는 자동으로 값을 갖지 못한다. 그림 3-3처럼 변수

y에 값이 할당되기 전에 변수 x에 변수 y의 값을 할당하려고 하면 그림 3-3 (a)와 같이 런타임 오류가 발생한다. 그러므로 그림 3-3 (b)와 같이 변수는 꼭 초기화한 후 사용하여야 한다.

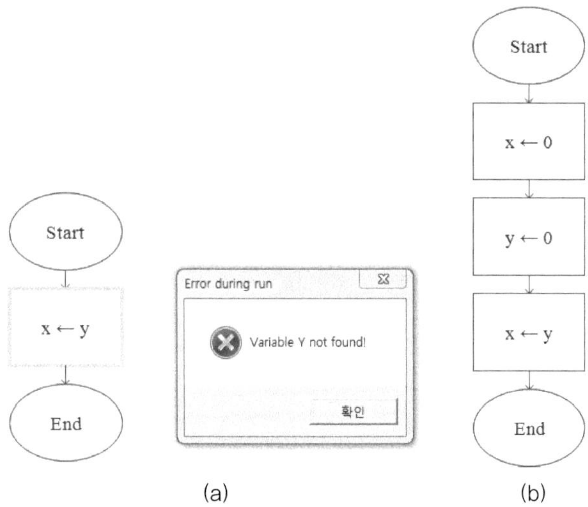

그림 3-3 ▸ 랩터에서 변수의 올바른 사용법

변수에는 어떤 값을 저장할 수 있을까?

일단 변수가 만들어지면 다음과 같이 여러 가지 형태의 데이터를 저장할 수 있다. 이때 주의할 점은 문자 데이터는 숫자와 구분하기 위하여 따옴표("")를 쓴다는 점이다.

- 숫자(numbers): 12, 576, −4, 3.1415, 0.00371
- 문자(strings): "Hello, how are you?", "James Bond"
- 진리 값: true, false

상수는 사용자가 임의로 변경할 수 없는 미리 정의된 값을 말하는데, 랩터에는 다음과 같은 기본 제공 상수가 있다.

- 상수의 종류: pi(원주율), e(자연수), true, false, yes, no
- pi: 3.1416 , e: 2.7183, true: 1, yes: 1, false: 0, no: 0

3.2 여러 개의 변수를 묶어서 사용하기: 배열

학생 5명의 국어, 영어, 수학 성적을 처리하는 문제를 생각해보자.

이때 학생들의 국어, 영어, 수학 성적을 저장할 변수를 kor, eng, mat로 정하면 다음과 같이 15개의 변수를 사용해야 된다.

```
1번 학생의 국어, 영어, 수학 성적: kor1=95, eng1=80, mat1=90
2번 학생의 국어, 영어, 수학 성적: kor2=90, eng2=75, mat2=85
3번 학생의 국어, 영어, 수학 성적: kor3=85, eng3=95, mat3=65
4번 학생의 국어, 영어, 수학 성적: kor4=95, eng4=90, mat4=60
5번 학생의 국어, 영어, 수학 성적: kor5=70, eng5=85, mat5=95
```

이와 같이 변수가 너무 많아지면 관리하기 힘들어진다. 이 문제를 해결하기 위하여 변수명 뒤에 첨자를 붙여서 다음과 같이 사용할 수 있는데 이것을 배열이라고 한다. 이때 변수명 뒤에 붙는 첨자를 인덱스라고 부른다. 랩터에서 배열의 인덱스는 0부터가 아니라 1부터 시작한다.

```
1번 학생의 국어, 영어, 수학 성적: kor[1]=95, eng[1]=80, mat[1]=90
2번 학생의 국어, 영어, 수학 성적: kor[2]=90, eng[2]=75, mat[2]=85
3번 학생의 국어, 영어, 수학 성적: kor[3]=85, eng[3]=95, mat[3]=65
4번 학생의 국어, 영어, 수학 성적: kor[4]=95, eng[4]=90, mat[4]=60
5번 학생의 국어, 영어, 수학 성적: kor[5]=70, eng[5]=85, mat[5]=95
```

그림 3-4는 학생 5명의 국어, 영어, 수학 성적 데이터를 kor, eng, mat 3개의 배열에 저장한 모습이다. 그림과 같이 한 줄로 이루어진 배열을 1차원 배열이라고 한다.

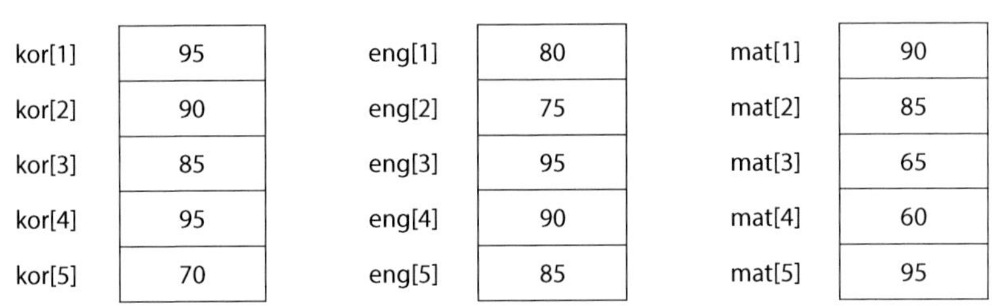

그림 3-4 ▸ 배열에 데이터가 저장되는 모습

우리 생활 주변에서 배열의 예를 찾아보자. 그림 3-5에 아파트를 배열과 비교하여 나타내었다. 우편물이나 택배를 배달하려면 아파트 집집마다 고유의 동, 호수가 있어야 할 것이다. 바로 아파트의 동, 호수에 해당되는 부분이 배열의 인덱스이다.

1001호	1002호	1003호	1004호
901호	902호	903호	904호
801호	802호	803호	804호
701호	702호	703호	704호
601호	602호	603호	604호
501호	502호	503호	504호
401호	402호	403호	404호
301호	302호	303호	304호
201호	202호	203호	204호
101호	102호	103호	104호

그림 3-5 ▸ 아파트와 배열

그림 3-4에 나타낸 3개의 1차원 배열을 합하여 그림 3-6과 같이 만들고 score라는 새로운 이름을 붙여보자. 그림 3-6과 같이 가로, 세로로 이루어진 배열을 2차원 배열이라고 한다. 그림 3-5의 아파트는 2차원 배열의 예라고 볼 수 있다.

```
1번 학생의 국어, 영어, 수학 성적: score[1,1]=95, score[1,2]=80, score[1,3]=90
2번 학생의 국어, 영어, 수학 성적: score[2,1]=90, score[2,2]=75, score[2,3]=85
3번 학생의 국어, 영어, 수학 성적: score[3,1]=85, score[3,2]=95, score[3,3]=65
4번 학생의 국어, 영어, 수학 성적: score[4,1]=95, score[4,2]=90, score[4,3]=60
5번 학생의 국어, 영어, 수학 성적: score[5,1]=70, score[5,2]=85, score[5,3]=95
```

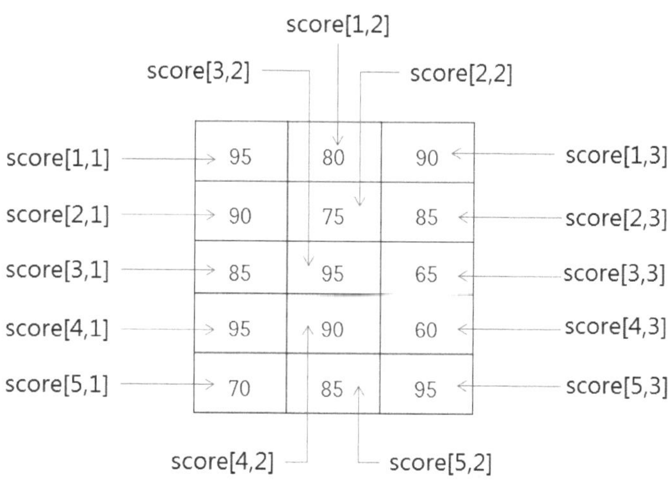

그림 3-6 ▸ 2차원 배열에 데이터가 저장되는 모습

실습예제 3-2

랩터를 이용하여 다음 그림과 같이 배열을 만들고 데이터를 할당하고, 각 학생의 국어 성적(kor)과 영어 성적(eng)의 합계를 구하는 프로그램을 작성해보자.

kor[1]	95	eng[1]	80
kor[2]	90	eng[2]	75

문제 해결방법

① 배열 kor[1]과 kor[2]에 95, 90을 할당한다(Assignment 기호 필요).

② 배열 eng[1]과 eng[2]에 80, 75를 할당한다(Assignment 기호 필요).

③ 배열 kor[1]과 eng[1]의 합을 구하여 새로운 배열 sum[1]에 저장하고, 배열 kor[2]와 eng[2]의 합을 구하여 배열 sum[2]에 저장한다(Assignment 기호 필요).

단계 1 랩터를 실행시킨 후, 심볼 창에서 할당(Assignment)기호를 메인화면으로 끌어다 놓는다. 메인화면에 끌어다 놓은 할당 기호를 마우스 왼쪽 버튼으로 더블클릭하면 다음과 같은 화면이 나오는데 Set 부분에는 kor[1]을, to 부분에는 95를 입력하고 Done 버튼을 클릭한다.

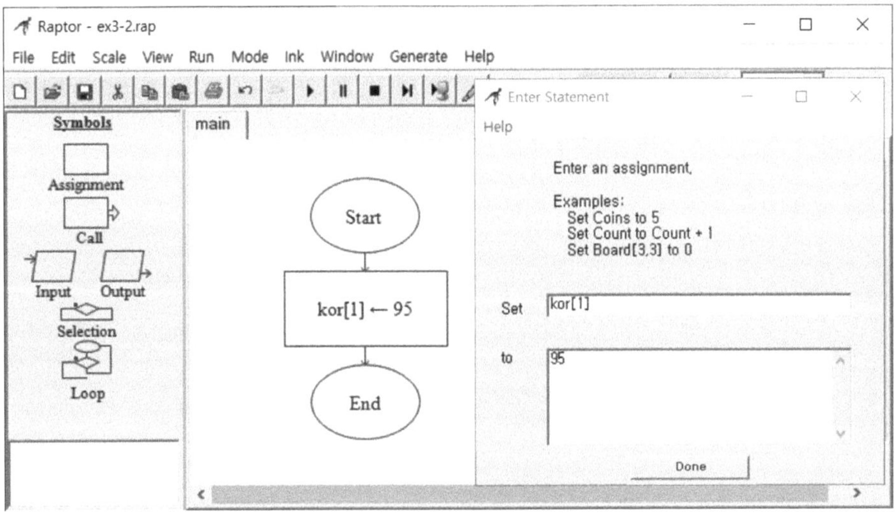

단계 2 **단계 1**과 같은 방법으로 배열 kor[2], eng[1], eng[2]에 90, 80, 75를 할당한다.

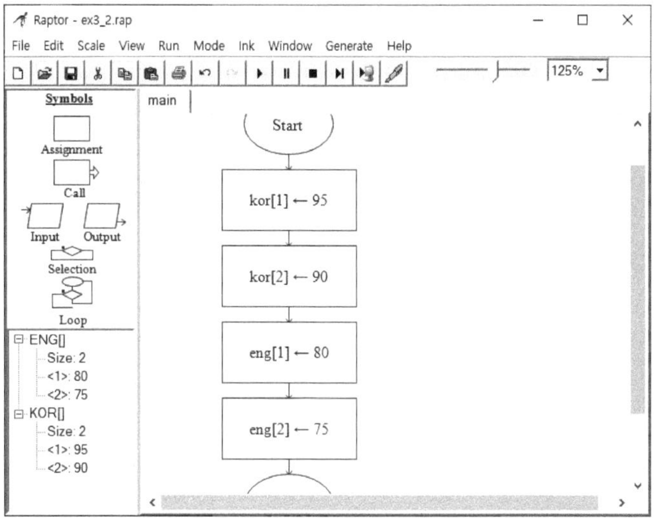

단계 3 배열 kor[1]과 eng[1]의 합을 구하여 sum[1]에 저장하고, 배열 kor[2]와 eng[2]의 합을 구하여 sum[2]에 저장한다.

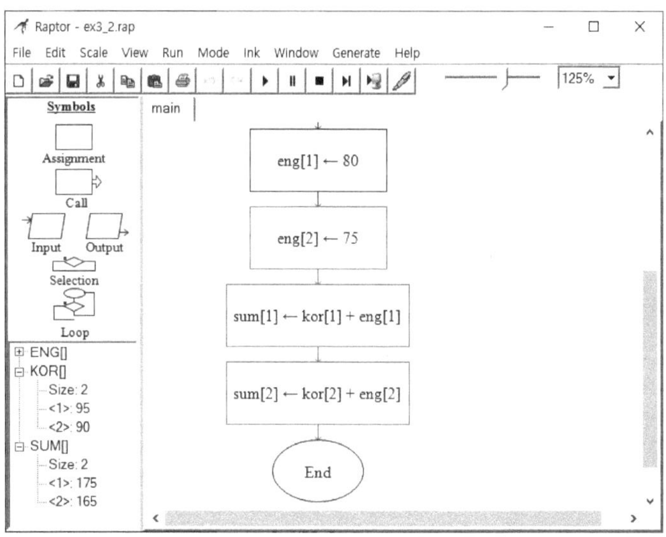

실행 비튼을 눌러 프로그램을 실행한 후, 화면 왼쪽의 결과 창을 보면 배열 kor[1], kor[2], eng[1], eng[2]에 할당된 95, 90, 80, 75 값이 다음과 같이 더해진 결과가 나타난다.

sum[1] = kor[1] + eng[1]
175 = 95 + 80
sum[2] = kor[2] + eng[2]
165 = 90 + 75

3.3 데이터의 입력과 출력

입력은 데이터를 외부로부터 받아들이는 것을 의미하고, 출력은 처리 결과를 화면으로 내보내는 것을 의미한다. 랩터에서는 그림 3-7과 같은 Input 기호와 Output 기호를 사용한다.

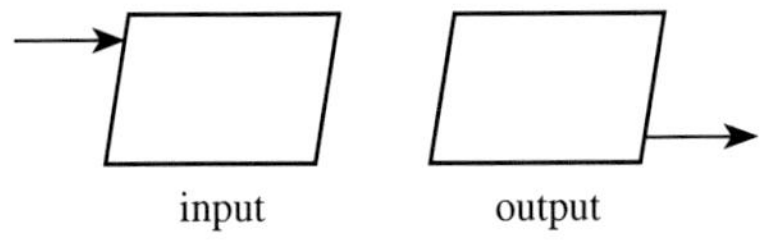

그림 3-7 ▸ 랩터의 Input 기호와 Output 기호

앞 절에서 변수는 정보를 담는 그릇이라고 배웠다. 그러면 이제 데이터를 입력받아 변수에 저장한 후, 저장된 데이터를 컴퓨터 화면에 출력하는 방법을 공부해보자.

실습예제 3-3

랩터를 이용하여 어떤 사람의 이름을 입력받아 'Hello!!' 라는 인사말과 함께 이름을 화면에 출력하는 프로그램을 작성해보자.

문제 해결방법

① 임의의 이름을 입력받는다(Input 기호 필요).

② 입력받은 값을 저장할 변수가 필요하므로, 변수명을 'name'으로 정한다.

③ 'name'라는 변수에 저장된 값을 결과 화면에 출력한다(Output 기호 필요).

단계 1 랩터를 실행시킨 후, 아래 그림처럼 입력(Input) 기호와 출력(Output) 기호를 끌어서 메인화면으로 가지고 오자.

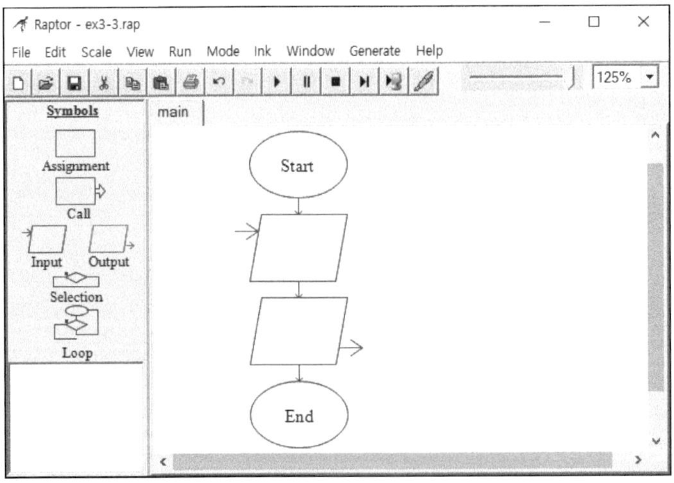

단계 2 메인화면에서 입력 기호를 마우스로 더블클릭하면 아래의 오른쪽 그림과 같은 창이 나타난다. 윗부분에 "Your name=?"라고 입력하고 아랫부분에 name이라고 입력한 후 Done 버튼을 누르면 좌측 화면과 같이 나타난다. 이때 주의할 점은 윗부분의 "Your name=?"을 입력할 때는 따옴표("")까지 같이 입력해야 한다. "Your name=?"은 '이름을 입력해주세요'라는 의미의 프롬프트인데, 따옴표 안에 있는 문장은 사람에게 알리는 일종의 메시지이다. 그러므로 어떤 문장이든 마음대로 쓸 수 있다.

여기서 name은 입력받은 이름을 저장할 변수이다. 즉 입력된 이름이 name이라는 변수에 저장된다. GET name은 임의의 숫자를 입력받아 name이라는 변수에 저장하라는 뜻이다.

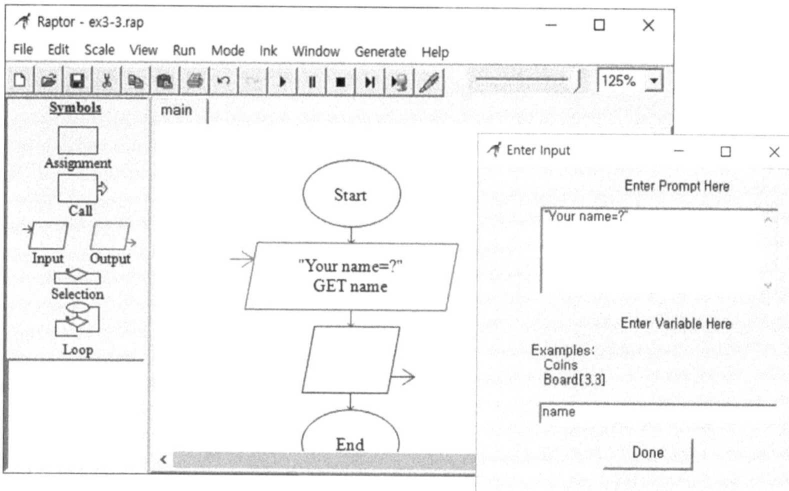

단계 3 **단계 2**와 유사한 방법으로 메인화면에서 두 번째 출력 기호를 마우스로 더블클릭하면 아래의 오른쪽 그림과 같은 창이 나타난다. "Hello!!"+name이라고 입력한 후 Done 버튼을 누르면 아래 그림의 왼쪽과 같이 나타난다. PUT "Hello!!"+name은 name이라는 변수에 저장되어 있는 데이터를 Hello!!라는 글자와 함께 화면에 출력하라는 뜻이다.

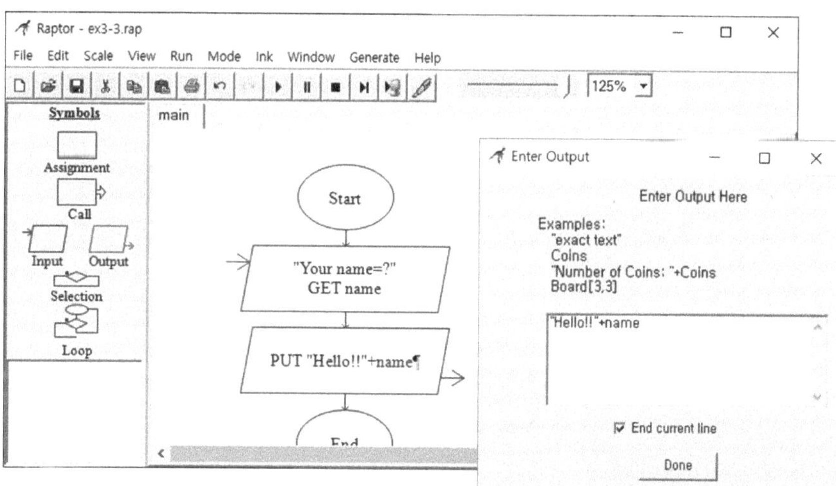

단계 4 지금까지의 과정에 문제가 없으면 이제 실행 버튼을 눌러보자. 아래 화면과 같이 입력 창이 열릴 것이다. 이 입력 창에 학생 이름을 입력한 후 OK 버튼을 눌러보자. 아쉽게도 랩터는 한글을 지원하지 않으므로 영문으로 입력하도록 하자.

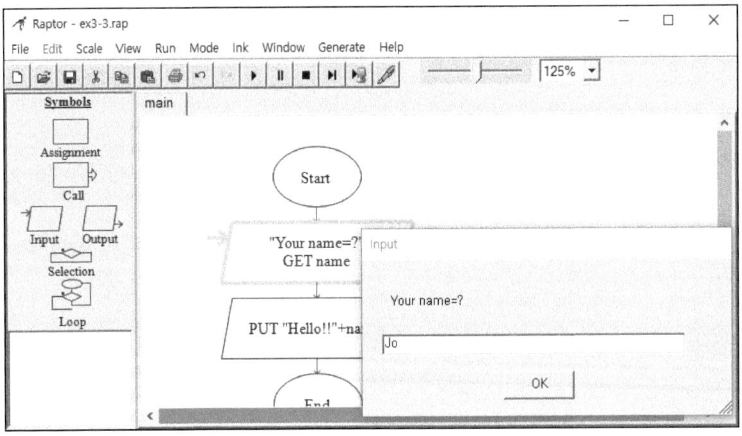

단계 5 결과 창에 Hello!!와 함께 입력된 이름이 나타날 것이다. 아래 그림은 이름을 'Jo' 라고 입력했을 때 나온 결과 화면이다.

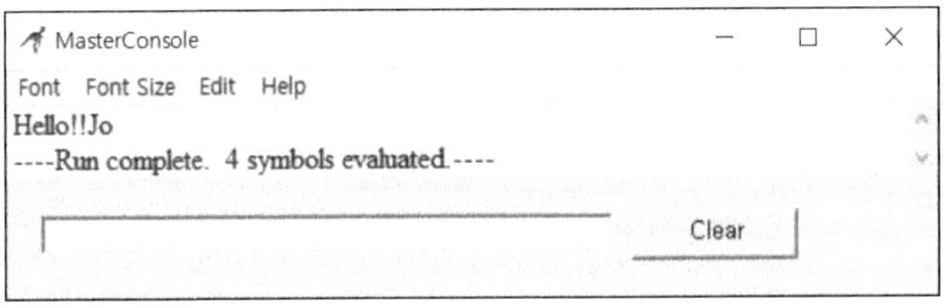

3.4 연산자를 이용하여 계산하기

컴퓨터에 입력되는 수치 자료나 문자 자료들은 사용자가 원하는 결과를 구하기 위한 적절한 연산이 필요하다. 두 개의 수를 더하기 연산을 할 때 보통 'A+B'라고 표기한다. 이때 덧셈(+)과 같이 연산을 나타내는 기호를 연산자라고 하고 연산에 사용되는 실제 자료 A와 B를 피연산자라고 한다. 연산의 종류에는 수치 자료에 대한 덧셈, 뺄셈, 곱셈, 나눗셈 등의 산술 연산과 두 입력 자료에 대한 비교를 수행하는 관계 연산, 입력 자료에 대한 참과 거짓을 판단하는 진리값에 따라 수행되는 논리 연산 등이 있다. 모든 연산자에 대해 괄호가 있을 경우에는 괄호 속의 연산자를 가장 먼저 처리한다. 그 이외에 산술, 관계, 논리 연산자들이 한 개의 수식에 같이 사용되었을 경우에는 산술 연산자, 관계 연산자, 논리 연산자의 순서대로 처리한다.

산술 연산자

일반적으로 산술 연산자란 수치 계산에 사용되는 연산자들을 말한다. 연산자의 종류는 제곱, 곱셈, 나눗셈, 덧셈, 뺄셈 등이 있다. 연산 순서는 수학에서 사용하는 수식의 연산 순서와 동일하다. 즉, 괄호 안의 수식을 먼저 계산하고 더하기, 빼기보다는 곱하기, 나누기를 먼저 수행한다.

표 3-1 ▸ 산술 연산자의 종류

연산자	설명	사용 예
+	더하기	3+4 → 7
-	빼기	3-4 → −1
*	곱하기	3*4 → 12
/	나누기	3/4 → 0.75
% 또는 mod	나머지	10%3 → 1, 10mod3 → 1
**	지수	3**4 → 3^4 → 81

관계 연산자

관계 연산자는 주어진 두 개의 변수 또는 수식에 대한 값을 비교하는 연산자이다. 연산 결과는 참(true), 거짓(false)으로 나타난다. 관계 연산자는 각 연산자에 대한 우선순위가 모두 동일하다. 따라서 연산 순서는 왼쪽에서 오른쪽 방향이다.

표 3-2 ▸ 관계 연산자의 종류

연산자	설명	사용 예
==	같다	3==4 → No(false)
!=	같지 않다	3!=4 → Yes(true)
<	작다	3<4 → Yes(true)
<=	작거나 같다	3<=4 → Yes(true)
>	크다	3>4 → No(false)
>=	크거나 같다	3>=4 → No(false)

논리 연산자

논리 연산자는 논리합(Or), 논리곱(And), 부정(Not) 등의 연산을 수행하며, 그 결과는 참 또는 거짓으로 나타난다. 한 개의 수식에 여러 개의 논리 연산자가 사용되면 연산자 우선순위에 따라 처리하며, 동일한 우선순위를 가진 연산자가 여러 개 있을 경우에는 왼쪽에서 오른쪽의 방향으로 연산한다.

표 3-3 ▸ 논리 연산자의 종류

연산자	설명	사용 예
and	그리고	(3<4) and (10<20) → Yes(true)
or	또는	(3<4) or (10>20) → Yes(true)
xor	배타적 또는	Yes xor No → Yes(true)
not	논리값의 역	not (3<4) → No(false)

실습예제 3-4

임의의 숫자를 입력하면 그 수의 제곱을 계산하여 출력하는 일을 하고자 한다. 랩터를 이용하여 이 문제를 해결해보자.

문제 해결방법

① 임의의 숫자를 입력받는다.

② 입력받은 값을 저장할 변수가 필요하므로, 변수명을 'num'으로 정한다.

③ 입력받은 값의 제곱을 구하는 연산을 수행한 후 그 결과를 'result'라는 변수에 저장한다.

④ 'result'라는 변수에 저장된 결과 값을 출력한다.

단계 1 랩터를 실행시킨 후, Symbols 창에서 Input 기호를 끌어다가 main화면의 Start와 End 기호 사이에 위치시킨다. 만약 작업 도중에 저장하라는 메시지 창이 뜨면 [File] 메뉴를 누르고 [Save As]를 선택하여 적당한 이름으로 저장한 후 작업을 계속한다. 계속해서 Input기호를 더블클릭하여 그림과 같이 "Input number=?"와 num이라고 입력한다. 이때 num은 입력받은 값을 저장할 변수이고, "Input number=?"는 '숫자를 입력해주세요'라는 의미의 프롬프트이다.

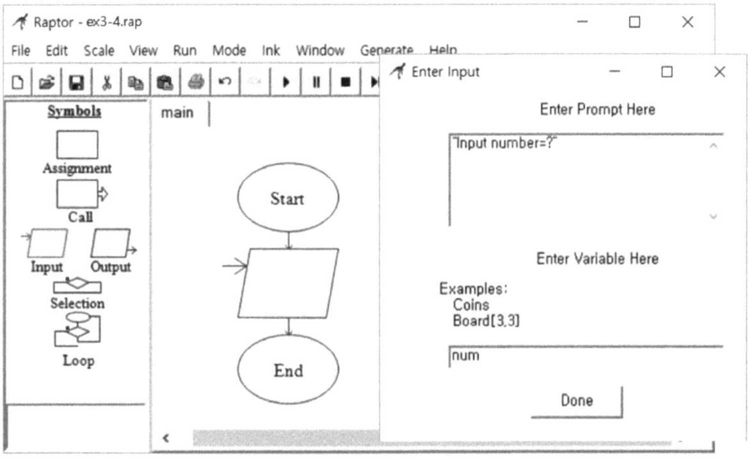

단계 2 **단계 1** 과정을 모두 끝내고 Done 버튼을 누르면 아래 그림과 같이 입력 부분이 완성된다.

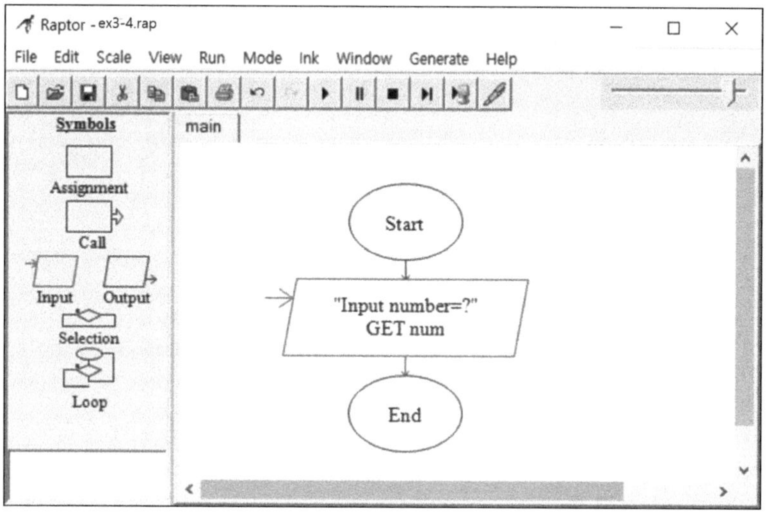

단계 3 이제 입력받은 숫자에 제곱 연산을 하는 과정을 살펴보자. 먼저 Symbols 창에서 Assignment 기호를 끌어다가 그림과 같이 main화면의 End 기호 앞쪽에 위치시킨다. 그리고 Assignment 기호를 더블클릭하여 Set부분에는 'result'를, to 부분에는 'num**2'을 입력한 후 Done 버튼을 누른다.

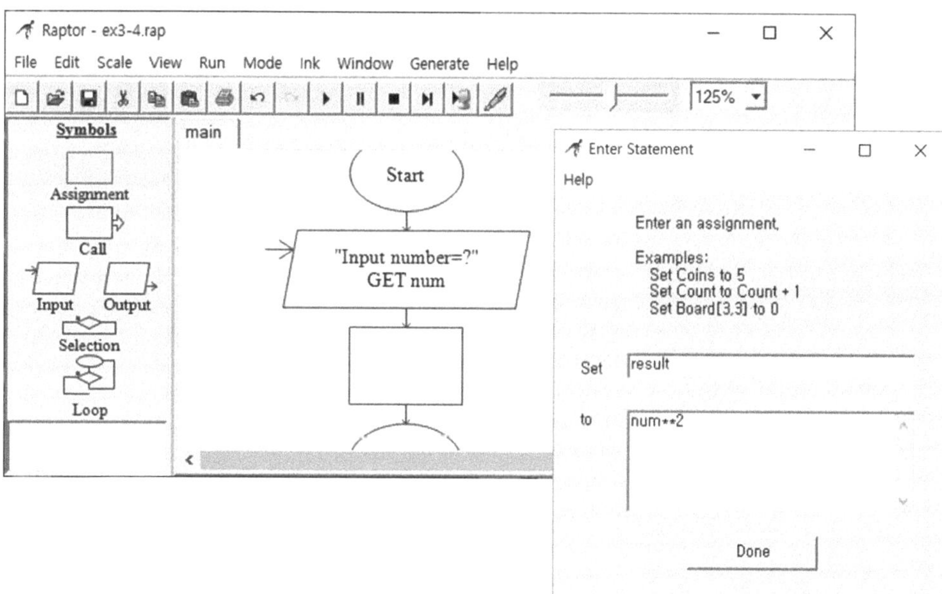

단계 4 단계 3과정까지 모두 끝났으면 다음 그림과 같이 연산 부분이 완성된다. 이것은 'num'이라는 변수에 들어 있는 숫자를 제곱하여 그 결과 값을 'result' 변수에 저장하라는 의미이다.

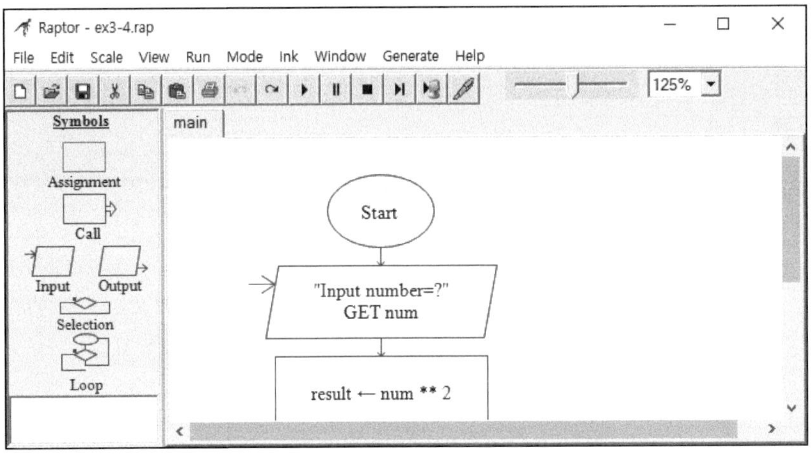

단계 5 이제 연산 결과를 출력해보자. 'result' 변수에 저장되어 있는 제곱 연산 결과 값을 화면에 출력한다. 먼저 Symbols 창에서 Output 기호를 끌어다가 아래 그림과 같이 main화면의 End 기호 앞쪽에 위치시킨다. 그리고 Output 기호를 더블클릭한 후, "Result="+result라고 입력한 후 Done 버튼을 누른다. 앞부분에 "Result="를 붙이는 이유는 결과를 보기 좋게 출력하기 위함이므로 'result'만 써도 된다.

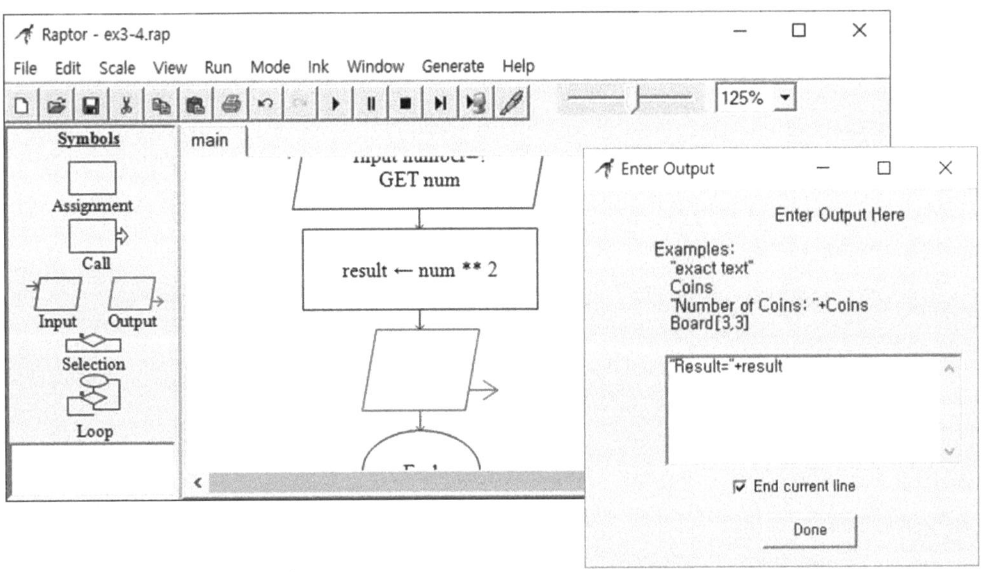

단계 6 아래 그림과 같이 완성되었으면 성공이다. 실행 버튼을 눌러보자.

단계 7 실행이 되면 임의의 숫자를 입력하라는 입력 창이 뜬다. 여기에 5를 입력하고 OK 버튼을 누르면 결과 창에 5의 제곱인 25가 출력된다. **단계 5**에서 "Result="를 붙였기 때문에 결과 창에 'Result=25' 라고 출력되었다.

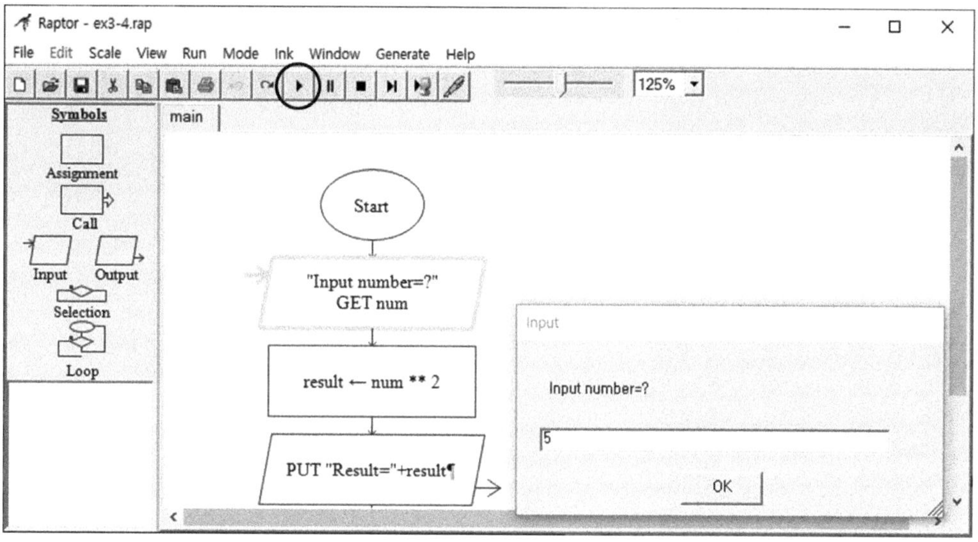
Raptor - ex3-4.rap
File Edit Scale View Run Mode Ink Window Generate Help
125%
Symbols
Assignment
Call
Input Output
Selection
Loop
main
Start
"Input number=?"
GET num
result ← num ** 2
PUT "Result="+result¶
Input
Input number=?
5
OK

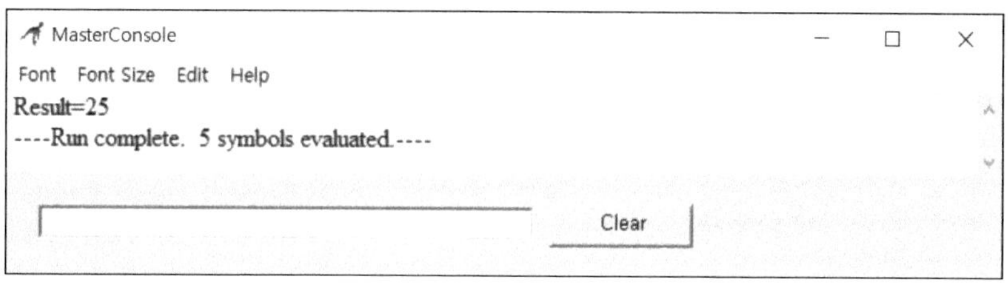
MasterConsole
Font Font Size Edit Help
Result=25
----Run complete. 5 symbols evaluated.----
Clear

실습예제 3-5

어떤 과일가게에서 사과를 1개에 1,000원, 배 1개에 2,000원, 멜론은 1개에 3,000원에 판매하고 있다. 그런데 오늘은 사과가 시들어서 원래 가격의 10%를 할인해서 팔려고 한다. 고객이 구매한 과일 총액을 계산하는 문제를 랩터를 이용하여 해결해보자.

생각해보기

① 자료 수집/분석/표현

```
입력 자료: 고객이 구매한 과일 종류별 수량 및 과일 가격
```

② 문제 분해/추상화/알고리즘 설계

```
곱셈 및 덧셈 연산을 이용하여 과일 값 계산
사과의 경우 10% 할인한 가격 계산
```

문제 해결방법

① 고객이 구매한 과일 종류별 수량을 입력한다.

② 입력받은 값을 저장할 변수가 필요하므로, 변수명을 각각 apple, pear, melon으로 정한다.

③ 사과의 경우 10% 할인한 가격을 계산하고, 배와 멜론은 정가로 계산한다.

```
apple_total=apple*1000-apple*1000*0.1
pear_total=pear*2000
melon_total=melon*3000
```

④ 각 과일 값을 더하여 'total'이라는 변수에 저장하고 결과 값을 출력한다.

```
total=apple_total+pear_total+melon_total
```

결과 화면

다음 결과 화면은 사과, 배, 멜론을 각각 10개씩 구매했을 때의 총 금액을 계산한 결과이다.

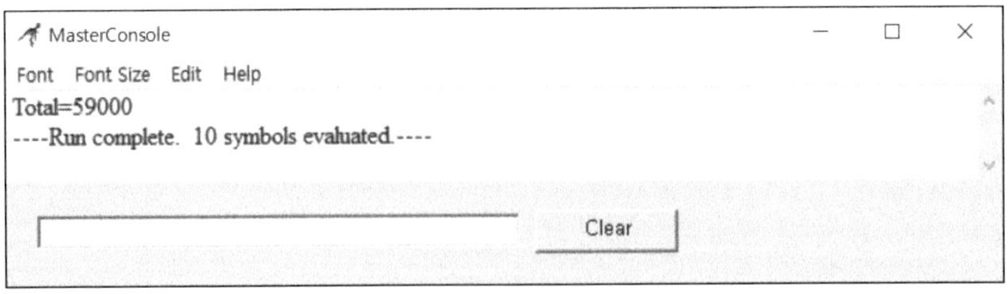

절
취
선

수행과제 3-1

학과		학번		이름	

옷을 구입하기 위하여 사이즈를 살펴보면 인치(inch) 단위를 사용하는 경우가 많다. cm 단위의 길이를 입력하면 인치로 변환하는 프로그램을 작성하시오.

생각해보기

① 1인치는 2.54 cm이다.
② cm 단위의 숫자를 입력받아 inch 단위로 출력한다.
③ 예를 들어 163을 입력했다면 결과 값은 64.173230이다.

SOFTWARE and PROBLEM SOLVING

수행과제 3-2

학과		학번		이름	

어떤 원의 반지름을 입력하면 그 원의 면적을 구하려고 한다. 랩터를 사용하여 이 문제를 해결하시오.

생각해보기

① 원의 면적을 구하는 공식: $s = \pi r^2$ (π = 원주율, r = 원의 반지름)

② 랩터에서 원주율은 3.14 대신에 pi로 쓸 수 있다.

③ 예를 들어 r = 10을 입력했다면 결과 값은 314.1593이다.

절취선

SOFTWARE and **P**ROBLEM **S**OLVING

3.5 프로그램 도우미: 내장함수

프로그래머가 제곱근, 절댓값 등을 계산할 때는 미리 구현하여 저장되어 있는 함수를 불러서 사용할 수 있다. 랩터, 파이썬 등 대부분의 프로그래밍 언어에는 일반 계산기처럼 제곱근, 절댓값 등을 간단하게 구할 수 있는 함수가 미리 만들어져 내장되어 있는데 이를 내장함수라고 부른다. 다음 표에는 랩터에서 자주 사용하는 내장함수를 나열하였다. 랩터뿐만 아니라 대부분의 프로그래밍 언어에서 동일한 명칭의 함수를 사용하고 있으므로 사용법을 익혀놓으면 유용하게 이용할 수 있다.

표 3-4 ▸ 랩터의 내장함수

함수	설명	사용 예
rem, mod	나머지 연산	10 rem 3 → 1 4 mod 2 → 0
sqrt	제곱근	sqrt(4) → 2
abs	절댓값	abs(−7) → 7
log	로그 값	log(10) → 2.3026(자연로그)
ceiling	올림함수(크거나 같은 최소 정수)	ceiling(3.14) → 4 ceiling(10/3) → 4
floor	내림함수(작거나 같은 최대 정수)	floor(3.14) → 3 floor(10/3) → 3
random	0과 1 사이의 난수 발생	random*100 → 0부터 99.999 사이의 랜덤 한 값
sin, cos, tan	사인, 코사인, 탄젠트 값	sin((30*pi)/180) → 0.5 cos((60*pi)/180) → 0.5 tan((45*pi)/180) → 1
length_of	스트링 변수에 있는 문자 길이	example = "ABCDE" length_of(example) → 5

random 함수는 0과 1 사이의 숫자를 무작위로 반환한다. 다른 범위에서 임의의 숫자가 필요하면 random 함수를 다른 연산과 결합하여 사용하면 된다. 예를 들어 random*100은 0에서 100 사이의 숫자 중 하나가 될 것이며, ceiling(random*100)은 1에서 100 사이의 정수 중 하나가 될 것이다.

삼각함수(sin, cos, tan, cot, arcsin, arcos, arctan, arccot)는 단위가 라디안으로 설정되어 있으므로 함수를 사용하기 전에 각도를 라디안으로 변환해야만 한다. 예를 들어 sin30도를 구하려면 sin((30 × pi)/180)이라고 해야 값이 계산된다. 이때 pi는 원주율(Π)을 의미하는데 랩터에서는 pi = 3.1416라는 값이 미리 지정되어 있다.

내장함수를 잘 이용하면 프로그램을 일일이 만드는 수고를 많이 줄일 수 있다. 다음 수식은 중학교 때 열심히 외웠던 2차방정식의 근의 공식이다. 내장함수를 이용하여 이 수식을 컴퓨터가 이해할 수 있도록 수정해보자.

$$x = \frac{-b + \sqrt{b^2 - 4ac}}{2a}$$

첫째, 컴퓨터가 이해하려면 한 줄에 모두 쓸 수 있어야 한다. 일단 수식을 모두 한 줄로 기술한다.

$$x = -b + \sqrt{b^2 - 4ac}/2a$$

둘째, 생략된 연산자를 복구해야 한다. 사람은 곱셈 연산자를 생략하고 쓰지만 컴퓨터는 생략된 연산자를 이해할 수 없다.

$$x = -b + \sqrt{b^2 - 4{*}a{*}c}/2{*}a$$

셋째, 제곱근 부분은 컴퓨터가 이해할 수 있는 내장함수 sqrt로 바꾸고 b^2을 지수 연산자(**)로 바꾼다.

$$x = -b + \text{sqrt}(b{*}{*}2 - 4{*}a{*}c)/2{*}a$$

넷째, 괄호를 사용하여 연산의 우선순위를 정확하게 표기하여 완성한다. 컴퓨터도 사람과 마찬가지로 괄호 안의 수식을 먼저 계산한다. 이때 주의할 점은 중괄호, 대괄호는 사용하지 않고 소괄호만 사용해야 한다.

$$x = (-b + \text{sqrt}(b{*}{*}2 - 4{*}a{*}c))/(2{*}a)$$

실습예제 3-6

다음 그림과 같이 원 안에 정사각형이 들어있다. 이 정사각형의 꼭짓점은 모두 원주상에 있으며 이 정사각형의 한 변의 길이가 a라고 할 때 원의 면적을 계산하는 수식을 만들어보자. 그리고 이 수식을 컴퓨터가 이해할 수 있도록 수정하고 랩터에서 실행시켜 보도록 하자.

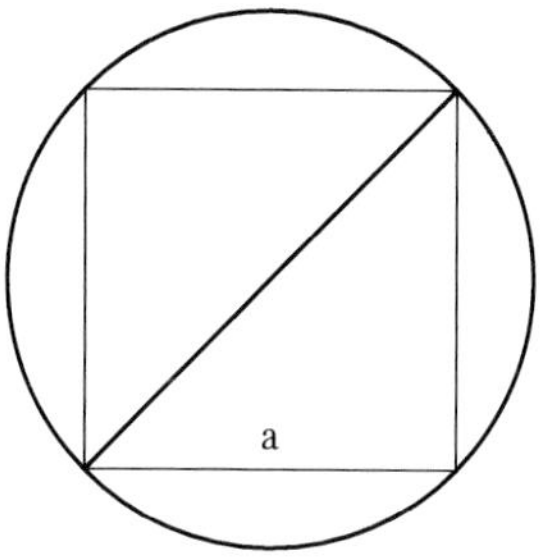

생각해보기

① 자료 수집/분석/표현

- 입력 자료: 정사각형의 한 변의 길이(a)
- 출력 자료: 원의 면적

② 문제 분해/추상화/알고리즘 설계

- 정사각형의 한 변의 길이를 이용하여 대각선 길이 계산
- 정사각형의 대각선이 원의 지름이 되므로 반지름 계산
- 원의 면적 계산

문제 해결방법

① 정사각형의 한 변의 길이를 입력받아 이것을 a라는 변수에 저장한다.

② 정사각형의 한 변의 길이(a)를 가지고 피타고라스 정리를 적용하여 대각선 길이를 계산한다.

$$\text{대각선 길이} = \sqrt{a^2 + a^2}$$

③ 대각선의 길이와 원의 지름이 같으므로 원의 반지름은 다음과 같다.

$$\text{원의 반지름(r)} = \frac{\sqrt{a^2 + a^2}}{2}$$

④ 원의 면적을 구하는 공식은 πr^2이므로 공식을 적용하면 그림에서 원의 면적은 다음과 같다.

$$\text{원의 면적(s)} = \pi\left(\frac{\sqrt{a^2 + a^2}}{2}\right)^2$$

단계 1 랩터를 시작하여 입력(Input) 기호를 작업영역으로 끌어다 놓는다. 그리고 끌어다 놓은 Input 기호를 더블클릭한 후, 아래 그림과 같이 프롬프트와 변수 부분을 입력한다.

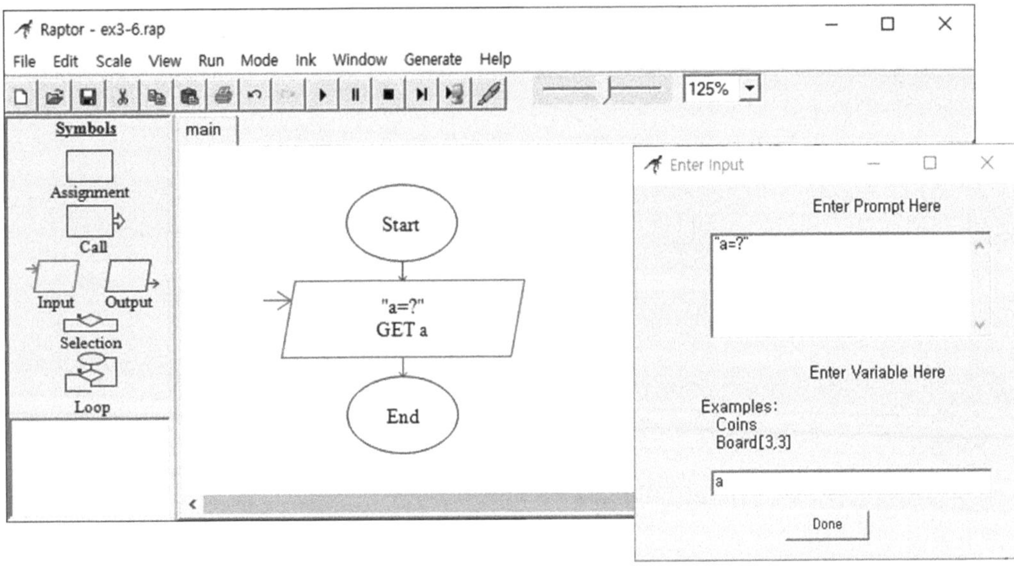

단계 2 할당(Assignment) 기호를 입력 기호 아래 부분에 끌어다 놓는다. 그리고 끌어다 놓은 할당 기호를 더블클릭한 후, 아래 그림과 같이 면적 계산식을 입력하고 출력부분도 완성한다.

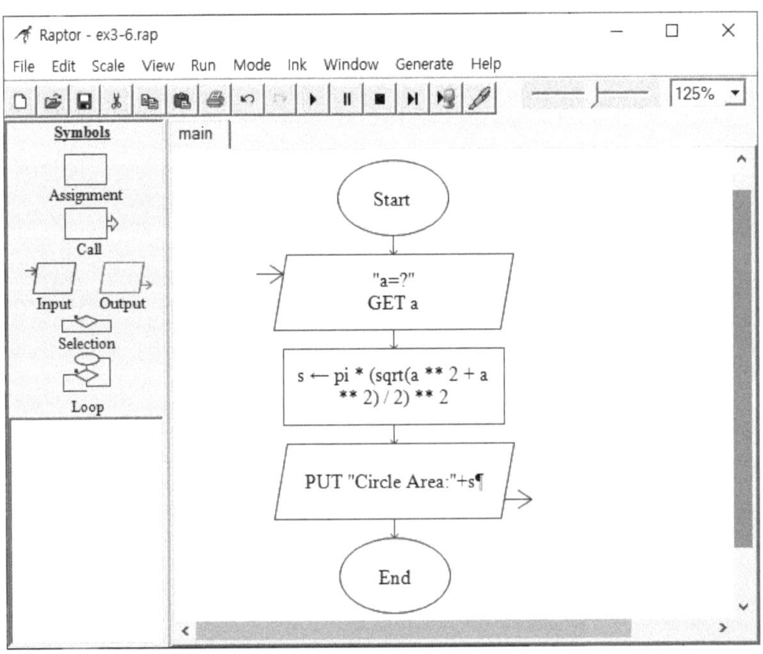

단계 3 **단계 2**까지 완성되었으면 실행 버튼을 눌러서 프로그램을 실행한다. 실행 후 입력 창이 열리면 정사각형의 한 변의 길이를 입력하고 OK 버튼을 누른다. 결과 창에 원의 면적이 출력된 것을 확인할 수 있다.

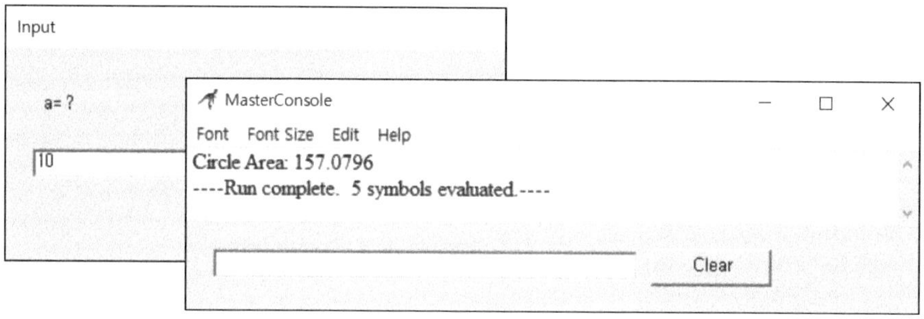

실습예제 3-7

공장에서 노동자들이 일을 하고 있다. 그런데 이 공장에는 시계가 없고 초 단위 시간만을 잴 수 있는 타이머가 있다. 만약 노동자들이 몇 시간 몇 분 몇 초간 일을 했는지 알고 싶다면 타이머에서 얻은 초 단위를 시간(Hour), 분(Minute), 초(Second)로 나누어 계산해야 할 것이다. 이 문제를 해결해보자. 예를 들어 56789초를 입력받아 15H 46M 29S라고 출력한다.

생각해보기

① 자료 수집/분석/표현

- 입력 자료: 타이머로부터 얻은 초 단위 숫자(예: 56789초)
- 1시간은 3600초(60분*60초), 1분은 60초

② 문제 분해/추상화/알고리즘 설계

- 입력받은 56789초를 3600으로 나누었을 때 몫은 시간(Hour)이 될 것이다. 그리고 나머지를 다시 60으로 나누면 몫은 분(Minute)이 되고 나머지는 초(Second)가 될 것이다.

문제 해결방법

① 임의의 숫자를 입력받아 이것을 Sec라는 변수에 저장한다(Input 기호 필요).

② 변수 Sec에 저장된 초 단위의 숫자를 3600으로 나누고 몫과 나머지를 계산한다. 이때 floor함수를 사용하여 정수 부분만을 취하면 시간(Hour)이 된다.

```
Hour=floor(Sec/3600)
```

③ 이제 변수 Sec에 저장된 초 단위의 숫자를 3600으로 나눈 후 나머지를 계산해보자. 앞에서 배운 mod함수를 이용하여 다음과 같이 나머지를 구한다.

```
Na=Sec mod 3600 또는 Na=Sec%3600
```

④ 나머지를 다시 60으로 나누면 몫은 분(Minute)이 되고 나머지는 초(Second)가 될 것이다. 앞에서 배운 함수를 이용하여 몫과 나머지를 구해보자.

```
Minute=floor(Na/60)
Second=Na mod 60 또는 Second=Na%60
```

⑤ 계산된 시간(Hour), 분(Minute), 초(Second) 값을 화면에 출력한다(Output 기호 필요).

랩터로 문제해결 하기

단계 1 랩터를 시작하여 입력(Input) 기호를 작업영역으로 끌어다 놓는다. 그리고 끌어다 놓은 Input 기호를 더블클릭한 후, 아래 그림과 같이 프롬프트와 변수 부분을 입력한다.

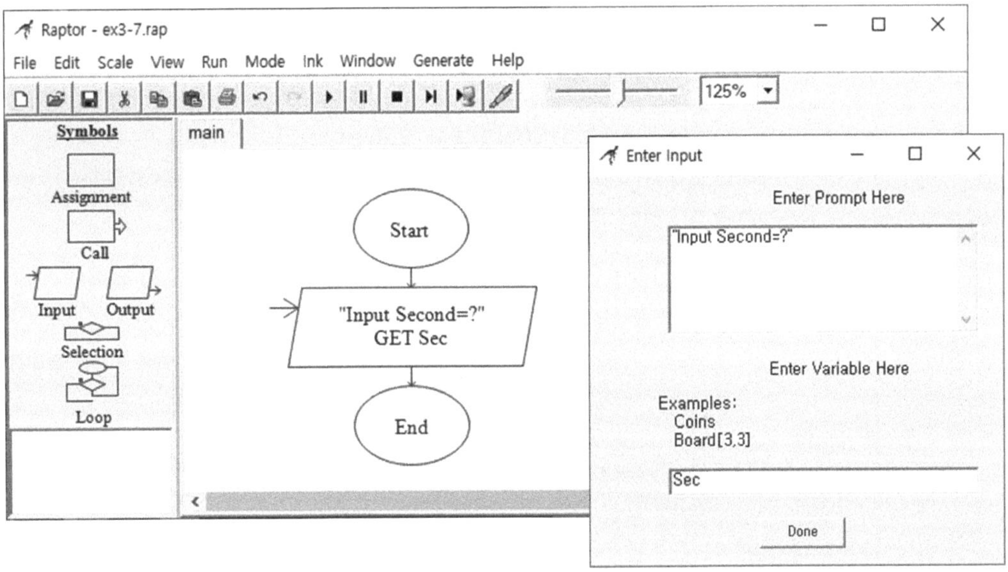

단계 2 할당(Assignment) 기호를 입력 기호 아래 부분에 끌어다 놓는다. 그리고 끌어다 놓은 할당 기호를 더블클릭한 후, 아래 그림과 같이 변수 부분을 입력한다.

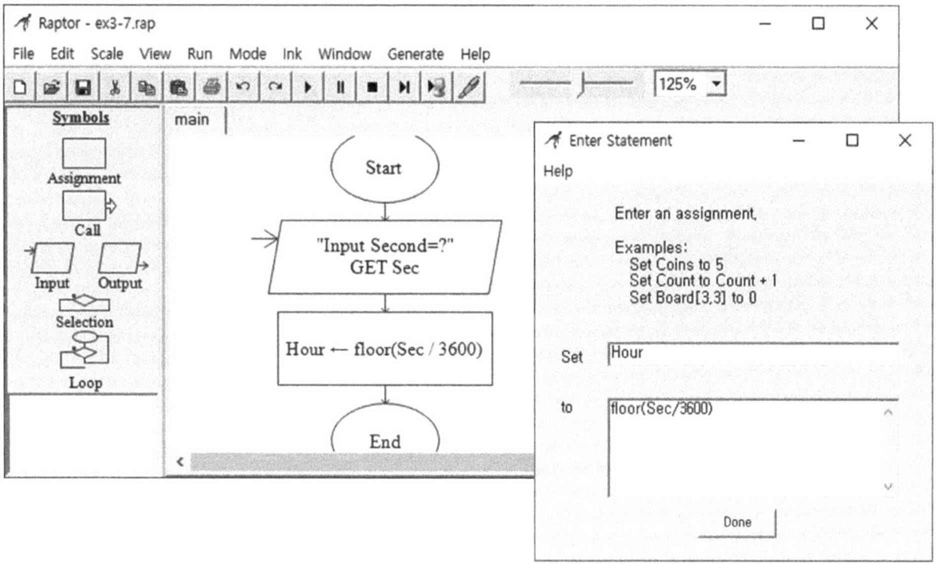

단계 3 **단계 2**와 같은 방법으로 시간, 분, 초를 계산하는 부분과 출력 부분을 완성한다.

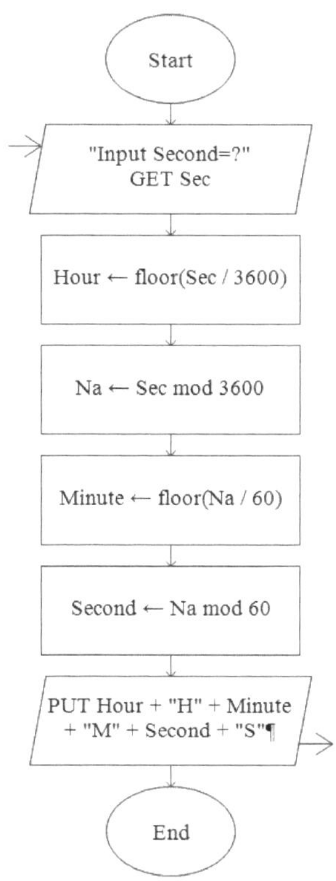

단계 4 **단계 3**까지 완성되었으면 실행 버튼을 눌러서 프로그램을 실행한다. 실행 후 입력 창이 열리면 56789초를 입력하고 OK 버튼을 누른다. 결과 창에 15시간(H) 46분(M) 29초(S)가 출력된 것을 확인할 수 있다.

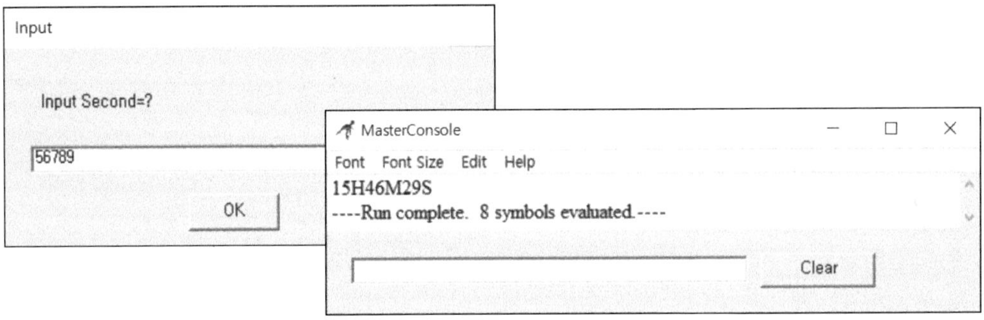

수행과제 3-3

학과		학번		이름	

어떤 액수의 돈을 입력하면 이것을 동전으로 바꾸어주는 문제를 랩터로 해결하시오. 바꾸려는 동전은 500원, 100원, 50원, 10원, 1원 짜리로 한다.

생각해보기

① 자료 수집/분석/표현

- 입력 자료: 동전으로 바꾸려는 금액 입력(예: 6789원)
- 출력 자료(예): 500원->13개, 100원->2개, 50원->1개, 10원->3개, 1원->9개

② 문제 분해/추상화/알고리즘 설계

- 입력받은 6789원을 500으로 나누었을 때 몫이 500원 짜리 동전의 개수가 될 것이다. 그리고 나머지를 다시 100으로 나누면 몫은 100원 짜리 동전의 개수가 된다.
- 위 과정을 반복하여 문제를 모두 해결한다.

절취선

SOFTWARE and **P**ROBLEM **S**OLVING

수행과제 3-4

학과		학번		이름	

A와 B가 각자 주사위를 던져서 높은 숫자가 나오는 사람이 이기는 게임을 한다. 랩터의 random 함수를 이용하여 A와 B의 주사위 값을 만들고, 누가 이겼는지 판단하는 프로그램을 만들어보자.

생각해보기

① 자료 수집/분석/표현

- 입력 자료: 없음
- 출력 자료(예): A=4, B=6, B is win!

② 문제 분해/추상화/알고리즘 설계

- Random 함수를 이용하여 A와 B의 주사위 값을 만든다.
- A와 B의 주사위 값을 비교하여 누가 이겼는지 판단한다.

절취선

SOFTWARE and PROBLEM SOLVING

01. 다음 수식을 컴퓨터를 이용하여 실행하였다고 가정하고 결과를 예측해보시오. 그리고 수식 표현이 잘못된 곳이 있으면 바르게 고치시오.

① 4 + 10/2
② 3*4*5
③ 55/7
④ 55%7
⑤ 1 or 0
⑥ sqrt(9)**2
⑦ −56 + 56
⑧ 7(3 + 7)/2
⑨ 2**2**2
⑩ 3 + 4 − 2*5/3

02. 다음은 어떤 프로그램에서 사용된 변수를 모아놓은 것이다. 이들을 '(1) 좋은 변수명, (2) 잘못된 변수명, (3) 잘못되지는 않았지만 좋은 변수명은 아님' 등으로 분류하여 보시오.

① aaa=2000
② student_no=2018
③ 77year=1977
④ if=123
⑤ your/age = 34
⑥ guest_name='김유신'
⑦ k66=100
⑧ and=3.14

03. 다음은 랩터의 내장함수를 사용하여 프로그램을 작성한 것이다. 프로그램의 수행 결과는 어떻게 되는지 적어보자. 컴퓨터를 사용하지 말고 예측 값을 먼저 적어본 다음 수행 결과와 비교해보자.

```
abs(-5)
ceiling(3.14)
ceiling(-3.14)
floor(3.14)
floor(-3.14)
print(round(-3.77))
length_of('abcdef')
sqrt(16)
```

04. 다음 수학식을 랩터 내장함수를 사용하여 컴퓨터가 실행할 수 있도록 고쳐 쓰시오.

① $\sqrt{\dfrac{x+y}{xy}} + |x-y|$
② $\left\lfloor \dfrac{x}{y} \right\rfloor - \dfrac{3y}{4x}$
③ $\dfrac{3}{4}xy - \dfrac{2x}{y^2} + \sqrt{x^2y}$
④ $\dfrac{x^3-y^2}{\sqrt{x}+y^2}$
⑤ $\sin 60° + \cos 60° - \tan 45°$
⑥ $\log_e 10 + \log_e 5$
⑦ $\dfrac{a}{b} + \dfrac{c-d}{c+d}(e-f)^4$
⑧ $\left\lceil \dfrac{x^2}{y^2} \right\rceil + (a+b)^2$

05. 아래 그림과 같이 밑변이 정사각형으로 되어 있는 도형을 정사각뿔이라고 한다. 그리고 이 사각뿔의 부피를 구하는 공식은 다음과 같다.

$$부피 = \frac{1}{3} \times 밑면적 \times 높이$$

그런데 정사각뿔의 밑변의 길이(a)와 모서리의 길이(b)만 알 수 있다면 정사각뿔의 부피를 어떻게 구할 수 있을까? 그림에서 제시한 정사각뿔의 부피를 계산하는 식을 만들어 컴퓨터에서 실행할 수 있도록 수정하여 보자.

생각해보기

① 자료 수집/분석/표현

- 입력 자료: 밑변의 길이(a)와 모서리의 길이(b)

② 문제 분해/추상화/알고리즘 설계

- 정사각뿔이므로 밑면의 도형은 정사각형이다.
- 피타고라스 정리를 이용해서 높이($\overline{EH}$)를 계산한다.
- 부피를 구하는 공식에 밑면적과 높이를 대입한다.

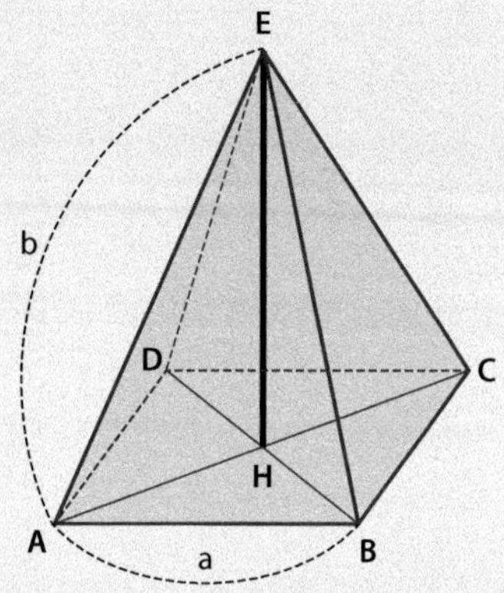

06. 일반적으로 2차방정식의 해를 구하기 위해서는 인수분해를 이용한다. 예를 들어 2차방정식 $x^2 - 7x + 12 = 0$의 해를 구하려면 인수분해하여 $(x - 3)(x - 4) = 0$로 두고 $x_1 = 3$, $x_2 = 4$라는 해를 얻는다. 하지만 컴퓨터를 이용하여 인수분해를 하는 것은 쉽지 않으므로 근의 공식을 이용하여 2차방정식의 근을 구하고 이것을 랩터로 구현해보자.

생각해보기

① 자료 수집/분석/표현

- 입력 자료: 2차방정식 $ax^2 + bx + c = 0$에서 a, b, c 값

② 문제 분해/추상화/알고리즘 설계

- 근의 공식에 a, b, c 값을 대입하여 x_1, x_2 값 계산

문제 해결방법

① 임의의 2차방정식 $ax^2 + bx + c = 0$에서 a, b, c 값을 입력받는다.

② 입력된 a, b, c 값을 아래의 근의 공식에 대입하여 x_1, x_2 값을 구한다.

$$x_1 = (-b + sqrt(b**2 - 4*a*c))/(2*a)$$

$$x_2 = (-b - sqrt(b**2 - 4*a*c))/(2*a)$$

③ x_1, x_2 값을 출력한다.

④ 프로그램을 수행한 후 $a = 1$, $b = -7$, $c = 12$를 입력하여 $x_1 = 3$, $x_2 = 4$가 나오는지 확인해 보자.

결과 화면

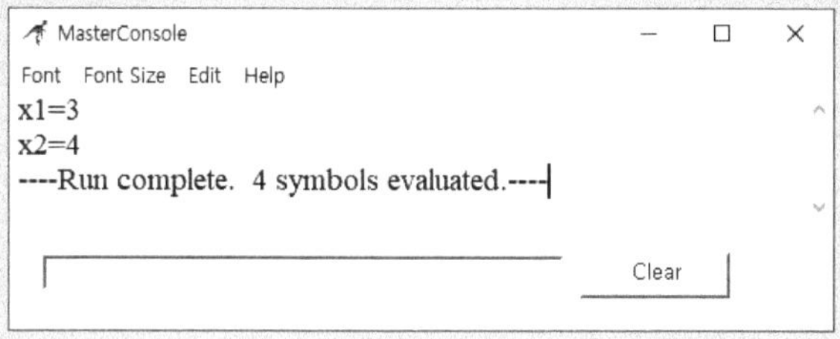

07. 어떤 사람의 키를 cm 단위로 입력받아 피트와 인치로 변환하는 프로그램을 랩터를 이용하여 만들어보자. 1피트는 12인치이며, 1인치는 2.54 cm이다.

생각해보기

① 자료 수집/분석/표현

- 입력 자료: 사람의 키(cm)

② 문제 분해/추상화/알고리즘 설계

- 입력받은 사람의 키(cm)를 피트(12 × 2.54cm)로 나누어 몫과 나머지를 계산한다.
- 몫은 피트가 되고 나머지를 다시 인치로 변환한다.
- 몫과 나머지를 계산할 때 랩터의 `floor`, `mod` 함수를 이용한다.
- 163cm를 입력하면 5피트 4.1732인치가 출력되는지 확인한다.

입력 화면

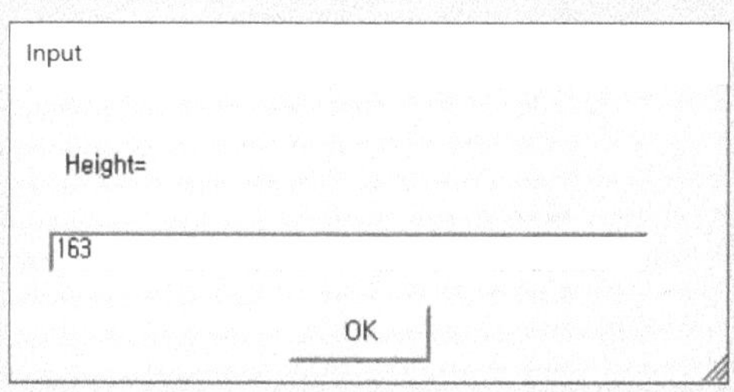

출력 화면

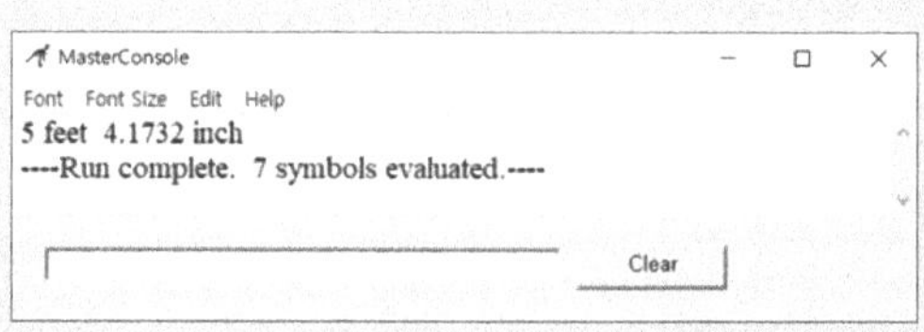

08. 우리들은 게임을 할 때 주사위를 많이 사용한다. 주사위를 던지면 1부터 6까지의 숫자 중 하나가 랜덤하게 나온다. 랩터를 이용하여 주사위를 만들어보자.

문제 해결방법

① random 함수를 이용하여 0~5.999 사이의 랜덤한 값을 생성한다.

② ceiling 함수를 사용하여 1~6 사이의 값으로 변환한다.

SOFTWARE and
PROBLEM SOLVING

CHAPTER 04

조건에 따라 선택하기

학습목차

우리는 매일 아침 몇 시에 일어날 것인지를 고민한다. 내일은 아침 9시에 강의가 있는 날이어서 아침 7시에는 일어나야지만 지각하지 않는다고 가정해보자. 그럼 여러분은 전날 밤 오전 7시에 알람이 울리도록 설정을 하고 잠자리에 들 것이다. 그리고 다음날 아침 알람 소리를 듣고 현재 시간을 확인한 후 일어날 것인지 잠을 더 잘 것인지 고민할 것이다. 이것을 순서도로 나타내면 다음과 같다.

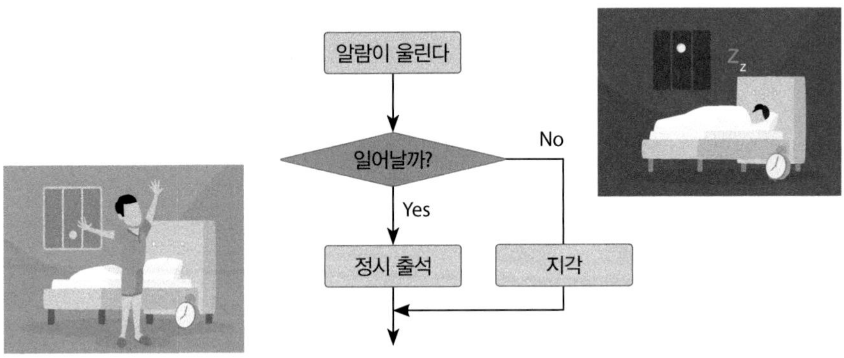

그림 4-1 ▸ 순서도

우리는 이렇게 아침에 일어나는 시간부터 밥을 먹을 것인지? 버스를 탈 것인지? 어떤 옷을 입을 것인지와 같은 많은 선택을 하면서 살아가고 있다. 컴퓨터에서도 어떠한 조건에 따라서 다른 동작을 선택할 수 있게 하는 구문이 있다. 이것을 선택문이라고 한다.

생활 속에서 선택에 따라 다른 결과가 일어날 수 있는 상황에 대해 생각해보자. 예를 들어 어떤 취업 준비생의 하루 일과를 나열해보면 다음과 같이 수많은 선택을 만날 수 있다.

```
오전 6시가 되면 기상한다.(선택)
오전 7시가 되면 아침식사를 한다.(선택)
오전 8시가 되면 도서관으로 간다.(선택)
공부를 한다.
12시가 되면 점심 메뉴를 골라 먹는다.(선택)
공부를 한다.
오후 6시가 되면 집으로 간다.(선택)
오후 7시가 되면 저녁식사를 한다.(선택)
TV를 시청한다.
오후 11시가 되면 취침을 한다.(선택)
```

일상생활에서 선택을 해야 하는 경우 다양하게 질문을 할 수 있으며, 그 질문에 대한 답 또한 다양하게 나타낼 수 있다. 그러나 컴퓨터에서의 선택문은 명확한 기준(조건)이 있어야 하며, 명확한 기준(조건)에 대해서 예(yes/true)와 아니오(no/false)의 두 가지 선택만을 할 수 있다.

이렇듯 컴퓨터에서는 주어진 문제를 해결하는 과정에서 선택문을 사용해야 한다면, 선택문의 조건식을 명확하게 작성해야 한다. 앞 장에서 배운 논리 연산자와 관계 연산자 및 다양한 연산자를 이용하여 명확한 조건식을 만들어보자.

4.1 조건 만들기

놀이공원에서 놀이기구를 탈 때 조금 위험한 놀이기구는 나이와 키 제한이 있다. 예를 들어 **나이가 12세 이상이고 키가 150cm 이상**인 고객만 놀이기구를 탈 수 있다는 제한 조건이 있다면 이 조건은 다음과 같이 관계 연산자와 논리 연산자를 이용해서 조건식으로 만들 수 있다.

```
나이 >= 12 and 키 >= 150
```

또 다른 예로 **비가 오거나 눈이 오거나 흐릴 경우** 우산을 챙겨가고 싶다면

```
날씨 = 비 or 날씨 = 눈 or 날씨 = 흐림
```

으로 표현할 수 있다.

실습예제 4-1

어떤 놀이기구는 키(ki)가 100 cm 보다 작거나 200 cm 보다 큰 사람은 탈 수 없다. 이 조건식을 랩터에서 나타내보자.

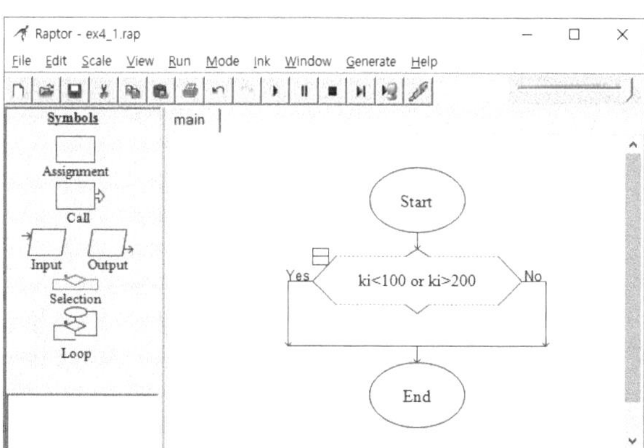

실습예제 4-2

성별(gen)이 남자(man)이면서 나이(age)가 30대인지 아닌지를 판단하는 조건식을 랩터로 만들어보자.

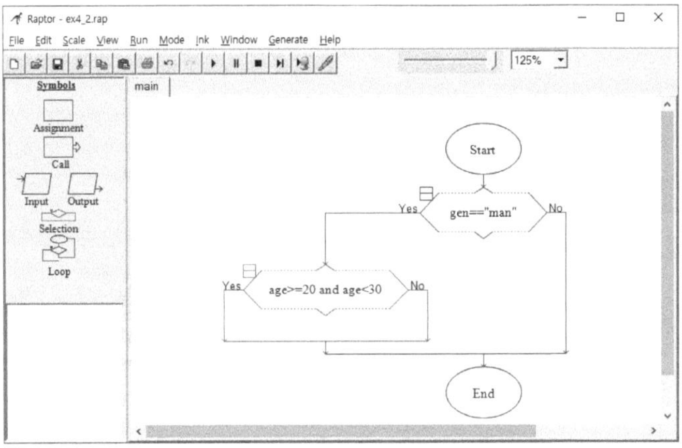

4.2 기본 선택문

여러분이 내일 아침 집안 대청소를 한다고 가정해보자. 가장 먼저 창문을 열고, 세탁기를 돌리고, 청소기를 돌린 다음 걸레질을 하고, 세탁이 다 되었으면 빨래를 널고, 창문을 닫고 대청소를 끝내고 싶다. 단, 대청소는 날씨가 맑을 때 하는 것이 좋을 것이다.

자 그럼 여러분은 무엇을 가장 먼저 해야 할까?

제일 먼저 대청소를 할 수 있는지 없는지를 먼저 판단 해야 할 것이다. 날씨가 맑을 때만 청소를 할 수 있기 때문에 먼저 '내일 날씨가 맑다'라는 질문에 대해서 알아보자. '내일 날씨가 맑다'라는 질문에 따라 Yes(True)/No(False)로 판단할 수 있으며, 이렇게 명확하게 Yes(True)와 No(False)로 판단할 수 있는 문장을 선택문 또는 조건문이라고 한다.

그러나 '내일 추워?', '지금 몇 시야?', '넌 키가 크니?' 등과 같이 Yes(True)/No(False)를 판단하기 애매한 것들은 선택/조건문이 될 수 없다.

프로그램에서의 선택문은 그림 4-2와 같이 조건의 판단에 의하여 두 경로 중 어느 하나의 경로를 선택하는 구조로서, 어느 경로를 선택하더라도 다시 한 곳에서 만나는 구조이다.

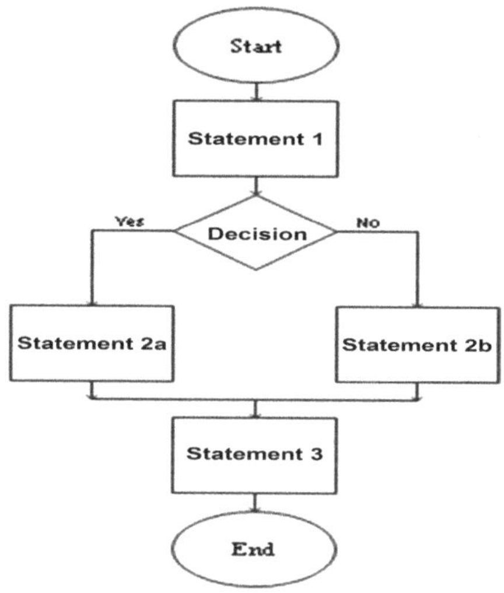

그림 4-2 ▸ 조건의 판단에 의하여 두 경로 중 어느 하나의 경로를 선택하는 구조

실습예제 4-3

민국이가 자격증 시험을 응시하려 한다. 이 시험은 점수가 70점 이상일 경우 "Pass"통지를 받을 수 있다. 이 프로그램을 만들어보자.

문제 해결방법

① 시험 점수를 저장할 변수가 필요하다.

② 70점 이상이라는 문장을 프로그램으로 변환해야 한다.

단계 1 랩터를 실행시킨 후, 아래 그림처럼 입력 기호를 끌어와 메인화면에 가져다 놓은 후 "Input Jumsu"라고 입력하고 아래 부분에 jumsu라고 입력한다.

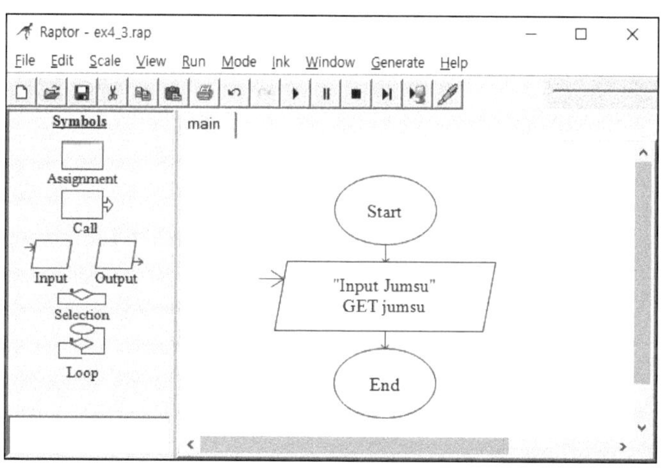

단계 2 왼쪽 Symbols의 Selection을 선택하고 메인화면의 입력 기호 밑으로 드래그 하여 가져다 놓은 후 마름모 부분을 더블클릭하여 나타난 창에 jumsu >= 70 이라고 입력한다.

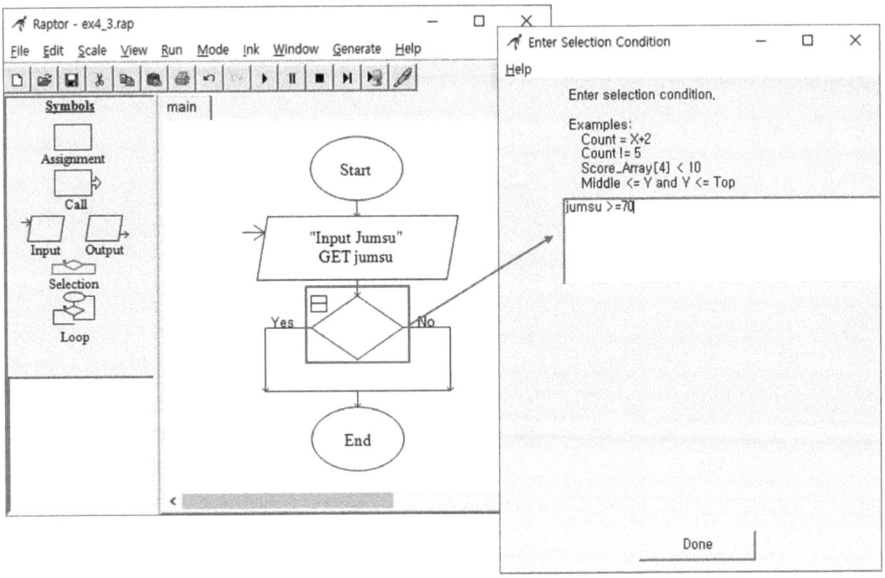

단계 3 조건이 Yes일 경우인 왼쪽 부분에 출력 기호를 가져다 놓은 후 "Pass"라고 입력한다.

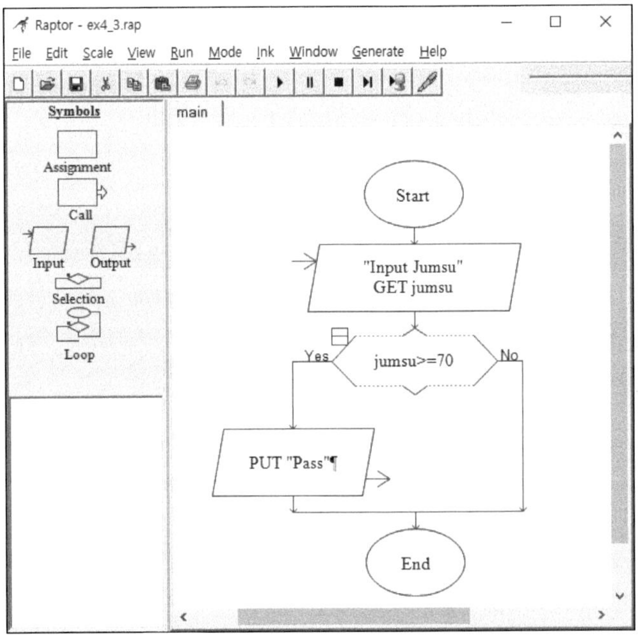

단계 4 지금까지의 과정에 문제가 없다면 실행 버튼을 누른 후, 아래와 같은 입력 창이 열리면 75점을 입력하면 결과 창에 "Pass"가 나타난 것을 확인할 수 있다.

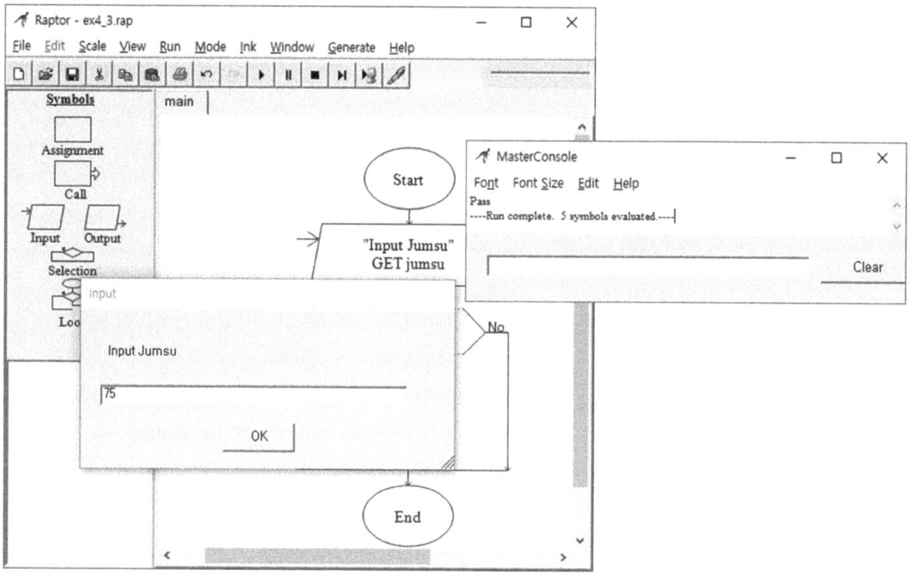

단계 5 jumsu에 60을 입력한 후 아무것도 출력되지 않은 결과 화면이다.

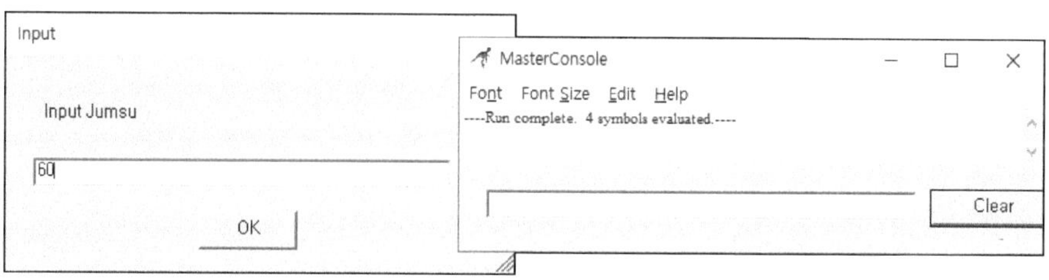

실습예제 4-4

민국이가 자격증 시험을 보았는데 응시 과목이 3과목이다. 이 시험은 3과목 모두 60점 이상일 경우에만 합격을 할 수 있다. 시험 성적을 입력받아 합격이면 "pass"라고 출력하는 프로그램을 작성하여 보자.

문제 해결방법

① 시험 점수를 저장할 변수 3개가 필요하다.

② "3과목 모두 60점 이상"이라는 문장을 프로그램으로 표현해야 한다.

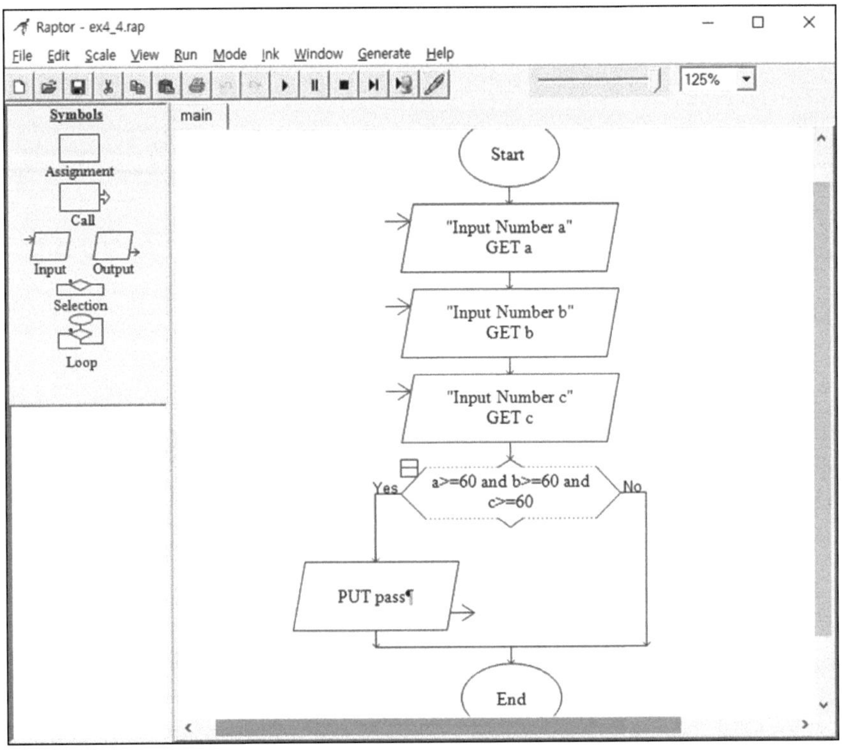

실습예제 4-5

두 개의 정수를 입력받아 서로 비교한 후, 큰 수를 화면에 출력하고자 한다. 이 문제를 해결하는 프로그램을 만들어보자.

문제 해결방법

① 두 숫자를 저장할 변수가 필요하다.

② 두 수 중 더 큰 수를 판별할 조건식(a > b)이 필요하다.

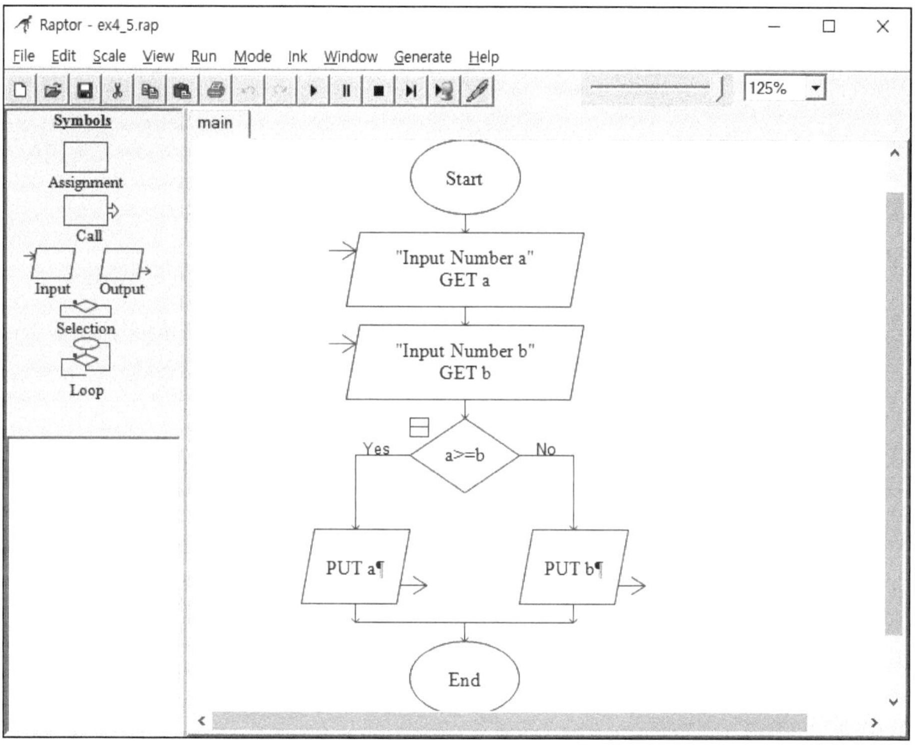

실습예제 4-6

한 단어를 입력받아 첫 글자가 "a"와 같은 지 비교한 후, 첫 글자가 "a"와 같으면 "A", 그렇지 않으면 "Not A"라고 출력하고자 한다. 이 문제를 해결하는 프로그램을 만들어보자.

문제 해결방법

① 한 단어를 저장할 변수가 필요하다.

② 문자열이 저장된 변수는 배열이다. 즉 str="abc"라고 저장되었다면, str[1]='a',str[2]='b', str[3]='c'로 저장된 것이다.

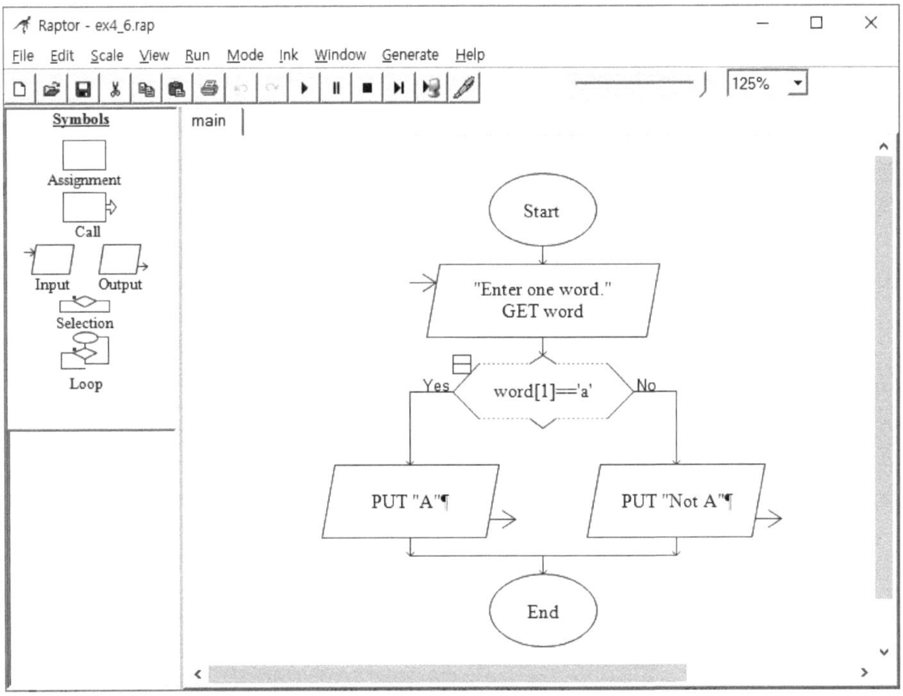

실습예제 4-7

패스워드를 새로 설정하고자 한다. 그런데 패스워드는 총 7글자 이상이 설정되어야만 저장된다. 문자를 입력받은 후 입력받은 문자가 7글자 미만이면 “Save Fail”, 7글자 이상이면 “Save”라고 출력 하고자 한다. 이 문제를 해결하는 프로그램을 만들어보자.

문제 해결방법

① 한 단어를 저장할 변수가 필요하다.

② 입력된 문자의 길이를 구하는 함수는 length_of(문자열 변수)이다.

③ 입력된 문자의 길이가 7이상인지 비교한 후 결과를 출력한다.

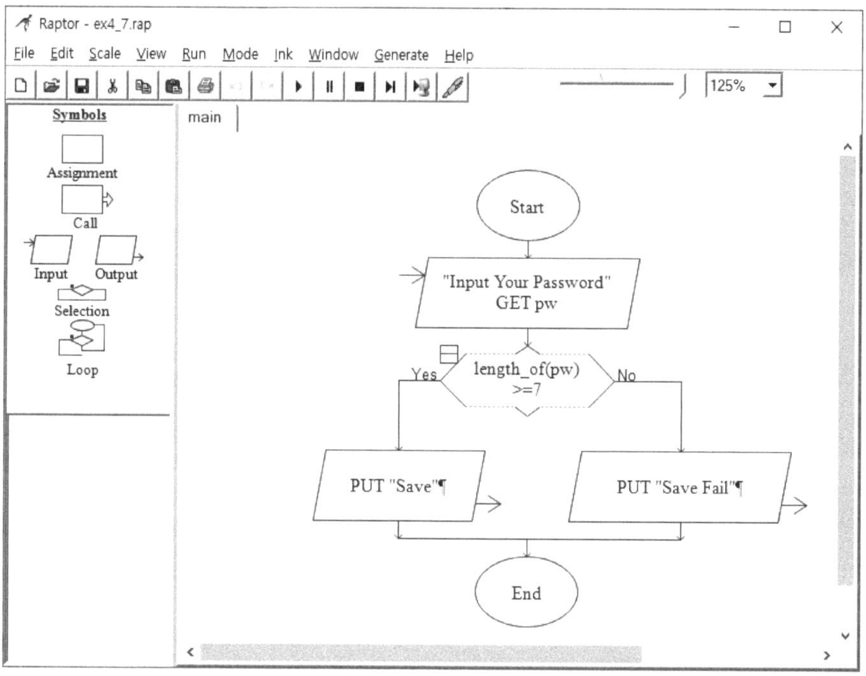

SOFTWARE and **P**ROBLEM **S**OLVING

수행과제 4-1

학과		학번		이름	

두 개의 정수를 입력받아 큰 수에서 작은 수를 뺀 결과를 출력하는 프로그램을 작성하시오.

생각해보기

① 두 수의 크기를 비교한다.

② 큰 수가 결정이 되면 큰 수에서 작은 수를 뺀 결과를 출력한다.

절취선

SOFTWARE and **P**ROBLEM **S**OLVING

수행과제 4-2					
학과		학번		이름	

끝말잇기 게임을 하려고 한다. 끝말잇기는 먼저 입력된 단어의 마지막 글자와 다음으로 입력된 단어의 첫 글자가 같아야 한다. 두 단어를 입력받아 첫 단어의 마지막 글자와 두 번째 입력된 단어의 첫 글자가 같은지를 비교하여 판별할 수 있는 프로그램을 작성하시오.

생각해보기

① 두 단어를 입력할 변수가 필요하다.

② 입력된 단어의 첫 글자와 마지막 글자가 각 변수의 어디에 저장되어 있는지를 알아야 한다.

절취선

SOFTWARE and **P**ROBLEM **S**OLVING

4.3 선택문 활용하기

하나의 정수를 입력받아 짝수인지 홀수인지를 구별하는 프로그램을 작성하려고 한다. 우선 사람은 직관적으로 주어진 숫자의 마지막 숫자가 0, 2, 4, 6, 8이라면 그 숫자는 짝수, 그렇지 않으면 홀수라고 인지한다. 그렇다면 컴퓨터로 짝수/홀수를 판별하는 프로그램을 만들려면 어떻게 해야 할까?

그림 4-3 사람은 홀수와 짝수를 어떻게 구분할까?

실습예제 4-8

하나의 정수를 입력받아 짝수인지 홀수인지를 판별해보자. 사람이 짝수/홀수를 판별하는 방법을 그대로 프로그램에 적용하여 문제를 해결해보자.

문제 해결방법

① 숫자를 입력받아 저장할 변수가 필요하다.

② 입력된 숫자의 마지막 자릿수를 구별할 방법이 필요하다.

③ 분리된 마지막 숫자가 0, 2, 4, 6, 8중 하나와 같은지를 판단하는 조건식을 사용한다.

④ 조건식이 참일 경우 짝수 그렇지 않을 경우 홀수를 출력한다.

이 문제를 해결할 때 가장 어려운 난관은 입력된 숫자의 마지막 자리수를 구별하는 일일 것이다. 사람은 직관적으로 숫자의 마지막을 인식할 수 있으나 컴퓨터는 그렇지 않다. 컴퓨터는 모든 일을 다 알아서 척척할 수 있을 것 같지만 실질적으론 사람이, 즉 프로그래머가 시키는 대로만 일을 잘하는 것이다.

그럼 입력된 숫자의 마지막 자릿수는 어떻게 분리할 것인가에 대해서 고민을 해보자.

어떤 숫자의 마지막 숫자는 초등학교 때 배웠던 나눗셈을 이용하면 분리할 수 있다. 10으로 나눈 나머지가 바로 숫자의 마지막 숫자가 된다.

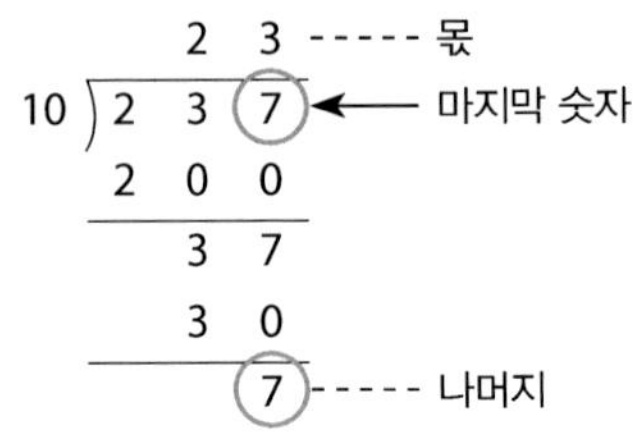

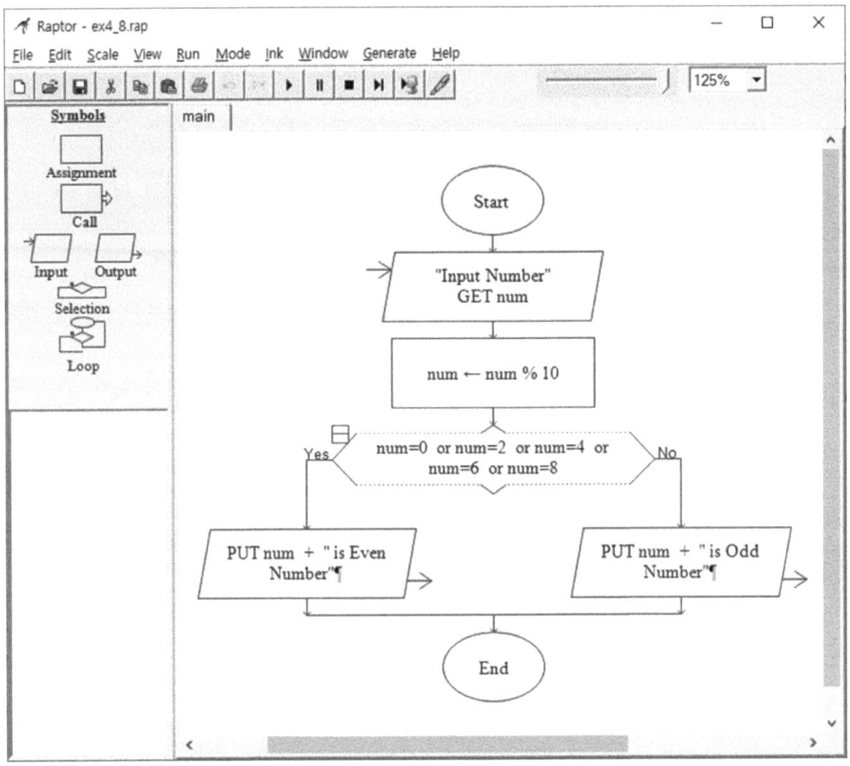

그럼 이제 우리가 생각했던 방법과 다른 방법으로 짝수/홀수를 판별할 수 없을까? 짝수는 2로 나누어 떨어지는 정수이고 홀수는 2로 나누어 떨어지지 않는 정수이다. 사람은 직관적으로 숫자를 보면 마지막 숫자를 구별할 수 있기에 마지막 자리의 숫자가 0, 2, 4, 6, 8인지를 파악하여 짝수/홀수를 판별하는 것이 훨씬 쉽다. 그러나 컴퓨터에서 이를 구현하기 위해서는 마지막 자리의 숫자를 따로 떼어내기 위해서 연산을 해야 하는 번거로움이 있었다. 마지막 숫자를 떼어내기 위해서 나머지 연산자를 사용했던 것처럼 짝수는 2로 나누어서 나머지가 0인 수를 짝수라고 한다. 이번에는 이 방법을 이용해서 짝수/홀수를 판별하여 보자.

실습예제 4-9

나머지 연산자를 사용하여 임의의 정수를 입력받아 짝수인지 홀수인지를 판별하는 문제를 해결해보자.

문제 해결방법

① 숫자를 입력받아 저장할 변수가 필요하다.

② 입력된 숫자를 2로 나누어 나머지가 0과 같은지를 판단하는 조건문을 작성한다.

③ 조건식이 참일 경우 짝수 그렇지 않을 경우 홀수를 출력한다.

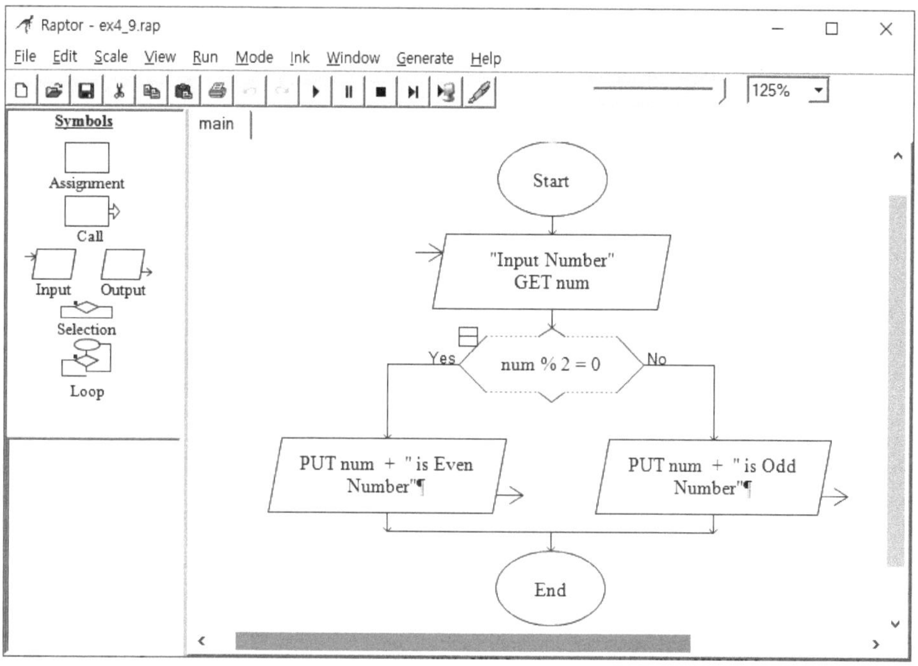

SOFTWARE and **P**ROBLEM **S**OLVING

수행과제 4-3

학과		학번		이름	

하나의 정수를 입력하여 이 숫자가 9의 배수인지를 판별하는 문제를 해결해보자.

생각해보기

① 숫자를 입력받아 저장할 변수가 필요하다.

② 9의 배수는 9로 나누어서 나머지가 0인 숫자이므로 이것을 판단하는 조건문을 작성한다.

③ 조건식이 참일 경우 "Multiple of 9" 그렇지 않을 경우 "Not a multiple of 9."를 출력한다.

절취선

SOFTWARE and PROBLEM SOLVING

수행과제 4-4

학과		학번		이름	

태어난 연도를 입력받아 윤년인지 아닌지를 판별하여 출력하는 프로그램을 작성하시오.

생각해보기

① 숫자를 입력받아 저장할 변수가 필요하다.

② 윤년은 4로 나누어지면서 100으로 나누어 떨어지지 않는 년이며, 400으로 나누어 떨어지는 년을 말한다.

③ 조건식이 참일 경우 "leap year(윤년)" 그렇지 않을 경우 "Not a leap year."를 출력한다.

절취선

SOFTWARE and **P**ROBLEM **S**OLVING

실습예제 4-10

세 개의 정수를 입력받아 가장 큰 값을 출력하는 프로그램을 작성해보자.

문제 해결방법

① 세 개의 숫자를 입력받아 저장할 변수가 필요하다.

② 입력받은 숫자가 가장 클 경우는 아래와 같은 세 가지 경우이다.

단 여기서는 a가 가장 큰 경우의 조건식을 활용하여 조건식을 만든다.

=> a가 가장 클 경우: a > b가 참이고, a > c가 참일 경우이다.

=> b가 가장 클 경우: a > b가 거짓이고, b > c가 참일 경우이다.

=> c가 가장 클 경우: a > b가 참이고, a > c가 거짓일 경우
또는 b > a가 참이고, b > c가 거짓일 경우이다.

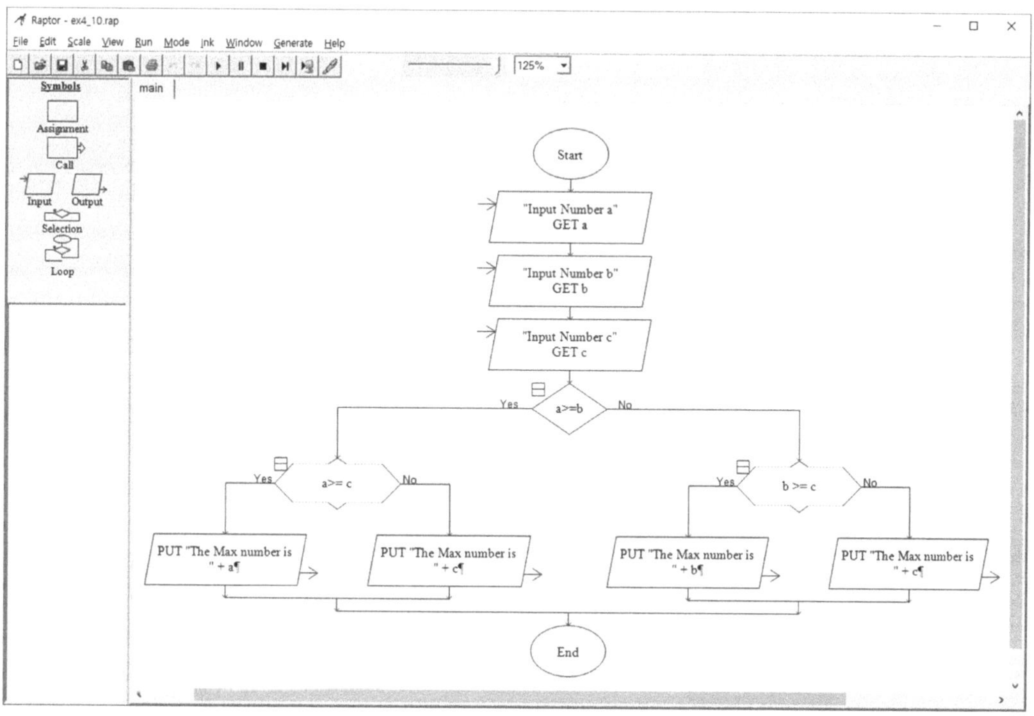

지금까지 3개의 숫자를 입력받아서 가장 큰 수를 찾는 문제를 해결해보았다. 그러나 앞에서 해결한 방법은 입력한 숫자가 3개인 경우에는 간단하게 적용이 되나, 숫자의 개수가 늘어날수록 최댓값을 찾는 것이 조금씩 논리적으로 복잡해진다. 숫자의 개수와 상관없이 쉽게 최댓값을 찾을 방법은 없을까?

일상생활에서 이런 문제는 간단하게 풀 수 있을 것이다. 예를 들어 어떤 주머니에

서로 다른 크기의 사과가 10개 들어있다고 가정하자. 여러분은 한 번에 한 개의 사과만 꺼낼 수 있다. 과연 이 주머니에서 가장 큰 사과를 먹고자 한다면 여러분은 어떻게 할 것인가?

아마 여러분은 간단히 해결할 것이다. 처음에 사과 하나를 꺼낼 것이다. 하나 밖에 없으니 이것이 가장 큰 사과 일 것이다. 그리고 두 번째로 주머니에 손을 넣어서 사과를 하나 더 꺼낼 것이고, 기존에 있던 사과와 비교해서 더 큰 사과는 가지고 있을 것이고 작은 사과는 내려놓을 것이다.

이렇게 주머니가 빌 때까지 사과를 하나씩 꺼내면서 기존에 가지고 있는 사과와 비교해서 항상 가장 큰 사과만을 손에 가지고 있으면 바로 그것이 그 주머니에서 가장 큰 사과일 것이다.

그러면 컴퓨터에서는 어떻게 구현을 할 것인가? 컴퓨터는 우리들처럼 무언가를 가질 수 있는 손은 없지만 현재의 값을 기억할 수 있는 변수가 존재한다. 변수 하나를 더 선언하여 그 변수에는 현재 시점에서 가장 큰 값만을 기억하게 하면 최댓값을 쉽게 찾을 수 있을 것이다.

실습예제 4-11

서로 다른 5개의 정수를 입력받아 가장 큰 값을 선택하여 출력하는 프로그램을 작성하여보자.

문제 해결방법

① 5개의 숫자를 입력받아 저장할 변수가 필요하다.

② 최댓값을 저장할 수 있는 변수(Max1)가 필요하다.

③ 입력된 숫자와 Max1 변수의 값을 비교하여 입력된 숫자가 크면 Max1의 값을 현재 입력된 숫자로 바꾼다.

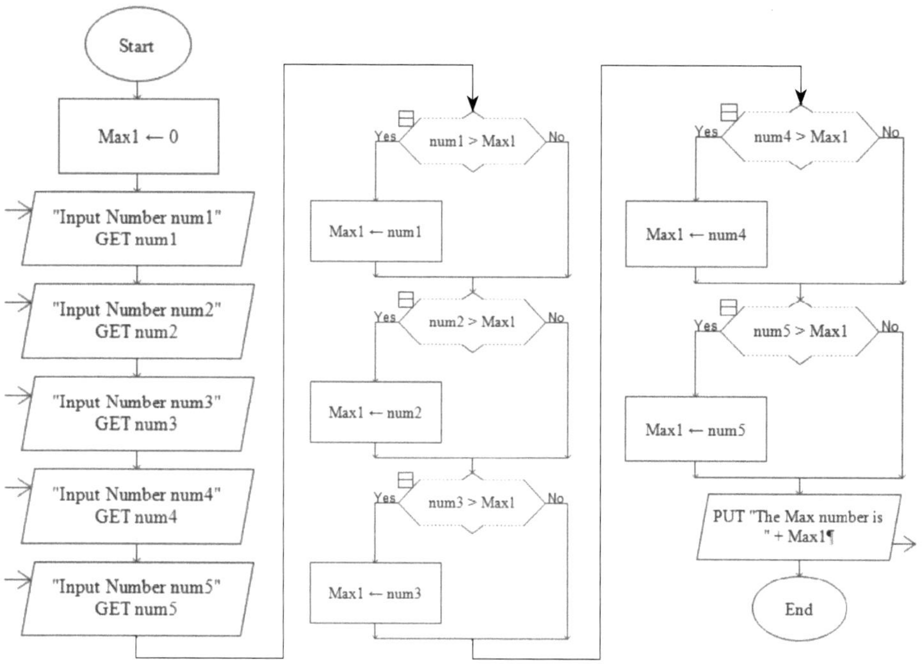

4.4 다양한 선택문 활용하기

일상생활에서 여러분이 분리수거를 한다고 가정해보자. 재활용 쓰레기들 중에서 하나씩 꺼내어서 종이는 종이류 재활용 박스에, 플라스틱는 플라스틱 재활용 박스에, 캔은 캔 재활용 박스에, 유리는 유리 재활용 박스에 각각 분류할 것이다.

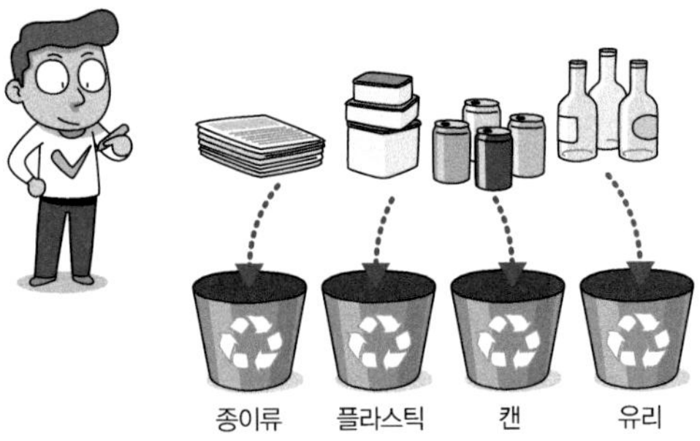

그림 4-4 ▸ 선택을 통한 재활용 분리수거

분리수거에서 보았듯이 각각의 분리수거 물품에 따라 다른 행위를 해야 하는 것처럼 컴퓨터에서도 이와 같이 다양한 선택 조건이 주어졌을 때 그 선택에 해당되는 문장을 수행하게 하는 선택문 구조가 있다.

물품에 따라 분리수거하는 것을 흐름도로 표현하면 다음과 같다.

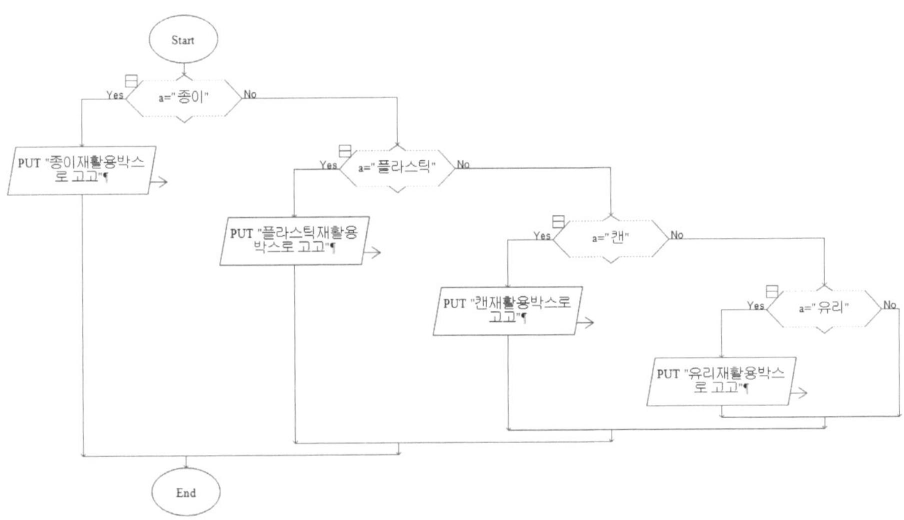

그림 4-5 ▸ 재활용 분리수거 과정을 흐름도로 표현

실습예제 4-12

특정 과목의 점수를 입력하면 그에 해당되는 등급을 나타내는 프로그램을 작성하고자 한다. 점수에 해당되는 학점은 다음 표와 같다.

점수	등급
90～100	A
80～89	B
70～79	C
60～69	D
60미만	F

문제 해결방법

① 시험 점수를 저장할 변수가 필요하다.

② 각 점수를 조건에 따라 분류하여 등급으로 변환해야 한다.

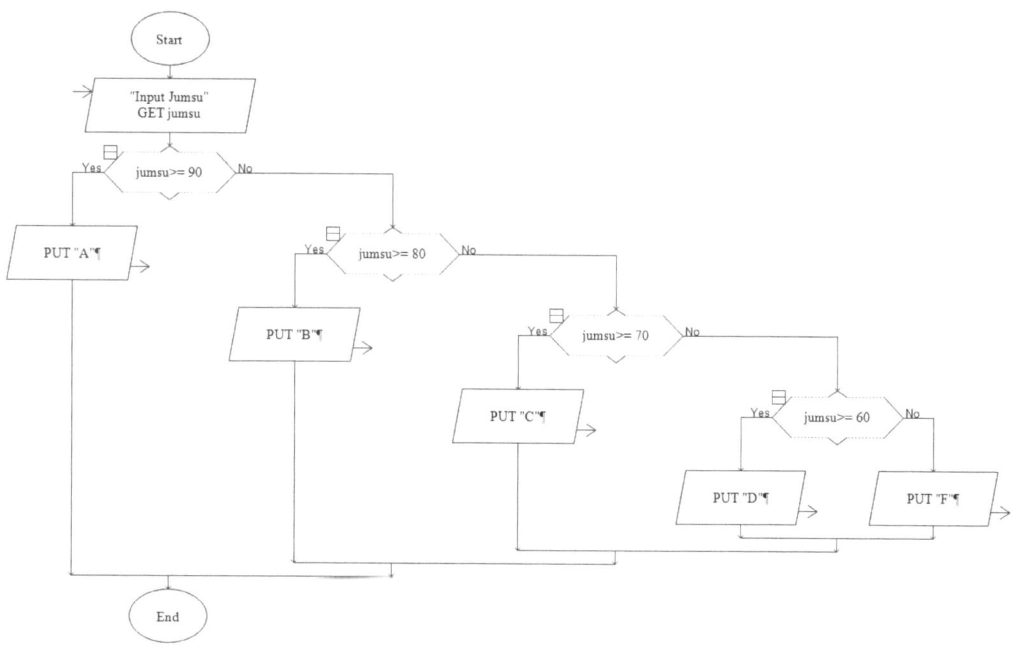

실습예제 4-13

나이가 15세인 A군은 휴일 오전 10시 경 놀이공원을 갔다. 그런데 이 놀이공원은 입장권을 구매해야 입장을 할 수 있고, 놀이공원 입장권 매표소에는 다음과 같은 팻말이 붙어 있었다.

주간 요금(17시 이전 입장)	야간 요금(17시 이후 입장)
- 성인(18세 이상): 20,000원 - 청소년(7~17세): 성인 요금에서 20% 할인 - 유아(7세 미만): 0원 - 경로(65세 이상): 0원	- 성인(18세 이상): 15,000원 - 청소년(7~17세): 성인 요금에서 20% 할인 - 유아(7세 미만): 0원 - 경로(65세 이상): 0원

놀이공원에 입장하는 사람의 입장 시각과 나이를 입력하면 입장료를 계산하는 프로그램을 작성해보자.

생각해보기

① 자료 수집/분석/표현

- 입력 자료: 입장객의 나이, 입장 시각
- 출력 자료: 입장료

② 문제 분해/추상화/알고리즘 설계

- 입력받은 입장객의 나이가 7세 이상이고 65세 미만인 경우만 입장료를 계산한다.
- 입력받은 입장객의 입장 시각을 17시 이전과 이후로 분리하여 각각의 요금 체계를 적용한다.

다음 그림이 위의 문제를 해결한 흐름도이다. 랩터를 이용하여 단계별로 작성해보도록 하자.

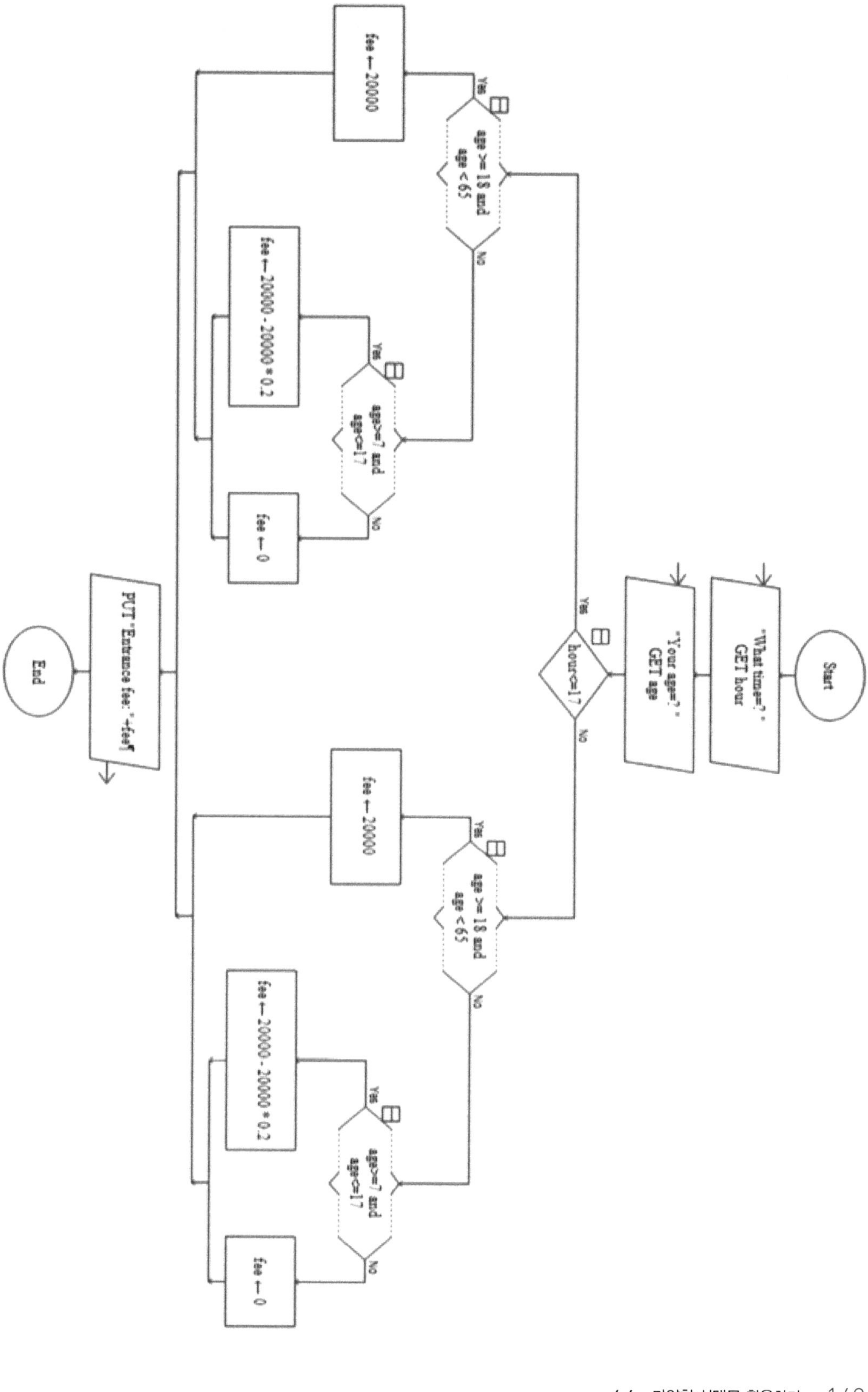
Start
"What time=?"
GET hour
"Your age=?"
GET age
hour<=17
Yes
No
age >= 18 and age < 65
Yes
No
fee ← 20000
age>=7 and age<=17
Yes
No
fee ← 20000 - 20000 * 0.2
fee ← 0
age >= 18 and age < 65
Yes
No
fee ← 20000
age>=7 and age<=17
Yes
No
fee ← 20000 - 20000 * 0.2
fee ← 0
PUT "Entrance fee: "+fee
End

SOFTWARE and PROBLEM SOLVING

수행과제 4-5

학과		학번		이름	

간단한 계산기를 만들어보자. 계산기는 다음과 같이 동작한다.
사용자로부터 두 개의 숫자와 하나의 연산자를 입력받아 입력된 연산자로 연산을 수행한 후 결과 값을 화면에 출력한다.

생각해보기

① 두 숫자와 연산자를 저장할 변수가 필요하다.

② 연산자를 비교하여 연산자에 해당되는 연산을 수행한다.

③ 연산자 중 나눗셈일 경우 두 번째 숫자가 0이면 “Can't calculate”라고 출력하고, 0이 아니면 나눗셈 계산 결과를 출력한다.

절취선

SOFTWARE and **P**ROBLEM **S**OLVING

수행과제 4-6

학과		학번		이름	

아래 표는 요즘 인터넷 유머 란에 떠도는 대학교 성적에 따라 정해지는 직업 중의 일부이다. 어떤 사람의 성적을 입력하면 그 성적에 맞는 직업을 출력하는 프로그램을 만들어보자.

성적	직업
A+	교수, 의사, 과학자
A, B+	선생님
B, C+, C, D+, D	직장인
F	CEO

생각해보기

① 성적을 입력받아 저장할 변수가 필요하다.

② 입력된 성적에 따라 작업군을 출력한다.

SOFTWARE and **P**ROBLEM **S**OLVING

실습예제 4-14

꼬봉이는 컴퓨터와 '가위 바위 보' 게임을 하기 위하여 게임 프로그램을 직접 만들기로 했다. 게임은 다음과 같이 동작한다.

컴퓨터가 가위, 바위, 보 중 하나를 결정하고, 사용자가 가위, 바위, 보 중 하나를 결정해서 두 결과 값을 비교하여 사용자를 기준으로 "win(이기다)", "lose(지다)", "tie(비기다)"를 나타낸다.

문제 해결방법

① 가위, 바위, 보라는 문자 대신 숫자로 대치한다.

② 컴퓨터가 선택할 수 없으므로 난수를 발생한다. 난수는 1, 2, 3 중의 하나로 발생한다.

③ 사용자에게 1, 2, 3 중 하나를 선택하게 한다.

④ 두 값을 비교하여 결과를 나타낸다.

- 사용자가 가위를 내면(user_num=1) → com_num=2(지다), com=_num3(이기다)
- 사용자가 바위를 내면(user_num=2) → com_num=1(이기다), com_num= 3(지다)
- 사용자가 보를 내면(user_num=3) → com_num=2(이기다), com_num=1(지다)

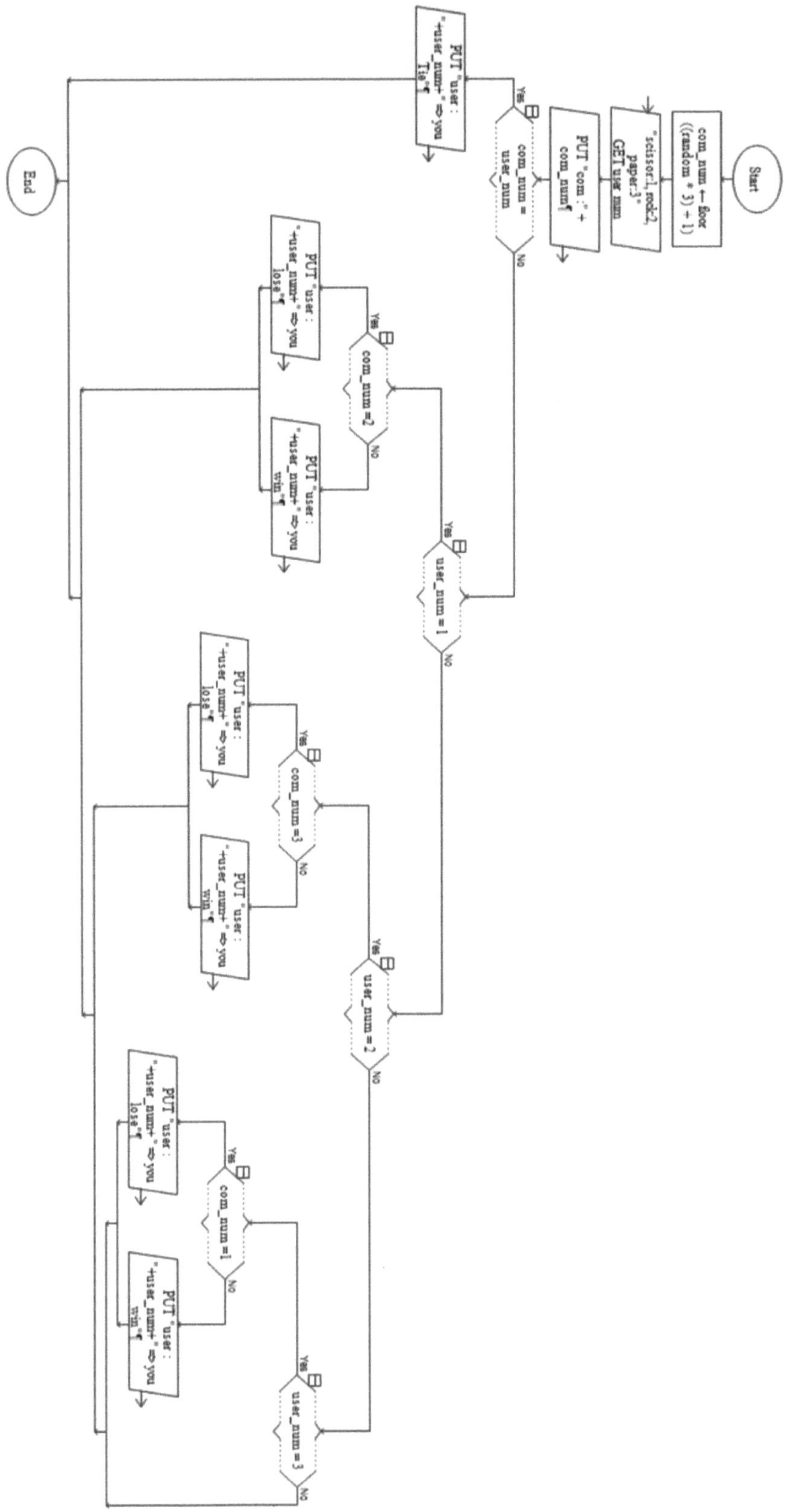

Start
com_num ← floor((random * 3) + 1)
"scissor:1, rock:2, paper:3"
GET user_num
PUT "com : " + com_num
com_num = user_num
Yes
No
PUT "user : "+user_num+" => you Tie"
user_num = 1
com_num = 2
PUT "user : "+user_num+" => you lose"
PUT "user : "+user_num+" => you win"
user_num = 2
com_num = 3
user_num = 3
com_num = 1
End

01. 다음 관계 연산자 중에서 형식과 의미가 서로 맞지 않는 것을 찾아보시오.

번호	형식	의미
①	수식1 == 수식2	두 수식이 같은가?
②	수식1 =< 수식2	수식1이 수식2 보다 작거나 같은가?
③	수식1 != 수식2	두 수식이 같지 않은가?
④	수식1 > 수식2	수식1이 수식2 보다 큰가?

02. 두 개의 정수를 입력받아 두 수 중 작은 수가 큰 수의 약수인지를 판별하는 프로그램을 랩터로 작성하시오.

생각해보기

① 자료 수집/분석/표현
- 입력 자료: 정수 2개
- 출력 자료: 작은 수가 큰 수의 약수인지를 판별한 결과

② 문제 분해/추상화/알고리즘 설계
- 입력된 두 수의 크기를 비교하여 큰 수와 작은 수를 결정한다.
- A / B의 나머지가 0이면 B는 A의 약수이다.

03. 사용자로부터 하나의 숫자를 입력받아 2의 배수이면서 7의 배수인지를 판별하는 프로그램을 랩터로 작성하시오.

생각해보기

① 자료 수집/분석/표현
- 입력 자료: 정수 1개
- 출력 자료: 2의 배수이면서 7의 배수, 2의 배수, 7의 배수, 2의 배수도 7의 배수도 아닌 수를 판별한 결과

② 문제 분해/추상화/알고리즘 설계
- 배수는 그 수로 나누어 떨어지는 수이다: `num % 2 == 0`이면 num는 2의 배수이다.

04. 컴퓨터와 동전의 앞면과 뒷면 맞추기 게임을 하고자 한다. 난수를 이용하여 컴퓨터가 동전의 앞면이나 뒷면을 결정할 때 사용자가 예측한 면과 맞으면 'You Win'이라는 문자와 함께 컴

퓨터의 동전 앞, 뒷면의 결과를 보여준다. 이 문제를 해결하기 위한 프로그램을 랩터로 작성하시오.

생각해보기

① 자료 수집/분석/표현

- 컴퓨터의 동전 앞, 뒷면을 저장할 변수
- 사용자가 예측할 앞, 뒷면을 저장할 변수
- 컴퓨터상에서 동전의 앞, 뒤를 표현할 수 없기에 숫자로 대체한다(앞 → 1, 뒤 → 2).

② 문제 분해/추상화/알고리즘 설계

- 1과 2의 난수를 발생한다. → `ceiling(random*2)`
- 사용자가 입력한 숫자와 일치하면 맞음과 앞뒤를 표시한다.

05. 올해 농협에서는 사과가 종류별로 많이 나왔다. 사과의 무게(g)을 입력하면 등급을 알려주는 프로그램을 랩터로 작성하시오.

사과 등급

100g 이상 → 특상, 90g 이상 → 특, 80g 이상 → 상, 70g 이상 → 중, 나머지 → 하

06. 중학교 수학시간에 배운 그래프의 기본 틀은 다음 그림과 같다. x, y의 좌표 값을 입력받아서 이 좌표가 표시되는 사분면이 어디인지를 출력하는 프로그램을 랩터로 작성하시오.

생각해보기

① 자료 수집/분석/표현

- 입력 자료: x 좌표값, y 좌표값
- 표현: 1, 2, 3, 4사분면과 원점으로 표현

② 문제 분해/추상화/알고리즘 설계

- 두 좌표값의 크기를 각각 비교한다.
- 1사분면에 위치하고 있을 조건은 x>0 and y>0 경우이다.

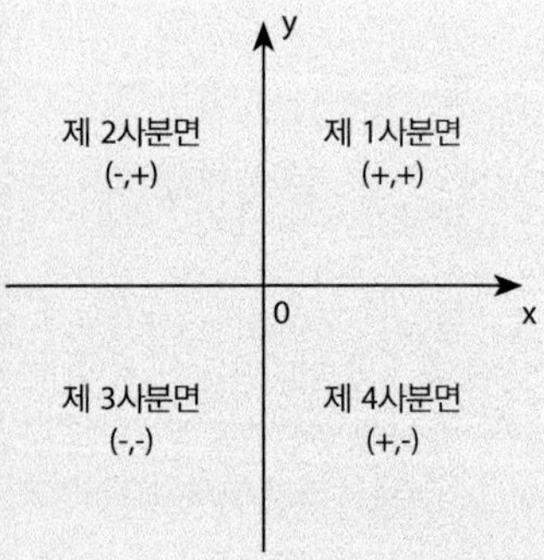

07. 사람이 태어나면 그 해에 맞는 띠를 가지게 된다. 띠란 "각 사람들의 심장에 숨어있는 동물"이라고도 일컫는데, 이 띠는 모두 12가지 띠가 있다. 쥐띠, 소띠, 범띠, 토끼띠, 용띠, 뱀띠, 말띠, 양띠, 원숭이띠, 닭띠, 개띠, 돼지띠가 그것이다. 태어난 연도를 입력하면 해당되는 띠를 출력하는 프로그램을 랩터로 작성하시오.

문제 해결방법

① 입력받은 연도를 12로 나눈 나머지를 사용한다.

② 12로 나눈 나머지 0~11까지의 순서와 원숭이, 닭, 개, 돼지, 쥐, 소, 범, 토끼, 용, 뱀, 말, 양의 띠 순서가 일치한다.

08. 어느 주차장에서 주차료를 계산하는 프로그램을 만들고자 한다. 주차요금표가 다음과 같을 때, 주차장에 자동차가 들어온 시각과 나간 시각을 입력하면 주차요금을 계산하는 프로그램을 랩터로 작성하시오.

주차요금표	
기본료(최초 30분)	추가 요금(30분 초과 후 10분마다)
1000원	200원

조건: 1) 들어온 시각과 분을 입력받는다. 시간은 24시 기준으로 한다.
2) 나간 시각과 분을 입력받는다. 시간은 24시 기준으로 한다.

생각해보기

① 자료 수집/분석/표현
- 입력 자료: 차가 들어온 시각의 시와 분, 나간 시각의 시와 분
- 표현: 시간 간격만큼의 요금

② 문제 분해/추상화/알고리즘 설계
- 요금은 분 단위로 계산하므로, 시를 분으로 바꾸어서 계산한다.
- 들어온 시각과 나간 시각 간격을 계산한다.
- 30분 이상일 경우에 기본료+10분당 200원 추가 요금 발생하는 부분을 수식으로 표현한다.
- 30분 초과 후 10분이 안 될 경우(1,2,3··· 9)에도 무조건 요금에 200원이 추가된다.

09. 지구 온난화의 영향으로 더운 날이 많다. 하루 종일 에어컨을 켜고 살았던 민국이는 한 달 동안 사용한 전기요금이 얼마가 나올지 궁금하여 전기 사용량을 입력하면 요금을 출력하는 프로그램을 작성하기로 하였다. 다음에 나열한 전기요금 계산 방법을 참조하여 전기 사용량을 입력하면 요금을 출력하는 프로그램을 랩터로 작성하시오.

- 한달 전기요금 = 기본요금 + 사용량 요금 + 세금 + 전력산업기반기금
- 세금 = (기본요금 + 사용량 요금) × 10%
- 전력산업기반기금 = (기본요금 + 사용량*kw당 요금) × 3.7%

기본요금(원/호)		사용량 요금(원/kWh)	
200kWh 이하 사용	910	처음 200kWh 까지	93.3
201 ~ 400kWh 사용	1,600	다음 200kWh 까지	187.9
400kWh 초과 사용	7,300	400kWh 초과	280.6

생각해보기

① 사용량이 입력되면 기본요금의 기준에 따라 결정한다.

② 전력사용량은 사용량에 따른 기본요금표상 기준으로 계산한다.
사용량이 320이면 200 × 93.3 + (총 사용량 − 200) × 187.9 으로 계산할 수 있다.

③ 기본요금과 사용량이 결정되면 세금과 전력산업기반 기금을 계산한다.

④ (기본요금 + 사용량 + 세금 + 전력산업기반)으로 사용 요금을 계산한다.

SOFTWARE and PROBLEM SOLVING

CHAPTER 05

규칙을 찾아 반복 처리하기

학습목차

5.1 반복 구조

같은 작업(task)을 여러 번 수행할 때 우리는 작업을 반복(iteration 또는 repetition)한다고 말한다. 우리 주변에는 반복되는 현상 또는 작업이 많이 있다. 매일 비슷한 일이 반복되기도 한다. 문제를 해결하는 과정에서도 어떤 조건이 만족 될 때까지 일련의 작업을 반복해서 처리해야 한다거나 필요한(또는 정해진) 횟수만큼 일련의 작업을 반복해서 처리해야 하는 경우가 빈번하게 발생한다. 우리에게 주어지는 문제를 컴퓨터를 이용하여 해결하려 할 때도 마찬가지이다. 예를 들어, "Andong is the capital of the korean spiritual culture." (안동은 정신문화의 수도입니다) 라는 문자열을 5번 출력하는 프로그램을 만든다고 생각해 보자. 가장 쉬운 방법은 다음과 같이 print 명령문을 5번 써서 프로그램을 만들어 실행시키면 그 결과를 얻을 수 있다.

```
print "Andong is the capital of the korean spiritual culture." # 1번
print "Andong is the capital of the korean spiritual culture." # 2번
print "Andong is the capital of the korean spiritual culture." # 3번
print "Andong is the capital of the korean spiritual culture." # 4번
print "Andong is the capital of the korean spiritual culture." # 5번
```

이 방법은 쉽기는 하지만, 새롭고 흥미로운 것을 좋아하는 사람에게는 매우 지루한 작업일 것이다. 100번쯤 출력해야 한다면 더더욱 귀찮은 작업이 된다. 그렇다면, 이 문제를 좀 더 간단하게 해결할 수는 없을까? 다음과 같은 일련의 작업을 반복해서 수행하도록 제어할 수 있는 반복 제어 구조가 있다면, print 명령문을 5번(또는 100번) 모두 작성할 필요가 없다.

```
반복제어시작 (조건: 다음 명령을 100번 실행시키면 종료하라!)
    print "Andong is the capital of the korean spiritual culture." # 1 ~ 100번
반복제어종료
```

반복 제어 구조가 있어서 그것을 사용하면 동일한 작업을 반복하기 위하여 똑같은 문장을 여기저기 복사해서 붙여넣지 않아도 되니 프로그램이 간결해지게 된다. 반복 제어 구조가 필요한 이유이다. 문제 해결에 반복 구조를 사용하기 위해서는 주어진 문제에 내포된 규칙을 찾아 제어 구조에 반영하는 것이 매우 중요하다.

랩터에서 반복 제어는 그림 5-1에 나타낸 반복 구조와 같이 "Loop"로 작명된 타원 기호와 판단을 위한 조건식이 입력될 마름모 모양의 선택기호로 나타낼 수 있다.

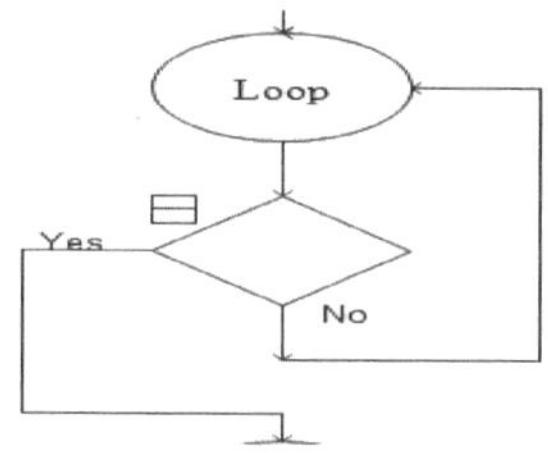

그림 5-1 ▸ 반복 구조

반복 횟수는 선택기호 내에 주어진 조건식에 따라 결정된다. 프로그램이 실행될 때 선택기호에 입력된 조건식의 값이 거짓이면 아래 방향 "No"가 표시된 방향을 거쳐 반복 처리해야 할 명령문을 처리하고 Loop로 되돌아가서 조건식에 따라 반복을 계속하게 된다.

위에서 메시지를 5번 출력해야 하는 문제를 순차 구조와 반복 구조를 이용하여 랩터로 해결한 결과를 비교해보자.

순차 구조를 이용한 프로그램	반복 구조를 이용한 프로그램

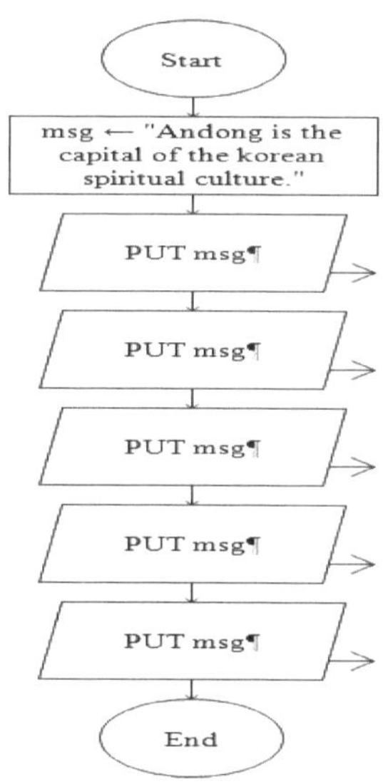

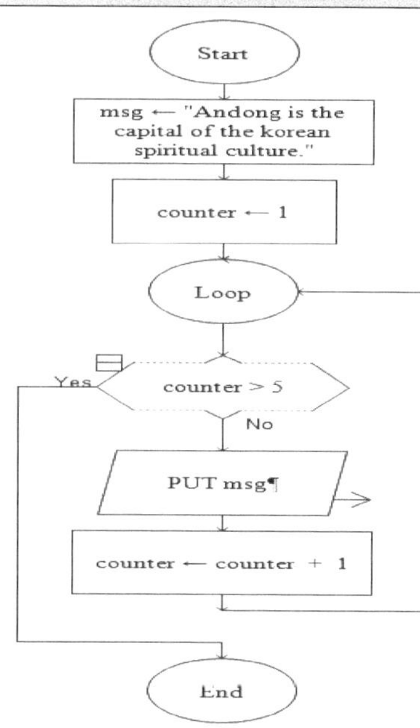

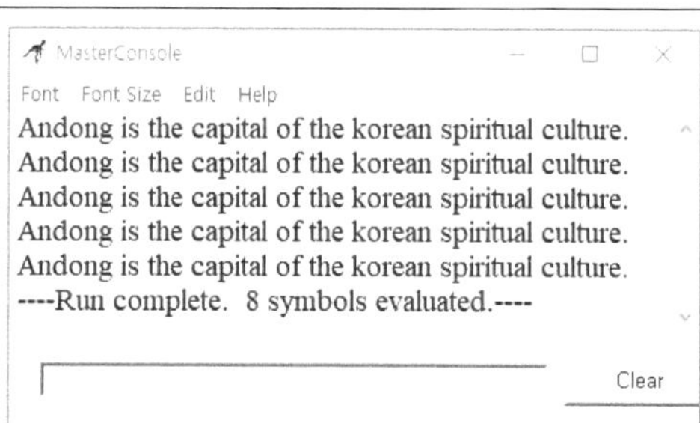

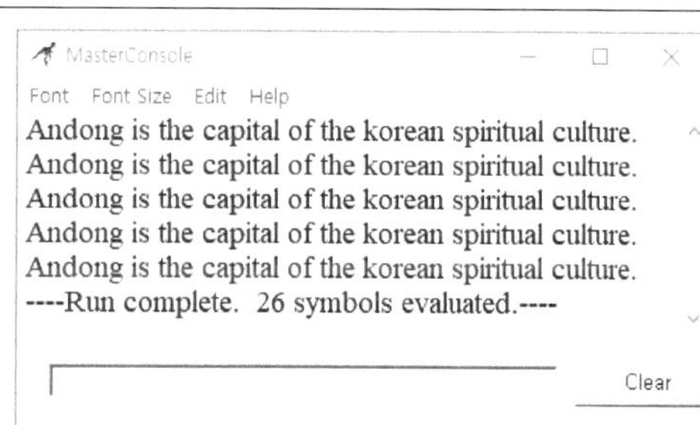

그림 5-2 ▸ 순차 구조와 반복 구조의 비교

그림 5-2에서 순차 구조로 "PUT msg" 명령어를 5번 반복해서 적은 프로그램과 반복 구조로 "PUT msg" 명령어를 한 번만 적은 프로그램이 큰 차이가 없어 보이지만, msg를 100번쯤 출력해야 한다면 상황은 크게 달라진다. 주어진 문제에서 반복 처리되는 규칙을 찾아서 반복 구조를 이용하여 해결하는 실습예제 5-1을 살펴보자.

실습예제 5-1

1부터 10까지의 양의 정수의 합을 구하는 프로그램을 작성해보자.

배경지식

문제를 해결하기 위해서 다양한 형태의 많은 데이터를 처리해야 하는 경우가 종종 있다. 처리해야 할 데이터 중에서 유사한 데이터 간에 규칙을 찾아낸다면, 유사한 데이터들을 모아 묶어놓고 찾아낸 규칙을 그 데이터 묶음에 반복적으로 적용하여 효율적으로 문제를 해결할 수도 있다. 예를 들어, 1부터 N(10)까지 양의 정수 합을 구하는 문제를 다시 생각해 보자. 가우스 공식 [(N * (N + 1)) ÷ 2]를 이용하면 (10 * (10 + 1)) ÷ 2 = 55를 쉽게 구할 수 있다.

가우스 공식이 생각나지 않는다면 어떻게 답을 구할 수 있을까?

생각해보기: 문제 이해 → 추상화 → 자동화

› 문제 이해(자료 수집/분석/표현)

① 자료 수집

- 마지막 누적하는 양의 정수: 10

② 자료 분석

- 그림 5-3과 같이, 누적해야 할 데이터는 자연수 1에서 시작하여 1씩 증가하는 수로, 10보다 크게 될 때 누적을 종료하면. 누구라도 최종 답 55를 구해낼 수 있을 것이다.

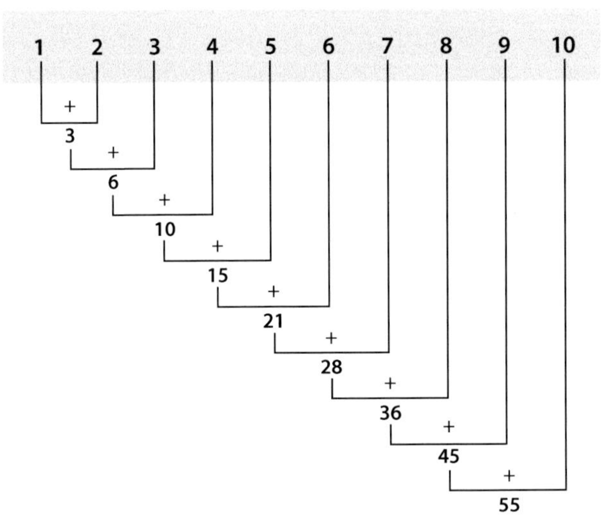

③ 자료 표현

- 마지막 누적하는 양의 정수: endNumber = 10
- 현재의 양의 정수: currentNumber = ?
- 누적된 수: sum = ?

› 추상화(문제 분해/규칙 찾기/알고리즘 설계)

① 문제 분해

- 이 문제는 간단한 문제로 문제를 분해하거나 추상화 과정을 거치지 않아도 쉽게 해결할 수 있다.

② 규칙 찾기/알고리즘 설계

- 주어진 문제를 해결해 나가는 과정에서 적용할 수 있는 일련의 규칙을 찾는 것은 대단히 중요한 일이다. 실습예제 5-1에서는 자연수 1부터 시작하되 누적할 다음 자연수는 현재 자연수보다 1만큼씩 증가한다는 규칙을 찾을 수 있다. 이와 같은 규칙을 이용하면 반복 종료 조건 (number > endNumber)로 1부터 10까지 누적해야 할 양의 정수를 구할 수 있게 된다.

랩터로 문제 해결하기

추상화 과정으로 구해지는 알고리즘 설계 결과를 랩터(raptor)를 이용하여 순서도로 나타내면 아래 그림과 같다.

순차 구조(가우스 공식)을 이용한 프로그램	반복 구조를 이용한 프로그램
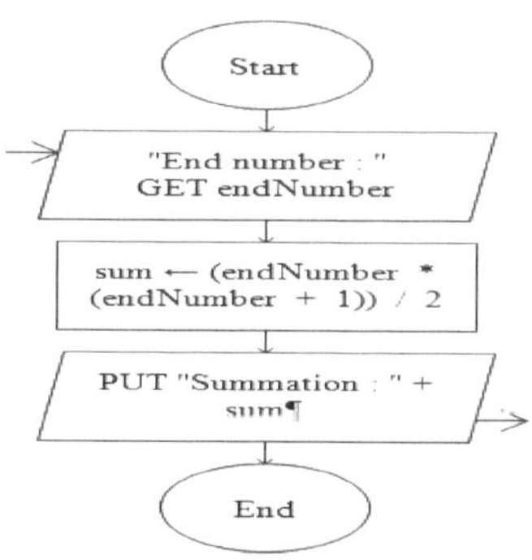	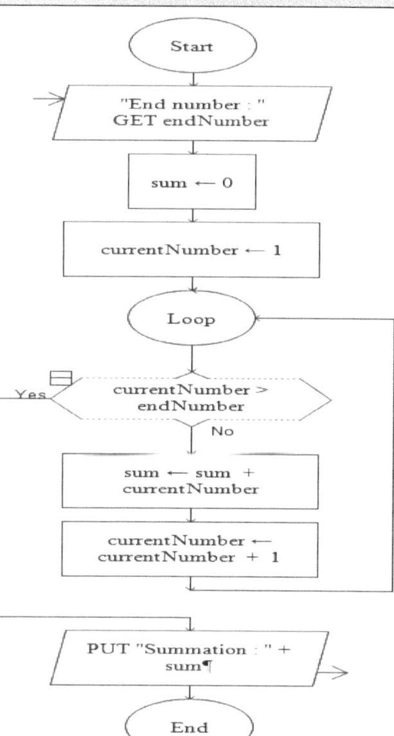

랩터를 이용하여 순서도를 작성해 나가는 상세 과정은 5.2 반복 처리 유형 절의 실습예제 5-2와 5-3에서 학습하기로 한다.

› **자동화(프로그래밍/실행 및 결과 분석)**

① 프로그래밍

- 순서도로 나타낸 알고리즘은 특정 프로그래밍 언어를 이용하여 프로그램으로 작성할 수 있고, 이는 기계어로 변환되어 컴퓨터에서 실행될 수 있다. 랩터에서 제공되는 코드 생성 메뉴(Generate)를 이용하면 Ada, C#, C++ 등의 언어로 작성된 프로그램으로 자동변환이 가능하다.

② 실행 및 결과 분석

- 랩터의 실행 메뉴(Run)를 이용하면 작성된 순서도가 실행되면서 결과를 나타내 준다. 화면에 나타나는 실행 결과를 분석해 봄으로써 문제 해결을 완료한다. 아래 그림에 실습예제 5-1의 실행 결과를 나타내었다.

<table>
<tr><th>순차 구조(가우스 공식)을 이용한 프로그램</th><th>반복 구조를 이용한 프로그램</th></tr>
<tr><td>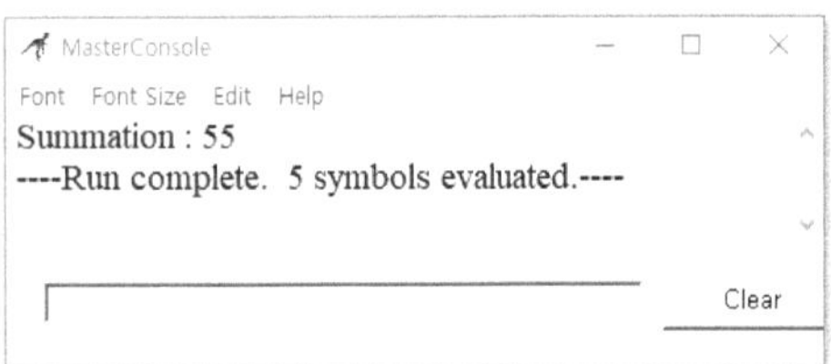
</td><td>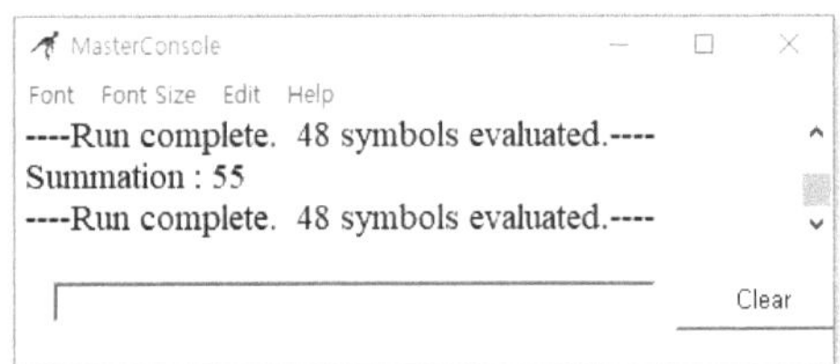
</td></tr>
</table>

5.2 반복 처리 유형

일정한 트랙을 이용하여, 자동차 경주를 하거나 자동차의 연비를 비교하는 서로 다른 문제를 생각해보자. 두 경우 모두 경기장의 트랙을 반복 주행하는 방법으로 가능하지만, 반복을 통제하는 데는 서로 다른 기준(제어 조건)이 필요하다. 자동차 경주에 있어서는 경기장의 트랙을 정해진 횟수만큼 반복 주행하되 누가 빠르게 완주하는 가로 가늠한다. 반면에, 자동차의 연비 비교는 자동차에 일정 연료를 주입하고 연료가 소진될 때까지 자동차가 트랙을 주행한 반복 횟수를 비교하여 가늠할 수 있다.

컴퓨터를 이용하여 주어진 문제를 해결하는 과정에서도 어떤 조건이 만족될 때까지 일련의 작업을 반복해서 처리해야 한다거나 필요한(또는 정해진) 횟수만큼 일련의 작업을 반복해서 처리해야 하는 경우가 빈번하게 발생한다. 이 절에서는 정해진 횟수만큼 반복될 명령어 블록을 반복 처리하는 방법과 종료 조건이 만족 될 때까지 반복될 명령어 블록을 반복 처리하는 방법 등 2가지 종류로 나누어 설명하고자 한다.

5.2.1 정해진 횟수만큼 반복 처리하기

일정한 트랙을 이미 정해진 횟수만큼, 예를 들어 10바퀴를 돌아야 하는 자동차 경주를 생각해보자. 문제 해결을 위한 분석 과정에서도 반복 명령어 블록을 몇 번 반복 처리하면 결과를 얻을 수 있는지 알게 된다면 그림 5-3과 같은 제어 구조로 해결할 수 있다.

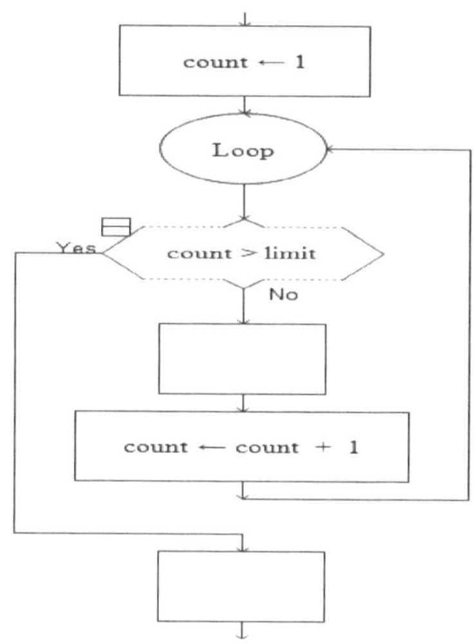

그림 5-3 ▸ 정해진 횟수만큼 반복하는 제어 구조

위 그림에서, 10바퀴를 돌아야 하는 자동차 경주라면 선택 기호 내의 조건식에서 limit은 10이 된다.

정해진 횟수만큼 반복하면 해결할 수 있는 다음 예제 문제를 살펴보자.

실습예제 5-2

원금에 붙는 이자에도 이자를 붙여주는 것을 복리라고 한다. 100만원을 연복리 5%인 저축 상품에 재테크하면 10년 후에 받게 될 금액을 계산해주는 프로그램을 만들어보자.

배경지식

은행 예금에 대한 이자를 계산하는 방법에는 단리와 복리 두 가지가 있다. 현재가치를 presentValue(원), 연복리(이자율)을 rate(%), 미래가치를 futureValue(원), 저축기간을 period(기간, 년)이라고 할 때, 복리 계산은 다음 공식으로 계산할 수 있다.

```
미래가치 = 현재가치 * (1 + 연복리)^저축기간
```

예를 들어, 100만원을 연복리 5%인 저축상품에 재테크하면 10년 후에 받게 될 금액은 얼마나 될까? 위의 복리 계산 공식을 이용하면 (1000000 * (1 + 0.05)^{10}) => 1,628,894원이 된다.

복리 계산 공식을 알지 못하는 경우라면 어떻게 10년 후에 받게 될 금액을 구할 수 있을까?

생각해보기: 문제 이해 → 추상화 → 자동화

› 문제 이해(자료 수집/분석/표현)

① 자료 수집

- 현재가치(원금): 1,000,000원
- 연복리(이자율): 5%
- 저축 기간: 10년

② 자료 분석

- 복리 계산 공식을 아는 경우: 미래가치 = 현재가치 * (1 + 연복리)^{저축기간}
- 복리 계산 공식을 모르는 경우: 1년 단위로 받게 될 금액 계산하여 10번(년) 반복

(1년이 지나면 받게 될 금액) = 현재가치 + (현재가치 * 연복리)

③ 자료 표현

- 현재가치(원금): presentValue = 1,000,000(원)
- 저축기간: period = 10(년)
- 연복리(이자율): rate = 5(%)
- 미래가치(받게 될 금액): futureValue = ?

› 추상화(문제 분해/규칙 찾기/알고리즘 설계)

① 문제 분해

- 이 문제는 분해하거나 추상화 과정을 거치지 않아도 쉽게 해결할 수 있다.

② 규칙 찾기

- 주어진 문제를 해결해 나가는 과정에서 적용할 수 있는 일련의 규칙을 찾아보자. 복리 계산으로 1년 후의 원금은 다음과 같이 계산할 수 있는데, 이를 지수적 성장 모델이라 부르기도 한다.

```
presentValue(period + 1) = presentValue(period) + (rate × presentValue(period))
```

- 이를 적용하면, 2차 년도의 원금은 (1000000 + (0.05 × 1000000)) = 1,050,000원이 된다. 이 과정을 10회 반복한다면, 10년 후에 받게 될 금액을 구할 수 있다.

③ 알고리즘 설계

랩터로 문제 해결하기

추상화 과정을 거쳐 설계한 알고리즘을 랩터를 이용하여 순서도로 나타내면 아래 그림과 같다.

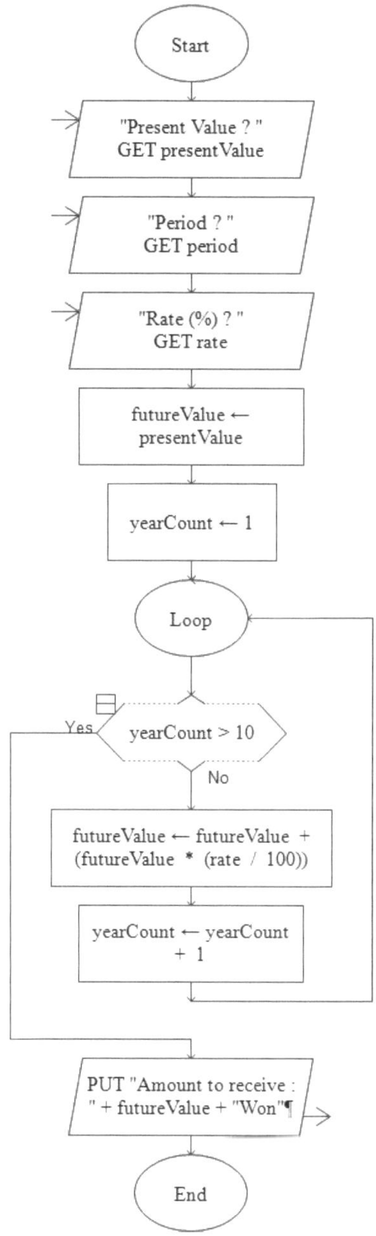

랩터를 이용하여 순서도로 나타낸 실습예제 5-2의 알고리즘을 단계별로 작성해보자.

단계 1 랩터를 실행시키고 좌측의 symbol 창에서 Input 기호를 끌어다 main 화면의 Start와 End 기호 사이에 넣은 다음 Input 기호를 더블클릭하여 아래 그림과 같이 presentValue, period, rate 변수에 데이터를 입력받을 수 있도록 작성한다.

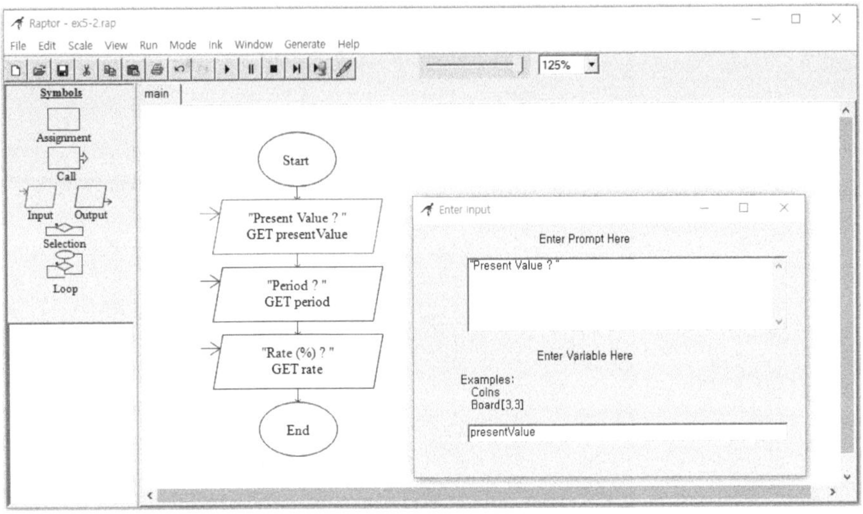

단계 2 마지막 입력(Input) 기호 다음에 배정(Assignment) 기호를 삽입한 다음, 미래가치를 담을 변수 futureValue에 현재가치를 담고 있는 변수 presentValue의 값을 배정하고, 저축기간을 담을 변수 yearCount를 1로 초기화한다.

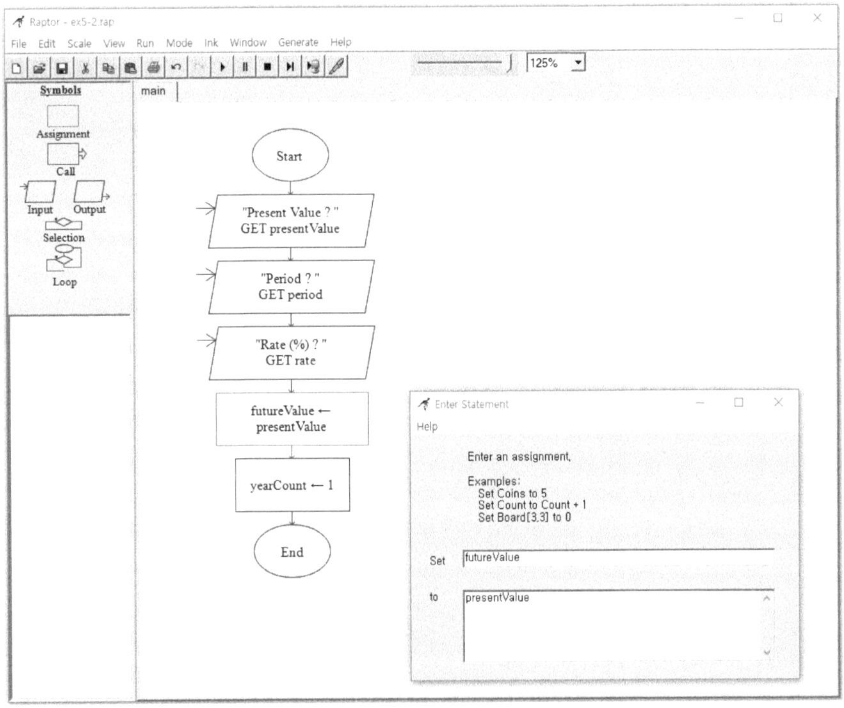

단계 3 마지막 삽입된 배정(Assignment) 기호 다음에 반복(Loop) 기호를 삽입하고, 반복 조건 입력 부분을 더블클릭하면 나타나는 [Enter Loop Condition] 창에 반복을 종료시킬 조건 (yearCount > 10)을 입력한다.

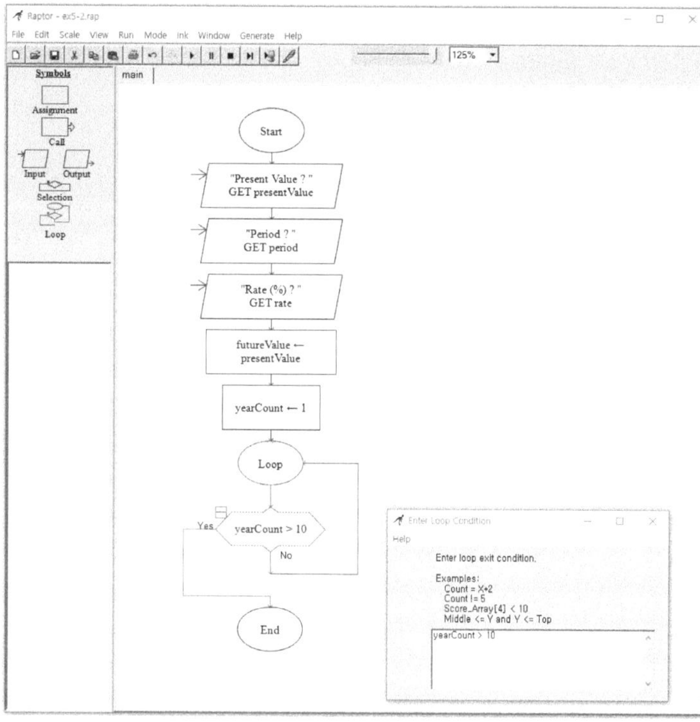

단계 4 종료 조건을 만족하지 못하는 경우에 반복해서 처리해야 할 배정(Assignment) 기호를 삽입하고 더블클릭하면 나타나는 [Enter Statement] 창에 1년 후에 받게 될 금액(원금 + 1년 이자)을 계산하는 식(futureValue = futureValue + (futureValue * (rate/100)))을 입력한다. 다음으로 종료 조건을 변경시키기 위하여 현재의 반복 횟수를 저장하고 있는 변수 yearCount를 1만큼 증가시킨다.

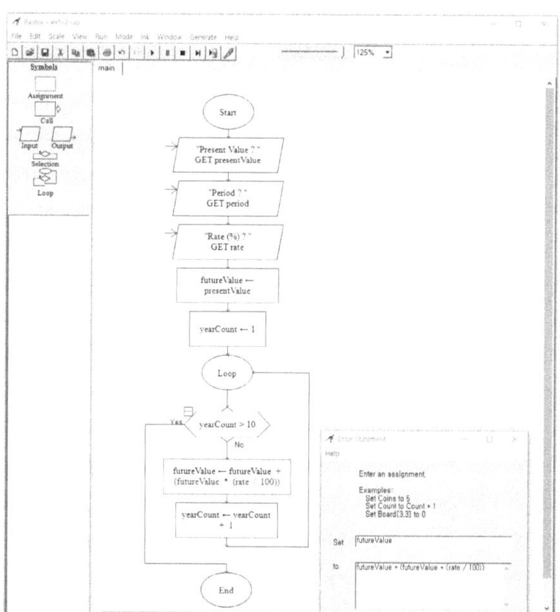

단계 5 종료 조건을 만족하는 경우, 반복 후에 처리해야 할 출력(Output) 기호를 삽입한 다음 더블클릭하여 나타나는 [Enter Output] 창에 “Amount to receive: ” + futureValue + “Won”을 입력하여 실행 시 결괏값이 출력되도록 한다.

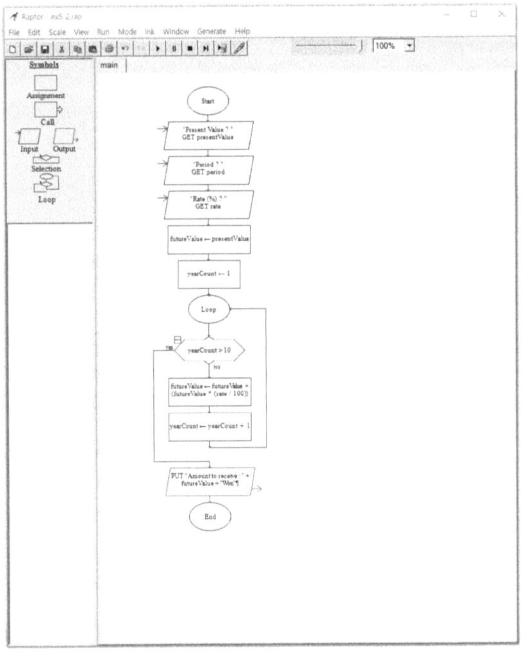

› 자동화(프로그래밍/실행 및 결과 분석)

① 프로그래밍

- 순서도로 나타낸 알고리즘은 특정 프로그래밍 언어를 이용하여 프로그램으로 작성할 수 있고, 이는 기계어로 변환되어 컴퓨터에서 실행될 수 있다. 랩터에서 제공되는 코드 생성 메뉴(Generate)를 이용하면 Ada, C#, C++ 등의 언어로 작성된 프로그램으로 자동변환이 가능하다.

② 실행 및 결과 분석

- 알고리즘 설계 결과를 랩터를 이용하여 순서도로 나타냈다면, 랩터의 실행 기능으로 모의실험을 해 볼 수 있다. 실습예제 5-2를 랩터로 모의실험한 결과는 아래 그림과 같다.

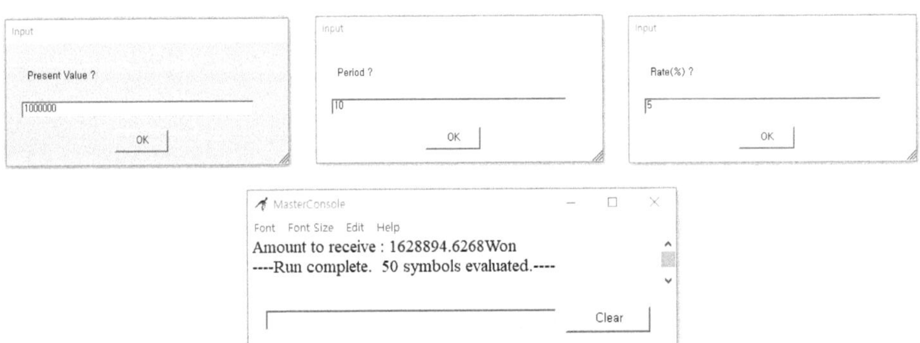

위 프로그램에서는 문제에 주어진 값으로 presentValue(현재가치), period(저축기간), rate(이자율)을 초기화하고, futureValue(미래가치)는 원금으로부터 시작하도록 현재가치로 초기화하였다. 반복문을 제어하기 위하여 yearCount 변수를 준비하여 값 1로 초기화한다. 다음으로, 반복문의 조건식 (yearCount>10)이 참인지를 검사하여 거짓이면 이자를 더해 다음 해의 원금을 구한 다음 yearCount 변수를 하나 증가시키고 반복을 계속할지 조건을 검사한다. 결과적으로 10번 반복되어, 10년 후의 예상 적립금을 구하게 된다.

5.2.2 종료 조건이 만족될 때까지 반복 처리하기

일정한 트랙을 이용하여 자동차의 연비를 비교하는 문제를 생각해보자. 자동차가 트랙을 돌아야 하는 횟수가 정해져 있는 것이 아니라 주입한 연료가 소진되었는지가 종료 조건이 될 수 있다. 연료가 소진될 때 트랙을 몇 바퀴 돌았는지로 연비를 비교하게 된다. 문제 해결을 위한 분석 과정에서 반복 명령어 블록의 반복처리를 종료해야 할 조건을 찾을 수 있다면 그림 5-4와 같은 제어 구조로 해결할 수 있다.

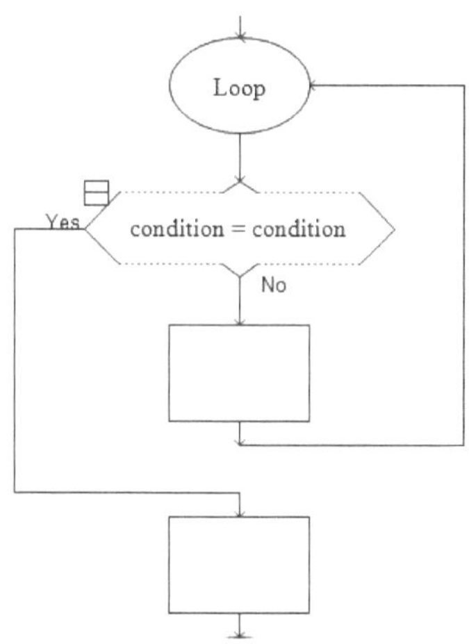

그림 5-4 ▸ 종료 조건이 만족 될 때까지 반복하는 제어 구조

위 그림에서, 선택기호 내의 조건식(condition)이 참이면 반복을 멈추고 반복 구조를 벗어나 다음 명령문을 수행한다.

종료 조건이 만족 될 때까지 반복하여 문제를 해결할 수 있는 다음 실습예제를 살펴보자.

실습예제 5-3

복리 계산으로 10년 후에 받게될 금액을 구하는 실습예제 5-1을 수정하여, 100만원으로 재테크를 시작한 사람이 1년에 20%의 수익을 얻는다면 복리로 몇 년 만에 원금의 10배가 되는 금액을 받게 되는지를 구하는 프로그램을 만들어보자.

생각해보기: 문제 이해 → 추상화 → 자동화

› 문제 이해(자료 수집/분석/표현)

① 자료 수집

- 현재가치(원금): 1,000,000원
- 연복리(이자율): 20%
- 받게 될 금액: 현재가치의 10배

② 자료 분석

- 미래가치 = (현재가치 * (1 + 연복리)^{저축기간}) >= 현재가치 * 10

③ 자료 표현

- 현재가치(원금): presentValue = 1,000,000(원)
- 미래가치(받게 될 금액): futureValue >= presentValue * 10
- 연복리(이자율): rate = 20(%)
- 예상저축기간: yearCount = ?(년)

› 추상화(문제 분해/규칙 찾기/알고리즘 설계)

① 문제 분해 / 추상화

- 이 문제는 간단한 문제로 문제를 분해하거나 추상화 과정을 거치지 않아도 쉽게 해결할 수 있다.

② 규칙 찾기

- 복리 계산으로 첫 번째 해의 원금과 이자를 구해 두 번째 해의 원금으로 매년 받게 될 금액을 계산해 나가되, 받게 될 금액이 초기 투자금액의 10배보다 같거나 커질 때(futureValue >= presentValue * 10)까지 반복하면서 햇수를 누적한다.

③ 알고리즘 설계

랩터로 문제 해결하기

추상화 과정으로 구해지는 알고리즘 설계 결과를 랩터를 이용하여 순서도로 나타내면 다음 그림과 같다.

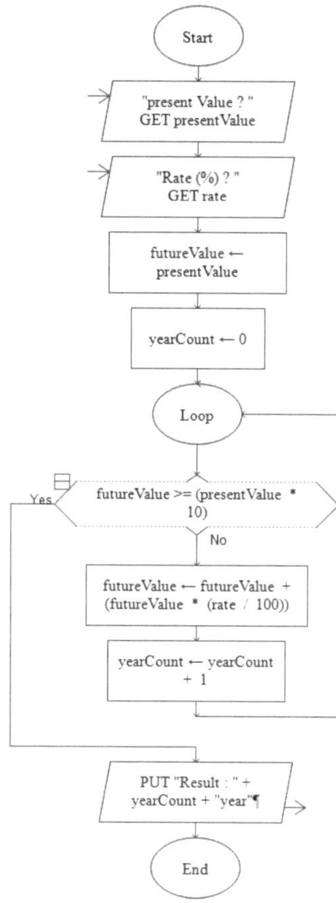

랩터를 이용하여 순서도를 세부 단계별로 작성해보자.

단계 1 랩터를 실행시키고 좌측의 symbol 창에서 Input 기호를 끌어다 main 화면의 Start와 End 기호 사이에 넣은 다음 Input 기호를 더블클릭하여 아래 그림과 같이 presentValue, rate 변수에 데이터를 입력받을 수 있도록 작성한다.

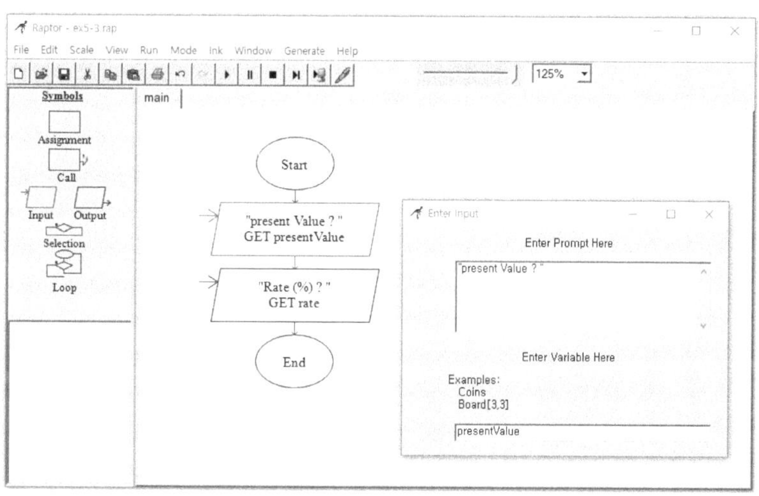

단계 2 마지막 입력(Input) 기호 다음에 배정(Assignment) 기호를 삽입한 다음, 미래가치를 담을 변수 futureValue에 현재가치를 담고 있는 변수 presentValue의 값을 배정하고, 누적되는 저축 기간(햇수)를 담을 변수 yearCount를 0으로 초기화한다.

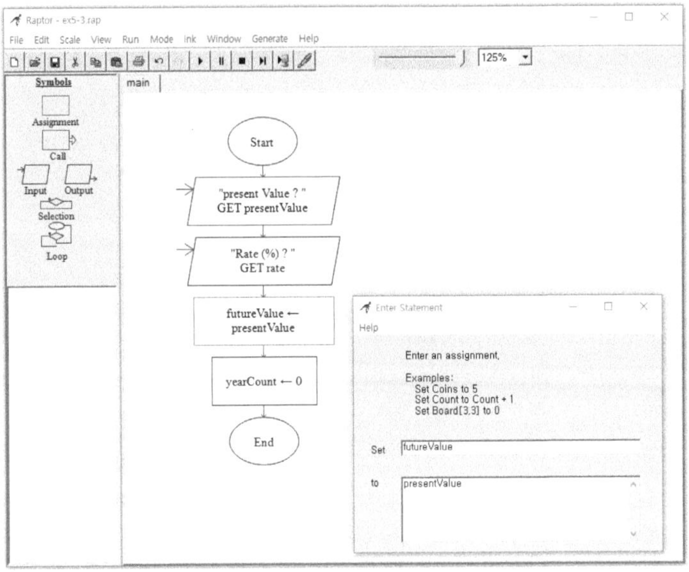

단계 3 마지막 삽입된 배정(Assignment) 기호 다음에 반복(Loop) 기호를 삽입하고, 반복 조건 입력 부분을 더블클릭하면 나타나는 [Enter Loop Condition] 창에 반복을 종료시킬 조건 (futureValue >= (presentValue * 10))을 입력한다.

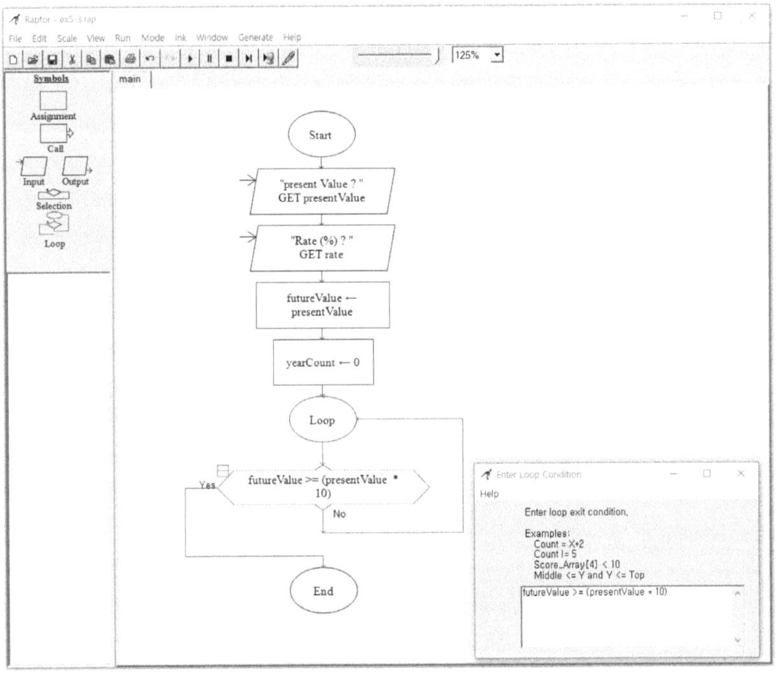

단계 4 종료 조건을 만족하지 못하는 경우에 반복해서 처리해야 할 배정(Assignment) 기호를 삽입하고 더블클릭하면 나타나는 [Enter Statement] 창에 1년 후에 받게 될 금액(원금 + 1년 이자)을 계산하는 식(futureValue = futureValue + (futureValue * (rate/100)))을 입력한다. 이 명령문을 통하여 futureValue 값이 변경되어 이전 반복과 다른 종료 조건이 만들어지게 된다. 햇수 누적을 위하여 현재의 변수 yearCount를 1만큼 증가시킨다.

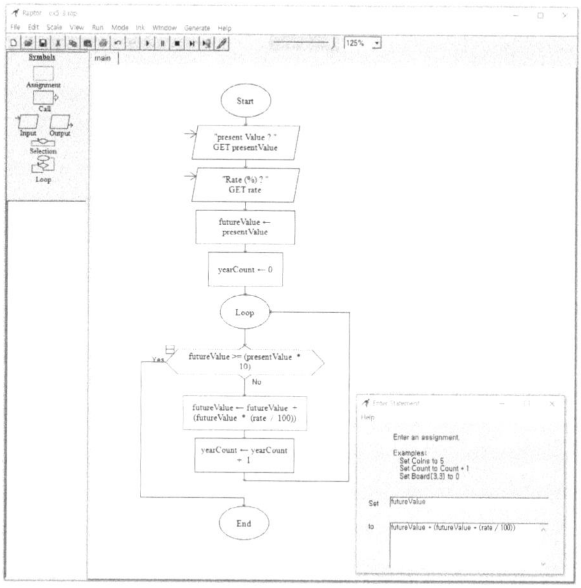

단계 5 종료 조건을 만족하는 경우, 반복 후에 처리해야 할 출력(Output) 기호를 삽입한 다음 더블클릭하여 나타나는 [Enter Output] 창에 "Result: " + yearCount + "year"을 입력하여 실행 시 결괏값이 출력되도록 한다.

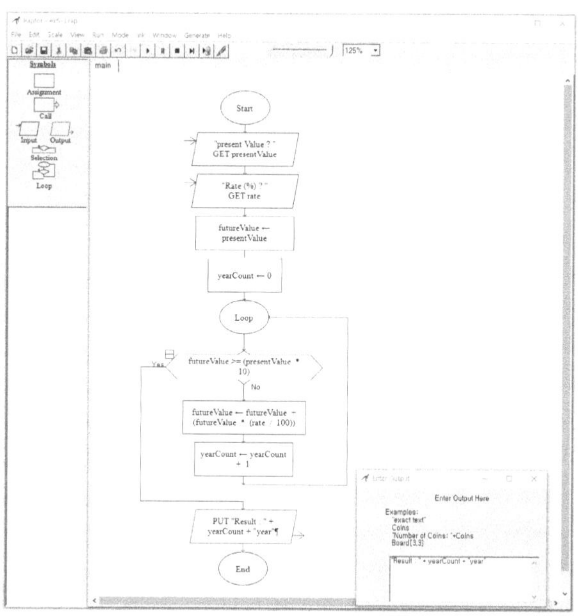

› **자동화(프로그래밍/실행 및 결과 분석)**

① 프로그래밍

- 순서도로 나타낸 알고리즘은 특정 프로그래밍 언어를 이용하여 프로그램으로 작성할 수 있고, 이는 기계어로 변환되어 컴퓨터에서 실행될 수 있다. 랩터에서 제공되는 코드 생성 메뉴(Generate)를 이용하면 Ada, C#, C++ 등의 언어로 작성된 프로그램으로 자동변환이 가능하다.

② 실행 및 결과 분석

- 알고리즘 설계 결과를 랩터를 이용하여 순서도로 나타냈다면, 랩터의 실행 기능으로 모의실험을 해 볼 수 있다. 실습예제 5-3을 랩터로 모의실험한 결과는 아래 그림과 같다.

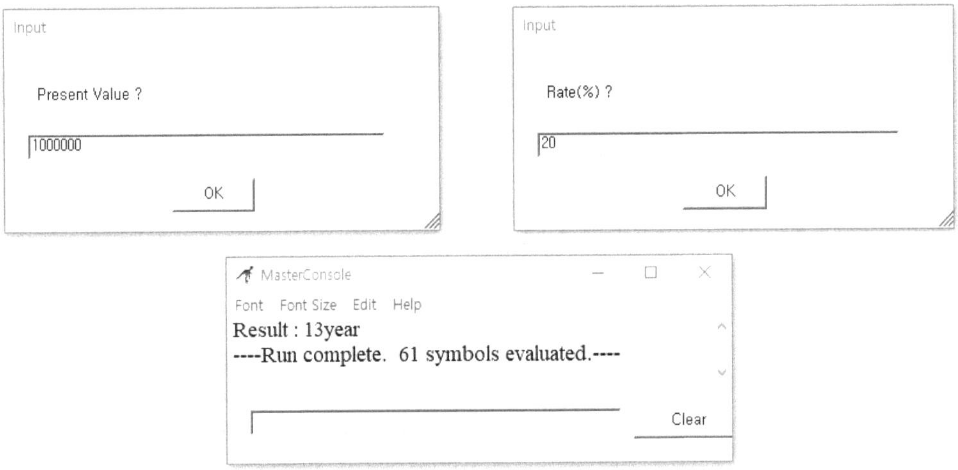

위 프로그램에서는 문제에 주어진 값으로 presentValue(현재가치), rate(이자율)을 초기화하고, futureValue(미래가치)는 원금으로부터 시작하도록 현재가치로 초기화하였다. 반복문을 제어하기 위한 조건은 미래가치가 현재가치의 10배 이상이 되는가(futureValue >= (presentValue * 10))를 조건식으로 지정하였다. yearCount 변수를 준비하여 값 0으로 초기화한 다음 이자가 지급되는 햇수를 누적하여 목표 달성에 걸리는 햇수로 삼아 출력하였다. 결과적으로 13년 후에 원금의 10배를 받게 된다.

5.2.3 반복 처리 유형의 비교

정해진 횟수만큼 반복 처리하는 반복구조와 종료 조건이 만족될 때까지 반복 처리하는 반복구조를 실습예제 5-2와 5-3을 비교해 보면 그림 5-5와 같다.

실습예제 5-2
(정해진 횟수 만큼 반복)

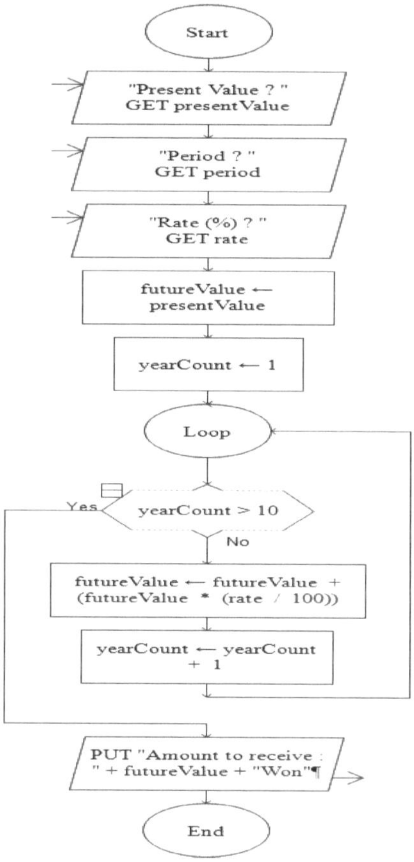

futureValue=1628894 , yearCount=11

실습예제 5-3
(종료 조건이 만족 될 때까지 반복)

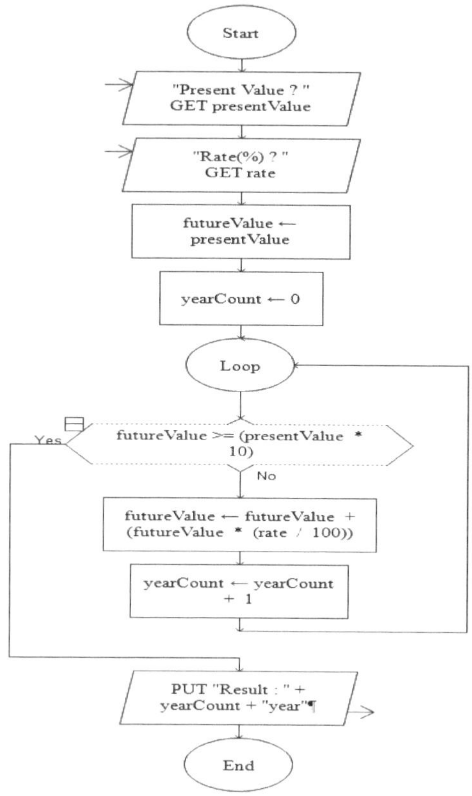

futureValue=10699320 , yearCount=13

그림 5-5 ▸ 반복 처리 유형의 비교

5.3 중첩 반복 구조

반복 구조를 이용하여 반복 처리하는 명령어 블록 내에서 또다시 반복 처리히는 경우를 중첩 반복 구조라 한다. 중첩 반복 구조는 그림 5-6과 같이 순서도로 나타낼 수 있다.

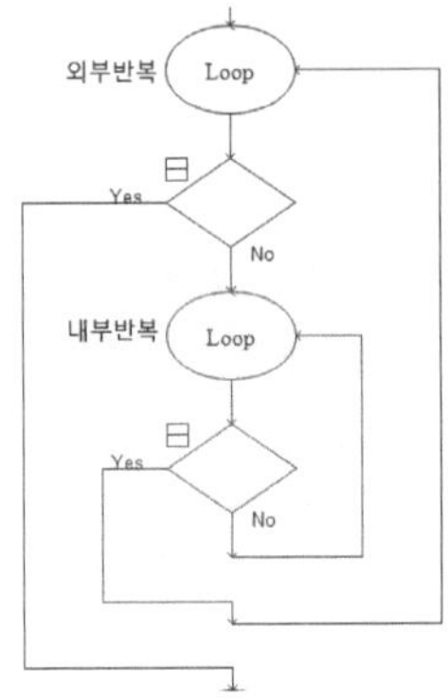

그림 5-6 ▸ 중첩 반복 구조

중첩 반복 구조는 순서쌍을 만들기 위해 모든 경우의 수를 다루어야 할 때, 배열을 다룰 때, 또는 문자열을 다루어야 할 때 유용하다.

중첩 반복 구조로 해결되는 예제 문제를 살펴보자.

실습예제 5-4

두 개의 주사위 a, b를 동시에 던져서 합이 6이 되는 경우의 수를 구하는 프로그램을 만들어보자.

배경지식

	주사위는 게임 도구의 하나로, 다면체의 각 면에 점 또는 숫자 등을 표시하고 이를 이용하여 승패를 가르거나, 무작위로 확률을 구할 때 사용할 수도 있다. 왼쪽의 그림 종이를 오려 낸 다음 점선을 따라 접으면 각 면에 1 ~ 6개의 점이 그려진 정육면체의 주사위를 만들 수 있다.

생각해보기: 문제 이해 → 추상화 → 자동화

› **문제 이해(자료 수집/분석/표현)**

① 자료 수집

- 다면체의 주사위가 있지만 정육면체의 주사위로 가정한다. 따라서 주사위의 각 면에 그려진 1 ~ 6개의 점의 수를 이용한다.
- 문제에 주어진 주사위는 2개(a, b)이다.

② 자료 분석

- 2개의 주사위를 던져 표면에 나타나는 점의 개수를 합하면 6이 나온다.

③ 자료 표현

- 주사위1: a = 1 또는 2 또는 3 또는 4 또는 5 또는 6
- 주사위2: b = 1 또는 2 또는 3 또는 4 또는 5 또는 6
- 주사위 2개의 합: a + b = ?

› 추상화(문제 분해/규칙 찾기/알고리즘 설계)

① 문제 분해

- 이 문제는 간단한 문제로 문제를 분해하거나 추상화 과정을 거치지 않아도 쉽게 해결할 수 있다.

② 규칙 찾기

- 각각의 주사위를 던졌을 때 나타날 수 있는 점의 수는 1 ~ 6이다. 이 숫자들을 하나의 집합으로 나타내면, 문제를 해결하는데 필요한 데이터는 원소 1, 2, 3, 4, 5, 6인 두 개의 집합 (a, b)로 분해할 수 있다. 집합 a의 원소를 생성하는 것은 시작 수를 1로 두고 반복 구조를 이용해서 반복할 때마다 1씩 증가시켜 가면서 다음 원소를 만들되, 6보다 작거나 같은 동안 반복하면 된다. b도 마찬가지이다.

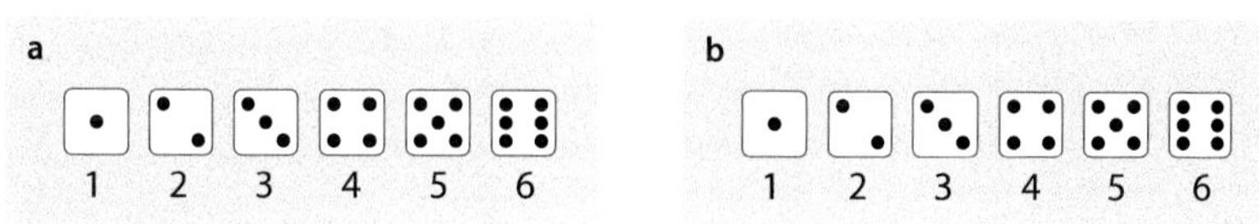

- 두 개의 주사위를 던져서 나타나는 점의 수를 합해서 6이 된다고 함은 a, b 두 개의 집합을 구성하는 원소로 만들 수 있는 순서쌍을 구해서 그 원소들을 합한 값이 6이 되는지를 검사하면 된다. 순서쌍을 구하면 다음과 같다.

(a, b)

(1, 1)	(2, 1)	(3, 1)	(4, 1)	(5, 1)	(6, 1)
(1, 2)	(2, 2)	(3, 2)	(4, 2)	(5, 2)	(6, 2)
(1, 3)	(2, 3)	(3, 3)	(4, 3)	(5, 3)	(6, 3)
(1, 4)	(2, 4)	(3, 4)	(4, 4)	(5, 4)	(6, 4)
(1, 5)	(2, 5)	(3, 5)	(4, 5)	(5, 5)	(6, 5)
(1, 6)	(2, 6)	(3, 6)	(4, 6)	(5, 6)	(6, 6)

- 위의 표에 나타난 순서쌍들 중에서 합이 6이 되는 순서쌍은 배경색이 칠해져 있다. 순서쌍은 중첩된 반복 구조를 이용하면 쉽게 구할 수 있다.

③ 알고리즘 설계

랩터로 문제 해결하기

a가 1일 때 b를 1부터 하나씩 증가시켜 가며 6개의 순서쌍을 만들고, 다음으로 a를 하나 증가시킨 2에

대해 동일한 방법으로 순서쌍을 만들어 나가는 과정은 중첩 반복 구조를 적용하면 해결된다. 실습예제 5-4의 알고리즘 설계 결과를 랩터를 이용한 순서도로 나타내면 아래 그림과 같다.

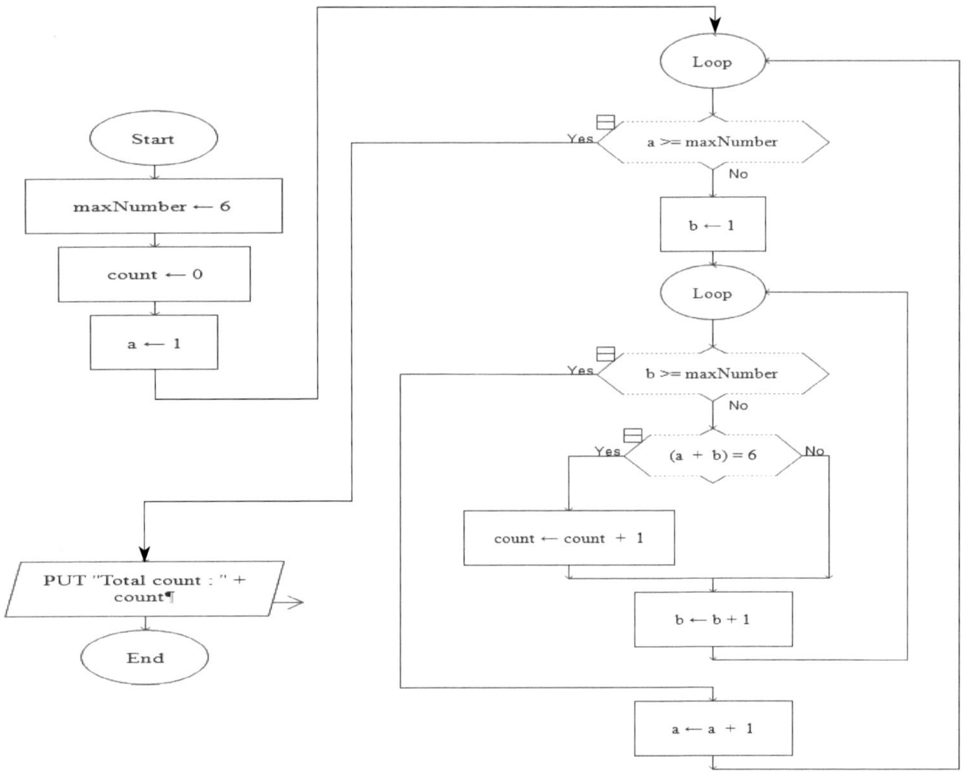

› **자동화(프로그래밍/실행 및 결과 분석)**

① 프로그래밍

순서도로 나타낸 알고리즘은 특정 프로그래밍 언어를 이용하여 프로그램으로 작성할 수 있고, 이는 기계어로 변환되어 컴퓨터에서 실행될 수 있다. 랩터에서 제공되는 코드 생성 메뉴(Generate)를 이용하면 Ada, C#, C++ 등의 언어로 작성된 프로그램으로 자동변환이 가능하다.

② 실행 및 결과 분석

랩터의 실행 기능을 이용하면 프로그램을 실행시키는 것과 같이 모의실험을 해볼 수 있다. 중첩 반복 구조에서 외부 반복 구조의 변수 a 값이 1일 때, 내부 반복 구조에서 변수 b가 1부터 6이 될 때까지 6번 반복하여 순서쌍 (1, 1) (1, 2) (1, 3) (1, 4) (1, 5) (1, 6)을 만들어 가면서 각 순서쌍에 대해 내부 반복 처리 명령 블록 안의 비교 명령을 통해 합이 6이 되는지를 검사하여 참이면 변수 counter를 증가시킨다. 알고리즘 설계 결과를 랩터를 이용하여 순서도로 나타냈다면, 랩터의 실행 기능으로 모의실험을 해 볼 수 있다. 실습예제 5-4를 랩터로 모의실험한 결과는 다음 그림과 같다.

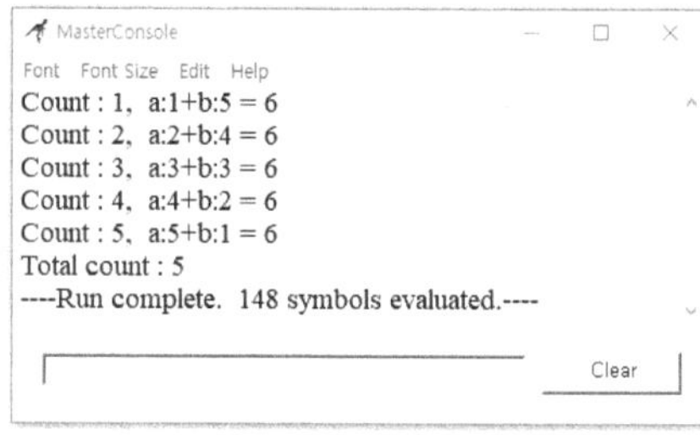

위의 그림에 나타낸 실행 결과를 보면, 두 주사위의 순서쌍 (1, 5)와 (5, 1), (2, 4)와 (4, 2)는 주사위 a, b를 구별하지 않아도 된다면 동일한 경우에 해당된다. 따라서, 이와 같은 경우에 한 번만 카운트되게 처리하려면 프로그램의 적당한 부분을 수정해야 된다. 위 프로그램 수정하여 위의 그림처럼 출력되도록 내부 반복 구조에 출력(Output) 명령을 추가해보자.

5.4 반복 구조 응용

실습예제 5-5

1부터 10까지의 정수 중에서 3의 배수를 제외한 나머지 정수와 이들의 합을 구해 출력하는 프로그램을 작성해보자.

배경지식

일상생활에서 사용되는 수의 종류

<table>
<tr><td rowspan="6">복소수</td><td rowspan="5">실수</td><td rowspan="4">유리수</td><td rowspan="3">정수</td><td>자연수(양의 정수)</td></tr>
<tr><td>0</td></tr>
<tr><td>음의 정수</td></tr>
<tr><td colspan="2">정수가 아닌 유리수(분수, 소수)</td></tr>
<tr><td colspan="3">무리수</td></tr>
<tr><td colspan="4">허수</td></tr>
</table>

생각해보기: 문제 이해 → 추상화 → 자동화

› 문제 이해(자료 수집/분석/표현)

① 자료 수집

- 검사해야 할 데이터: 10 이하의 양의 정수
- 검사 기준: 3의 배수가 아닌 양의 정수

② 자료 분석

- 10 이하의 임의의 자연수가 3의 배수라 함은 그 수를 3으로 나눈 나머지가 0인 수이다.

③ 자료 표현

- 검사해야 할 가장 큰 양의 정수: maxInteger

› 추상화(문제 분해/규칙 찾기/알고리즘 설계)

① 문제 분해

- 이 문제는 간단한 문제로 문제를 분해하거나 추상화 과정을 거치지 않아도 쉽게 해결할 수 있다.

② 규칙 찾기

- 검사해야 할 양의 정수를 1부터 시작해서 하나씩 증가시켜 가면서 그 수가 3의 배수 인지를 검사하여 3의 배수가 아니면 출력하고 누적을 구해 나가되 검사해야 할 가장 큰 양의 정수에 도달할 때까지 반복한다.

③ 알고리즘 설계

랩터로 문제 해결하기

반복 구조를 이용하여 검사하는 양의 정수가 3의 배수가 아니면 출력하고, 그 수를 누적하는 과정을 반복하되 검사해야 할 가장 큰 양의 정수를 벗어나면 누적된 수를 출력한다. 추상화 과정으로 구해진 알고리즘 설계 결과를 랩터를 이용하여 순서도로 나타내면 아래 그림과 같다.

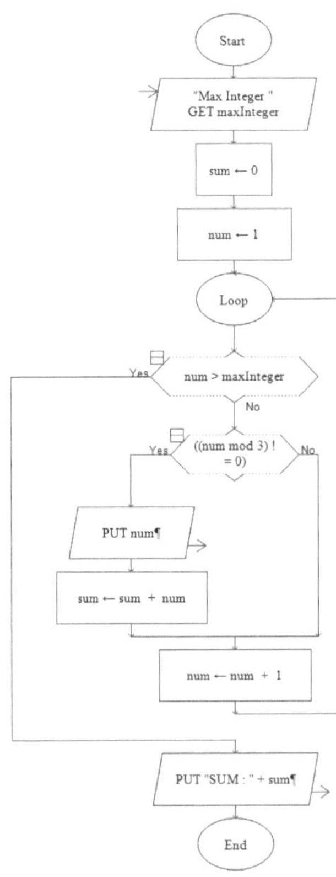

› **자동화(프로그래밍/실행 및 결과 분석)**

① 프로그래밍

- 순서도로 나타낸 알고리즘은 특정 프로그래밍 언어를 이용하여 프로그램으로 작성할 수 있고, 이는 기계어로 변환되어 컴퓨터에서 실행될 수 있다. 랩터에서 제공되는 코드 생성 메뉴(Generate)를 이용하면 Ada, C#, C++ 등의 언어로 작성된 프로그램으로 자동변환이 가능하다.

② 실행 및 결과 분석

- 랩터의 실행 메뉴(Run)를 이용하면 작성된 순서도가 실행되면서 결과를 나타내준다. 화면에 나타나는 실행 결과를 분석해 봄으로써 문제 해결을 완료한다. 아래 그림은 실습예제 5-5의 실행 결과를 나타낸 것이다.

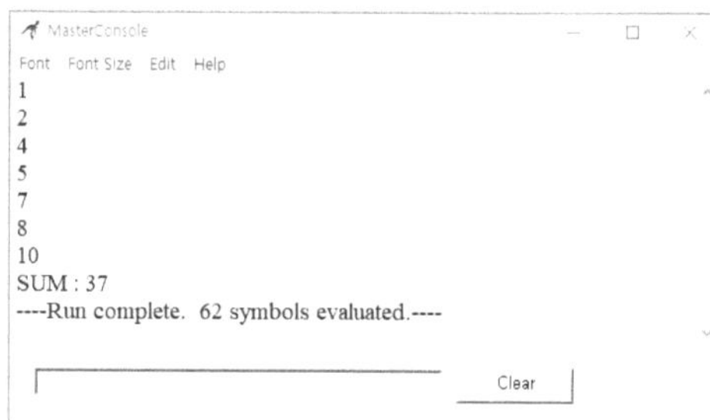

실습예제 5-6

우유 제조회사 [고타야 우유]에서는 창업 1400주년을 맞이하여, 빈 우유병 3개를 가져오면 새 우유 1병과 바꾸어 주는 고객 행사를 준비하기로 하였다. 현재 고타야 우유 가격은 한 병에 300원이다. 현금 24300원을 가지고 있는 길동이는 모두 몇 병의 우유를 마실 수 있을까? 이를 계산하는 프로그램을 작성해보자.

생각해보기: 문제 이해 → 추상화 → 자동화

› **문제 이해(자료 수집/분석/표현)**

① 자료 수집

- 우유 한 병의 가격: 300원
- 길동이가 가진 현금: 24300원
- 새 우유 한 병과 교환할 수 있는 빈병의 개수: 3병

② 자료 분석

- 간단하게 10병의 우유를 산 사람은 몇 병의 우유를 마실 수 있을지 계산해보자. 첫 번째로 현금 3000원을 가지고 마트에 들러 우유 10병을 사서 마시면 빈병이 10개가 된다. 두 번째로 빈 병 10개

를 들고 마트에 들러 새 우유 3병으로 바꾸어 마시면 빈병이 4개가 된다. 이는 10을 3으로 나눈 몫과 나머지를 합한 수이다. 세 번째로 빈 병 4개를 들고 마트에 들러 새 우유 1병과 바꾸어 마시면 빈병이 2개가 된다. 이제, 빈병으로 새 우유를 바꿀 수 없다. 모두 14(=10+3+1)병의 우유를 마실 수 있다.

③ 자료 표현

- 우유 한 병의 가격: price = 300(원)
- 길동이가 가진 현금: money = 24300(원)
- 새 우유 한 병과 교환할 수 있는 빈병의 개수: 3병
- 빈 우유병 수: drinkedMilk = ?
- 마신 우유병 총 수: totalMilk = ?

› 추상화(문제 분해/규칙 찾기/알고리즘 설계)

① 문제 분해

- 이 문제는 간단한 문제로 문제를 분해하거나 추상화 과정을 거치지 않아도 쉽게 해결할 수 있다.

② 규칙 찾기

- 처음 현금으로 우유를 사서 마신 다음, 가지고 있는 빈 우유병으로 새 우유를 바꾸어 마실 수 있을 때까지 마트에 들른다. 마트에 들를 때마다 가지고 갈 빈 우유병을 계산하는 방법은 다음과 같다. (빈 우유병을 3으로 나눈 몫) + (빈 우유병을 3으로 나눈 나머지)

③ 알고리즘 설계

랩터로 문제 해결하기

빈 병이 3개 이상이면 마트에 가서 새 우유로 바꾸어 마실 수 있다. 따라서, 빈 병이 3개 이상이면 마트에 들르는 일을 반복한다. 마트에 갈 때는 매번 반복해서 빈 우유병이 몇 개인지를 계산한다. 추상화 과정으로 구해진 알고리즘 설계 결과를 랩터를 이용하여 순서도로 나타내면 다음 그림과 같다.

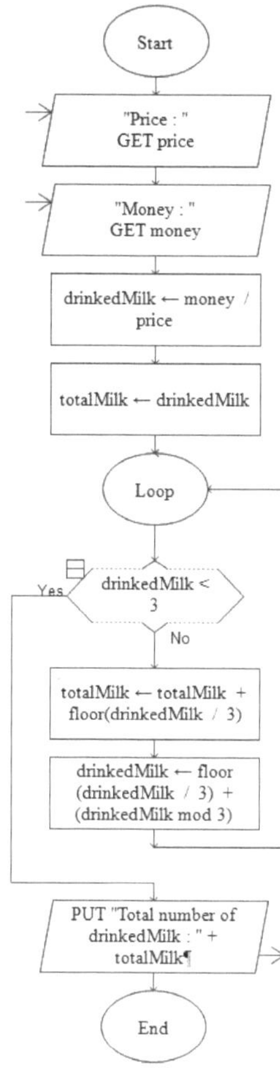

› 자동화(프로그래밍/실행 및 결과 분석)

① 프로그래밍

- 순서도로 나타낸 알고리즘은 특정 프로그래밍 언어를 이용하여 프로그램으로 작성할 수 있고, 이는 기계어로 변환되어 컴퓨터에서 실행될 수 있다. 랩터에서 제공되는 코드 생성 메뉴(Generate)를 이용하면 Ada, C#, C++ 등의 언어로 작성된 프로그램으로 자동변환이 가능하다.

② 실행 및 결과 분석

- 랩터의 실행 메뉴(Run)를 이용하면 작성된 순서도가 실행되면서 결과를 나타내 준다. 화면에 나타나는 실행 결과를 분석해 봄으로써 문제 해결을 완료한다. 아래 그림은 실습예제 5-6의 실행 결과를 나타낸 것이다.

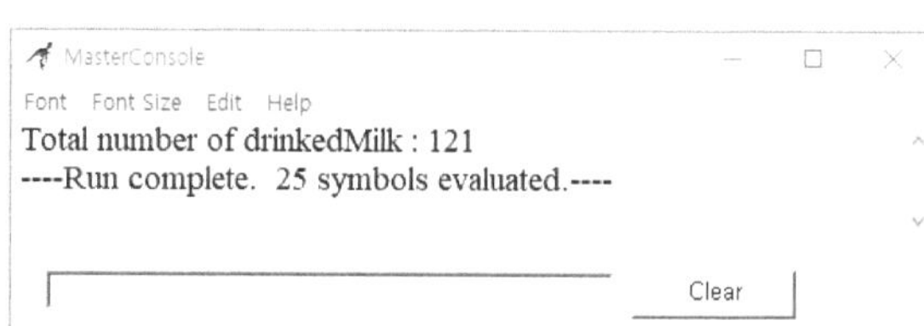

실습예제 5-7

직각 삼각형에서 직각을 낀 두 변의 길이를 a, b라 하고 빗변의 길이를 c라 하자. 각 변의 길이를 20이하의 양의 정수로 가정할 경우, 피타고라스 정리가 성립하는 직각 삼각형의 개수를 구하는 프로그램을 작성해보자.

배경지식

다음 그림을 보자.

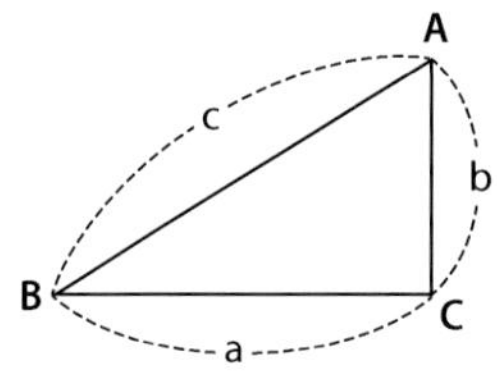

직각삼각형 ABC에서 직각을 낀 두 변의 길이를 각각 a, b라 하고, 빗변의 길이를 c라고 하면 ($a^2 + b^2 = c^2$)인 성질을 피타고라스 정리라고 한다.

생각해보기: 문제 이해 → 추상화 → 자동화

› 문제 이해(자료 수집/분석/표현)

① 자료 수집

- 각 변의 길이는 양의 정수이고 최대 길이는 20(cm)

② 자료 분석

- 세 개의 변 길이가 주어질 경우, 피타고라스 정리에 따라 ($a^2 + b^2 = c^2$) 성질을 만족하면 직각 삼각형이다.
- 20 이하의 정수 3개로 이루어진 순서쌍을 구해서 피타고라스 정리를 적용해 검사해본다.

③ 자료 표현

- 각 변의 최대 길이: maxSizeOfSide = 20 (cm)
- 삼각형의 변 a, b, c의 길이가 20 이하의 자연수이므로 이들로 만들 수 있는 순서쌍은 20×20×20개가 된다.

› 추상화(문제 분해/규칙 찾기/알고리즘 설계)

① 문제 분해

- 각각의 변이 가질 수 있는 길이는 1 ~ 20cm 사이의 정수이다. 각 변의 길이가 될 수 있는 길이 데이터를 하나의 집합으로 나타내면, 문제를 해결하는데 필요한 데이터는 원소 1, 2, 3, 4, 5, 6, ..., 19, 20인 3개의 집합 a, b, c로 분해할 수 있다.

a				
1	2	3	4	5
6	7	8	9	10
11	12	13	14	15
16	17	18	19	20

b				
1	2	3	4	5
6	7	8	9	10
11	12	13	14	15
16	17	18	19	20

c				
1	2	3	4	5
6	7	8	9	10
11	12	13	14	15
16	17	18	19	20

② 규칙 찾기

- 삼각형의 변 a, b, c의 길이가 20 이하의 자연수이므로 이들로 만들 수 있는 순서쌍은 20×20×20개가 된다. 3개의 집합 내 각 원소로 순서쌍을 구해서 직각 삼각형인지를 검사한다.

③ 알고리즘 설계

랩터로 문제 해결하기

3개의 집합 내 각 원소로 순서쌍을 구하는 방법은 3중으로 중첩한 반복 구조로 해결할 수 있다. 실습예제 5-7의 알고리즘 설계 결과를 순서도(랩터)로 나타내면 다음 그림과 같다.

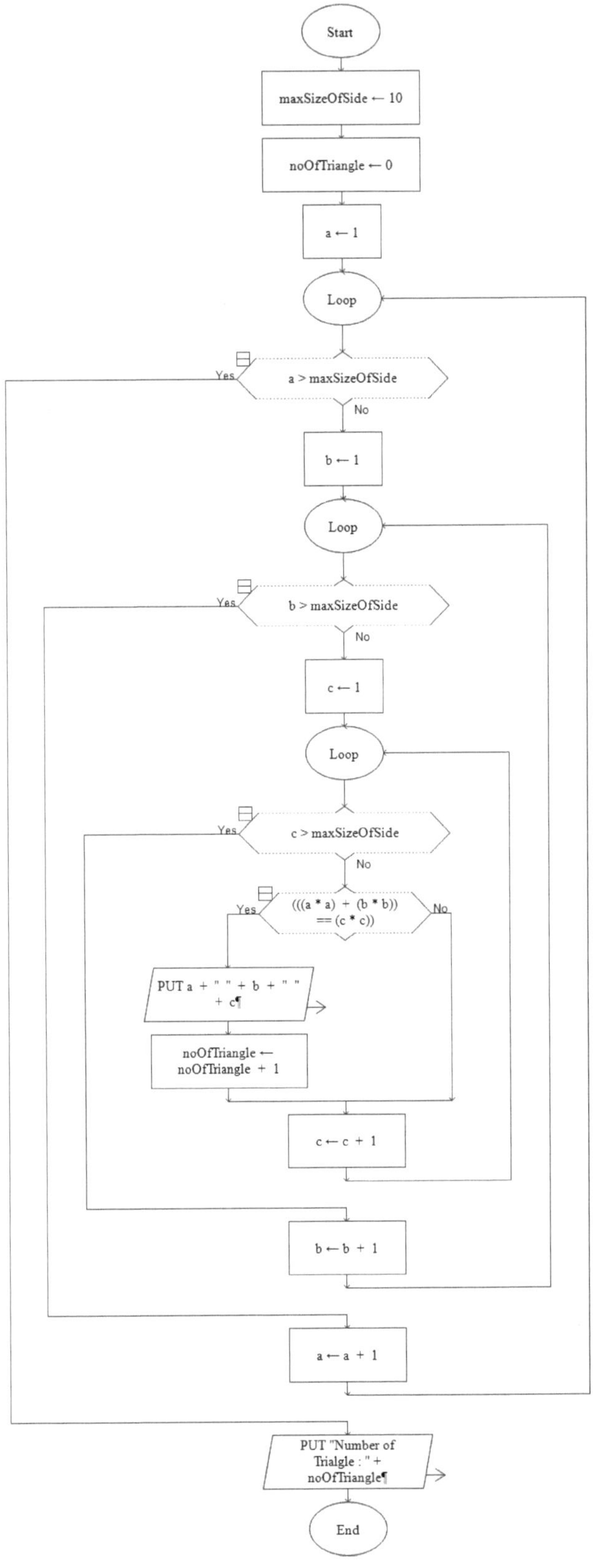
Start
maxSizeOfSide ← 10
noOfTriangle ← 0
a ← 1
Loop
a > maxSizeOfSide
Yes
No
b ← 1
Loop
b > maxSizeOfSide
Yes
No
c ← 1
Loop
c > maxSizeOfSide
Yes
No
(((a * a) + (b * b))
== (c * c))
Yes
No
PUT a + " " + b + " "
+ c¶
noOfTriangle ←
noOfTriangle + 1
c ← c + 1
b ← b + 1
a ← a + 1
PUT "Number of
Trialgle : " +
noOfTriangle¶
End

› **자동화(프로그래밍/실행 및 결과 분석)**

① 프로그래밍

순서도로 나타낸 알고리즘은 특정 프로그래밍 언어를 이용하여 프로그램으로 작성할 수 있고, 이는 기계어로 변환되어 컴퓨터에서 실행될 수 있다. 랩터에서 제공되는 코드 생성 메뉴(Generate)를 이용하면 Ada, C#, C++ 등의 언어로 작성된 프로그램으로 자동변환이 가능하다.

② 실행 및 결과 분석

랩터의 실행 메뉴(Run)를 이용하면 작성된 순서도가 실행되면서 결과를 나타내 준다. 화면에 나타나는 실행 결과를 분석해 봄으로써 문제 해결을 완료한다. 아래 그림은 실습예제 5-7의 실행 결과이다.

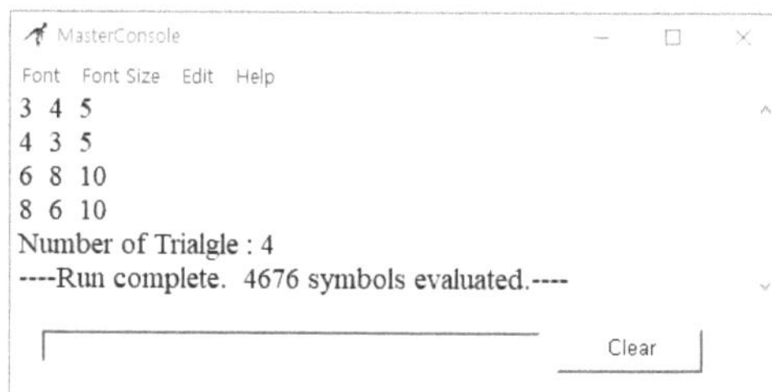

실습예제 5-8

보폭(발자국 간격)이 3m인 어미 설인과 보폭이 2m인 새끼 설인이 눈 덮인 대지 위를 걸어 소풍을 간다. 어미 설인이 앞서가고 그 뒤를 새끼 설인이 따라 가는데, 새끼 설인은 자기 보폭대로 걷다가 어미 설인의 발자국을 만나면 그 위를 밟고 간다. 따라서, 출발점 그리고 2m와 3m의 최소공배수인 6m 마다 어미 설인과 새끼 설인의 발자국이 겹쳐 둘의 발자국이 한 개로 보이게 된다. 어미 설인과 새끼 설인이 36m를 지나갈 때까지 보이는 총 발자국 수를 구하는 프로그램을 작성해보자.

배경지식

예티(Yeti)란 히말라야 산맥의 만년설이 끝나는 부분에 살고 있다는 사람같이 생긴 동물을 일컫는 말이다. 옛날부터 히말라야 산맥에 사는 사람들은 예티를 보았다고 말해 왔다. 키는 250cm 정도이고, 여러 색깔이 섞인 긴 털이 온몸을 덮고 있으며, 서서 걷는데 팔은 길고 얼굴은 고릴라와 비슷하며, 머리가 뾰족하다고 한다. 1832년에 영국의 학자 호지슨이 쓴 보고서에 이런 내용이 있고, 1951년에는 시프턴이라는 탐험가가 에베레스트의 빙하를 건너다가 계속 이어진 거대한 발자국을 발견하고 아이스피켈을 옆에 놓고 사진을 찍기도 하였다. 이 발자국의 길이는 45cm, 폭이 33cm였으며 큰 발가락 하나에 작은 발가락이 3개였다. 이와 비슷한 얘기는 네팔, 중국, 시베리아, 캐나다, 미국의 서북부 등에서도 전해 온다. "네팔의 히말라야 산맥에 살고 있다는 전설의 설인 '예티(Yeti)'를 찾아 헤매던 미국 TV 방송팀이 예티의 것으로 추정되는 발자국을 발견했다고 지난 11월 30일 발표했다. 적외선 카메라로 무장한 리얼리티쇼 '진실을 찾아 떠나는 여행'(Destination Truth) 제작진은 에베레스트산 근처 쿰부 빙하지대에서 1

주일 동안 잠복한 끝에 해발 2천850m의 만주 강 둔치에서 지난 달 28일 약 30cm 길이의 발자국 3개를 찾아냈다고 전했다."(2007년 12월 3일 연합뉴스 기사에서)

생각해보기: 문제 이해 → 추상화 → 자동화

› 문제 이해(자료 수집/분석/표현)

① 자료 수집

- 어미 설인의 보폭: 3m
- 새끼 설인의 보폭: 2m
- 지나간 거리: 36m

② 자료 분석

- 예를 들어 아래 그림에서처럼 6m를 전진하는 경우, 어미 설인은 출발점과 3m, 그리고 6m 지점에 발자국을 남겨 총 3개의 발자국이 생긴다. 반면에, 새끼 설인은 출발점과 2m, 4m, 그리고 6m 지점에 발자국을 남겨 총 4개의 발자국이 생긴다. 따라서, 총 발자국의 수는 7개가 된다. 하지만, 출발점에서는 어미 설인의 발자국과 새끼 설인의 발자국이 겹쳐 새끼 설인의 발자국은 보이지 않게 된다. 이와 같은 현상은 어미 설인의 보폭 3m와 새끼 설인의 보폭 2m의 최소공배수인 6m 지점에서도 나타난다. 따라서, 아래 그림의 마지막 줄에 나타낸 것처럼 보이는 총 발자국 수는 5개가 된다.

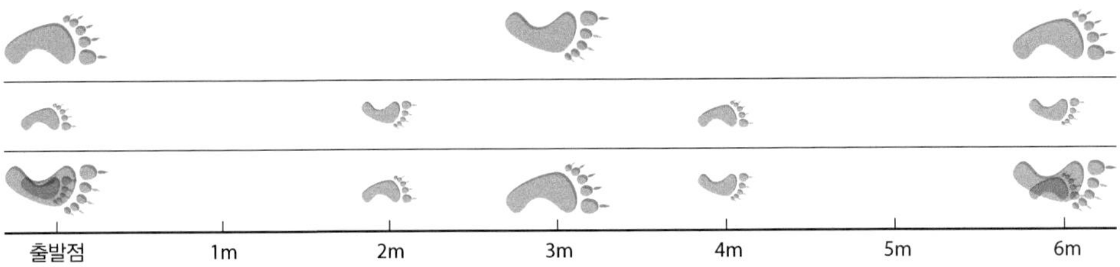

③ 자료 표현

- 어미 설인의 보폭: mother = 3(m)
- 새끼 설인의 보폭: baby = 2(m)
- 지나간 거리: distance = 36(m)

› 추상화(문제 분해/규칙 찾기/알고리즘 설계)

① 문제 분해

- 출발점 0m에는 어미 설인 발자국과 새끼 설인 발자국이 겹쳐서 하나로 보인다.
- 36m를 걸어가는 과정(1, 2, 3, ...)에 나타나는 어미 설인과 새끼 설인 각각의 발자국 수를 구하여 물리적으로 만들어 지는 총 발자국 수를 구한다.
- 어미 설인의 보폭 3m와 새끼 설인의 보폭 2m의 최소 공배수인 6m를 지날 때마다 새끼 설인의 발자국이 보이지 않게 된다.

- 지나간 거리를 1m 단위로 나열하고 발자국이 나타나는 특성에 따라 데이터를 (0)(1,2,3,4,5)(6)(7,8,9,10,11)(12)(13,14,15,16,17)(18)(19,20,21,22,23)(24)(25,26,27,28,29)(30)(31,32,33,34,35)(36) 와 같이 분해할 수 있다.

② 규칙 찾기

출발점에서 시작하여 최소공배수에 해당하는 거리를 지나갈 때마다 새끼 설인의 발자국이 보이지 않게 되므로, 그때마다 총 발자국 수에서 하나씩 감소시킨다. 최소공배수를 구하는 방법은 먼저 두 수의 최대공약수를 구한다. 최대공약수는 두 수 각각의 약수(어떤 수를 나머지 없이 나눌 수 있는 정수) 중에서 공통되는 제일 큰 수를 말한다. 이렇게 구해진 최대공약수를 이용하면 다음과 같은 식으로 최소공배수를 구할 수 있다.

최소공배수 = ((첫 번째 수) * (두 번째 수)) / 최대공약수

여기서, 최대 공약수는 다음과 같은 유클리드 알고리즘으로 구할 수 있다.

❶ 임의의 두 정수 u와 v를 입력 받는다.
❷ (u < v)이면 u와 v의 값을 교환한다.
❸ u에 (u-v)의 값을 저장한다.
❹ (u == 0)?

'참'이면 v가 최대공약수이다.

'거짓'이면 ❷로 돌아간다.

③ 알고리즘 설계

랩터로 문제 해결하기

추상화 과정으로 구해진 실습예제 5-8의 알고리즘 설계 결과를 랩터(raptor)를 이용하여 순서도로 나타내면 다음 그림과 같다.

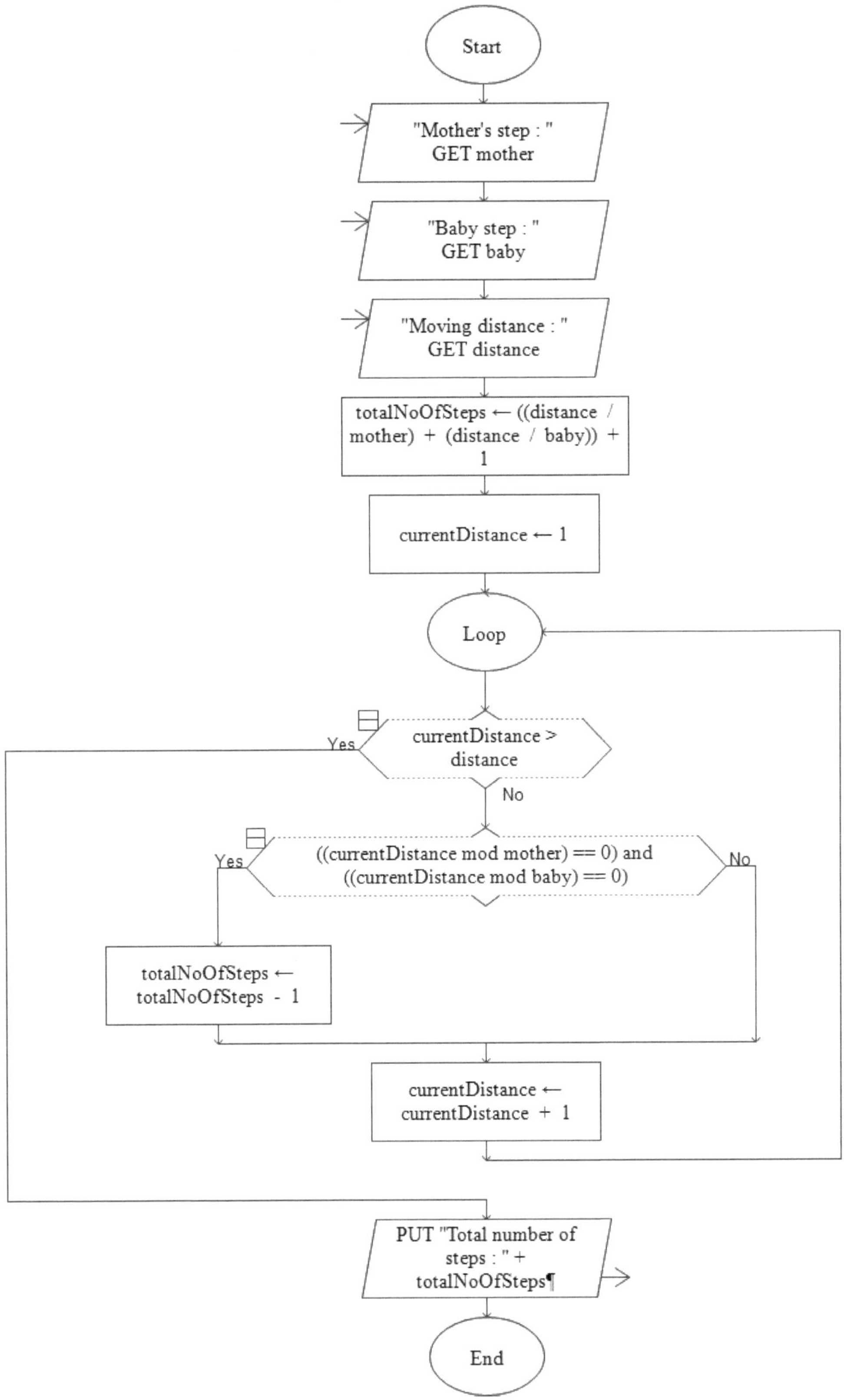
Start
"Mother's step : "
GET mother
"Baby step : "
GET baby
"Moving distance : "
GET distance
totalNoOfSteps ← ((distance / mother) + (distance / baby)) + 1
currentDistance ← 1
Loop
currentDistance > distance
Yes
No
((currentDistance mod mother) == 0) and ((currentDistance mod baby) == 0)
Yes
No
totalNoOfSteps ← totalNoOfSteps - 1
currentDistance ← currentDistance + 1
PUT "Total number of steps : " + totalNoOfSteps¶
End

위 알고리즘에서 어미 설인과 새끼 설인의 보폭, 그리고 지나간 거리 데이터는 실행 중에 키보드로부터 입력받아 처리하게 하였다. 먼저, 각각의 발자국 수를 구해 합산한 다음 반복 구조로 [1, 2, 3, ..., 36]인 데이터 집합을 생성하면서 각각의 거리가 발자국이 겹치는 지를 검사하여 '참'이면 총 발자국 수를 하나 감소해 가는 방식으로 최종 발자국 수를 구하였다.

› **자동화(프로그래밍/실행 및 결과 분석)**

① 프로그래밍

순서도로 나타낸 알고리즘은 특정 프로그래밍 언어를 이용하여 프로그램으로 작성할 수 있고, 이는 기계어로 변환되어 컴퓨터에서 실행될 수 있다. 랩터에서 제공되는 코드 생성 메뉴(Generate)를 이용하면 Ada, C#, C++ 등의 언어로 작성된 프로그램으로 자동변환이 가능하다.

② 실행 및 결과 분석

랩터의 실행 메뉴(Run)를 이용하면 작성된 순서도가 실행되면서 결과를 나타내 준다. 화면에 나타나는 실행 결과를 분석해 봄으로써 문제 해결을 완료한다. 아래 그림은 실습예제 5-8의 실행 결과를 나타낸 것이다.

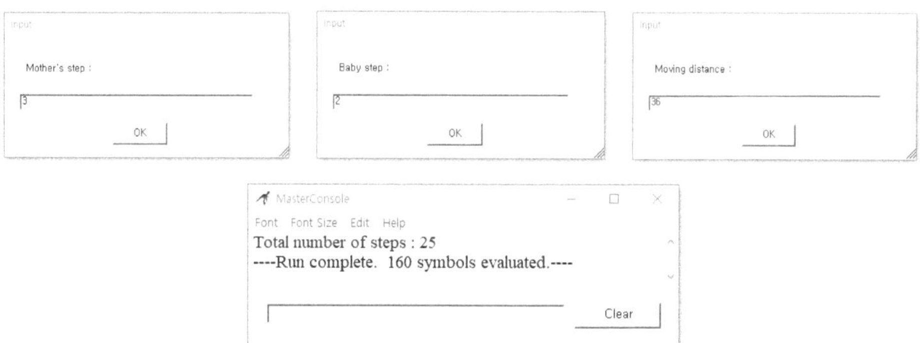

실습예제 5-9

중첩 반복 구조로 다음과 같은 구구단을 출력하는 프로그램을 작성해보자.

배경지식

구구단(九九段)은 1부터 9까지의 두 수를 곱한 9 × 9 곱셈표를 가리키며, 산수의 기본이 된다. 곱해지는 수(곱셈 기호 왼쪽의 피연산자)에 따라 2단, 3단, …, 9단이라는 이름이 붙는다. 예를 들어, 3단은 3×1=3, 3×2=6, 3×3=9, 3×9=27, . . . 과 같다.

생각해보기: 문제 이해 → 추상화 → 자동화

› 문제 이해(자료 수집/분석/표현)

① 자료 수집

- 단은 1부터 9까지 9단으로 구성된다. [1, 2, 3, 4, 5, 6, 7, 8, 9]
- 각 단에 곱해지는 수는 1부터 9까지의 정수이다. [1, 2, 3, 4, 5, 6, 7, 8, 9]

② 자료 분석

- 1단은 1 × [1, 2, 3, 4, 5, 6, 7, 8, 9],
- 2단은 2 × [1, 2, 3, 4, 5, 6, 7, 8, 9],
- 3~9단도 1, 2단과 마찬가지이다.

③ 자료 표현

- 단: i = [1, 2, 3, 4, 5, 6, 7, 8, 9]
- 각 단에 곱해지는 수: j = [1, 2, 3, 4, 5, 6, 7, 8, 9]
- 각 단의 곱셈 값: i × j

› 추상화(문제 분해/규칙 찾기/알고리즘 설계)

① 문제 분해

문제를 해결하는데 필요한 데이터들을 단을 나타내는 1부터 9까지의 정수를 i = [1, 2, 3, 4, 5, 6, 7, 8, 9] 집합과, 각 단에 곱해지는 수 1부터 9까지의 정수를 j = [1, 2, 3, 4, 5, 6, 7, 8, 9] 집합 등 2개의 정수 집합으로 분해한다.

i

1 2 3 4 5
6 7 8 9

j

1 2 3 4 5
6 7 8 9

② 규칙 찾기

두 집 i, j 내의 원소로 구성되는 순서쌍은 총 81개가 되는데, 이들 순서쌍을 차례대로 나열하면 구구단이 된다. 이는 중첩 반복 구조로 가능하다.

③ 알고리즘 설계

i가 1일 때 j를 1부터 하나씩 증가시켜 가며 9개의 순서쌍을 만들고, 다음으로 i를 하나 증가시킨 2에 대해 동일한 방법으로 순서쌍을 만들어 나가는 과정은 중첩 반복 형태로 적용하면 쉽게 해결된다. 실습 예제 5-9의 알고리즘 설계 결과를 순서도(랩터)로 나타내면 다음 그림과 같다.

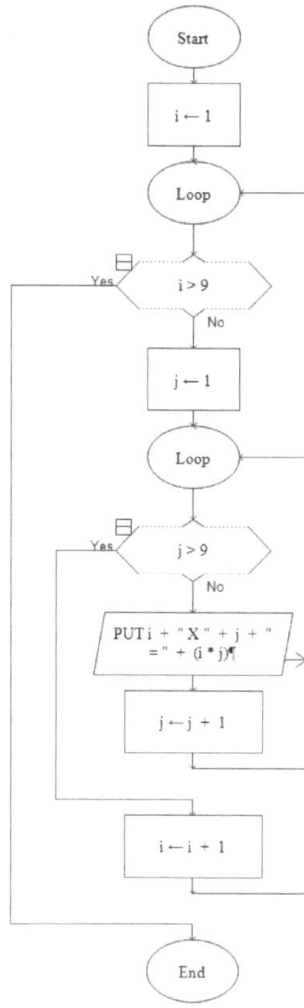

› 자동화(프로그래밍/실행 및 결과 분석)

① 프로그래밍

순서도로 나타낸 알고리즘은 특정 프로그래밍 언어를 이용하여 프로그램으로 작성할 수 있고, 이는 기계어로 변환되어 컴퓨터에서 실행될 수 있다. 랩터에서 제공되는 코드 생성 메뉴(Generate)를 이용하면 Ada, C#, C++ 등의 언어로 작성된 프로그램으로 자동변환이 가능하다.

② 실행 및 결과 분석

랩터의 실행 메뉴(Run)를 이용하면 작성된 순서도가 실행되면서 결과를 나타내 준다. 화면에 나타나는 실행 결과를 분석해 봄으로써 문제 해결을 완료한다. 아래 그림은 실습예제 5-9의 실행 결과를 나타낸 것이다.

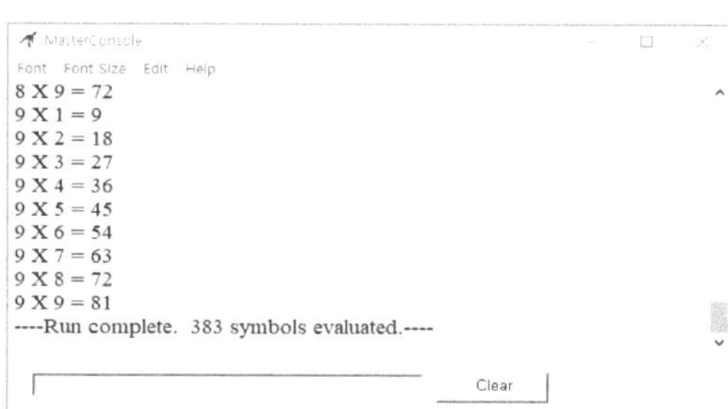

실습예제 5-10

1부터 100까지의 정수 중에서 3의 배수인 정수를 차례로 더하되, 그 합이 250을 처음으로 넘는 순간까지만 더한 합을 구하는 프로그램을 작성해보자.

생각해보기: 문제 이해 → 추상화 → 자동화

› **문제 이해(자료 수집/분석/표현)**

① 자료 수집

- 처리해야 할 데이터 리스트: 100 이하의 양의 정수
- 누적해야 할 수: 3의 배수
- 처리를 종료해야 할 누적 경계 값: 250

② 자료 분석

- modulo 3연산으로 3의 배수임을 검사하여 '참'인 경우만 누적하고, '거짓'이면 다음 데이터를 반복 처리한다.
- 누적 값이 250을 넘어서면 반복을 강제 종료한다.

③ 자료 표현

- 처리해야 할 데이터 리스트: numbers = [1, 2, 3, ..., 98, 99, 100]
- 누적해야 할 수: times = 3
- 처리를 종료해야 할 누적 경계 값: limits = 250

› **추상화(문제 분해 / 패턴 인식 / 추상화 / 알고리즘 설계)**

- 처리해야 할 데이터들을 1부터 시작해서 하나씩 증가시켜 가면서 그 수가 3의 배수가 아닌지를 검사하여 참이면 누적한 다음, 누적 값이 250을 넘어서면 반복을 강제로 종료(break문)하고 누적 값을 출력한다. 3의 배수가 아니면 남아있는 반복 처리 명령 블록을 처리하지 않고 다음 단계의 새로운 반복을 시작(continue문)한다. 이 문제에서는 break문과 continue문을 동시에 사용하게 된다.
- 알고리즘 설계 결과를 순서도(랩터)로 나타내면 다음 그림과 같다.

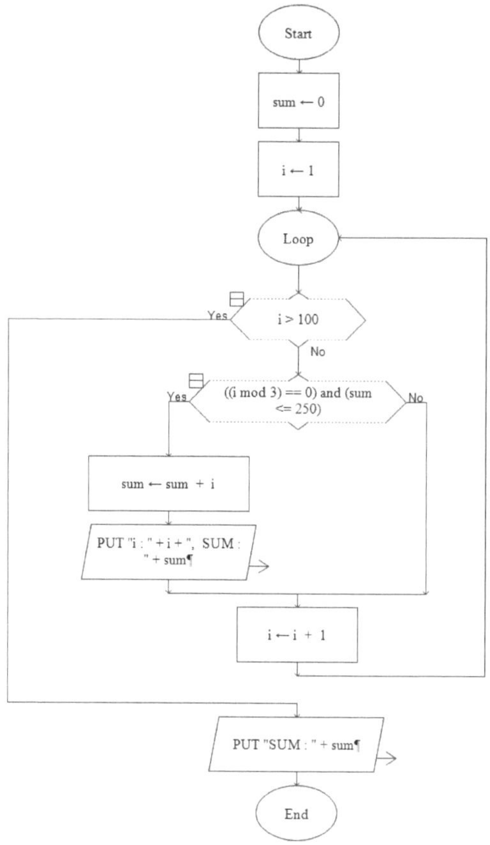

› **자동화(프로그래밍/실행 및 결과 분석)**

① 프로그래밍

순서도로 나타낸 알고리즘은 특정 프로그래밍 언어를 이용하여 프로그램으로 작성할 수 있고, 이는 기계어로 변환되어 컴퓨터에서 실행될 수 있다. 랩터에서 제공되는 코드 생성 메뉴(Generate)를 이용하면 Ada, C#, C++ 등의 언어로 작성된 프로그램으로 자동변환이 가능하다.

② 실행 및 결과 분석

랩터의 실행 메뉴(Run)를 이용하면 작성된 순서도가 실행되면서 결과를 나타내 준다. 화면에 나타나는 실행 결과를 분석해 봄으로써 문제 해결을 완료한다. 아래 그림은 실습예제 5-10의 실행 결과이다.

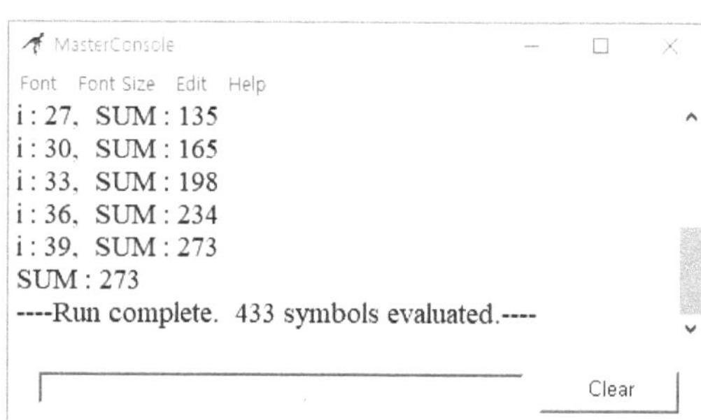

실습예제 5-11

도깨비 주머니가 있다. 주머니에 돈을 넣고, 도깨비 방망이로 '탁!' 한 번 치면, 주머니에 있는 돈이 몇 배가 되고, 여기서 주머니 사용료를 제외한 금액이 남아있게 되는 그런 주머니이다. 이 도깨비 주머니로 필요한 돈을 마련해 보려고 한다. 한 번 '탁' 칠 때마다 사용료가 4000원인 주머니는 속에 담겨있는 돈을 5배로 불려 준다. 도깨비 방망이를 두 번 두드려 필요한 돈 10000원을 얻기 위해서는 처음에 얼마를 준비하면 될까? 답을 구해내는 프로그램을 작성해보자.

배경지식

삼국시대 기와(귀문와: 鬼紋瓦)에 그려진 도깨비의 모습은 머리에는 뿔이 나 있고, 눈은 툭 불거져 크게 부라리고, 유달리 큰 입을 딱 벌리고 있으며, 날카롭고 긴 이빨이 드러나 있고 몸에는 사자나 원숭이같이 털이 나 있으며 손톱 · 발톱이 길다. 도깨비는 사람과 귀신 또는 사람과 동물의 중간쯤에 있는 중간자라고도 한다. 사람은 낮, 귀신은 밤, 도깨비는 해가 지고 어스름할 때 활동한다. 사람은 맑은 날, 귀신은 비오는 밤, 도깨비는 부슬비가 내리는 저녁을 좋아한다. 사람은 다리가 두 개이지만 귀신은 없고 도깨비는 한 개이다. 사람은 지혜가 있지만 귀신은 지혜가 없고 도깨비는 고지식하고 융통성이 없다. 귀신은 사람에게 해코지하지만 도깨비는 놀리기만 한다. 사람은 뿔이 없고 도깨비는 뿔이 하나 있다. 등등. 그래도 도깨비는 사람들과 친하다. 소란을 피우고 떠들며 노는 것도 좋아한다. 장난이나 심술도 심하다. 그러나 은혜를 잊지는 않는다. 도깨비는 어리석고 고지식하여 융통성이 없다. 도깨비는 우리들이 무서워하면서도 재미있어하는 그러한 존재이다.

생각해보기: 문제 이해 → 추상화 → 자동화

› **문제 이해(자료 수집/분석/표현)**

① 자료 수집

- 주머니 사용료: 4000원
- 한 번 두드릴 때 불어나는 돈의 배 수: 5배
- 방망이를 치려는 횟수: 2회
- 필요한 돈: 10000원
- 초기자금: ?

② 자료 분석

- 두 번째 두드리기 전에는 주머니 속에 얼마가 들어 있을까?
  (필요한 돈+사용료)/(한번 두드릴 때 불어나는 돈의 배수) = (10000+40000)/5 = 2800원
- 확인: 주머니에 2800원을 넣고 한 번 두드리면 얼마가 될까?
  필요한 돈 = (2800*5)-4000 = 10000(원)
- 필요한 돈 2800원을 얻기 위해 주머니에 넣어야 하는 돈을 구하면?
  (필요한 돈+사용료)/(한번 두드릴 때 불어나는 돈의 배수) = (2800+40000)/5 = 1360원

③ 자료 표현

- 주머니 사용료: fee = 4000(원)

- 한 번 두드릴 때 불어나는 돈의 배 수: times = 5(배)
- 방망이를 치려는 횟수: hit = 2(회)
- 필요한 돈: desiredMoney = 10000(원)
- 초기 자금: seedMoney = ?

› **추상화(문제 분해/규칙 찾기/알고리즘 설계)**

- 필요한 돈을 얻기 위해 방망이를 두드리는 순서를 역으로 생각하면 방망이를 치기 전의 주머니 속에 들어있는 돈을 구할 수 있다. 알고리즘 설계 결과를 순서도(랩터)로 나타내면 다음 그림과 같다.

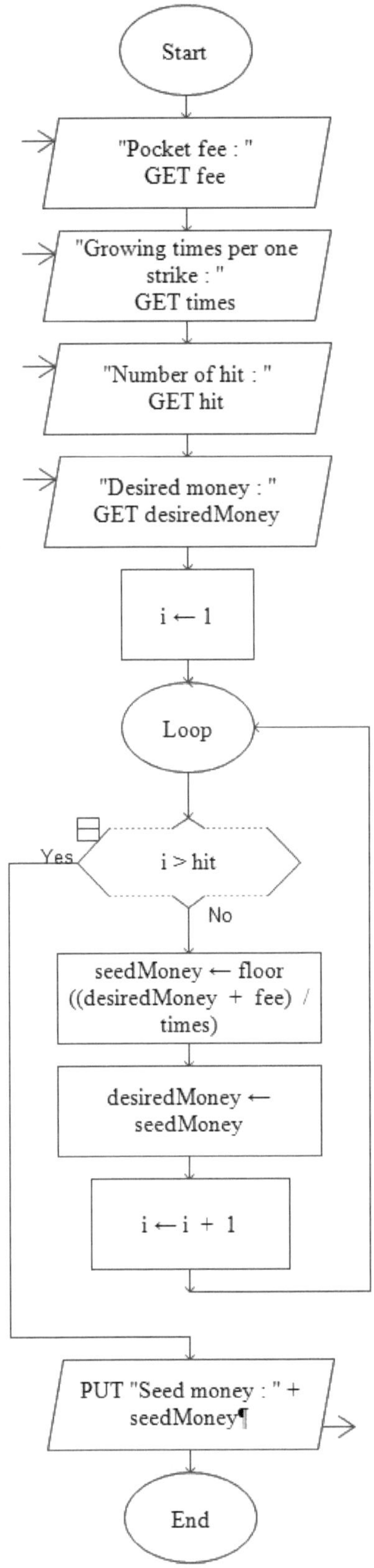
Start
"Pocket fee : "
GET fee
"Growing times per one strike : "
GET times
"Number of hit : "
GET hit
"Desired money : "
GET desiredMoney
i ← 1
Loop
i > hit
Yes
No
seedMoney ← floor ((desiredMoney + fee) / times)
desiredMoney ← seedMoney
i ← i + 1
PUT "Seed money : " + seedMoney¶
End

› **자동화(프로그래밍/실행 및 결과 분석)**

① 프로그래밍

순서도로 나타낸 알고리즘은 특정 프로그래밍 언어를 이용하여 프로그램으로 작성할 수 있고, 이는 기계어로 변환되어 컴퓨터에서 실행될 수 있다. 랩터에서 제공되는 코드 생성 메뉴(Generate)를 이용하면 Ada, C#, C++ 등의 언어로 작성된 프로그램으로 자동변환이 가능하다.

② 실행 및 결과 분석

랩터의 실행 메뉴(Run)를 이용하면 작성된 순서도가 실행되면서 결과를 나타내 준다. 화면에 나타나는 실행 결과를 분석해 봄으로써 문제 해결을 완료한다. 다음 그림에 실습예제 5-11의 실행 결과를 나타내었다.

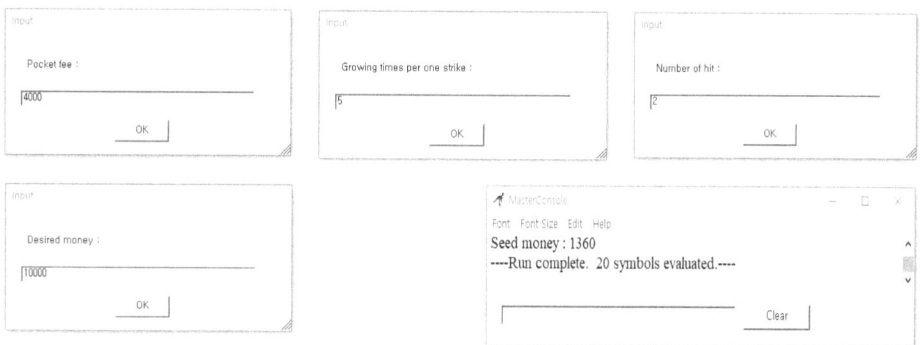

배열을 이용하는 문제

주어진 문제에서 처리해야 할 데이터가 많은 경우 각 데이터를 단일 변수에 저장해 두고 처리하는 것은 번거로운 일이다. 3장에서 배열(array)로 데이터를 저장하고 처리하는 방법을 학습하였듯이, 배열이란 여러 변수들이 같은 배열 이름으로 일정한 크기의 연속된 메모리에 저장되는 구조로, 단일 변수는 단독주택으로 배열은 아파트에 비유될 수 있다. 배열을 이용하면 변수를 일일이 선언하는 번거로움을 해소할 수 있고, 배열을 구성하는 각각의 변수를 참조하는 방법도 간편하며, 무엇보다도 반복 구조로 쉽게 참조할 수 있는 장점이 있다.

배열은 동일한 자료 유형이 여러 개 필요한 경우에 유용한 자료 구조로, 한 자료 유형의 원소를 저장할 수 있는 크기로 배열의 크기만큼 저장 공간을 확보한 연속 공간이다. 배열을 구성하는 각각의 항목을 배열의 원소(ELEMENT)라 한다. 배열의 원소는 첨자(index) 번호라는 수 또는 수를 저장한 변수를 이용해 쉽게 접근할 수 있다.

자료를 일렬로 나열한 배열을 1차원 배열이라 하고, 행(row)과 열(column)을 갖는 표 형태로 표현한 배열을 2-차원 배열이라 한다.

크기가 10인 1차원 배열 a

a[1]	a[2]	a[3]	a[4]	a[5]	a[6]	a[7]	a[8]	a[9]	a[10]

크기가 12(3행 4열, 3X4)인 2차원배열 a

a[1,1]	a[1,2]	a[1,3]	a[1,4]
a[2,1]	a[2,2]	a[2,3]	a[2,4]
a[3,1]	a[3,2]	a[3,3]	a[3,4]

배열은 3-차원, 4-차원 등 응용 영역에 따라 고차원 형태로 구성될 수 있다. 예를 들어 지리 정보 시스템에서 x, y 좌표의 고도를 z로 나타낸 다면 특정 지형을 3-차원 배열의 의미로 처리할 수 있다.

랩터에서 반복 구조를 이용하여 데이터를 처리해야 할 경우, 단일 제어 구조로 1-차원 배열을, 중첩 제어 구조로 2-차원, 3-차원 등 고차원 배열을 반복 처리할 수 있다.

1-차원 배열을 다루는 반복 구조 (원소 개수: 10인 경우)	**2-차원 배열을 다루는 중첩 반복 구조 (원소 개수: 10×10인 경우)**

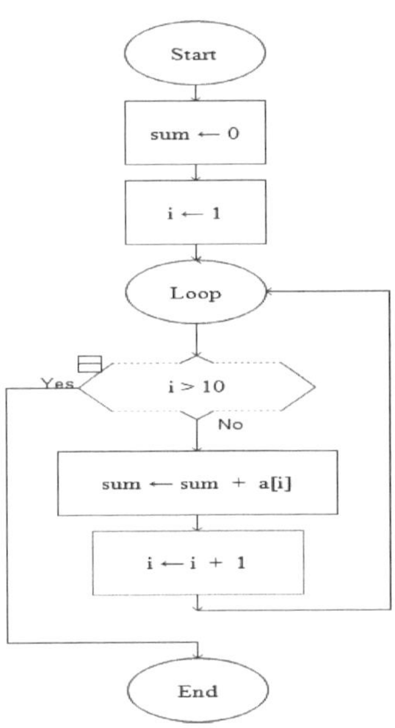

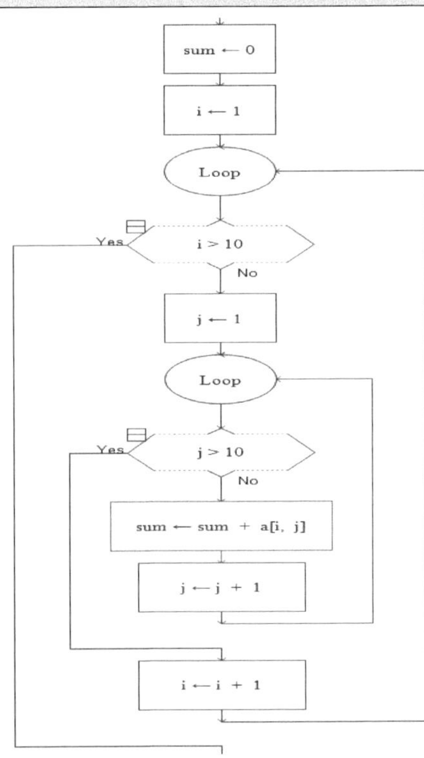

그림 5-7 ▸ 배열을 다루는 반복 구조

실습예제 5-12

10, 20, 30, 40, 50, 60, 70, 80, 90, 100 등 10개의 원소를 갖는 배열 array를 만들고 출력하는 프로그램을 작성하시오

생각해보기: 문제 이해 → 추상화 → 자동화

› 문제 이해(자료 수집/분석/표현)

› 추상화(문제 분해/규칙 찾기/알고리즘 설계)

알고리즘 설계 결과를 순서도(랩터)로 나타내면 아래 그림과 같다.

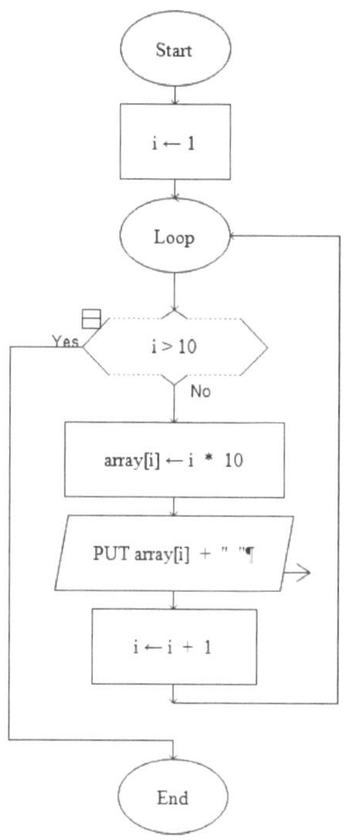

› 자동화(프로그래밍/실행 및 결과 분석)

아래 그림은 실습예제 5-12의 실행 결과이다.

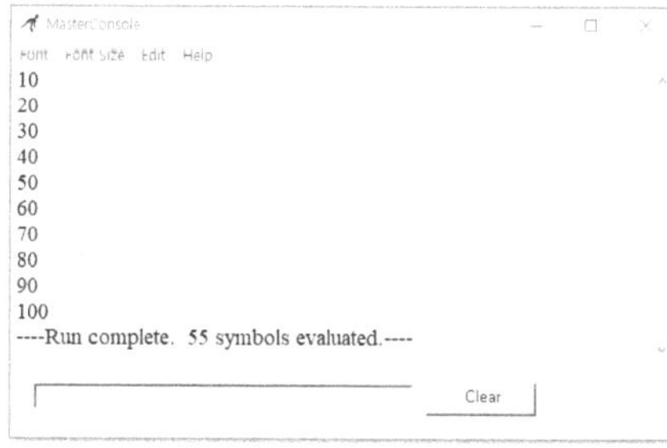

SOFTWARE and PROBLEM SOLVING

수행과제 5-1

학과		학번		이름	

1부터 100까지의 양의 정수 중 짝수의 합을 구하는 프로그램을 작성하시오.

생각해보기

① 임의의 양의 정수의 다음 정수는 현재보다 1만큼 크다.

② 반복 구조를 이용한다.

③ 2로 나눈 나머지가 0인 수를 짝수라 한다.

절취선

SOFTWARE and **P**ROBLEM **S**OLVING

수행과제 5-2

학과		학번		이름	

두 개의 양의 정수 a와 b를 입력받아 두 수 사이의 정수를 모두 출력하는 프로그램을 작성하시오. (단, a < b)

생각해보기

a와 b 사이의 수는 (a+1, ..., b-1)이다.

절
취
선

SOFTWARE and **P**ROBLEM **S**OLVING

수행과제 5-3

학과		학번		이름	

1 + 3 + 5 + … + N에서 합이 최초로 200을 넘을 때의 N값과 N이 몇 번째 수인가를 출력하는 프로그램을 작성하시오.

생각해보기

① 반복 구조에서 처리해야 할 다음 수는 이전 수에서 2씩 증가된다.

② 몇 번째 수인지를 알기 위해서는 counter 변수를 두어 해결한다.

SOFTWARE and **P**ROBLEM **S**OLVING

절
취
선

수행과제 5-4

학과		학번		이름	

하나의 양의 정수를 입력받아 소수인지 아닌지를 판별하는 프로그램을 작성하시오.

생각해보기

소수는 1과 자기 자신만으로 나누어 떨어지는 수이다. (예, 1, 3, 5, 7, 11, ...)

SOFTWARE and **P**ROBLEM **S**OLVING

절
취
선

수행과제 5-5

학과		학번		이름	

임의의 양의 정수를 입력받아 각 자릿수의 합과 곱을 구하는 프로그램을 작성하시오.

생각해보기

예) 입력된 양의 정수가 1234이면 합은 10이고 곱은 24이다.

SOFTWARE and PROBLEM SOLVING

수행과제 5-6

학과		학번		이름	

0부터 1000 사이의 임의의 정수 10개를 난수로 발생시켜 만들고, 그 중 최댓값과 최솟값을 구하여 출력하는 프로그램을 작성하시오.

생각해보기

① random은 0.0에서 1.0 사이의 난수를 발생시킨다.

② (random*1000)은 0부터 999.99 사이의 값을 발생시킨다.

③ 세 자리의 정수형 정수를 발생시키려면 floor(random*1000)

절취선

SOFTWARE and **P**ROBLEM **S**OLVING

수행과제 5-7

학과		학번		이름	

다음 수열의 20번째 항을 구하고, 20번째 항까지의 합을 구하는 프로그램을 작성하시오.
1, 4, 9, 16, 25, 36, ...

생각해보기

첫 번째 항과 두 번째 항의 공차는 3이고, 그 이후 항과의 공차는 이전 공차에서 2씩 증가한다.

절취선

SOFTWARE and PROBLEM SOLVING

절취선

수행과제 5-8

학과		학번		이름	

첫날 품삯은 밀알 1알, 둘째 날 품삯은 밀알 2알, 셋째 날 품삯은 밀알 4알, ... 즉, 날마다 전날 받은 품삯의 2배를 받는다면 50일간 일했을 때 받는 품삯은 밀알 몇 알인지 계산하는 프로그램을 작성하시오.

SOFTWARE and **P**ROBLEM **S**OLVING

01. 랩터의 반복문을 이용하여 다음과 같이 출력되도록 프로그램을 작성하시오.

```
*
**
***
****
*****
```

02. 랩터의 반복문을 이용하여 다음과 구구단이 출력되도록 프로그램을 작성하시오.

```
2*1=2
2*2=4
2*3=6
2*4=8
:
9*1=9
9*2=18
9*3=27
:
9*9=81
```

03. 파이(π)는 원에서 원주와 반지름의 비율을 나타내는 상수이다. 파이를 계산하는 것은 많은 시간이 걸린다. 요즘은 컴퓨터의 도움으로 10조 개의 자릿수까지 계산할 수 있다. 파이를 계산하는 가장 고전적인 방법은 Gregory-Leibniz 무한 수열을 이용하는 것이다.

$$\pi = 4/1 - 4/3 + 4/5 - 4/7 + 4/9 - 4/11 + \ldots$$

사용자가 입력한 반복횟수 만큼 위의 무한 수열을 계산하는 프로그램을 작성하시오.

04. 수 알아맞히기 게임 프로그램을 반들어보자. 프로그램에서 미리 임의의 양의 정수값 (1부터 100까지)을 정답으로 변수에 보관하고, 프로그램 실행 시 키보드로부터 입력받아 그 수보다 작은 수이면 "작다", 큰 수면 "크다"로 안내해 가며, 최종적으로 답을 알아맞힐 때까지의 시도 회수와 정답을 출력해 주는 프로그램을 랩터의 반복문을 이용하여 작성하시오.

05. 사용자로부터 두 개의 양의 정수 n1과 n2를 입력받아 두 수의 최대공약수를 구하는 프로그램을 작성하시오.

06. 올 해 취업에 성공한 길동이의 첫 연봉은 3000만원이고 매년 4%씩 인상된다고 가정해보자. 그 회사에 몇 년을 근무해야 초임 연봉의 두 배를 받게 될지를 알려주는 프로그램을 작성하시오.

07. 양의 정수 중에서 자기 자신을 제외한 모든 양의 약수의 합이 자기 자신과 같은 수를 완전수(perfect number)라 한다. 10,000보다 작은 양의 정수 중에 완전수를 찾는 프로그램을 작성하시오.

> **힌트**: 6은 (3 + 2 + 1)이므로 완전수이다. 28은 (14 + 7 + 4 + 2 + 1)이므로 완전수이다.

08. 제주도의 한라목장에서는 암말, 숫말, 망아지 등을 키우고 있다. 숫말은 하루에 물을 세통, 암말은 한통 반, 망아지는 반통의 물을 마신다고 가정해보자. 만약, 한라 목장에서 100마리가 하루에 100통의 물을 마신다면, 목장 가족의 구성 방법이 몇 가지 인지를 알아내는 프로그램을 작성하시오. 단, 목장 가족은 암말, 숫말, 망아지가 각각 한 마리 이상으로 구성된다.

> **힌트**: (수말 2마리, 암말 45마리, 망아지 53마리), 또는 (수말 4마리, 암말 40마리, 망아지 56마리), … 등

09. 다음 그림은 10개의 숫자를 입력하여 배열에 저장하는 부분을 랩터로 작성한 것이다. 이 그림을 참고하여 배열에 저정된 10개의 숫자 중에 가장 작은 숫자를 찾아서 출력하는 프로그램을 완성하시오.

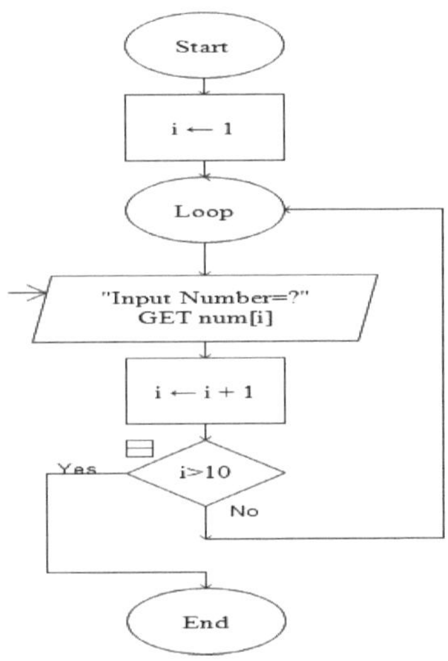

CHAPTER 06

함수라는 이름의 전문가 사용하기

학습목차

어느 회사에 문서 작성 능력이 뛰어난 '김명필'라는 사람과 계산을 잘하는 '박산술'이라는 사람이 근무하고 있다고 가정해보자. 여러분이 그들의 직장 상사라면 계산이 필요할 때는 '산술'에게, 문서 작성이 필요할 때는 '명필'에게 일을 시킬 것이다. 그리고 일을 시킨 직장 상사는 부하직원들이 작성하고 계산한 결과를 받아서 일을 효율적으로 처리한다. 이와 같이 모든 일을 혼자 하기는 너무 힘들기 때문에 여러 전문가에게 일을 나누어 맡기는 것이 효율적일 것이다.

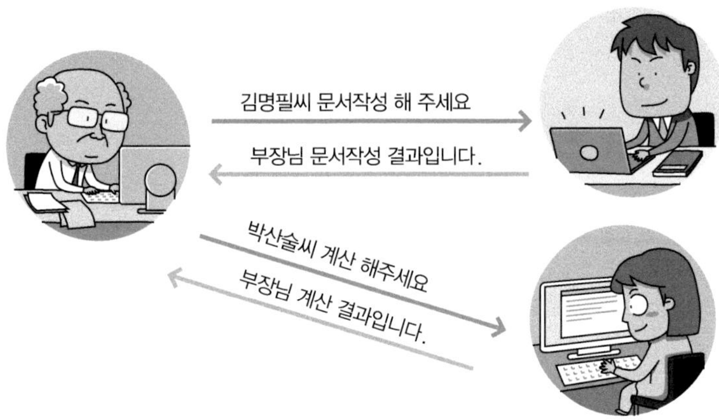

그림 6-1 ▸ 함수의 이해

프로그래밍에서도 마찬가지이다. 프로그래머가 모든 프로그램을 만들기는 힘들기 때문에 함수라고 하는 전문가를 만든 다음 이것을 호출하여 일을 시킨다. 여기서 한 가지 중요한 것은 함수는 누군가가 호출해 주어야 응답한다는 사실이다. 즉, 함수는 스스로 일을 하지 않으며 그림 6-1에서 나타낸 바와 같이 직장 상사가 시켜야만 일을 한다. '김명필'과 '박산술'을 각각의 함수라고 생각할 수 있다. 함수를 이용하는 방법은 두 가지가 있다. 첫 번째 방법은 프로그램 언어에 미리 정의되어 내장되어 있는 함수를 불러서 사용하는 방법이고, 두 번째 방법은 프로그래머가 직접 만들어서 사용하는 방법이다.

6.1 미리 만들어 놓은 함수

프로그래밍 언어를 만들 때 미리 정의하여 내장되어 있는 함수로써 절대 값을 구하는 함수(abs), 제곱근을 구하는 함수(sqrt), 사인(sin), 코사인(cos), 탄젠트(tan) 등 삼각함수 값을 구하는 함수 등이 내장함수이다.

다음 프로그램은 절대 값을 구해주는 전문가(함수)를 호출한 예이다. 이 전문가의 이름은 abs()이다. 괄호 안에 적당한 숫자를 넣어주면 이 수의 절대 값을 계산하여 반환한다.

```
f=abs(-5)
print(f)
결과: -5
```

이러한 내장함수는 여러 가지 종류가 있으며, 3.5절 프로그램 도우미 부분에서 공부한바 있으므로 여기서는 설명을 생략한다. 기억이 잘 나지 않으면 3.5절을 다시 공부하기 바란다.

6.2 나만의 함수 만들기

프로그램에 필요한 모든 함수를 내장함수에서 지원해 주지는 못할 것이다. 내장함수로 제공하지 않는 함수는 사용자가 직접 만들어서 사용할 수 있는데 이것을 사용자 정의함수라고 부른다.

랩터에서 사용자 정의함수를 사용하려면 그림 6-2처럼 랩터의 메뉴에서 Mode를 선택한 후 하위메뉴에서 Intermediate 체크해야 한다. 왜냐하면 초보자 메뉴(Novice)에서는 함수를 만들 수 없고 중급자 메뉴(Intermediate)에서 함수를 만들 수 있기 때문이다.

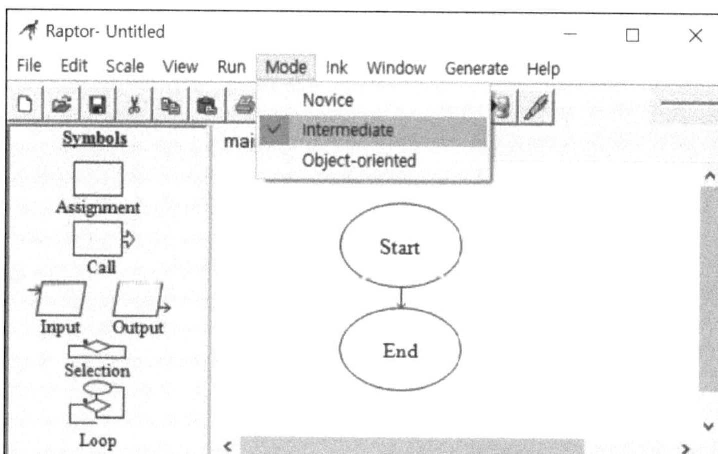

그림 6-2 ▸ 중급자 메뉴 선택

랩터에서 함수를 만들고자 할 때는 그림 6-3에 나타낸 바와 같이 작업화면의 main

탭에서 마우스 우측버튼을 눌러 Add subchart 또는 Add procedure를 선택한다. Subchart와 procedure는 메인 프로그램에서 호출되는 부 프로그램의 일종으로 함수와 같은 개념으로 사용할 수 있다.

Subchart와 procedure는 차이점은 실습예제를 통하여 알아보자.

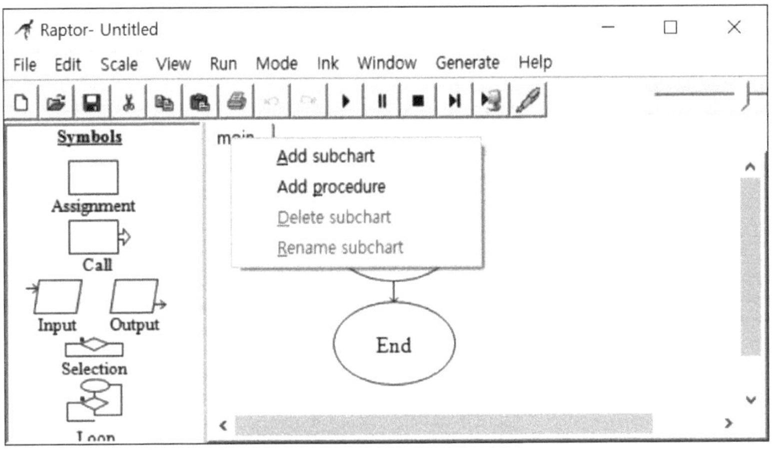

그림 6-3 ▸ 함수의 사용

실습예제 6-1

임의의 두 값 a, b를 입력받아 이 두 개의 값 중에서 큰 값을 출력해주는 프로그램을 만들려고 한다. 두 개의 값 중에서 큰 값을 찾는 부분은 subchart를 이용하여 함수로 만들어보자.

생각해보기

① 자료 수집/분석/표현

- 임의의 a값과 b값을 입력

② 문제 분해/추상화/알고리즘 설계

- a값과 b값의 크기를 비교하여 큰 값을 찾아낸다.
- 이 프로그램을 반복해서 사용할 수 있도록 함수로 만든다.

Subchart 사용하기

단계 1 랩터를 시작하여 아래 그림처럼 메뉴에서 Mode를 선택한 후 하위메뉴에서 Intermediate 체크한다. 왜냐하면 초보자 메뉴(Novice)에서는 함수를 만들 수 없고 중급자 메뉴(Intermediate)에서 함수를 만들 수 있기 때문이다.

단계 2 설정이 끝났으면 적당한 파일 이름(ex6_1)으로 저장한다. 작업화면의 main 탭에서 마우스 우측 버튼을 클릭하여 Add subchart를 선택한다. 그러면 아래 그림과 같이 subchart의 이름을 입력하라는 창이 뜨는데 여기에 함수이름(max_value)을 입력한다.

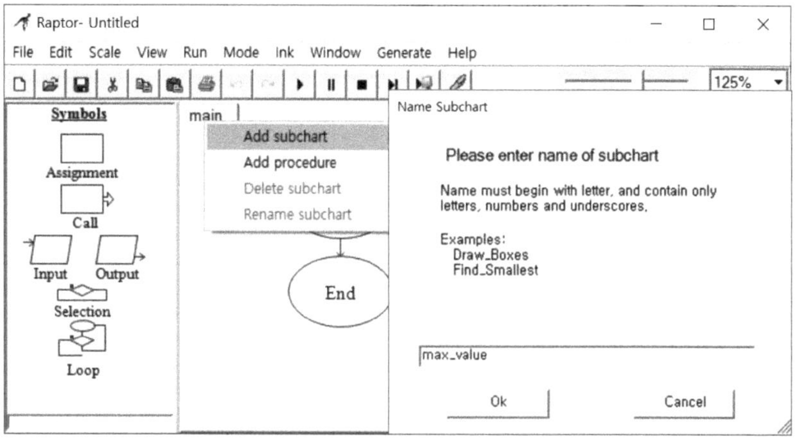

단계 3 **단계 2**까지 실행하면 max_value라는 subchart가 생길 것이다. 이 max_value 탭을 클릭하여 다음과 같이 입력된 두 개의 숫자를 비교하는 함수를 완성한다.

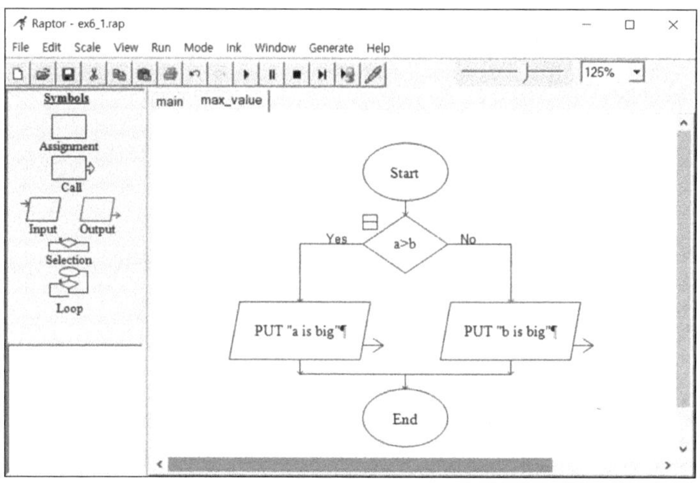

단계 4 마지막으로 max_value함수를 불러주는 부분을 작성한다. 아래 그림과 같이 main 탭을 클릭하여 함수를 call하는 부분을 작성한다.

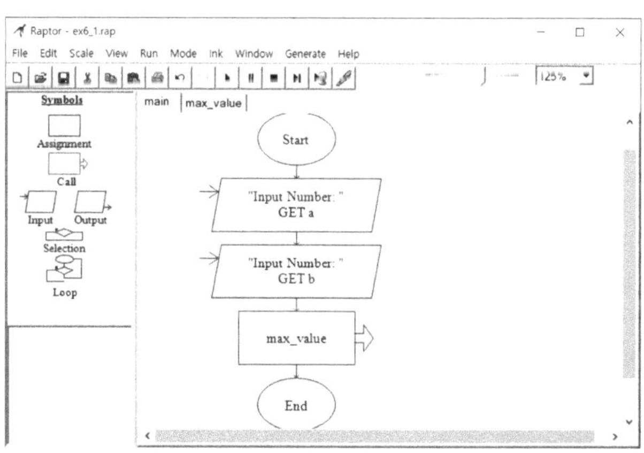

단계 5 랩터를 실행하여 a=20, b=30을 입력해 보면 다음과 같이 b값이 크다는 결과가 나올 것이다. 프로그램을 천천히 실행 시키면서 컴퓨터가 처리하는 과정을 살펴보기 바란다.

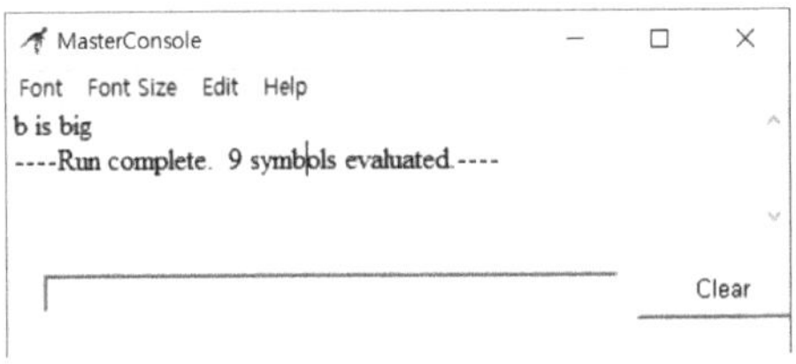

Procedure 사용하기

단계 1 랩터를 시작하여 아래 그림처럼 메뉴에서 Mode를 선택한 후 하위메뉴에서 Intermediate를 체크한다.

단계 2 설정이 끝났으면 적당한 파일 이름으로 저장한다. 작업화면의 main 탭에서 마우스 우측 버튼을 클릭하여 Add procedure를 선택한다. 그러면 아래 그림과 같이 Create Procedure 창이 뜨는데 여기에 함수이름(max_value)과 프로그램에서 사용할 2개의 변수 이름 a, b를 입력한다.

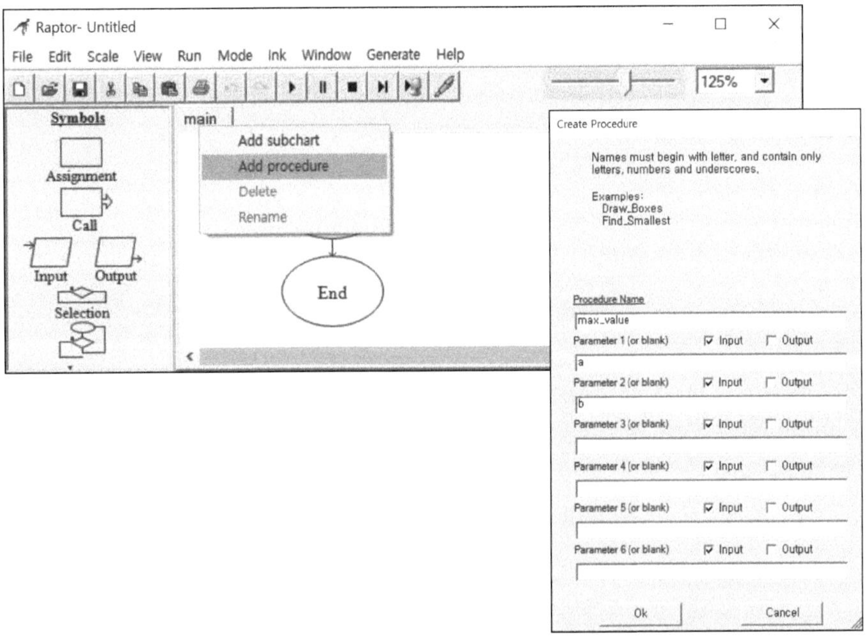

단계 3 단계 2를 완성하고 Ok 버튼을 누르면 다음 그림과 같이 함수가 만들어 진다.

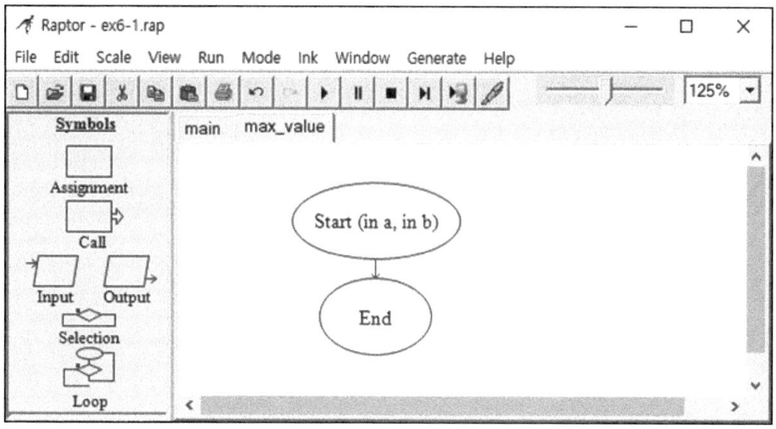

단계 4 이제 a, b 두 개의 숫자 중에 큰 수를 찾는 기능을 만들어보자. 아래 그림과 같이 두 개의 숫자 중에 큰 숫자를 출력하는 흐름도를 완성하도록 하자.

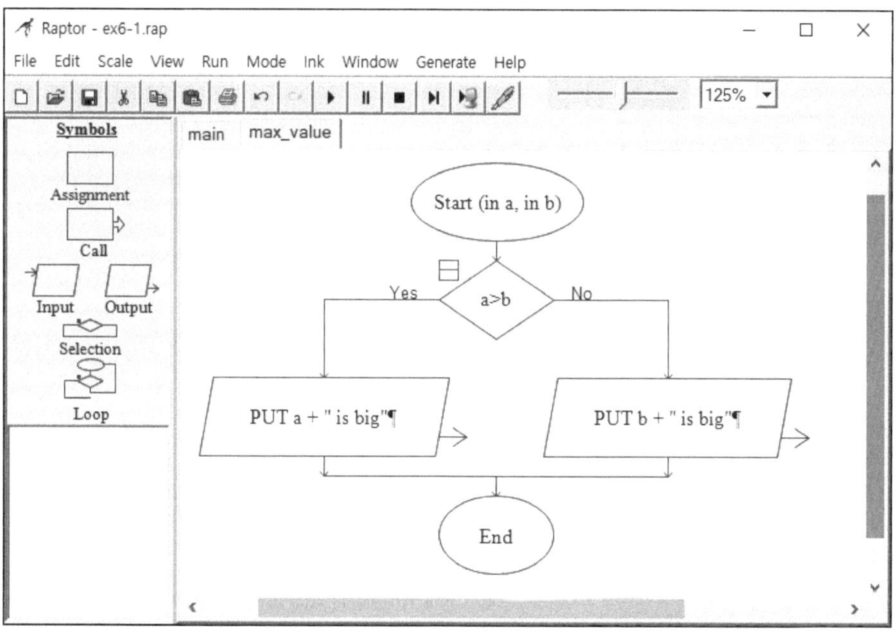

단계 5 이제 max_value함수가 완성되었다. 그런데 함수는 스스로 동작할 수 없고 누군가가 불러 주어야만 동작한다고 설명한 것이 기억날 것이다. max_value함수를 불러주는 부분을 작성해보자. 작업화면의 main 탭을 마우스로 클릭하여 main 화면으로 돌아가자. 그림과 같이 Main화면의 Symbols 창에서 Call 심볼을 끌어다 놓고 마우스로 더블클릭한 다음 max_value함수를 불러주는 부분을 완성한다.

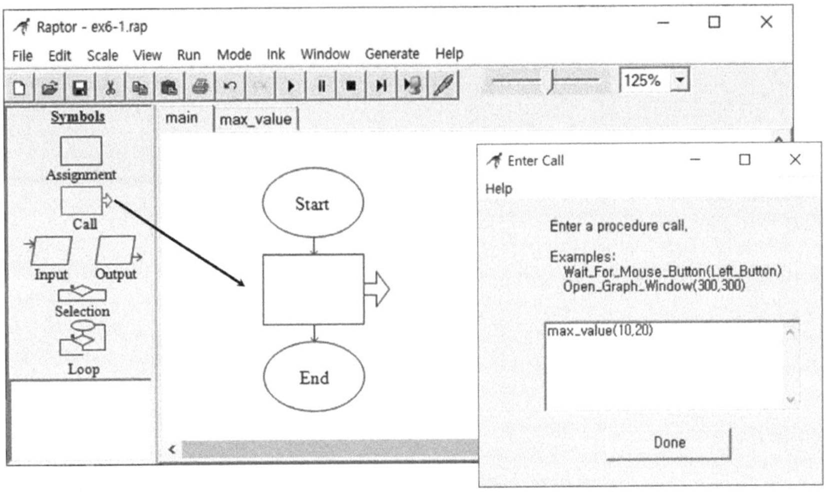

단계 6 아래 그림은 max_value함수를 불러주는 부분이 완성된 화면이다. 이제 실행 버튼을 눌러보자. 결과 화면에 '20 is Big' 이라고 나타나면 성공한 것이다.

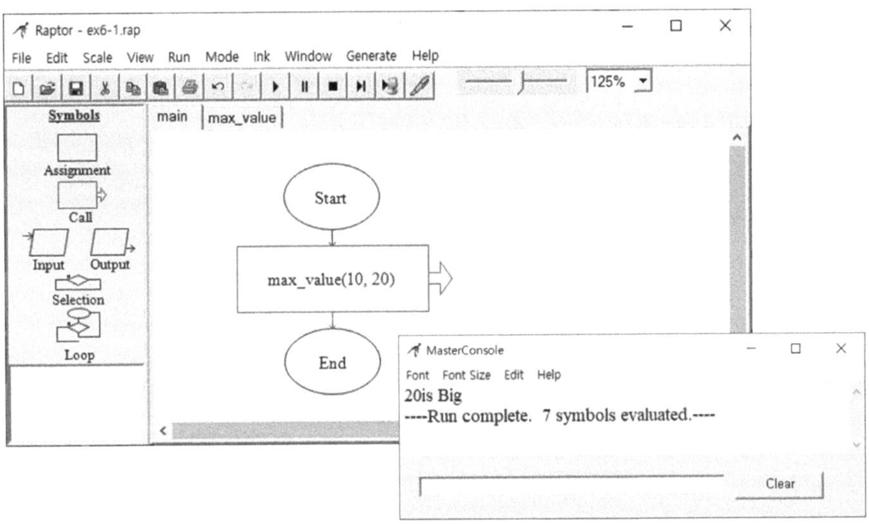

Subchart와 Procedure 사용 예를 통해서 이들의 차이점을 비교해보자. Subchart는 main 프로그램에서 입력받은 a, b 변수 값을 subchart에서도 그대로 사용한다. 즉 main 프로그램의 a, b 변수와 Subchart의 a, b 변수는 동일한 변수로 취급한다. 이것은 전역변수의 개념이 된다.

Procedure의 동작과정은 다음과 같다. 먼저 main 프로그램에서 max_value(10, 20)라고 함수를 불러주면 10, 20 두 개의 값을 파라미터(인수)로 하여 max_value

라는 함수로 넘어간다. max_value 함수는 파라미터로 넘어온 10, 20 두 개의 값을 a, b에 할당하고 a, b 값 중에서 큰 값을 찾는 과정을 수행하고 결과를 출력하게 된다. 함수가 수행되고 나면 다시 main 프로그램의 End로 돌아가서 프로그램이 종료하게 된다. 프로그램을 천천히 실행시키면서 수행경로의 흐름을 유심히 관찰해보기 바란다.

즉, procedure는 파라미터를 사용하여 값을 주고 받을 수 있다.

실습예제 6-2

병원에서 환자들의 키와 체중을 측정하여 체질량지수를 계산하고, 환자들의 체중이 정상인지 저체중 또는 과체중인지를 판단하고자 한다. 환자들의 숫자가 많아서 일일이 계산하기 힘들고 환자들로부터 얻을 수 있는 정보는 키와 체중 밖에 없다. 컴퓨터를 이용하여 이 문제를 해결할 수 있는 방법을 찾아보자.

생각해보기

① 자료 수집/분석/표현

- 환자의 체중, 키
- 체중은 kg 단위, 키는 m 단위

② 문제 분해/추상화/알고리즘 설계

- 체중과 키를 입력하여 비만도를 측정할 수 있는 함수를 인터넷으로 찾아보면, 체질량지수(BMI)는 아래와 같은 공식으로 산출할 수 있다.
- 체질량지수 = 몸무게(kg) ÷ (신장(m) × 신장(m))
- 체질량지수 값이 18.5 미만이면 저체중, 18.5이상 25미만은 정상, 25 이상은 과체중으로 분류한다.
- 키를 m 단위로 입력하는 부분을 주의하자.
- 여러 사람의 체질량지수를 반복해서 계산해야 하므로 함수로 구현하는 것이 효율적이다.

문제 해결방법

① 입력문을 사용하여 체중과 키를 입력하여 변수 we, hi에 각각 저장한다.

② 함수의 이름을 bmi로 하고, we, hi를 인수로 사용하여 bmi(we, hi)라고 함수를 정의 하자.

③ 체질량지수를 계산한다. bmi = we(체중) / (키(hi) × 키(hi))

④ 체질량지수 값이 18.5 미만이면 저체중(THIN), 18.5이상 25미만은 정상(NORMAL), 25 이상은 과체중(FAT)으로 분류하여 결과를 출력한다.

랩터로 문제 해결하기

단계 1 랩터를 실행하여 Input 심볼을 main 영역으로 가져다 놓고 해당 심볼을 더블클릭한 다음 체중 입력 부분을 완성한다.

단계 2 다시 Input 심볼을 main 영역으로 가져다 놓고 해당 심볼을 더블클릭한 다음 키 입력 부분을 완성한다.

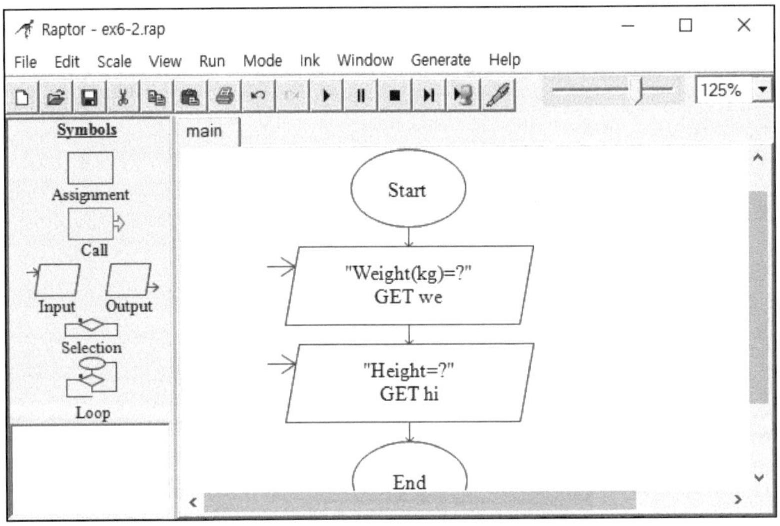

단계 3 작성 도중에 저장하라는 메시지가 나오면 적당한 파일 이름으로 저장한 후 계속한다.

작업화면의 main 탭에서 마우스 우측 버튼을 클릭하여 Add procedure를 선택한다. 그러면 아래 그림과 같이 Create Procedure 창이 뜨는데 여기에 함수이름(bmi)과 프로그램에서 사용할 2개의 변수 이름 we, hi를 입력한 다음 ok 버튼을 누른다.

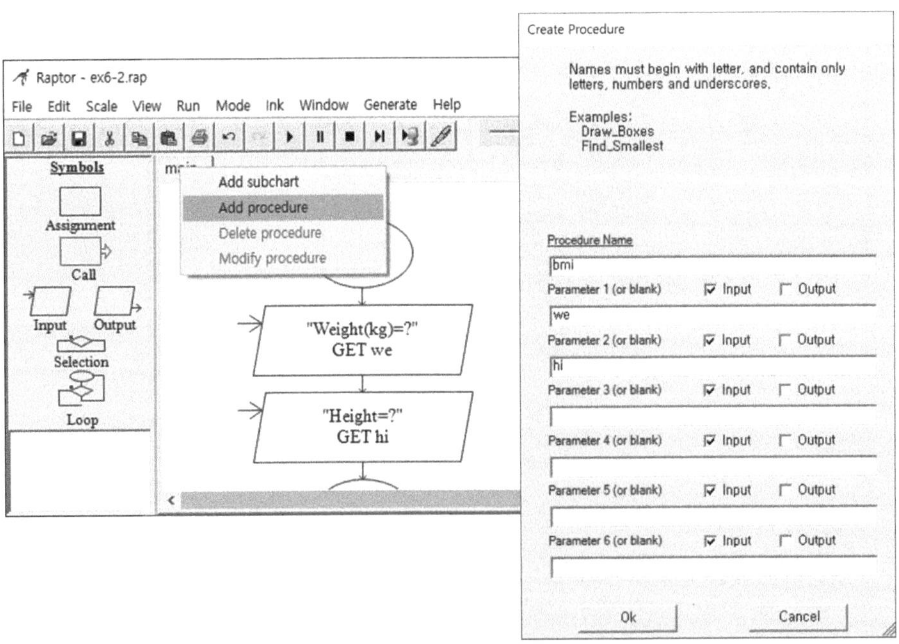

단계 4 아래 그림과 같이 bmi 함수가 만들어진 것을 확인할 수 있다.

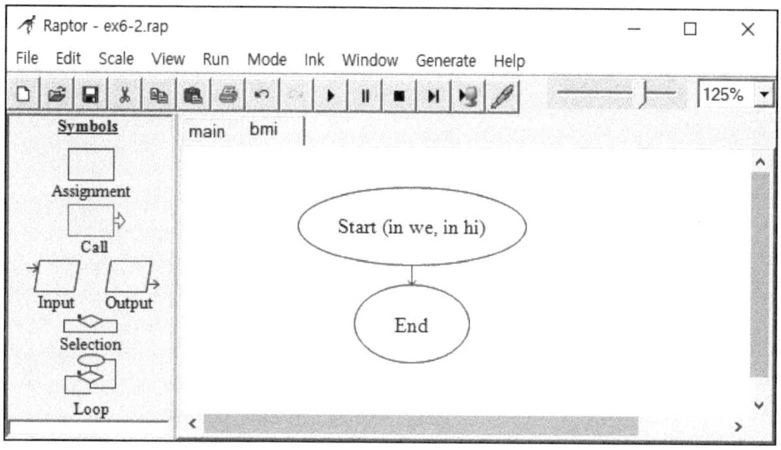

단계 5 계속해서 그림과 같이 bmi함수를 완성한다.

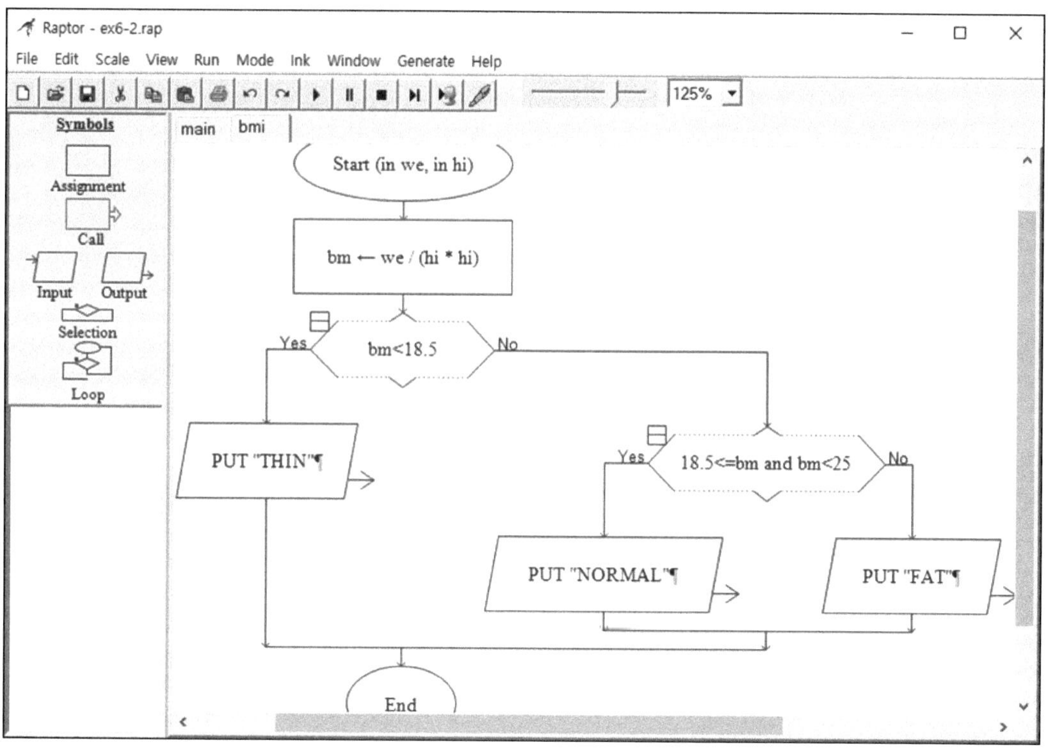

단계 6 **단계 5**까지 완성되었으면 main 탭을 클릭하여 main 영역에서 작업을 계속한다. call 심볼을 main 영역으로 끌어다 놓고 bmi(we, hi)를 입력하여 bmi 함수를 호출한다.

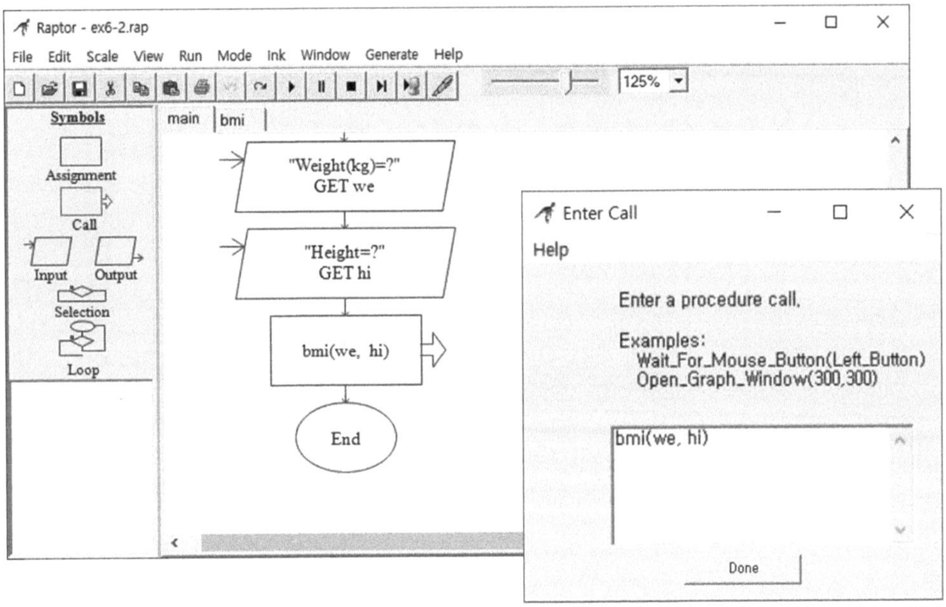

단계 7 단계 6까지 완성되었으면 실행 버튼을 눌러 실행한다. 그리고 몸무게와 키를 kg, m단위로 입력한다. 몸무게 66kg, 키 1.75m를 입력하면 정상(NORMAL)으로 출력이 될 것이다.

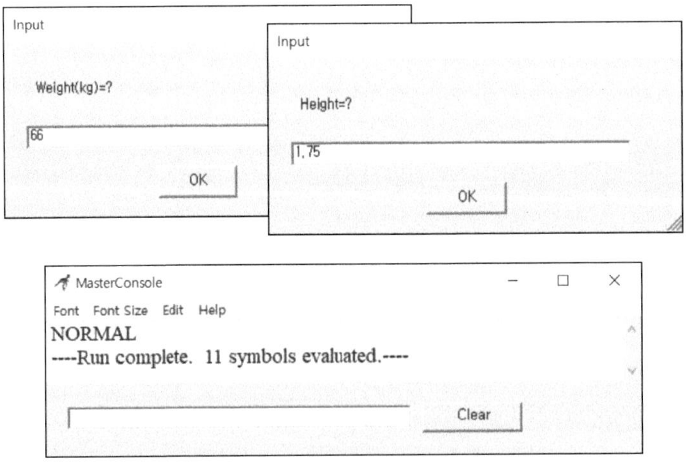

6.3 함수의 실행 결과 반환하기

모든 함수는 고유의 이름을 가지고 있어야 하며, 함수 이름을 호출해주면 비로소 그 함수는 자신의 코드를 실행하기 시작한다. 함수는 자신의 코드블록을 실행하고 나서 그 결과를 자신을 호출한 코드에게 돌려준다.

앞 절에서 공부한 함수의 사용 예는 결과를 반환하지 않았다. 지금부터 함수의 수행 결과를 반환하는 경우를 공부해보도록 하자.

실습예제 6-3

원과 사각형의 면적을 구하는 함수를 만들고 함수의 수행 결과 값(면적)을 반환하는 프로그램을 작성해보자.

생각해보기

① 자료 수집/분석/표현

- 원의 반지름(r), 원주율(3.14), 삼각형의 밑변(w), 삼각형의 높이(h)

② 문제 분해/추상화/알고리즘 설계

- 원의 면적= 3.14 × 반지름(r) × 반지름(r)
- 사각형의 면적= 사각형의 밑변(w) × 사각형의 높이(h)
- 함수로 구현하고 원의 면적 및 사각형의 면적을 반환

단계 1 랩터를 실행하여 작업화면의 main 탭에서 마우스 우측 버튼을 클릭하여 Add procedure를 선택한다.

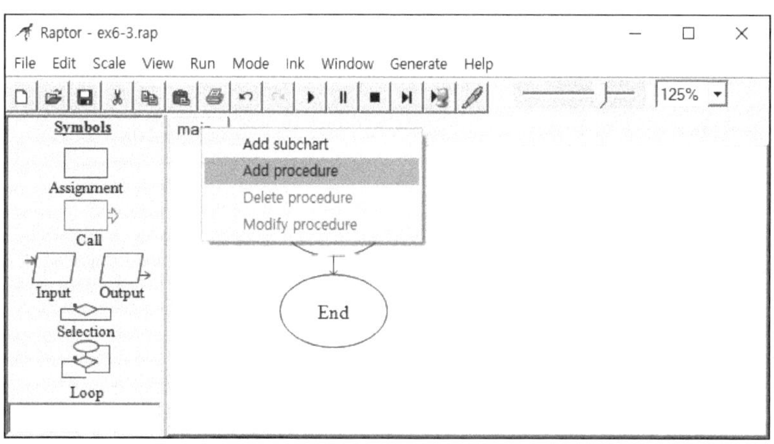

단계 2 아래 그림과 같이 Create Procedure 창이 뜨는데 여기에 함수 이름 circle_area, rect_area와 매개변수 이름 r, w, h를 입력한 다음 ok 버튼을 누른다. 이때 주의 할 점은 Input, Output의 체크이다.

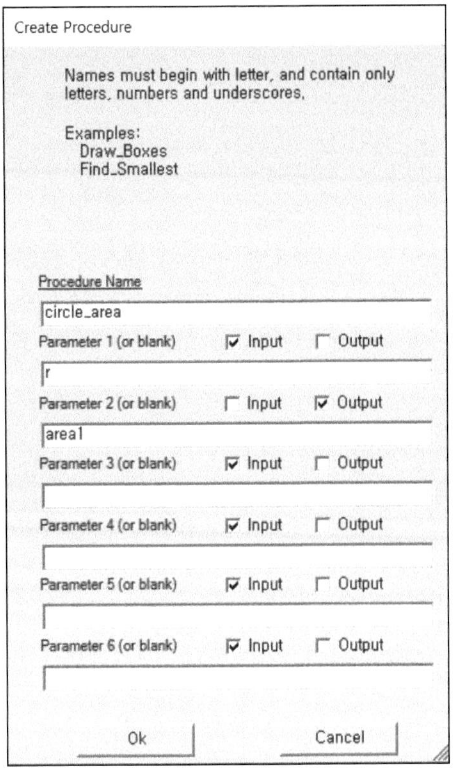

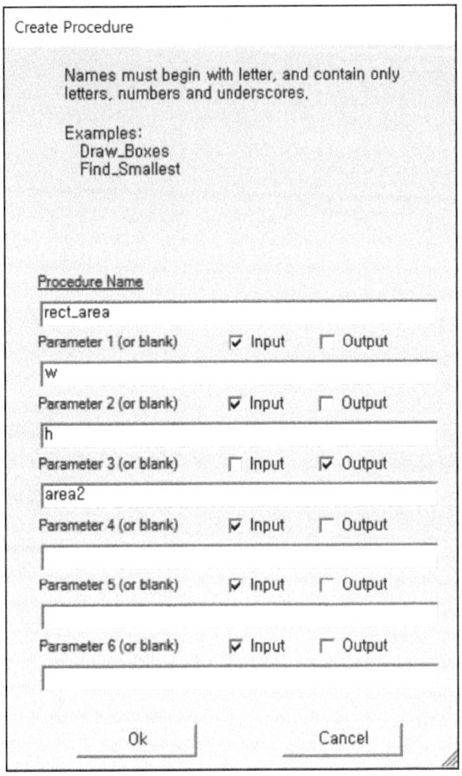

매개변수를 설정 할 때, Input 부분만 체크하면 오직 main에서만 함수로 값을 넘겨줄 수 있다. Output 부분을 체크하면 함수에서 계산한 결과를 main으로 전달 할 수 있다. 즉, 함수의 수행 결과를 main으로 반환하기 위해서는 반환용 매개변수를 만든 다음 반드시 output 부분을 체크해야 한다. 단계2에서 설정한 매개변수 area1과 area2는 함수의 계산 결과를 반환하기 위한 것이므로 반드시 output 부분을 체크한다.

단계 3 이제 다음 그림과 같이 함수 탭이 두 개 만들어졌을 것이다. 그 중에서 circle_area 탭을 선택한 후 다음 그림과 같이 원의 면적을 계산하는 부분을 완성한다.

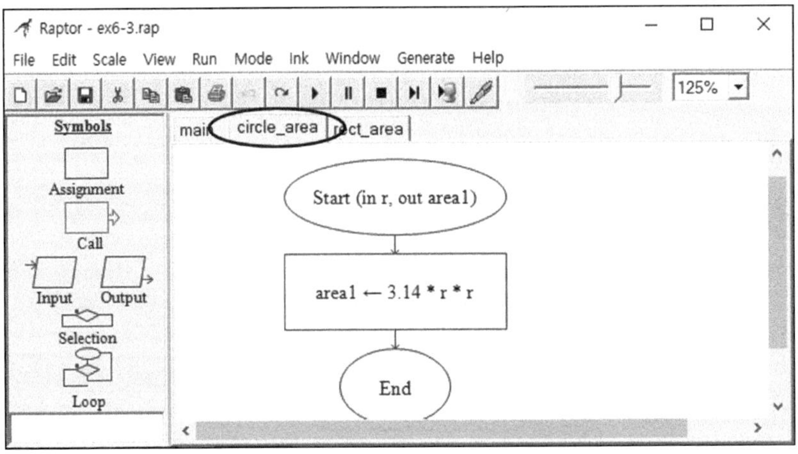

단계 4 rect_area 탭을 선택한 후 다음 그림과 같이 사각형의 면적을 계산하는 부분을 완성한다.

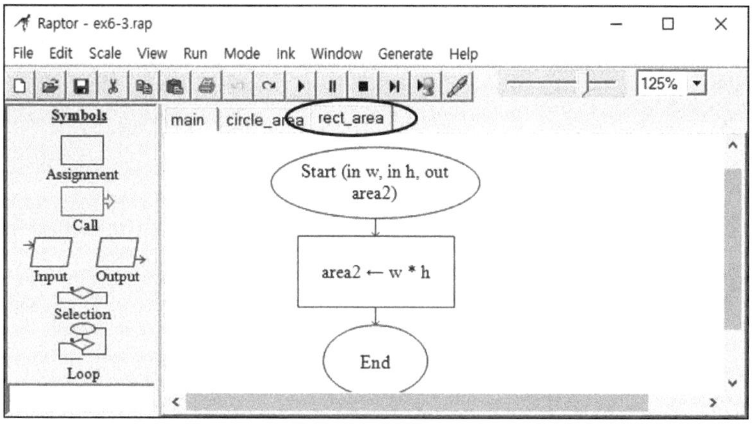

단계 5 이제 다음 그림과 같이 두 개의 함수가 만들어 졌다. 계속해서 main 작업영역에서 Call 심볼과 Output 심볼을 사용하여 다음과 같이 완성한다.

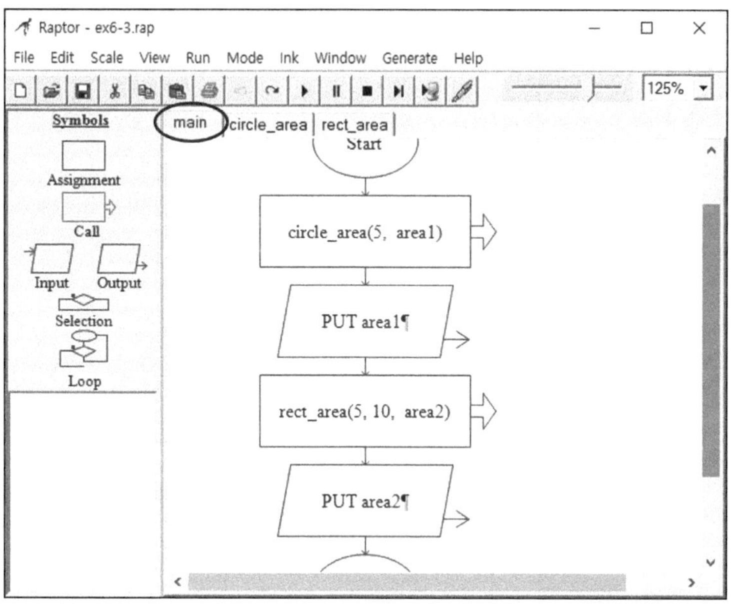

단계 6 **단계 5**까지 완성되었으면 실행 버튼을 눌러 실행한다. 반지름 5를 입력했을 때의 원의 면적과 가로 5, 세로 10을 입력 했을 때의 사각형 면적이 출력될 것이다.

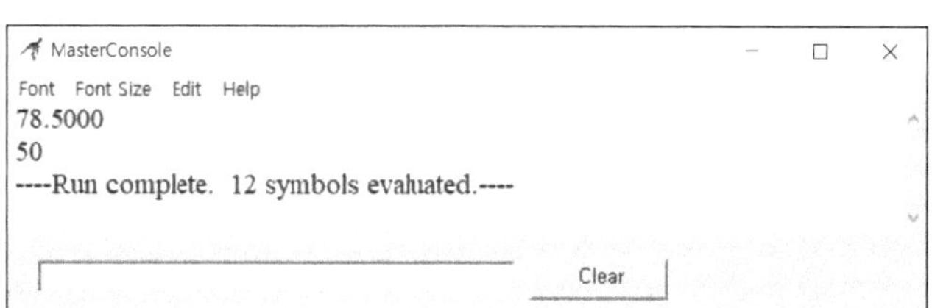

실습예제 6-4

사칙 연산을 잘하는 4명의 전문가를 만들려고 한다. 이들은 더하기, 빼기, 곱하기, 나누기 전문가 들이다. 이 전문가들의 이름을 plus, minus, multiply, divide 라고 작명하고 함수로 구현하여 보자.

생각해보기

① 자료 수집/분석/표현

- 임의의 두 값 (a, b)를 입력

② 문제 분해/추상화/알고리즘 설계

- a + b 값을 계산하는 plus(a, b) 함수 작성
- a − b 값을 계산하는 minus(a, b) 함수 작성
- a × b 값을 계산하는 multiply(a, b) 함수 작성
- a ÷ b 값을 계산하는 divide(a, b) 함수 작성

단계 1 랩터를 실행하여 작업화면의 main 탭에서 마우스 우측 버튼을 클릭하여 Add procedure를 선택한다.

단계 2 아래 그림과 같이 Create Procedure 창이 뜨는데 여기에 함수 이름 plus와 매개변수 이름 a, b를 입력한 다음 ok 버튼을 누른다. 같은 방법으로 minus, multiply, divide 함수도 만든다.

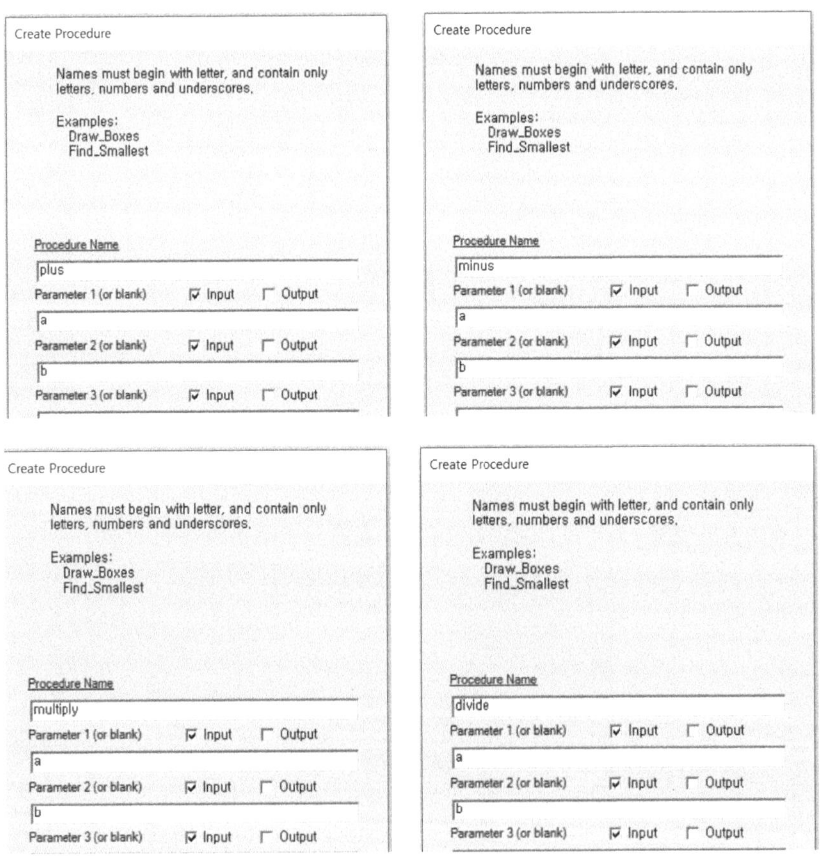

단계 3 아래 그림과 같이 main화면에서 minus, multiply, divide 함수를 호출하는 부분을 완성한다.

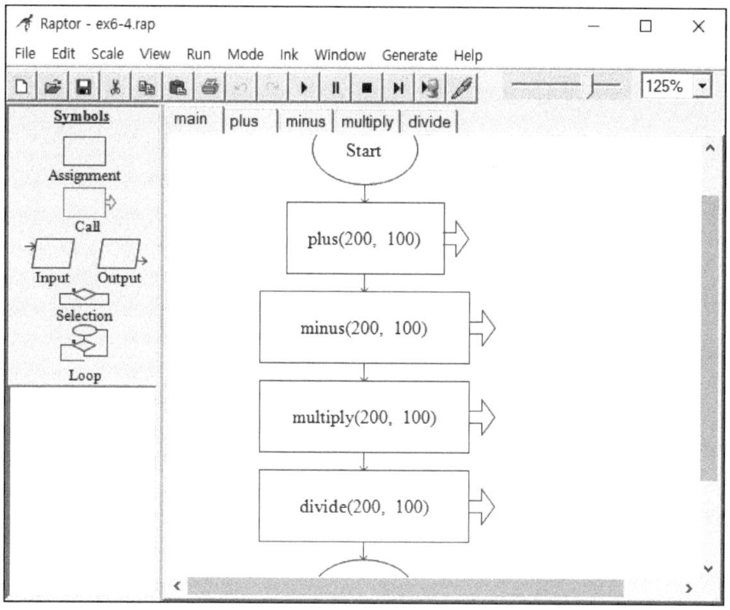

단계 4 아래 그림과 같이 plus 탭을 클릭하여 plus 함수를 완성한다. 그리고 같은 방법으로 minus, multiply, divide 함수를 완성한다.

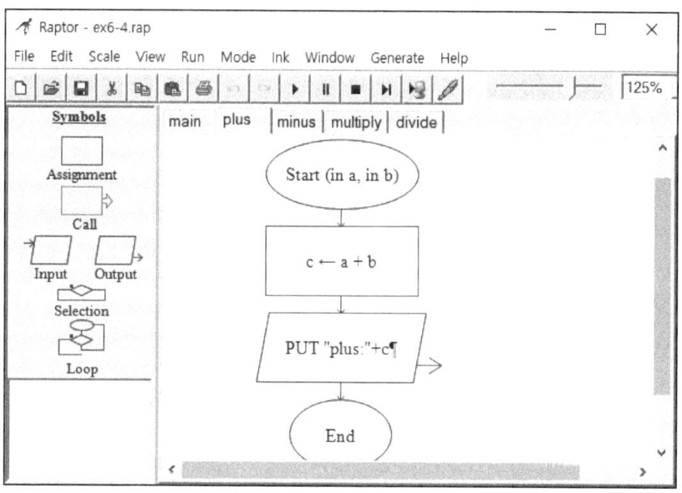

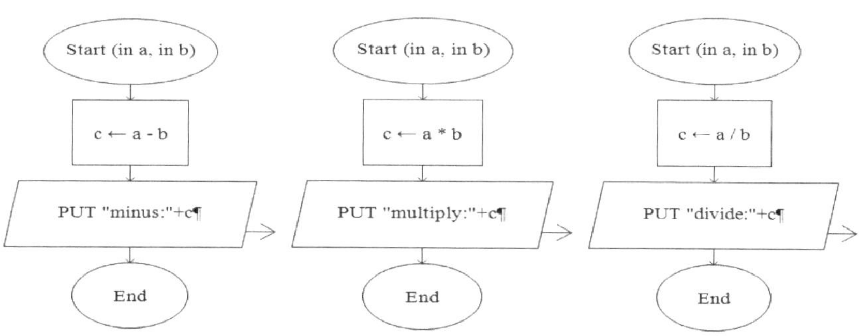

단계 5 **단계 4**까지 모두 완성되었으면 실행 버튼을 눌러 프로그램을 실행시켜보자. 사칙연산 함수들의 수행 결과가 출력된다. 실행 버튼을 다시 눌러서 프로그램이 실행되는 순서를 주의 깊게 관찰해 보기 바란다.

Main 프로그램에서 plus(200,100)가 수행되면, 컴퓨터는 plus(a,b) 함수를 호출한다. 이때 매개변수 (200,100)을 plus 함수의 매개변수 (a, b)로 넘겨준다. 그리고 200 + 100을 계산하여 출력한 다음, 다시 main 프로그램으로 돌아가서 minus(200,100)을 수행하여 minus(a,b)를 호출한다. 이렇게 하여 4개의 함수가 차례로 호출되고 실행되는 것이다.

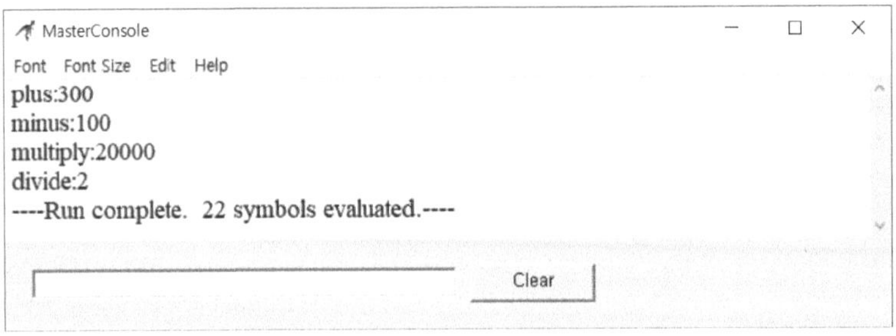

실습예제 6-5

다음 결과 화면과 같이 구구단을 출력하는 문제를 함수를 이용하여 해결하려고 한다. 함수이름을 gugu()이라고 하고 gugu(5)로 호출하면 5단 계산 결과를, gugu(7) 이라고 호출하면 7단 계산 결과를 출력할 수 있도록 하는 문제를 랩터를 사용하여 해결하시오.

생각해보기

① 자료 수집/분석/표현

- 구구단 중 5단, 7단

② 문제 분해/추상화/알고리즘 설계

- 함수 호출 부분과 함수 정의 부분으로 나누어 설계
- gugu(5), gugu(7) 형식으로 함수 호출
- gugu() 형식으로 함수 설계
- 매개변수 1개 사용

문제 해결방법

① 랩터의 add procedure 메뉴를 클릭하여 함수를 생성한다. 함수명은 'gugu'로 한다.
② 구구단 의 단수를 넘겨줄 매개변수를 만든다. 매개 변수명을 'num'으로 정한다.
③ main 화면으로 돌아가서 call 심볼을 2개 사용하여 함수 호출문 gugu(5)와 gugu(7)을 만든다.

④ 아래 그림에서 왼쪽은 main 화면, 오른쪽은 gugu 함수 부분이다. gugu 탭을 클릭하여 gugu 함수 부분을 완성한다.

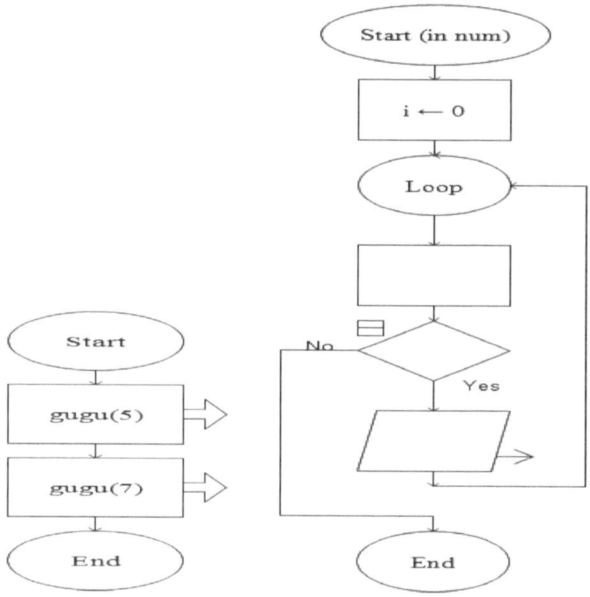

결과 화면

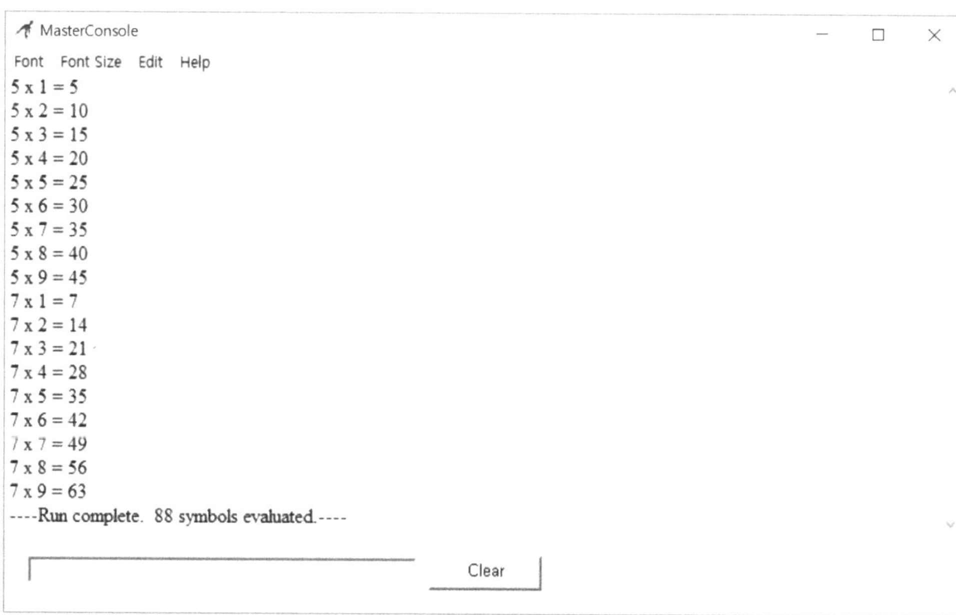

SOFTWARE and **P**ROBLEM **S**OLVING

절
취
선

수행과제 6-1

학과		학번		이름	

임의의 숫자를 입력하여 이 숫자의 절댓값을 계산하는 프로그램을 작성하자. 절댓값을 계산하는 부분은 subchart로 작성하도록 하자.

생각해보기

① 자료 수집/분석/표현

- 입력 자료: 임의의 양수 또는 음수
- 출력 자료: 입력한 값의 절대치

② 문제 분해/추상화/알고리즘 설계

- main 부분에서 임의의 숫자를 입력받는다.
- 입력받은 숫자가 음수이면 –1을 곱하여 절대치를 만들고, 양수이면 그대로 둔다.
- 음수, 양수를 판단하고 절대치로 만드는 부분은 subchart로 작성한다.

SOFTWARE and **P**ROBLEM **S**OLVING

수행과제 6-2

학과		학번		이름	

기온이나 온도를 표시할 때 우리나라는 섭씨온도(°C)를 사용한다. 하지만 미국과 같은 나라는 화씨온도(°F)를 주로 사용한다. 섭씨온도와 화씨온도는 다음 함수를 사용하여 서로 변환할 수 있다.

- 섭씨온도를 화씨온도로 변환하는 함수: F = C × 9/5 + 32

위 함수를 이용하여 섭씨온도를 화씨온도로 변환할 수 있는 프로그램을 랩터로 작성하자. 섭씨온도를 화씨온도로 변환하는 부분은 subchart로 작성하도록 하자.

생각해보기

① 자료 수집/분석/표현

- 입력 자료: 섭씨온도
- 출력 자료: 화씨온도

② 문제 분해/추상화/알고리즘 설계

- main 부분에서 섭씨온도를 입력받는다.
- 입력받은 섭씨온도를 위의 함수를 이용하여 화씨온도로 변환한다. 변환하는 부분은 subchart로 작성한다.

절취선

SOFTWARE and PROBLEM SOLVING

6.4 파일을 사용하여 데이터 입출력하기

프로그램을 작성하다 보면 입력하거나 출력해야 할 데이터의 양이 많은 경우가 있다. 이런 경우에는 텍스트 파일을 이용하여 데이터를 입출력하면 된다. 파일에 있는 데이터를 읽어오거나 데이터를 파일로 저장할 때는 그림 6-4와 같이 미리 만들어놓은 함수를 이용한다.

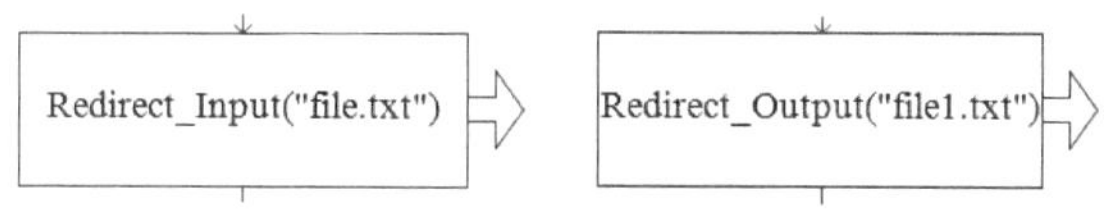

그림 6-4 ▸ 파일 입력함수와 파일 출력 함수

그림 6-4에서 file.txt는 데이터를 읽어 올 파일(입력용 파일) 이름이며 file1.txt는 데이터를 저장할 파일(출력용 파일) 이름이다. 이때 d:\file.txt와 같이 파일의 위치를 지정 할 수도 있다. 입출력용 파일이 프로그램과 같은 폴더 안에 있을 때는 파일의 위치를 따로 지정할 필요가 없고 그림 6-4처럼 파일 이름만 써주면 된다.

이제 실습을 통하여 파일로부터 데이터를 읽어오고 쓰는 연습을 해보도록 하자.

실습예제 6-6

메모장을 열어서 다음 그림과 같이 몇 개의 데이터를 만들고 input.txt라는 이름으로 저장하자. 그리고 input.txt 파일을 열어서 속에 들어있는 데이터를 읽어와 화면에 출력하는 프로그램을 랩터로 작성해보자.

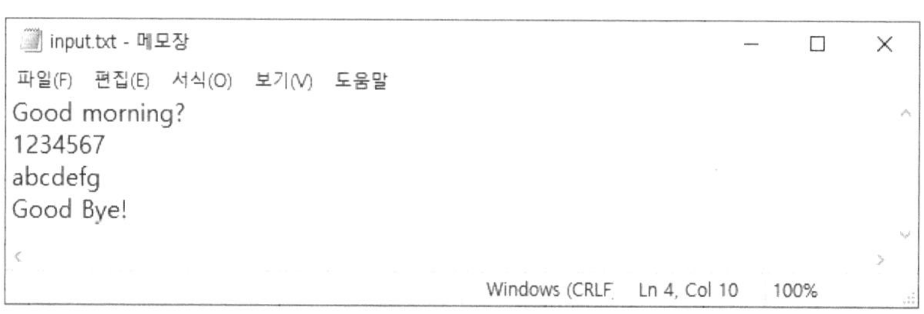

문제 해결방법

① Redirect_Input("input.txt") 함수를 호출하여 미리 작성해 놓은 input.txt의 내용을 읽어온다.

② End_Of_Input 함수를 이용하여 input.txt의 내용이 끝날 때까지 읽어온다.

③ 읽어온 파일의 내용을 화면에 출력한다.

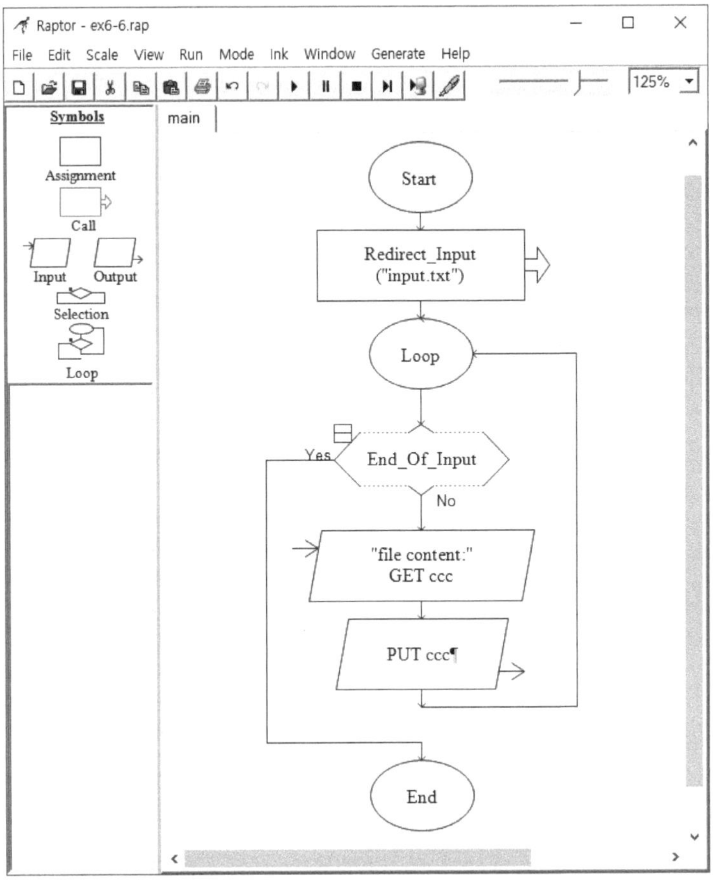

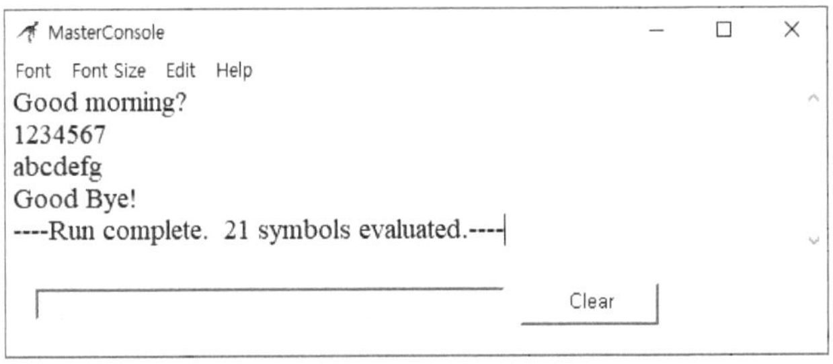

실습예제 6-7

Good evening?, KOREA 라는 데이터를 output.txt라는 파일로 저장하는 프로그램을 랩터로 작성해보자.

문제 해결방법

① Redirect_Output("output.txt") 함수를 호출하여 Good evening?, KOREA라는 데이터를 파일로 저장한다.

② 메모장으로 output.txt 파일을 열어서 저장이 잘되었는지 확인해본다.

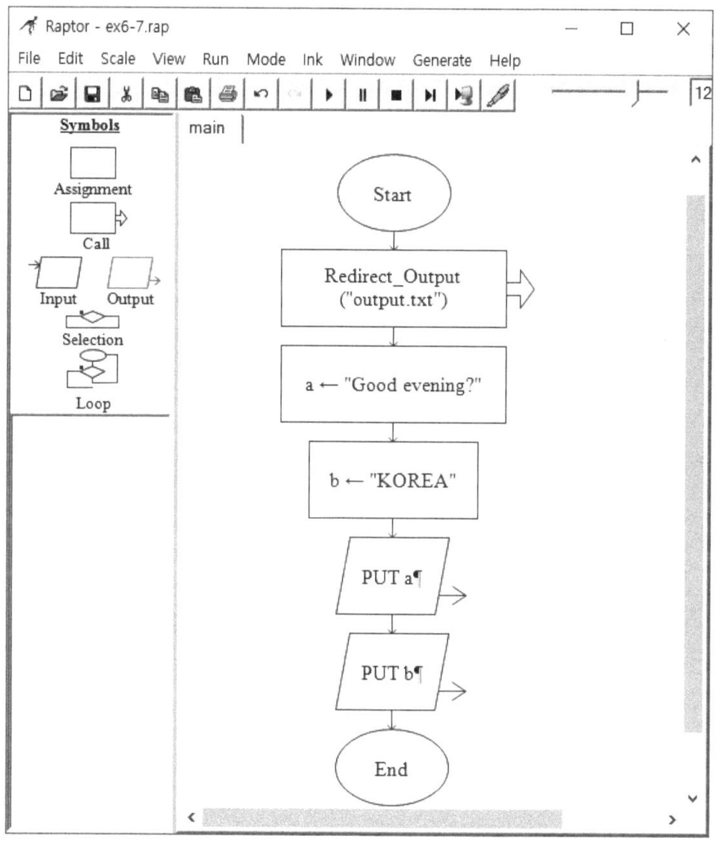

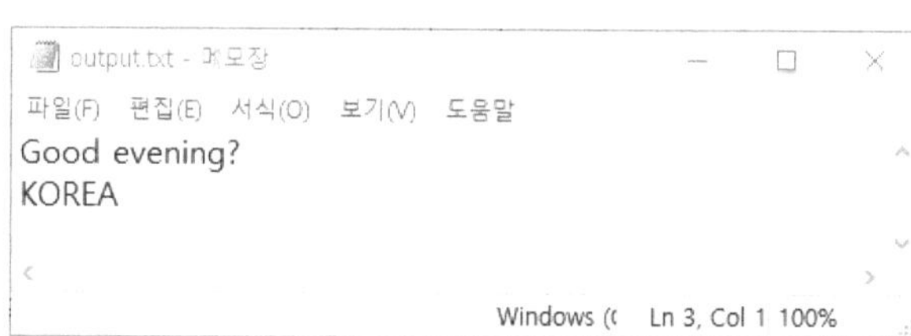

읽어보기

1202년 이탈리아의 수학자 피보나치는 불규칙한 자연 현상 중에서 일정한 규칙을 가지는 재미있는 수열을 발견하였다. 그는 갓 태어난 토끼 한 쌍이 두 달 부터는 매달 한 쌍의 새끼를 낳는다면 1년에 몇 마리가 되는지를 알아보는 문제에 도전했다. 피보나치는 한 쌍이 두 달 후에 한 쌍의 토끼를 낳으면 토끼는 모두 2쌍이 되고, 세 번째 달에는 한 쌍을 더 낳게 되어 토끼는 모두 3쌍이 된다는 것을 알게 되었다.

이런 계산을 계속 해나가면 이전 수의 합이 다음 수가 되는 1, 1, 2, 3, 5, 8, 13, 21, 34, 55 등으로 이루어진 수열을 얻을 수 있다. 이것이 피보나치수열이다. 피보나치수열은 바로 앞에 있는 두 개의 숫자를 합하면 새로운 수열을 얻을 수 있다.

그림 6-5 ▸ 피보나치수열과 토끼 문제

표 6-1 ▸ 피보나치수열과 토끼 문제

개월	새로 태어난 토끼 쌍	전체 토끼 쌍
현재	0	1
1개월 후	0	1
2개월 후	1	2
3개월 후	1	3
4개월 후	2	5
5개월 후	3	8
6개월 후	5	13
7개월 후	8	21
8개월 후	13	34
9개월 후	21	55
10개월 후	34	89
11개월 후	55	144
12개월 후	89	233

피보나치수열은 꽃잎의 배열, 솔방울의 구조와 같이 자연계에서 흔하게 발견된다. 또한 해바라기 씨앗을 보면 시계 방향과 시계 반대방향으로 생긴 나선형을 볼 수 있는데 나선 한쪽 방향의 씨앗이 21개이면 반대 방향의 씨앗은 34개이다. 뿐만 아니라 앵무조개와 태풍의 나선형구조에서도 피보나치수열을 발견할 수 있다.

그림 6-6 ▸ 해바라기 씨앗에서 발견된 피보나치수열

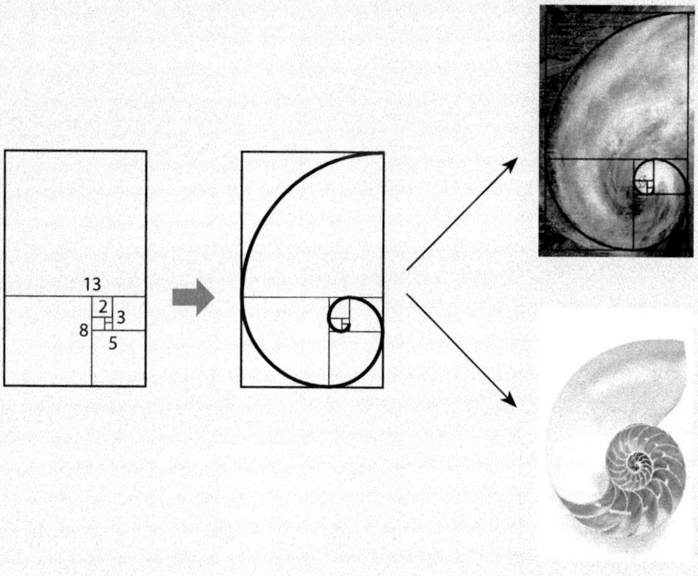

그림 6-7 ▸ 앵무조개와 태풍의 나선형구조에서 발견된 피보나치수열

01. 평소 건강에 관심이 많은 한 학생이 수축기 혈압과 이완기 혈압을 입력하여 고혈압, 저혈압, 정상인지를 판단하는 프로그램을 랩터로 작성하고자 한다. 이 문제를 해결할 때 고혈압, 저혈압, 정상인지를 판단하는 부분은 subchart를 이용하여 작성하시오.

다음 표는 일반적인 혈압의 상태를 판단기준을 나타낸 것이다.

	이완기 혈압	수축기 혈압
고혈압	90 mmHg 이상	140 mmHg 이상
정상	60 mmHg 이상~90mmHg 미만	100 mmHg 이상~140 mmHg미만
저혈압	60 mmHg 미만	100 mmHg 미만

생각해보기

① 자료 수집/분석/표현

- 입력 자료: 측정하고자 하는 사람의 혈압(mmHg)
- 출력 자료: 고혈압, 저혈압, 정상 중 한 개를 출력

② 문제 분해/추상화/알고리즘 설계

- 측정하고자 하는 사람의 혈압을 입력하여 mmHg 변수에 저장한다.
- Subchart를 추가하여 입력된 혈압을 위 기준에 따라 분류하여 고혈압, 저혈압, 정상인지를 판단한다.
- Main 부분에서 Subchart를 호출하는 부분을 완성한다.

02. 임의의 숫자를 입력하면 1부터 임의의 숫자까지의 합을 계산하는 프로그램을 작성하고자 한다. 즉, main 프로그램에서 10을 입력하면 1부터 10까지의 합(1+2+3+...+9+10)을 계산하고, 100을 입력하면 1부터 100까지의 합(1+2+3+...+99+100)을 계산하는 프로그램을 작성하고자 한다. 이 문제를 해결할 때 합을 구하는 부분은 procedure를 이용하여 랩터로 작성하시오.

생각해보기

① 자료 수집/분석/표현

- 입력 자료: 임의의 숫자(n)
- 출력 자료: 1부터 n까지의 합(1+2+3+...+n)

② 문제 분해/추상화/알고리즘 설계

- 반복문을 이용하여 1부터 n까지의 합(1+2+3+...+n)을 구한다.
- 1부터 n까지의 합(1+2+3+...+n)을 구하는 부분은 procedure를 이용하여 작성한다.

03. 우리는 앞부분에서 2차방정식 x^2-7x+12=0의 근을 구하기 위하여 근의 공식을 이용한 바 있다. 이번에는 랩터를 이용하여 근의 공식 부분을 함수로 만들어서 이 문제를 해결해보자.

생각해보기

① 자료 수집/분석/표현

- 입력 자료: 2차방정식 $ax^2 + bx + c = 0$에서 a, b, c값

② 문제 분해/추상화/알고리즘 설계

- 근의 공식에 a, b, c값을 대입하여 x1, x2값 계산

문제 해결방법

① 임의의 2차방정식 $ax^2 + bx + c = 0$에서 a, b, c값을 입력받는다.

② 입력된 a, b, c값을 아래의 근의 공식에 대입하여 x_1, x_2값을 구한다.

```
import math
x1=(-b+math.sqrt(b**2-4*a*c))/(2*a)
x2=(-b-math.sqrt(b**2-4*a*c))/(2*a)
```

③ 근을 계산하는 부분은 procedure를 이용하여 작성하고, 함수명을 root(a, b, c)로 하며 파라미터(인수)를 a, b, c로 하자.

④ 프로그램을 수행한 후 $a = 1$, $b = -7$, $c = 12$를 입력하여 $x_1 = 4$, $x_2 = 3$ 이 나오는지 확인해보자.

SOFTWARE and PROBLEM SOLVING

SOFTWARE and PROBLEM SOLVING

CHAPTER 07

랩터 그래픽 다루기

학습목차

7.1 RAPTORgraph 개요

RAPTORgraph 명령은 특수 그래픽 창이 나타나며, 이 그래픽 창에 다양한 색상과 다양한 크기의 선, 직사각형, 원, 호 및 타원을 그릴 수 있으며, 텍스트도 표시 할 수도 있다. 그림 7-1은 RAPTORgraph 명령어를 사용하여 그래픽 창에 다양한 도형을 나타낸 것이다.

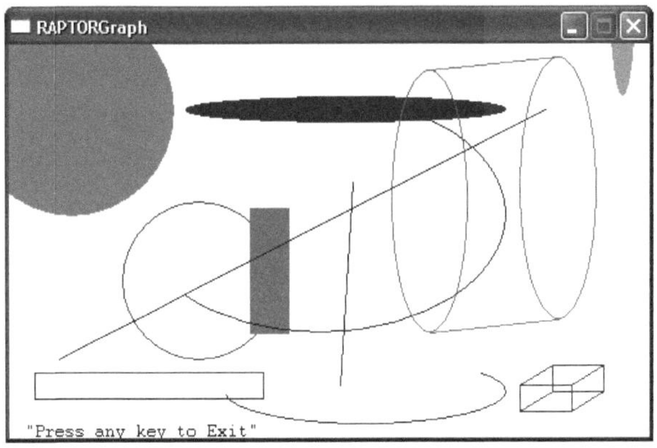

그림 7-1 ▸ RAPTORgraph의 다양한 예

또한 그래픽 창에서 마우스의 어느 버튼을 클릭했는지 여부도 알 수 있으며, 마우스의 위치와 마우스의 버튼을 활용하여 다양한 도형도 그릴 수 있다. 객체를 그린 후 지우고(바탕색으로 다시 그리기) 다른 위치에 다시 그려서 객체의 움직임을 표현할 수도 있다.

7.2 RAPTORgraph 시작하기

RAPTORgraph를 사용하려면 가장 먼저 그래픽 창을 만들어야한다. 이 그래픽 창은 다른 RAPTORgraph 프로시저 또는 함수를 호출하기 전에 꼭 만들어야만 한다.

다음 함수는 그래픽 창을 만들기 위한 함수로 그래픽 창의 크기는 폭(X_Size), 높이(Y_Size)로 결정된다.

```
Open_Graph_Window (X_Size, Y_Size)
```

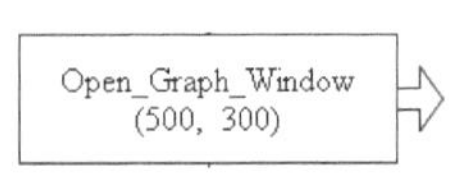

모든 그래픽 명령문을 수행한 후 프로그램을 종료 할 때는 그래픽 창을 삭제해야 한다.

```
Close_Graph_Window
```

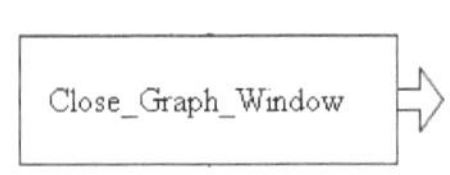

실습예제 7-1

500×300 크기의 그래픽 창을 만든 후 "Press any Key to Exit"라는 글씨를 녹색으로 화면에 표시해주고 아무키나 누르면 창을 닫는 프로그램을 만들어보자.

단계 1 랩터를 실행시킨 후, Call을 선택하여 삽입한 후 삽입된 Call을 더블클릭하여 나타난 창에 "Open_Graph_Window(500,300)"라고 입력한다.

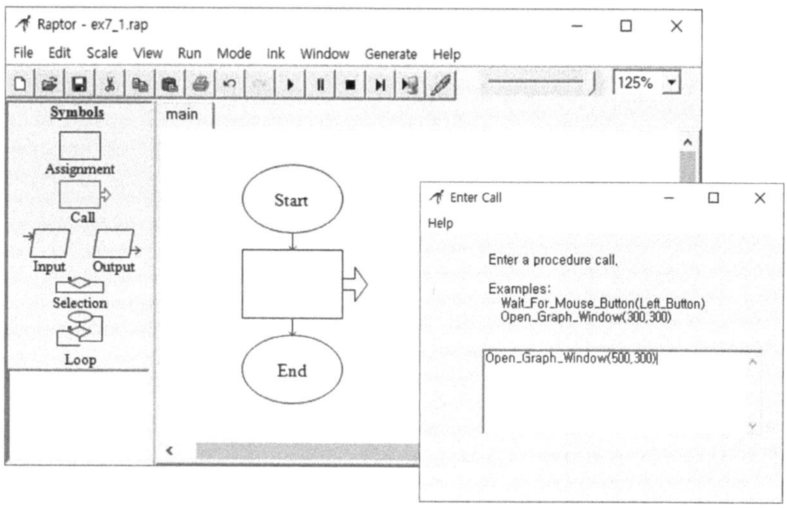

단계 2 글자색은 녹색이며, "Press any Key to Exit" 문자를 그래픽 창에 나타내기 위해 Call을 선택하여 삽입한 후 Display_Text(50,50,"Press any Key to Exit", Green)라고 입력한다.

단계 3 아무키나 입력되는 것을 감지하기 위해서 Call을 선택하여 삽입한 후 Wait_For_Key 라고 입력한다.

단계 4 Call을 선택하여 삽입한 후 Close_Graph_Window 라고 입력한다.

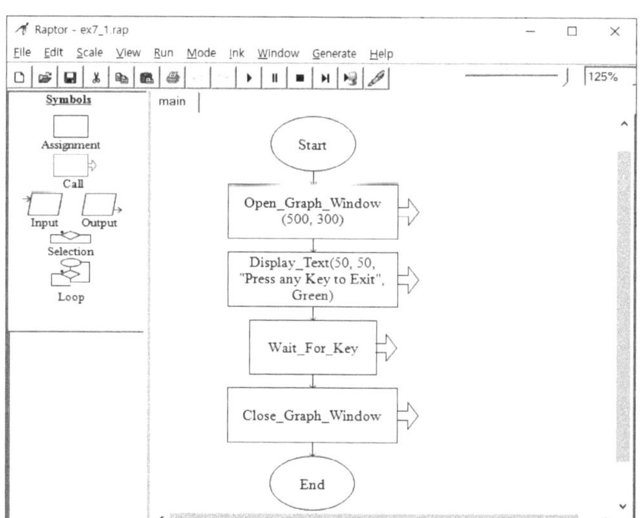

단계 5 이렇게 작성된 프로그램을 실행하면 다음과 같은 그래픽 창이 나타나며, 키보드 중 아무것이나 누르면 화면이 닫히게 된다.

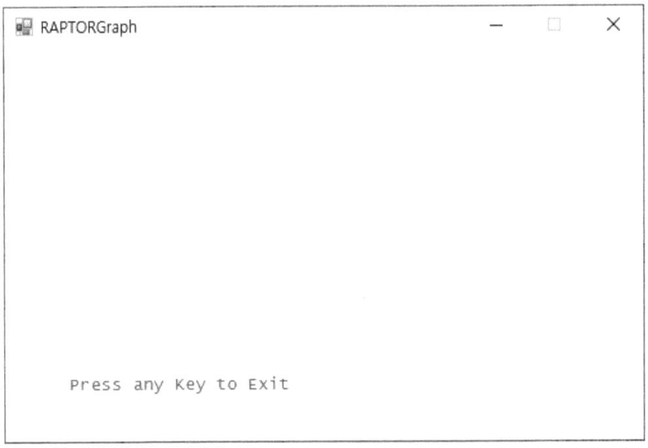

500×300 그래픽 창을 자세히 살펴보자. 그래픽 창은 항상 흰색 배경으로 시작된다. 그래픽 창의 (X, Y) 좌표계의 원점은 창의 왼쪽 하단에 있으며 X 축은 1부터 시작해서 오른쪽으로 갈수록 숫자가 커진다. Y 축은 아래에서부터 1로 시작하여 위로 갈수록 값이 증가한다.

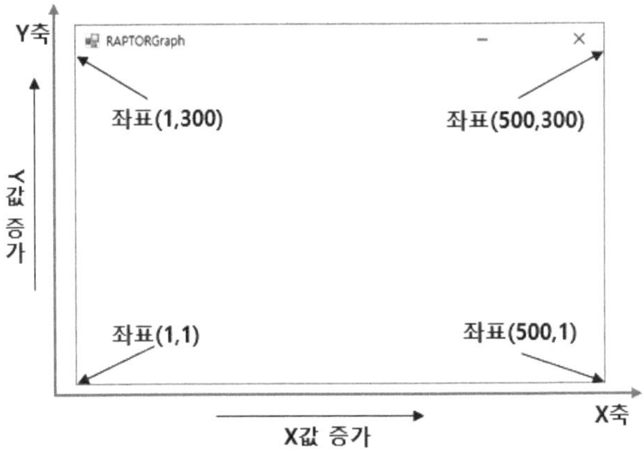

7.3 RAPTORgraph의 그래픽 함수

RAPTORgraph에는 그래픽 창에 모양을 그리는 다양한 함수들이 있다. 이러한 함수들을 사용하여 그래픽 창에 각각의 모양들을 그릴 수 있다. RAPTORgraph에서 그려지는 각 도형은 이전에 그려진 도형 위에 그려지기 때문에 그래픽 명령의 순서가 매우 중요하다.

아래의 함수들은 RAPTORgraph에서 사용할 수 있는 모양 그리기 함수들이다.

표 7-1 ▸ 모양 그리기 함수

함수	기능
Put_Pixel(X, Y, Color)	단일 픽셀을 원하는 색상으로 설정한다.
Draw_Line(X1, Y1, X2, Y2, Color)	두 개 의 좌표 (x1,y1), (x2,y2)를 연결하는 선을 그린다.
Draw_Box(X1, Y1, X2, Y2, Color, Filled/Unfilled)	왼쪽 위 좌표와 오른쪽 아래 모서리 좌표를 연결하여 사각형을 그린다.
Draw_Circle(X, Y, Radius, Color, Filled/Unfilled)	중심과 반지름을 기준으로 원을 그린다.
Draw_Ellipse(X1, Y1, X2, Y2, Color, Filled/Unfilled)	사각형의 왼쪽 위 좌표와 오른쪽 아래 모서리 좌표를 기준으로 타원을 그린다.
Draw_Arc(X1, Y1, X2, Y2, StartX, StartY, EndX, EndY, Color)	사각형의 왼쪽 위 좌표와 오른쪽 아래 모서리 좌표와 시작 및 중지 좌표를 지정하여 호 (타원의 한 섹션)를 그린다.
Flood_Fill(X, Y, Color)	지정된 (X, Y) 좌표를 포함한 안쪽 영역을 지정된 색으로 전부 칠한다.

텍스트 및 숫자를 화면에 출력할 때는 출력할 위치와 색상을 지정할 수 있는데 색상을 지정하려면 다음 값 중 하나를 사용하면 된다.

White, Black, Yellow, Blue, Green, Cyan, Red, Magenta, Brown, Light_Gray, Dark_Gray, Light_Blue, Light_Green, Light_Cyan, Light_Red, Light_Magenta, Random_Color.

표 7-2는 텍스트 및 숫자를 출력하는 함수이다.

표 7-2 ▸ 텍스트를 나타내는 함수

함수	기능
Display_Text(X,Y,"text", Color)	주어진 문자를 (X, Y) 위치에 첫 번째 문자의 왼쪽 상단을 표시하는 문자열을 그린다.
Display_Number(X,Y,number, Color)	주어진 숫자를 (X, Y)위치에 숫자의 첫 번째 가상 왼쪽 숫자의 왼쪽 위 모서리를 표시한다.

실습예제 7-2

500×300 크기의 그래픽 창을 만든 후 다음 결과 화면과 같이 각각 다른 색상의 사각형, 원형, 타원, 선을 화면에 그리고, 아무키나 누르면 창을 닫는 프로그램을 만들어보자.

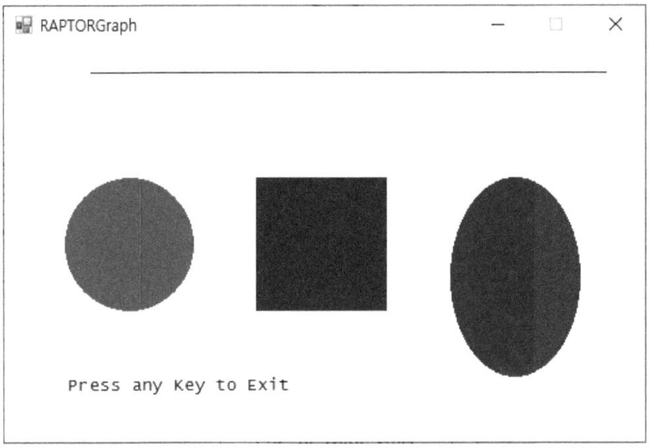

문제 해결방법

① 각 도형을 그리기 위한 함수와 함수 안에 채울 인수들에 대해서 생각해본다.

② 예를 들어 Draw_Circle(X, Y, Radius, Color, Filled)함수는 X와 Y를 원의 중심점으로 하고 Radius는 그리고자 하는 원의 반지름이며, Color는 원의 색상이고 Filled은 True / false 또는 Filled, Un-Filled 중 선택하면 비어있는 원이나 채워진 원을 만들 수 있다.

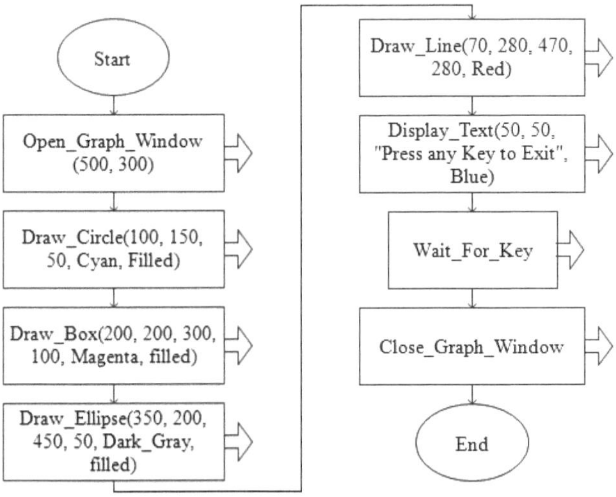

실습예제 7-3

다음 결과 화면과 같이 300×200 크기의 그래픽 창을 만든 후 색상이 채워진 삼각형을 그리고 아무키나 누르면 창을 닫는 프로그램을 만들어보자.

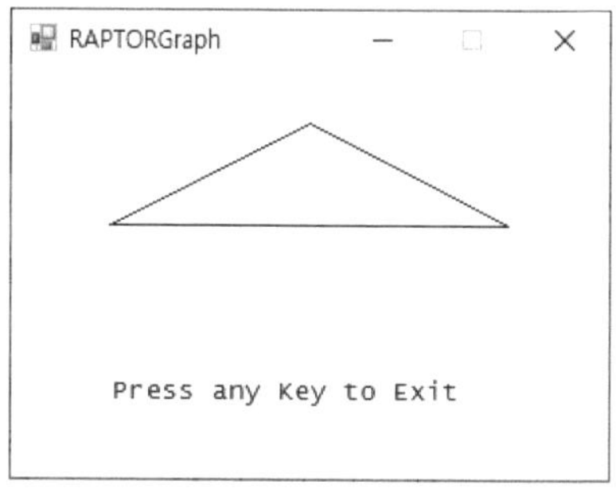

문제 해결방법

① 삼각형을 그리는 함수는 없으므로 선을 활용하여 삼각형을 그려야 한다.

② 그래픽 윈도우의 경계 영역을 둘러싸기 위해 모양을 그리면 채우기 루틴을 사용하여 그 둘러싸인 영역을 채울 수 있다. 영역이 완전히 둘러싸이지 않으면 채우기가 "누출되어" 전체 그래픽 창을 채울 수 있으므로 Flood_Fill함수를 사용할 때는 주의해야 한다. RAPTORgraph의 Flood_Fill 프로시저는 지정된 (X, Y) 픽셀 좌표에서 바운드 영역의 내부 픽셀을 채우기 시작하여 바깥 경계까지 계속 채운다.

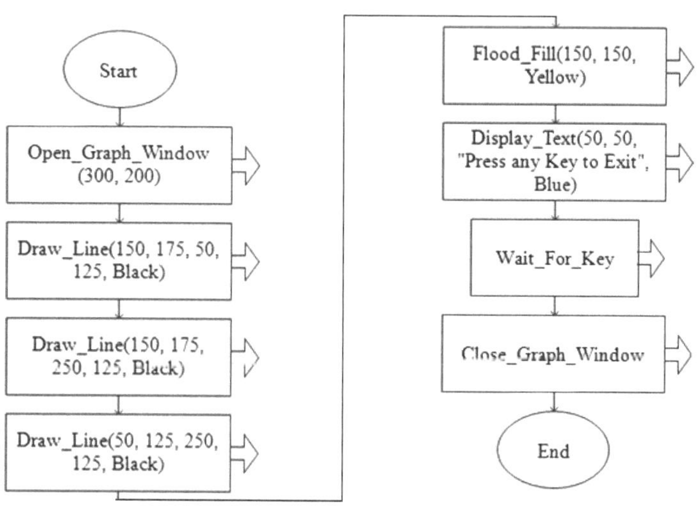

실습예제 7-4

다음 결과 화면과 같이 500 × 300 크기의 그래픽 창을 만든 후 크기가 중심점에서 반지름이 20씩 증가하는 다섯 개의 동심원(색상은 랜덤)을 그리고, 아무키나 누르면 창을 닫는 프로그램을 만들어보자.

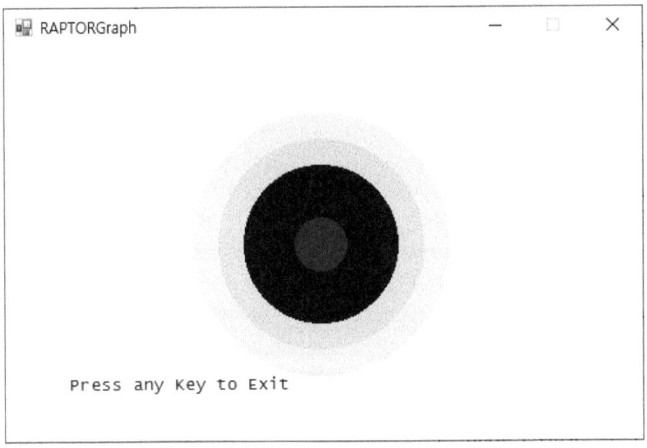

문제 해결방법

랩터Graph는 도형이 그려진 위에 그려지므로 동심원을 그릴 때는 큰 원부터 그린 후 작은 원을 그려야 한다.

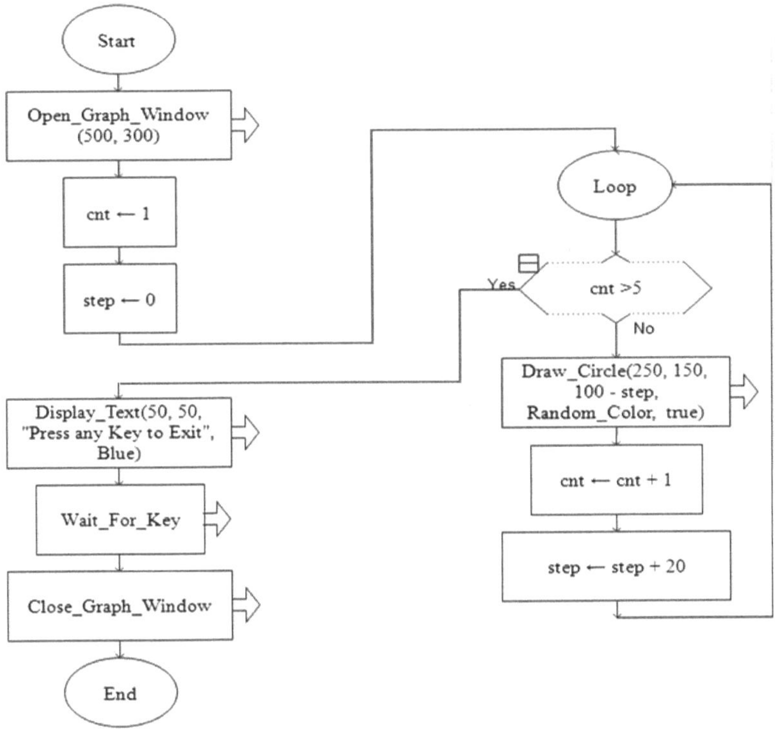

수행과제 7-1

학과		학번		이름	

사용자에게 그리고 싶은 도형의 번호를 입력하면 랩터 그래픽 창에 선택된 도형이 나타나도록 프로그램을 작성해 보자(1- 사각형, 2-원형, 3-타원형, 4-직선, 5-호).

생각해보기

① 도형을 그리기 위해서 선택할 번호를 저장할 변수가 필요하다.

② 각 번호에 따라 그려야할 도형의 함수를 작성하여야 한다(선택문 필요).

절취선

SOFTWARE and **P**ROBLEM **S**OLVING

수행과제 7-2

학과		학번		이름	

랩터 그래픽을 이용하여 아래 그림과 같이 사각형을 5개 그려보자. 사각형의 크기는 10씩 증가하며, 색상은 빨간색, 주황색, 노란색, 초록색, 파란색으로 정한다.

생각해보기

① 랩터Graph은 그려진 도형 위에 도형이 그려지므로 그리는 순서가 매우 중요하다.

② 반복문을 사용하여 그려보자.

실행결과

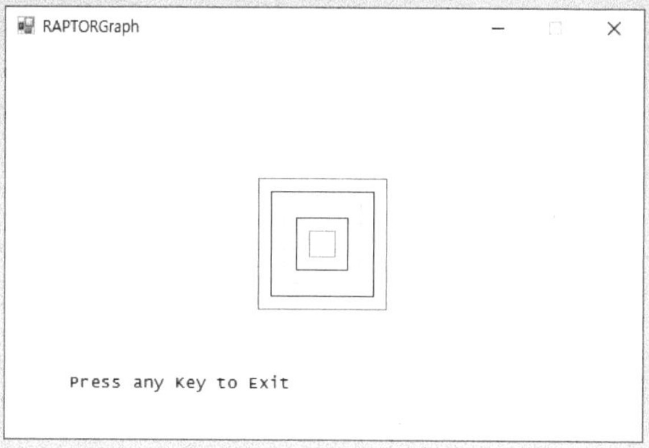

절취선

SOFTWARE and PROBLEM SOLVING

실습예제 7-5

다음 결과 화면과 같이 300×300 크기의 그래픽 창을 만든 후 y=ax와 같은 일차함수 그래프를 그리고 아무키나 입력하면 종료하는 프로그램을 작성하여 보자.

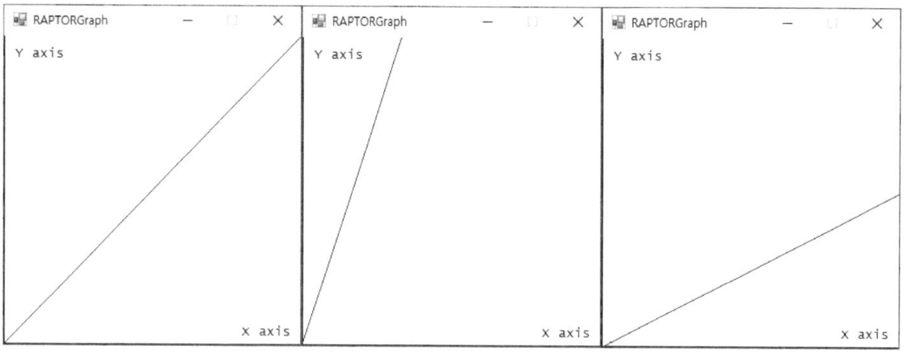

기울기=1　　기울기=3　　기울기=0.5

문제 해결방법

① 일차함수는 그래프는 선을 이용하여 작성한다.

② 두 번째 좌표 값의 x는 x의 증가 값이고, y좌표 값은 기울기 * x 값으로 계산한다.

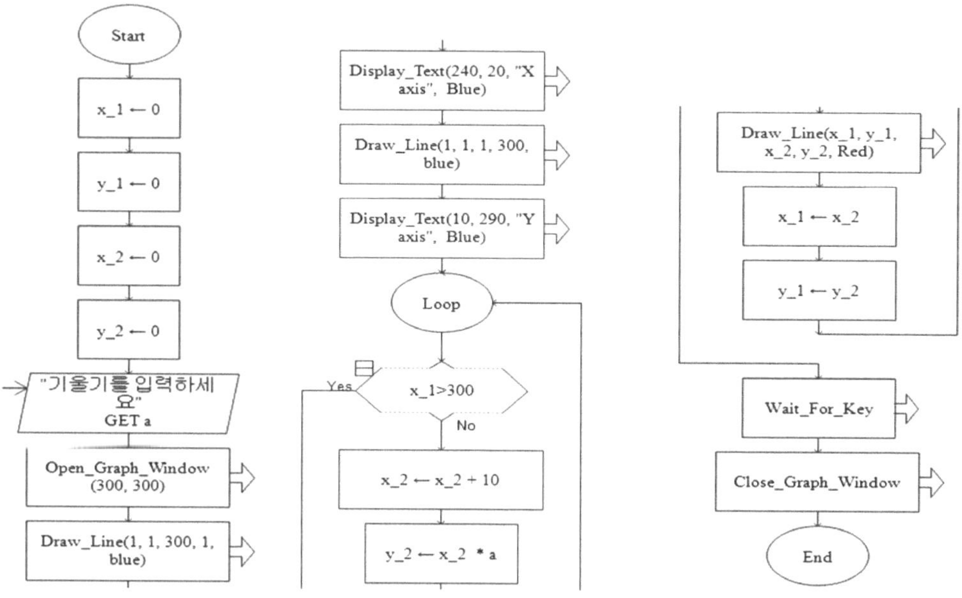

7.4 RAPTORgraph로 마우스와 키보드 처리하기

RAPTORgraph는 사용하기는 매우 간단하지만 복잡한 그림을 그릴 수 있을 만큼 강력하다. 정교한 그림을 그릴 수 있을 뿐만 아니라 사용자가 창에서 일어나는 일을 지시 할 수 있도록 대화형 그래픽 프로그램을 만들 수 있다. 대화형 프로그램을 지원하기 위한 마우스와 키보드 처리 함수에 대해서 알아보자.

표 7-3 ▸ 마우스와 키보드 처리 함수

함수	기능
Wait_For_Key	키보드 키를 누를 때까지 대기한다.
Key_Hit	Get_Key에 대한 마지막 호출 이후에 키가 눌러졌으면 부울 값 True를 반환하는 함수이다. Key_Hit은 함수 호출이므로 Assignment Statement의 "to"부분이나 Decision 블록 (diamonds)에서만 사용할 수 있다.
Get_Key	사용자가 입력한 키의 ASCII 코드를 반환하는 함수이다. ASCII 코드 외에 특수키에 대한 확장 ASCII 코드도 반환한다. 예: 왼쪽 화살표 165, 오른쪽 화살표 167 위쪽 화살표 166, 아래쪽 화살표 168 Get_Key는 사용자가 키를 누를 때까지 대기한다.
Wait_For_Mouse_Button(Which_button)	지정된 마우스 버튼 (Left_Button 또는 Right_Button)이 눌러 질 때까지 대기하는 함수이다. 예: Wait_For_Mouse_Button (Left_Button)
Mouse_Button_Pressed(Which_button)	Get_Mouse_Button에 대한 마지막 호출 이후에 지정된 단추 (Left_Button 또는 Right_Button)가 눌려진 경우 부울 값 True를 반환하는 함수이다. - Mouse_Button_Down(Which_button) - Mouse_Button_Released(Which_button)
Get_Mouse_Button((Which_button),x,y)	버튼 (Left_Button 또는 Right_Button)을 사용하고 해당 버튼을 클릭 한 좌표를 반환하는 함수이다. Get_Mouse_Button은 사용자가 원하는 버튼을 누를 때까지 대기한다. 예를 들어 Get_Mouse_Button (Right_Button, My_X, My_Y)은 마우스 오른쪽 버튼 클릭을 기다린 다음 클릭 위치를 My_X 및 My_Y 변수에 넣는다.
Get_Mouse_X	현재 마우스 위치의 X 좌표를 반환하는 함수이다. 일반적으로 X 위치를 나중에 사용할 수 있도록 변수에 저장하기 위해 할당 구문에 사용된다.
Get_Mouse_Y	현재 마우스 위치의 Y 좌표를 반환하는 함수이다. 일반적으로 Y 구성을 나중에 사용할 수 있도록 변수에 저장하기 위해 할당 구문에 사용된다.

실습예제 7-6

다음 결과 화면과 같이 그래픽 창에서 반지름이 10이고 랜덤한 색상의 원이 마우스 커서를 따라 나타나고, 키보드를 누르면 그래픽 창을 닫고 종료하는 프로그램을 작성하여 보자

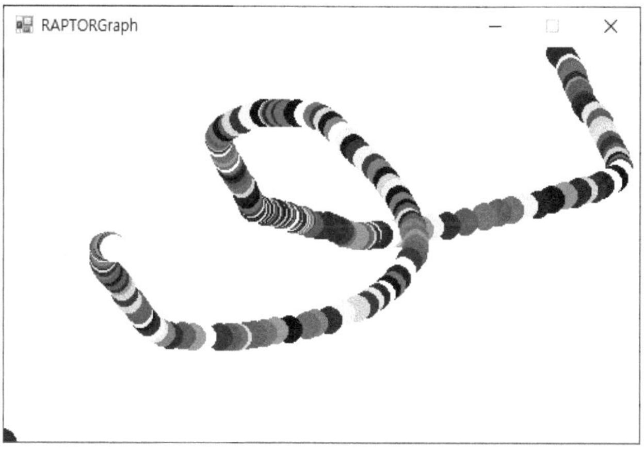

문제 해결방법

- 마우스의 위치를 알아내는 Get_Mouse_X, Get_Mouse_Y 를 이용한다.

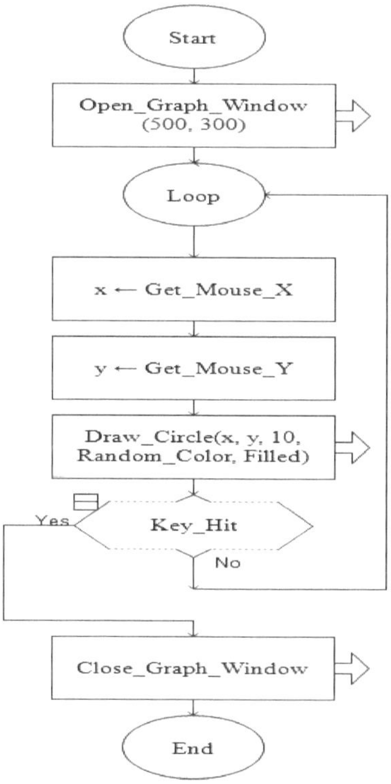

실습예제 7-7

다음 결과 화면과 같이 프로그램을 실행하면 500×500 그래픽 창이 나타나고 마우스 왼쪽 버튼을 클릭하면 랜덤 크기의 사각형을, 오른쪽 버튼을 클릭하면 랜덤 크기의 원형을 나타내며, 키보드가 "q"가 입력되면 프로그램을 종료하는 프로그램을 작성하시오.

문제 해결방법

① 키보드의 "q"가 입력되기 전까지 프로그램을 계속 실행된다.

② 마우스처리 함수 중 왼쪽 버튼과 오른쪽 버튼 클릭을 감지할 수 있는 함수에 대해 알아본다.

③ 마우스의 버튼이 클릭되면 도형을 계속 그려준다.

④ 1~100사이 난수 발생 수식 => floor((random*100)+1)

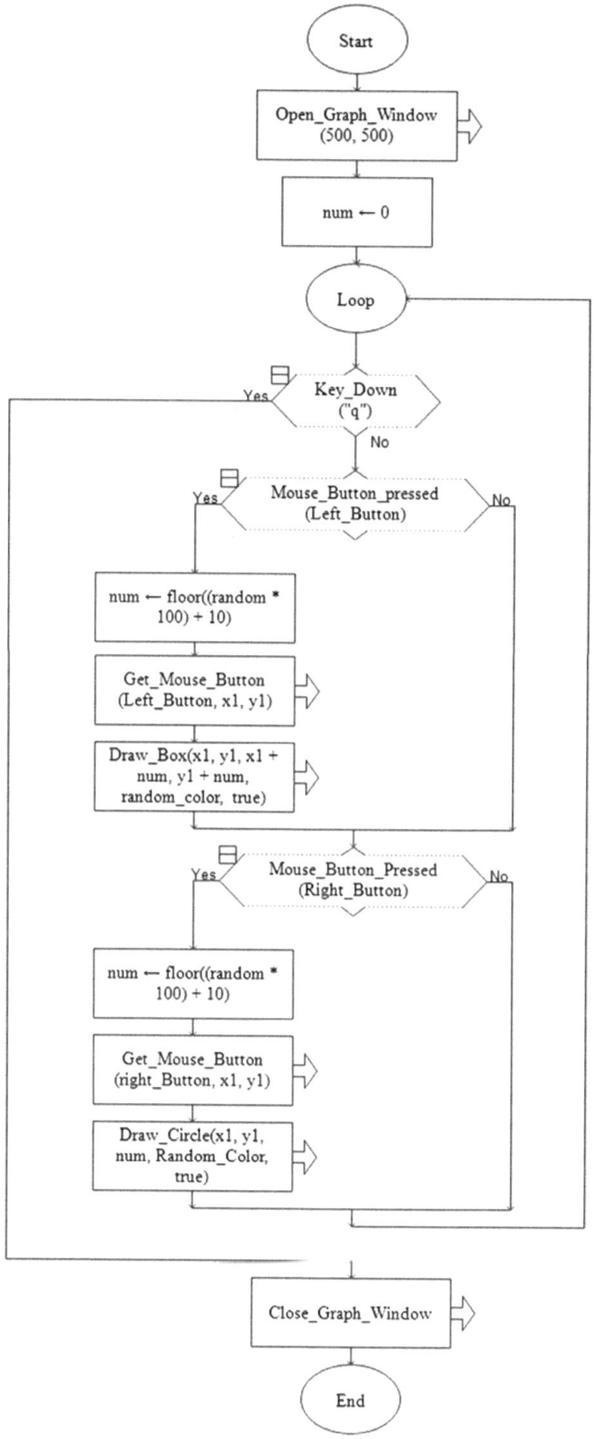
Start
Open_Graph_Window
(500, 500)
num ← 0
Loop
Yes
Key_Down
("q")
No
Yes
Mouse_Button_pressed
(Left_Button)
No
num ← floor((random *
100) + 10)
Get_Mouse_Button
(Left_Button, x1, y1)
Draw_Box(x1, y1, x1 +
num, y1 + num,
random_color, true)
Yes
Mouse_Button_Pressed
(Right_Button)
No
num ← floor((random *
100) + 10)
Get_Mouse_Button
(right_Button, x1, y1)
Draw_Circle(x1, y1,
num, Random_Color,
true)
Close_Graph_Window
End

SOFTWARE and PROBLEM SOLVING

수행과제 7-3

학과		학번		이름	

500×500 크기의 그래픽 창을 만든 후 키보드의 “r”을 입력한 후 마우스 왼쪽 버튼을 클릭하면 사각형을 그리고, 키보드의 “c”를 입력한 후 마우스 왼쪽 버튼을 클릭하면 원을 그리고, 마우스 오른쪽 버튼을 클릭하면 프로그램을 종료하는 프로그램을 작성해보자.

절취선

SOFTWARE and PROBLEM SOLVING

수행과제 7-4

학과		학번		이름	

500×500 크기의 그래픽 창을 만든 후 그래픽 창에서 마우스 왼쪽 버튼을 클릭하면 클릭한 위치에 랜덤 크기의 랜덤 색상이 채워진 도형 중 사각형, 원형, 타원형 중 랜덤으로 나타나게 하고, 마우스 오른쪽 버튼을 클릭을 하면 프로그램을 종료하는 프로그램을 작성해보자.

절취선

SOFTWARE and **P**ROBLEM **S**OLVING

7.5 RAPTORgraph로 애니메이션 만들기

이제까지 우리는 움직이지 않는 도형들을 그려보았다. 이제부터는 도형을 움직이게 만들어보자. RAPTORgraph의 함수를 활용하여 그래픽 창에서 객체들을 움직이게 할 수 있다. 객체의 움직임을 표현하기 위해서는 먼저 객체를 그린 후 움직이기 전에 객체를 지우고 다음 새로운 위치로 이동한 후 다시 그리는 방법으로 움직임을 나타낼 수 있다. 객체를 부드럽게 움직이게 하려면 객체를 그릴 때 한 번에 하나 이상의 픽셀을 이동시키고 다른 객체는 시간을 약간 지연 시키면 된다.

실습예제 7-8

흰색 그래픽 창에 마우스 오른쪽 버튼이 눌려진 곳에 반지름이 20인 녹색 원을 그리고 아래로 이동하다가 창의 아래 부분에 도달한 후 마우스 왼쪽 버튼을 클릭되면 화면이 사라지는 프로그램을 작성해보자.

문제 해결방법

- 녹색 원형을 먼저 그린 후 0.05초 기다린 후 흰색으로 다시 그려준다.

방법 1 wait_for_Mouse_Button() 함수 사용

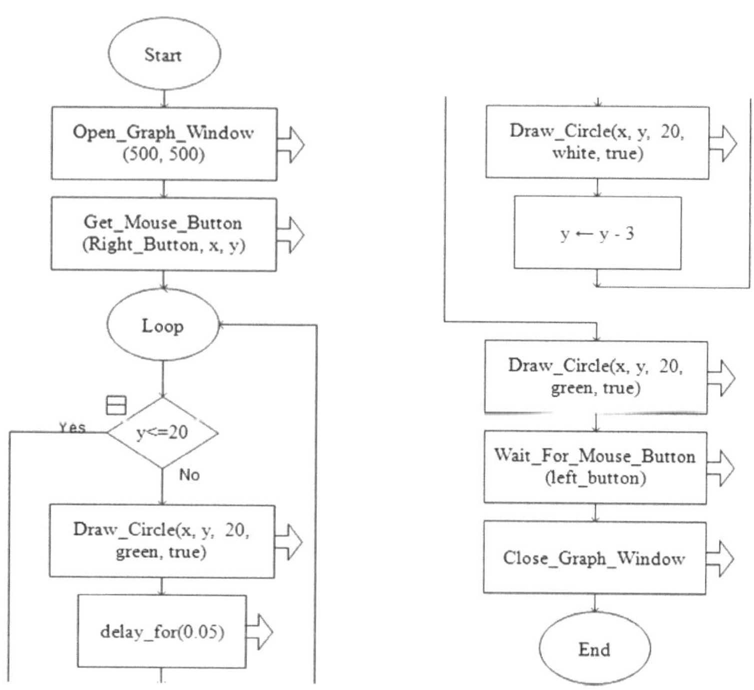

방법 2 Mouse_Button_Down() 함수 사용

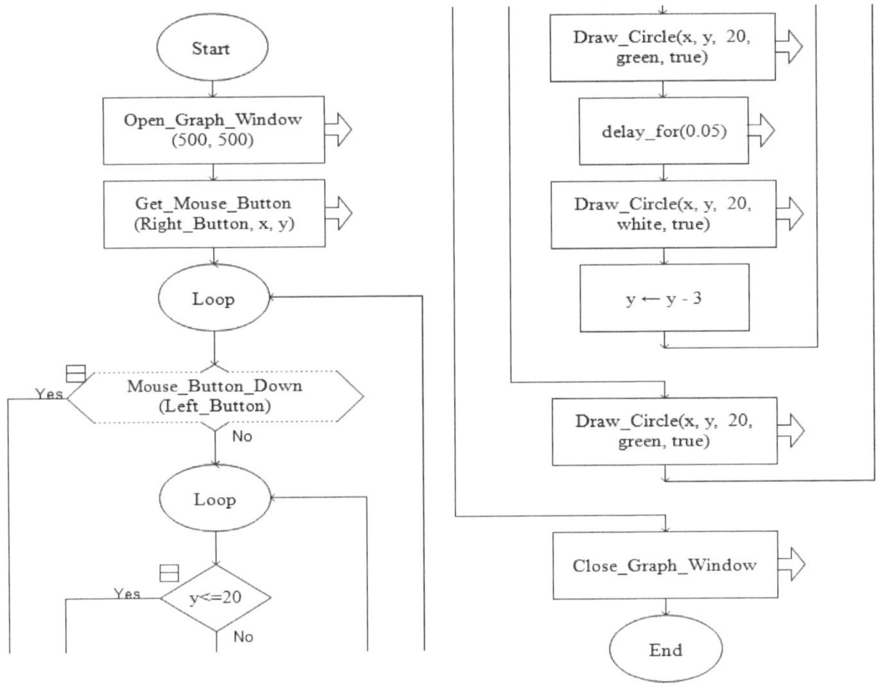

실습예제 7-9

흰색 그래픽 창에 마우스 오른쪽 버튼이 눌려진 곳에 반지름이 20인 녹색 원을 그리고 아래로 이동하다가 창의 아래 경계 부분에 도달하면 위로 이동하게 하고 마우스 왼쪽 버튼을 클릭되면 프로그램을 종료하는 프로그램을 작성하여 보자.

문제 해결방법

① 위 아래로 움직일 경우에는 Y좌표만 바꾼다.

② y좌표가 원의 반지름 20보다 작으면 y의 값을 증가하면 되고, y좌표가 윈도우 최대값 –20보다 크면 y의 값을 감소시키면 된다.

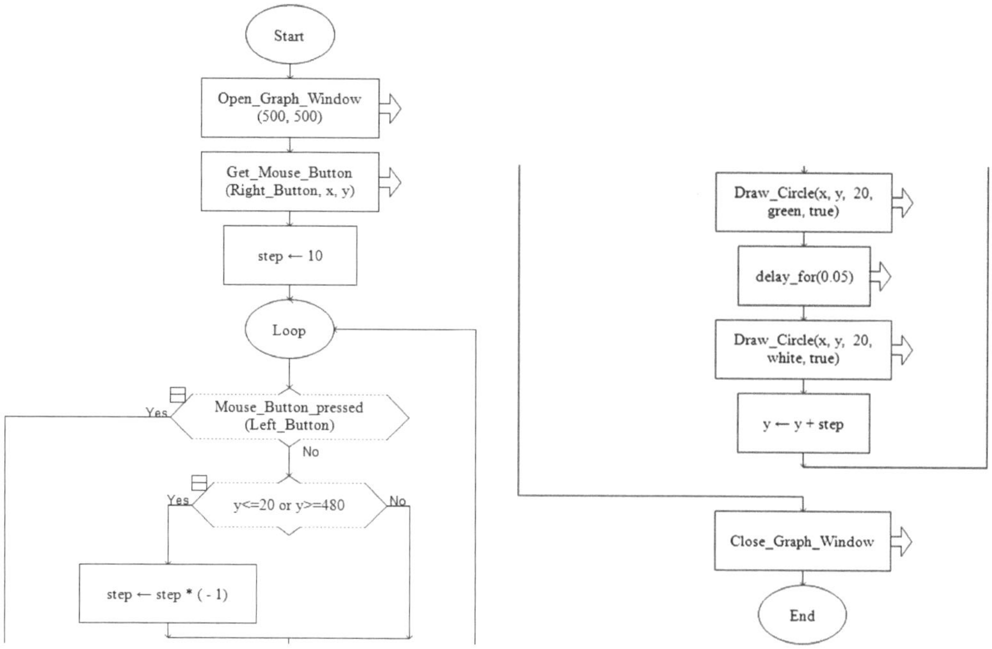

7.6 이미지와 사운드

랩터 그래픽에는 사진을 불러서 화면에 출력할 수 있는 함수를 제공한다. 랩터에서 읽어올 수 있는 그림 파일의 종류는 비트맵(.bmp), JPEG(.jpg), GIF(.gif) 등이다. 그림 파일을 불러올 때는 Load_Bitmap() 함수를 사용하는데 그림 파일이 들어있는 폴더와 파일명을 적어주어야 한다. 불러온 그림 파일을 화면에 디스플레이 할 때는 Draw_Bitmap() 함수를 사용한다. 이때 사용되는 두 개의 좌표(x1, y1, x2, y2)는 그림을 출력할 시작 좌표와 끝 좌표를 나타낸다.

```
Load_Bitmap("그림 파일 명")
```

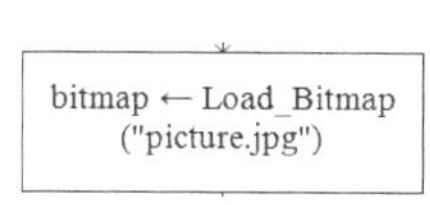


```
Draw_Bitmap(bitmap,x1,y1,x2,y2)
```

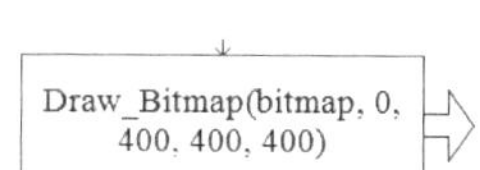

실습예제 7-10

D:드라이브의 image 폴더 안에 picture.jpg 라는 어떤 그림이 들어 있다고 가정하고, 이 그림을 그래픽 화면에 디스플레이하는 프로그램을 랩터로 작성해보자.

문제 해결방법

① 그래픽 윈도우의 크기를 400×400으로 설정한다.

② 그림 파일이 들어 있는 위치를 지정한다.(Load_Bitmap("d:\image\picture.jpg"))

③ 그래픽 화면의 좌측상단(0,400)에서 우측 하단(400,400)까지 그림 크기를 설정한다.

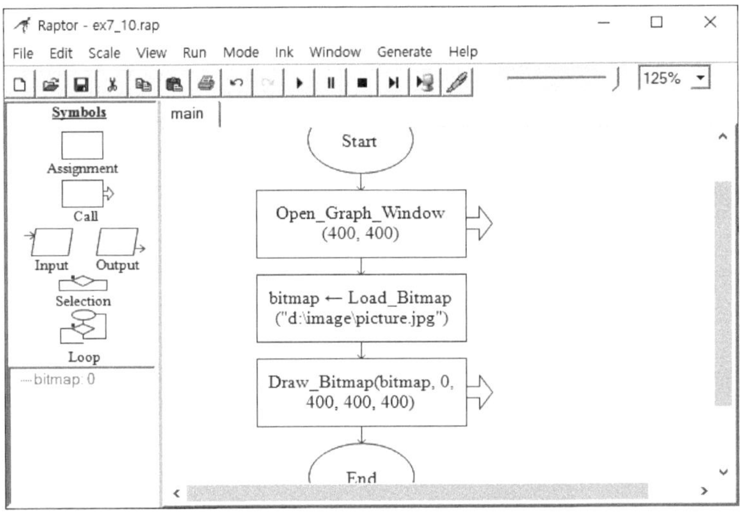

실행 결과

랩터에서는 사운드 파일을 불러와서 재생하는 기능을 제공한다. 랩터에서 읽어올 수 있는 사운드 파일은 웨이브(.wav)이다. 사운드 파일을 불러올 때는 다음 3개의 함수를 사용하는데 사운드 파일이 들어있는 폴더와 파일명을 적어주어야 한다.

Play_Sound("사운드 파일 명"): 사운드 파일 재생

Play_Sound_Background("사운드 파일 명"): 사운드 파일을 배경 음악으로 재생

Play_Sound_Background_Loop("사운드 파일 명"): 사운드 파일을 배경 음악으로 반복 재생

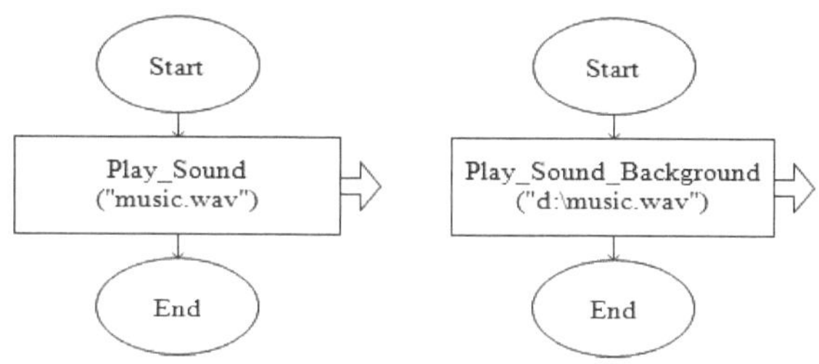

그림 7-2 ▸ 사운드 파일 사용 예

SOFTWARE and **P**ROBLEM **S**OLVING

수행과제 7-5

학과		학번		이름	

500×500 크기의 그래픽 창을 만든 후 그래픽 창에서 마우스 왼쪽 버튼을 클릭하면 크기 20짜리 붉은 색 공이 나타나서 그래픽 창의 좌측과 우측으로 왔다갔다 움직이게 만드시오. 키보드의 "q" 버튼을 클릭하면 프로그램을 종료하시오.

절취선

SOFTWARE and **P**ROBLEM **S**OLVING

✂

절
취
선

수행과제 7-6

학과		학번		이름	

500×500 크기의 그래픽 창 만든 후 그래픽 창에서 마우스 왼쪽 버튼을 클릭하면 크기 20짜리 노란색 공이 나타나서 그래픽 창의 상하좌우로 왔다갔다 움직이게 만드시오. 키보드의 "q" 버튼을 클릭하면 프로그램을 종료하시오.

힌트) 상하좌우로 움직이려면 x좌표와 y좌표 둘 다 바꿔야 한다.

SOFTWARE and **P**ROBLEM **S**OLVING

수행과제 7-7

학과		학번		이름	

500×500 크기의 그래픽 창을 만든 후 반지름 크기가 50인 원을 마우스 왼쪽 버튼을 클릭한 위치에 하나 그린 후, 키보드의 상하좌우 키를 누르면 상하좌우로 10씩 이동하고 q를 입력하면 프로그램을 종료하는 프로그램을 작성하시오.

생각해보기

- 키보드의 상하좌우 키 입력을 감지하는 함수는 무엇인지 생각해본다.
- 상하좌우 키가 입력될 때 입력되는 값은 무엇인지 생각해본다.
- RAPTORgraph에서 움직임을 표현하기 위해서 무엇을 해야 하는지 생각해본다.
- Get_Key_String 함수에 대해서 알아본다.

절취선

SOFTWARE and PROBLEM SOLVING

수행과제 7-8

학과		학번		이름	

500×500 크기의 그래픽 창을 만든 후 키보드 이벤트, 마우스 이벤트, 도형을 그리기 위한 함수 등 RAPTORgraph에 배운 것을 활용하여 하나의 주제를 정해서 그림을 완성하시오.

절취선

SOFTWARE and PROBLEM SOLVING

CHAPTER 08

프로그래밍 언어로 본격적인 코딩하기

학습목차

8.1 파이썬 언어를 이용한 코딩

이제 본격적으로 프로그래밍 공부를 해보도록 하자. 현재 개발자들이 사용하는 여러 가지 프로그래밍 언어 중에서 파이썬은 가장 선호도가 높다. 앞 절에서 랩터를 이용하여 데이터의 입력과 출력하는 방법을 배우고 실습하였는데 이번에는 파이썬을 이용하여 같은 문제를 해결 해보도록 한다. 파이썬을 설치하고 사용 환경을 설정하는 과정은 부록을 참고하기 바란다.

프로그래밍 언어는 기본 구조가 거의 유사하기 때문에 여러 가지 프로그래밍 언어 중에서 한 가지만 익히면 다른 언어를 사용하는 데 큰 어려움이 없다. 마찬가지로 랩터와 파이썬도 유사한 구조를 가지고 있기 때문에 표 8-1과 같이 입력과 출력 관련 명령어는 1대1로 대응된다. 표 8-1에 나타낸 랩터와 파이썬의 입출력 명령어를 비교하여 사용법을 익혀 놓도록 하자.

표 8-1 ▸ 랩터와 파이썬의 명령어 비교

용도	랩터	파이썬
입력(Input)	"Your name=?" GET name	name=input("Your name=?")
출력(Output)	PUT "Hello!! "+name¶	print("Hello!! ", name)
할당(Assignment)	A ← 10	A=10
연산 및 할당	sum ← A + B	sum=A+B

실습예제 8-1

어떤 사람의 이름을 입력받아 'Hello!!' 라는 인사말과 함께 이름을 화면에 출력하는 프로그램을 파이썬을 사용하여 만들어보자.

문제 해결방법

① 임의의 이름을 입력받는다(input 함수 필요).

② 입력받은 값을 저장할 변수가 필요하므로 변수명을 'name'으로 정한다.

③ 'name'라는 변수에 저장된 값을 결과 화면에 출력한다(print 함수 필요).

단계 1 파이썬을 시작한다. 윈도우 시작버튼을 누르면 Python 3.6이라는 메뉴가 나타난다. 여기서 3.6은 버전이므로 3.7이라도 상관없다. 이 메뉴의 하단에서 IDLE(Python 3.6 64-bit)라는 메뉴를 선택하여 클릭하면 파이썬 프로그램이 구동된다.

IDLE는 대화형 파이썬 셀과 코드 편집기 두 가지 모드로 사용이 가능하다. 한 두 줄의 짧은 코딩을 할 때는 대화형 파이썬 셀을 사용하고 여러 줄로 구성된 복잡한 코딩을 할 때는 코드 편집기를 사용하는 것이 편리하다. 그리고 대화형 파이썬 셀은 작성한 프로그램 코드를 저장할 수 없다. IDLE(Python 3.6 64-bit)라는 메뉴를 선택하여 클릭하여 파이썬 프로그램을 구동시켰을 때 처음으로 나타나는 화면이 대화형 파이썬 셀이다.

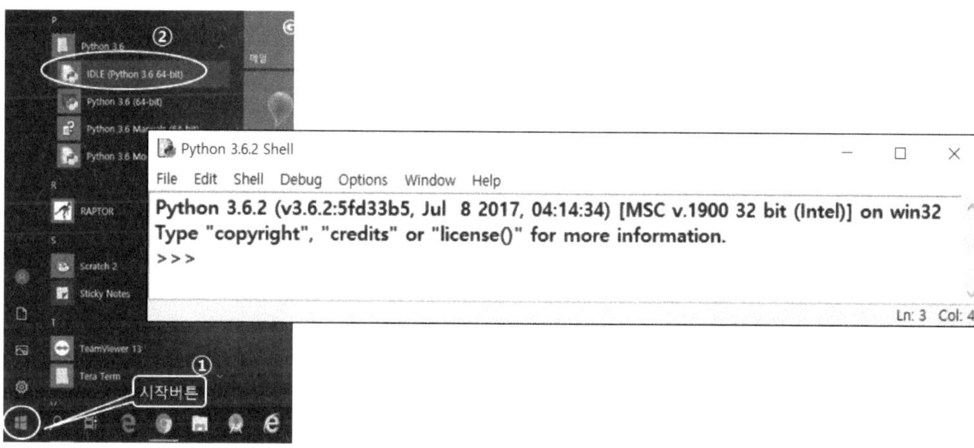

단계 2 파이썬 프로그램이 실행되었으면 코드 편집기를 사용하여 프로그램을 작성하도록 한다. 먼저 대화형 파이썬 셀의 [File] 메뉴로 들어가서 [New File] 메뉴를 선택하여 새로운 프로그램을 작성하도록 하자.

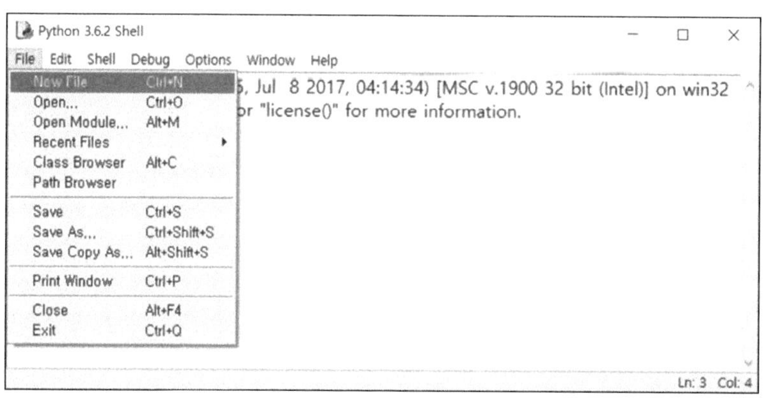

단계 3 이제 본격적으로 파이썬 프로그램을 만들어보자. 그림과 같이 입력문과 출력문을 완성한다.

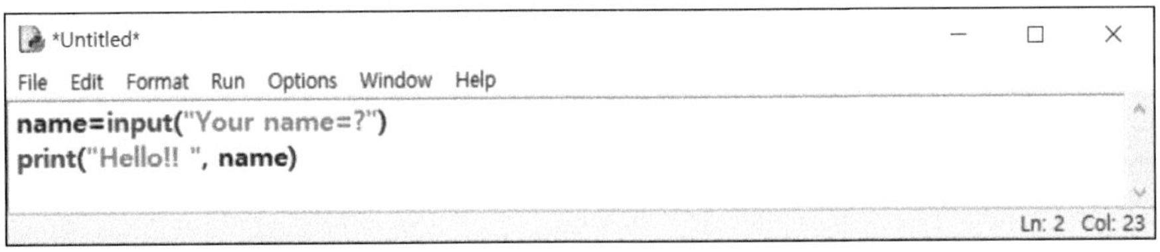

단계 4 완성된 파이썬 프로그램을 저장하도록 하자. [File] 메뉴에서 하단의 [Save As...] 메뉴를 선택하고 적당한 이름으로 저장한다. 이때 .py 라는 확장자가 자동으로 붙는다.

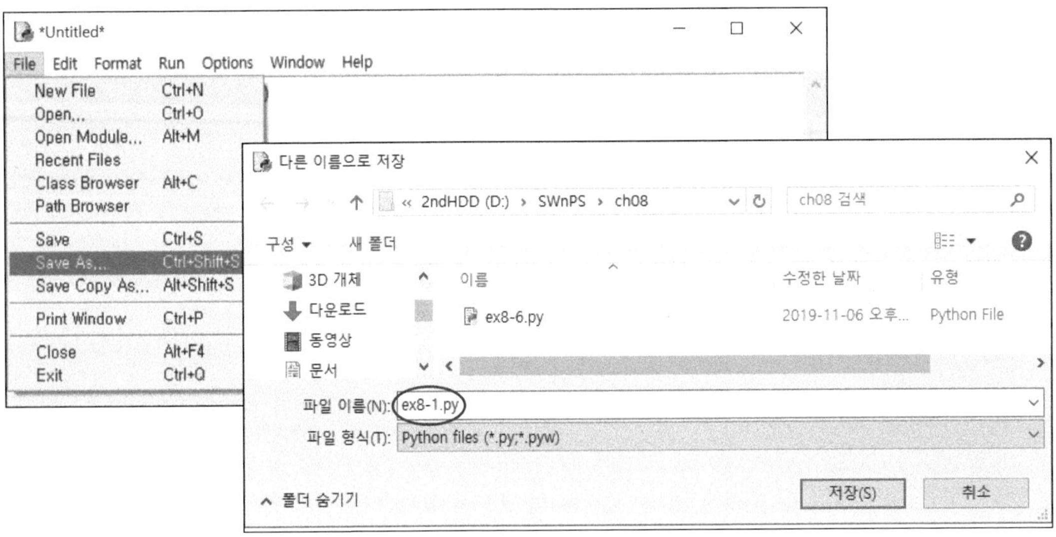

단계 5 저장이 완료되었으면 F5 키를 누르거나 [Run] 메뉴의 하위 [Run Module] 메뉴를 클릭해보자. 프로그램이 성공적으로 수행된다.

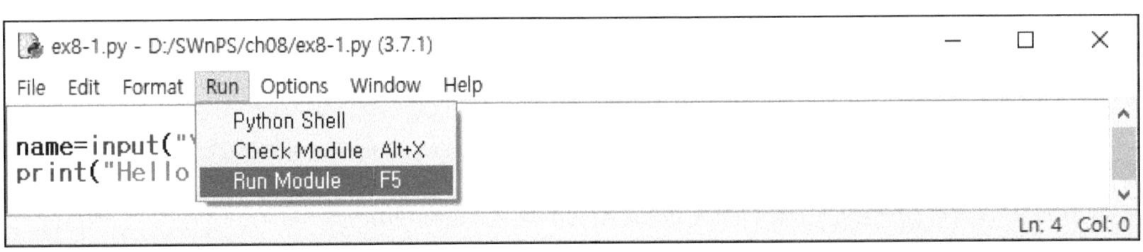

단계 6 프로그램이 수행되면 'Your name=?' 이라는 프롬프트가 나타난다. '홍길동' 이라고 이름을 입력한 후 엔터키를 치면 'Hello!! 홍길동'이라고 출력된다. 파이썬 프로그램은 한글과 영문을 모두 지원하기 때문에 한글 입력이 가능하다.

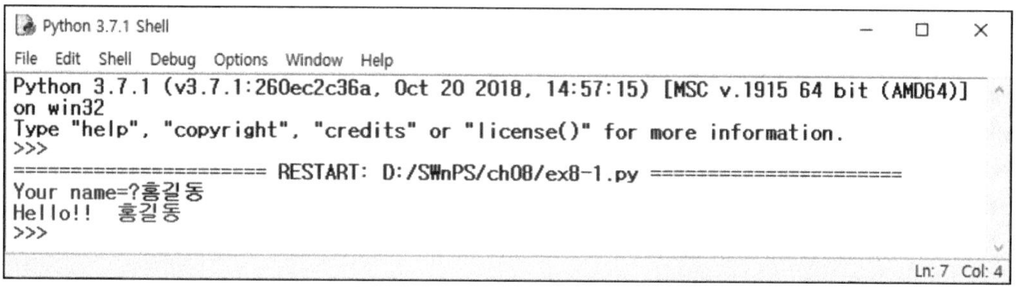

실습예제 8-2

임의의 숫자를 입력하면 그 수의 제곱을 계산하여 출력하는 일을 하고자 한다. 파이썬을 이용하여 이 문제를 해결해보자.

문제 해결방법

① 임의의 숫자를 입력받는다.

② 입력받은 값을 저장할 변수가 필요하므로 변수명을 'num'으로 정한다.

③ 입력받은 값의 제곱을 구하는 연산을 수행한 후 그 결과를 'result'라는 변수에 저장한다.

④ 'result'라는 변수에 저장된 결과 값을 출력한다.

단계 1 파이썬을 시작한다. 윈도우 시작 버튼을 누른 후 '모든 프로그램' 메뉴를 선택하면 Python 3.6이라는 메뉴가 나타난다. 이 메뉴의 하단에서 IDLE(Python 3.6 64-bit)라는 메뉴를 선택하여 클릭하면 파이썬 프로그램이 구동된다.

단계 2 파이썬 프로그램이 실행되었으면 File 메뉴로 들어가서 [New File] 메뉴를 선택하여 새로운 프로그램을 작성하도록 하자.

단계 3 이제 파이썬 프로그램을 작성해보자. 아래 그림과 같이 입력문, 제곱 계산, 출력문을 완성한다. 아래 소스코드의 첫 번째 라인을 보면 input문 앞에 int라는 함수가 붙어 있다. 파이썬에서 input 문을 통해 입력받은 데이터는 문자로 처리하기 때문에 int 라는 함수를 사용하여 숫자로 변환한 것이다. 즉, 문자는 연산을 할 수 없으므로 제곱 연산을 수행하기 위하여 숫자로 변환한 것이다.

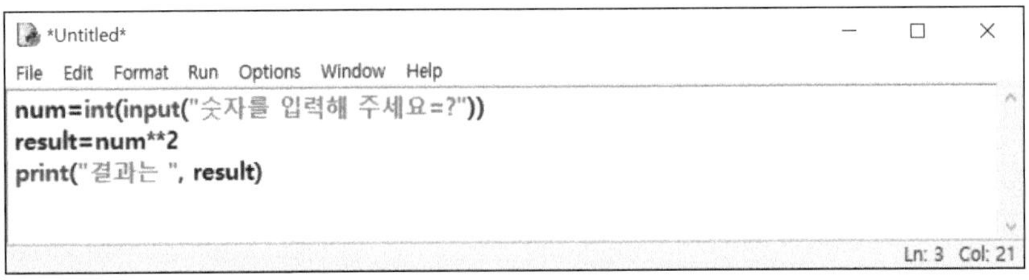

단계 4 F5 키를 누르거나 [Run] 메뉴의 하위 [Run Module] 메뉴를 클릭해보자. 만약 미리 저장하지 않았으면 다음 그림과 같이 저장하라는 메시지가 뜰 것이다.

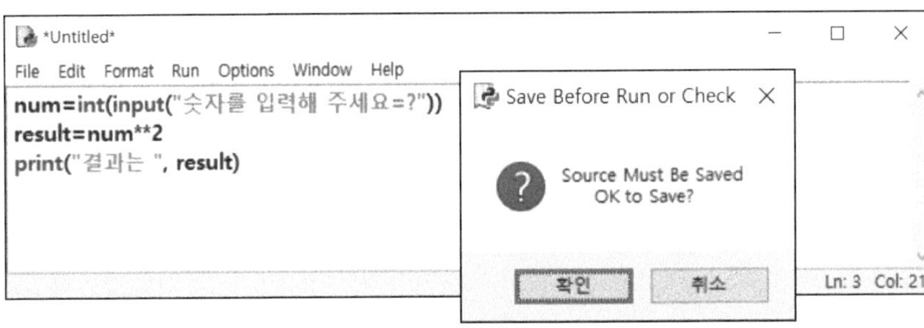

단계 5 파이썬 프로그램을 저장하도록 하자. [File] 메뉴에서 하단의 [Save As...] 메뉴를 선택하고 적당한 이름으로 저장한다. 이때 .py 라는 확장자가 자동으로 붙는다.

단계 6 저장이 완료되었으면 F5 키를 누르거나 [Run] 메뉴의 하위 [Run Module] 메뉴를 클릭해보자. 프로그램이 수행되었으면 임의의 숫자를 입력하고 엔터키를 눌러보자. 입력한 숫자의 제곱이 출력되면 성공이다.

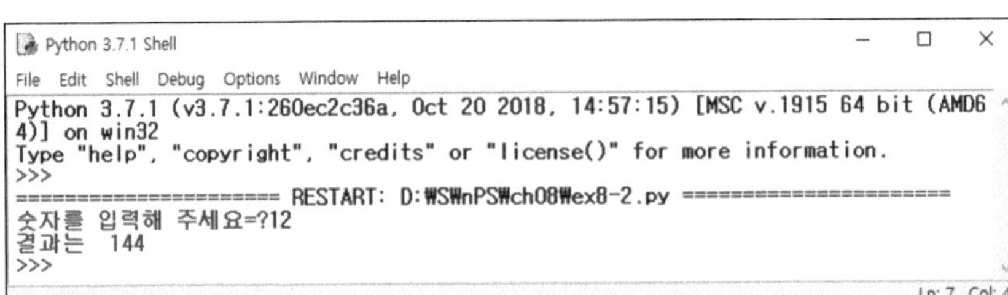

실습예제 8-3

컴퓨터는 키보드로부터 데이터를 입력받는다. 입력받은 데이터는 숫자 데이터일 수도 있고, 문자일 수도 있다. 입력된 데이터가 숫자일 경우는 숫자, 알파벳일 경우는 알파벳이라고 표시하는 프로그램을 파이썬을 이용하여 해결해보자.

문제 해결방법

① 문자를 입력받을 변수가 필요하다.

② 파이썬의 함수 중 `isalpha()`, `isnumberic()`, `isdigit()`, `isalnum()`를 사용한다.
`isalpha()`: 알파벳이면 true, 아니면 false
`isnumberic()`, `isdigit()`: 숫자이면 true, 아니면 false
`isalnum()`: 알파벳 또는 숫자이면 true, 아니면 false

단계 1 파이썬 IDLE를 실행한 후 File- New File 메뉴를 선택하여 새로운 프로그램을 작성한다.

단계 2 아래와 같이 입력한다. 코딩을 할 때 들여쓰기에 주의한다.

```
*ex8-3.py - D:\SWnPS\ch08\ex8-3.py (3.7.1)*
File Edit Format Run Options Window Help
intext= input("문자 또는 숫자를 입력하세요: ")

if intext.isalpha() :
    print("알파벳입니다.")

if intext.isnumeric() :      #intext.isdigit()도 동일한 결과를 얻음.
    print("숫자입니다.")
                                                        Ln: 8  Col: 0
```

단계 3 파일을 저장한 후 F5 키를 눌러 결과를 확인한다.

```
Python 3.7.1 Shell
File Edit Shell Debug Options Window Help
===================== RESTART: D:\SWnPS\ch08\ex8-3.py =====================
문자 또는 숫자를 입력하세요: a
알파벳입니다.
>>>
===================== RESTART: D:\SWnPS\ch08\ex8-3.py =====================
문자 또는 숫자를 입력하세요: 45
숫자입니다.
>>>
===================== RESTART: D:\SWnPS\ch08\ex8-3.py =====================
문자 또는 숫자를 입력하세요: a12
>>>
                                                        Ln: 14  Col: 4
```

실습예제 8-4

세 개의 정수를 입력받아 가장 큰 값을 출력하는 프로그램을 작성하여보자.

문제 해결방법

① 세 개의 숫자를 입력받아 저장할 변수가 필요하다.

② 입력받은 숫자가 가장 클 경우는 세 가지이다.

→ a가 가장 클 경우: a > b 참이고, a > c 참일 경우이다.

→ b가 가장 클 경우: a > b 거짓이고, b > c 참일 경우이다.

→ c가 가장 클 경우: a > b 참이고, a > c 거짓일 경우
또는 b > a 참이고, b > c 거짓일 경우이다.

단계 1 파이썬 IDLE를 실행한 후 File → New File 메뉴를 선택하여 새로운 프로그램을 작성한다.

단계 2 아래와 같이 입력한다.

```
*ex8-4.py - D:/SWnPS/ch08/ex8-4.py (3.7.1)*
File Edit Format Run Options Window Help
a = int(input("input number a: "))
b = int(input("input number b: "))
c = int(input("input number c: "))

if a>=b:
    if a>=c:
        print("최대값은 "+ str(a))
    else:
        print("최대값은 "+ str(c))
else :
    if b>=c:
        print("최대값은 "+ str(b))
    else:
        print("최대값은 "+ str(c))
Ln: 17 Col: 4
```

단계 3 파일을 저장한 후 실행하여 다양한 숫자를 입력하여 확인해본다.(예: a=8, b=1,c=7)

```
Python 3.7.1 Shell
File Edit Shell Debug Options Window Help
>>>
===================== RESTART: D:/SWnPS/ch08/ex8-4.py =====================
input number a: 9
input number b: 20
input number c: 15
최대값은 20
>>>
Ln: 9 Col: 4
```

실습예제 8-5

특정 과목의 점수를 입력하면 그에 해당되는 등급을 나타내는 프로그램을 작성하고자 한다. 점수에 해당되는 학점은 다음 표와 같다.

점수	등급
90~100	A
80~89	B
70~79	C
60~69	D
60미만	F

문제 해결방법

① 시험 점수를 저장할 변수가 필요하다.

② 각 점수를 조건에 따라 분류하여 등급으로 변환해야 한다.

단계 1 파이썬 IDLE를 실행한 후 File- New File 메뉴를 선택하여 새로운 프로그램을 작성한다.

단계 2 아래와 같이 입력한다.

```
ex8-5.py - D:/SWnPS/ch08/ex8-5.py (3.7.1)
File Edit Format Run Options Window Help
jumsu = int(input("점수를 입력하세요 : "))

if jumsu >= 90:
    print("A")
elif jumsu >= 80:
    print("B")
elif jumsu >= 70:
    print("C")
elif jumsu >= 60:
    print("D")
else:
    print("F")
Ln: 13 Col: 0
```

단계 3 파일을 저장한 후 실행하여 나온 화면에 다양한 숫자를 입력하여 확인해본다.

```
Python 3.7.1 Shell
File Edit Shell Debug Options Window Help
>>>
===================== RESTART: D:\SWnPS\ch08\ex8-5.py =====================
점수를 입력하세요 : 88
B
>>>
===================== RESTART: D:\SWnPS\ch08\ex8-5.py =====================
점수를 입력하세요 : 55
F
>>>
===================== RESTART: D:\SWnPS\ch08\ex8-5.py =====================
점수를 입력하세요 : 90
A
>>>
Ln: 15 Col: 4
```

실습예제 8-6

while문을 이용하여 “안녕하세요?” 라는 문자열을 10번 출력하는 프로그램을 파이썬으로 만들어보자.

문제 해결방법

① 변수 count를 0으로 초기화하고 반복할 때마다 1씩 증가시킨다.

② count>10 이 될 때까지 “안녕하세요?”를 출력하고, count>10 이면 while문의 반복을 종료한다.

알고리즘 설계 결과를 순서도(raptor)로 나타내면 아래 그림과 같다.

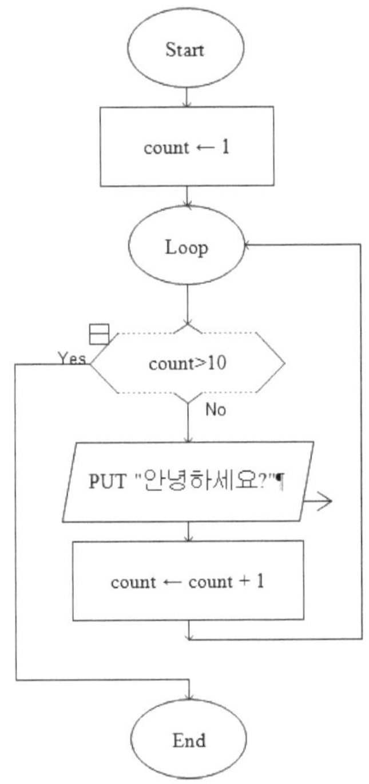

단계 1 파이썬 IDLE를 실행한 후 File- New File 메뉴를 선택하여 새로운 프로그램을 작성한다.

단계 2 아래와 같이 입력한다.

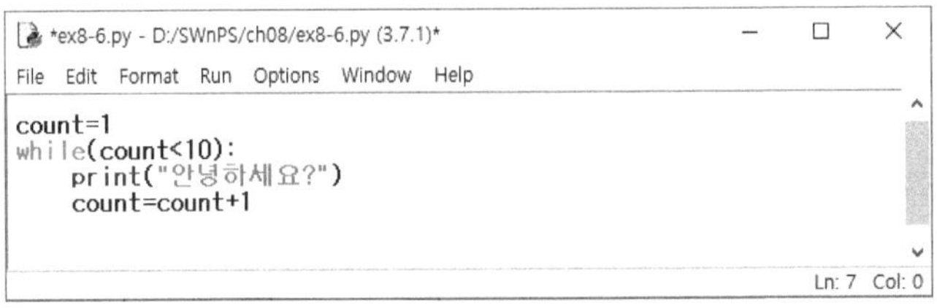


```
count=1
while(count<10):
    print("안녕하세요?")
    count=count+1
```

단계 3 파일을 저장한 후 실행하여 결과를 확인한다.

```
Python 3.7.1 Shell
File Edit Shell Debug Options Window Help
Python 3.7.1 (v3.7.1:260ec2c36a, Oct 20 2018, 14:57:15) [MSC v.1915 64 bit (AMD
64)] on win32
Type "help", "copyright", "credits" or "license()" for more information.
>>>
===================== RESTART: D:/S\nPS/ch08/ex8-6.py =====================
안녕하세요?
안녕하세요?
안녕하세요?
안녕하세요?
안녕하세요?
안녕하세요?
안녕하세요?
안녕하세요?
안녕하세요?
>>>
                                                                Ln: 14  Col: 4
```

SOFTWARE and **P**ROBLEM **S**OLVING

수행과제 8-1

학과		학번		이름	

두 개의 정수를 입력받아 두 수 중 작은 수가 큰 수의 약수인지를 판별하는 프로그램을 랩터와 파이썬으로 작성하여 보자.

생각해보기

① 자료 수집/분석/표현

- 입력 자료: 정수 2개
- 출력 자료: 작은 수가 큰 수의 약수인지를 판별한 결과

② 문제 분해/추상화/알고리즘 설계

- 입력된 두 수의 크기 비교하여 큰 수와 작은 수를 결정한다.
- 약수는 A/B의 나머지가 0이면 B는 A의 약수이다.

실행 결과

```
Python 3.7.1 Shell
File Edit Shell Debug Options Window Help
====================== RESTART: D:\SWnPS\ch08\su8-1.py ======================
Input number :  10
Input number:  5
5는 10의 약수입니다..
>>>
====================== RESTART: D:\SWnPS\ch08\su8-1.py ======================
Input number :  3
Input number:  10
3는 10의 약수가 아닙니다.
>>>
Ln: 13 Col: 4
```

절취선

SOFTWARE and PROBLEM SOLVING

수행과제 8-2					
학과		학번		이름	

반복문을 사용하여 1부터 100사이의 정수 중에서 홀수 값의 합을 구하는 프로그램을 작성해보자. 왼쪽의 순서도를 참고해서 파이썬 프로그램을 작성하시오.

생각해보기

① 자료 수집/분석/표현

- 입력 자료: 초기값(1)
- 출력 자료: 1부터 100사이의 정수 중에서 홀수 값의 합

② 문제 분해/추상화/알고리즘 설계

- count 변수를 만들어 1부터 100까지 증가시킨다.
- 증가치를 2로 하여 홀수만 만들어 내어 합한다. (1+3+5+...+97+99)

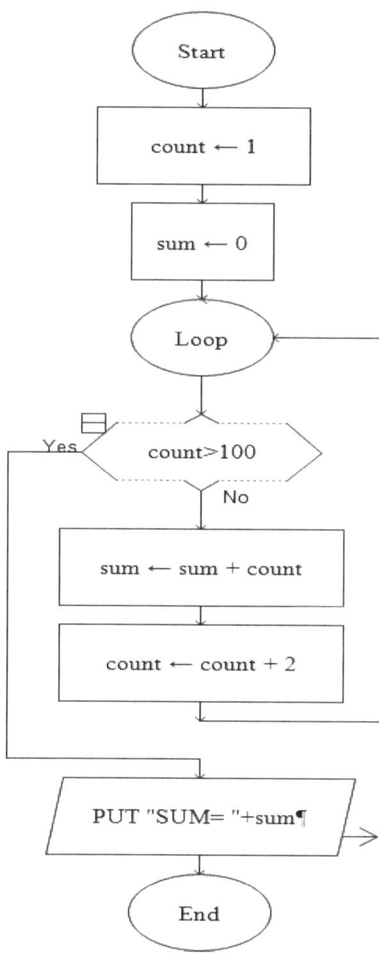

절취선

SOFTWARE and **P**ROBLEM **S**OLVING

8.2 파이썬에서 함수 사용하기

모든 함수는 고유의 이름을 가지고 있어야 하며, 함수 이름을 호출해주면 비로소 그 함수는 자신의 코드를 실행하기 시작한다. 함수는 자신의 코드블록을 실행하고 나서 그 결과를 자신을 호출한 코드에게 돌려준다. 하지만 항상 결과를 돌려주는 것은 아니고 반환하라는 명령어(return)를 만났을 때만 결과를 반환한다.

그림 8-1에 나타낸 함수의 호출과 실행 순서를 보자. 파이썬 프로그램에서 함수는 항상 프로그램의 최상단에 위치해야한다. 함수가 호출되면 컴퓨터는 곧바로 호출된 함수를 실행한다. 그리고 함수의 실행결과를 가지고 방금 자기를 호출하였던 명령어로 되돌아와서 다음 명령을 실행한다.

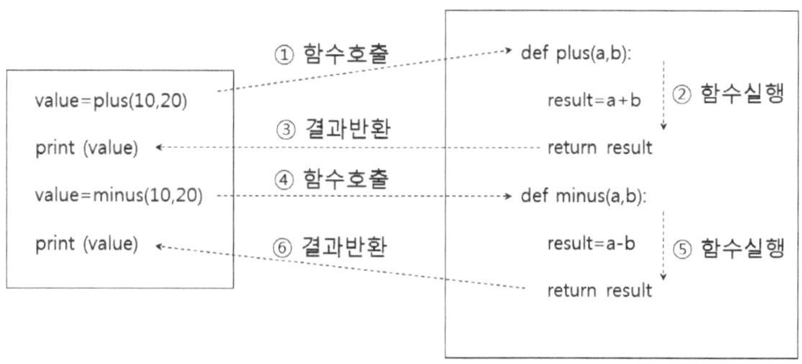

그림 8-1 ▸ 함수의 호출과 실행 순서

앞 절에서 공부한 함수의 사용 예는 결과를 반환하지 않았다. 지금부터 함수의 수행 결과를 반환하는 경우를 공부해보도록 하자.

실습예제 8-7

원과 사각형의 면적을 구하는 함수를 만들고 함수의 수행 결과 값(면적)을 반환하는 프로그램을 작성해보자.

생각해보기

① 자료 수집/분석/표현

- 원의 반지름(r), 원주율(3.14), 삼각형의 밑변(w), 삼각형의 높이(h)

② 문제 분해/추상화/알고리즘 설계

- 원의 면적= 3.14×반지름(r)×반지름(r)
- 사각형의 면적= 사각형의 밑변(w) × 사각형의 높이(h)
- 함수로 구현하고 원의 면적 및 사각형의 면적을 반환

파이썬으로 문제해결 하기

단계 1 파이썬 프로그램을 실행한 후 다음 그림과 같이 코딩한다.

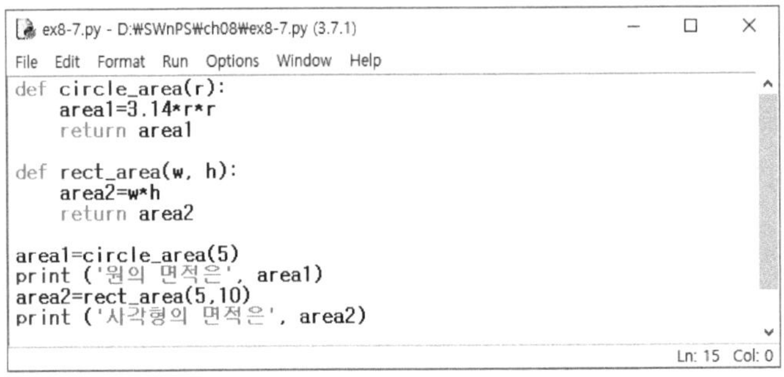

단계 2 작성한 파이썬 프로그램을 적당한 이름으로 저장한 후, 실행 단축키(F5)를 눌러 프로그램을 실행시킨다. 실행이 되면 다음 그림과 같이 원과 사각형의 면적이 출력된다.

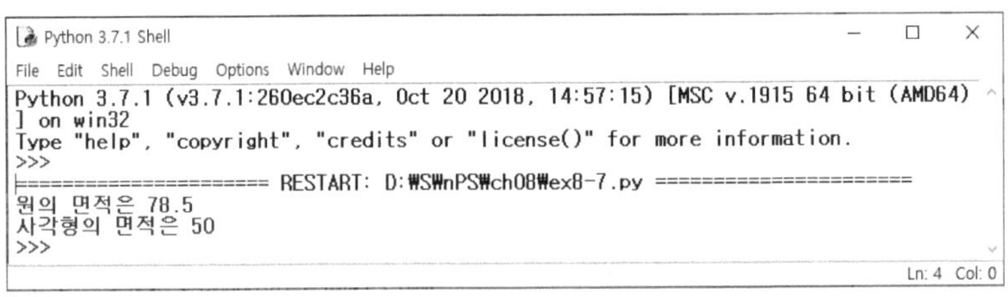

TIP 위의 프로그램을 분석해보자.

```
1:  def circle_area(r):
2:      area1=3.14*r*r
3:      return area1

4:  def rect_area(w, h):
5:      area2=w*h
6:      return area2

7:  area1=circle_area(5)
8:  print ('원의 면적은', area1)
9:  area2=rect_area(5,10)
10: print ('사각형의 면적은', area2)
```

코드 설명

1행~3행: 원의 면적을 계산하는 부분을 함수로 구현한 부분이다. 반지름(r)을 매개변수로 넘겨 받고 계산 결과는 area1변수에 저장하여 반환한다.

4행~6행: 사각형의 면적을 계산하는 부분을 함수로 구현한 부분이다. 가로(w), 세로(h)를 매개 변수로 넘겨받고 계산 결과는 area2변수에 저장하여 반환한다.

7행: 반지름 5를 인수로 하여 circle_area()함수를 호출한다. 1행~3행의 circle_area() 함수가 호출되어 원의 면적을 계산하여 area1으로 반환한다.

8행: area1으로 반환된 원의 면적을 출력한다.

9행: 가로 5, 세로 10을 인수로 하여 rect_area()함수를 호출한다. 4행~6행의 rect_area() 함수가 호출되어 사각형의 면적을 계산하여 area2로 반환한다.

10행: area2로 반환된 사각형의 면적을 출력한다.

실습예제 8-8

사칙 연산을 잘하는 4명의 전문가를 만들려고 한다. 이들은 더하기, 빼기, 곱하기, 나누기 전문가들이다. 이 전문가들의 이름을 plus, minus, multiply, divide 라고 작명하고 함수로 구현하여 보자.

생각해보기

① 자료 수집/분석/표현

- 임의의 두 값 (a, b)를 입력

② 문제 분해/추상화/알고리즘 설계

- a + b 값을 계산하는 plus(a, b) 함수 작성
- a - b 값을 계산하는 minus(a, b) 함수 작성
- a × b 값을 계산하는 multiply(a, b) 함수 작성
- a ÷ b 값을 계산하는 divide(a, b) 함수 작성

단계 1 파이썬 프로그램을 실행한 후 다음 그림과 같이 코딩한다.

ex8-8.py - D:₩SWnPS₩ch08₩ex8-8.py (3.7.1)

File Edit Format Run Options Window Help

```
def plus(a,b):
    c=a+b
    print ('더하기 결과:',c)

def minus(a,b):
    c=a-b
    print ('빼기 결과:',c)

def multiply(a,b):
    c=a*b
    print ('곱하기 결과:',c)

def divide(a,b):
    c=a/b
    print ('나누기 결과:',c)

plus(200,100)
minus(200,100)
multiply(200,100)
divide(200,100)
```

Ln: 21 Col: 0

단계 2 작성한 파이썬 프로그램을 적당한 이름으로 저장한 후, 실행 단축키(F5)를 눌러 프로그램을 실행시킨다.

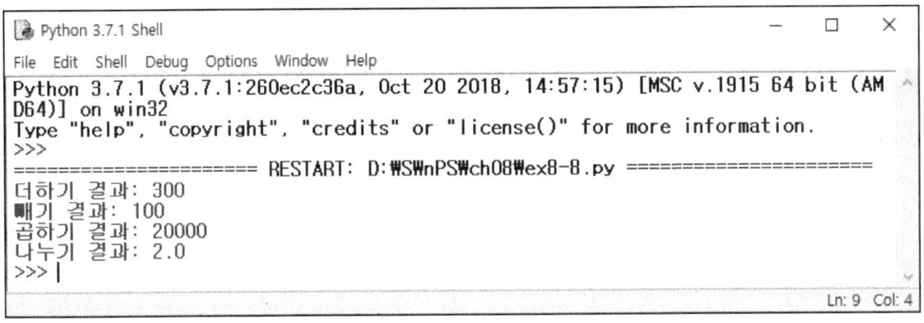

8.3 파이썬으로 그림 그리기

파이썬에서는 그림을 그리는 도구로 거북이(turtle)이라는 모듈을 제공한다. 거북이 모듈을 불러온 다음, 거북이에게 명령을 내리면 거북이가 움직이면서 그림을 그린다. 예를 들어 전진(forward), 후진(backward), 오른쪽으로 방향 전환(right), 왼쪽으로 방향 전환(left) 등의 명령을 사용할 수 있다.

다음 예는 거북이(turtle)이라는 모듈을 불러서 그림을 그리는 파이썬 프로그램이다. 아래 프로그램에서 샤프기호(#) 뒤에 있는 글은 설명문이다. 이것은 파이썬 프로그램에서 수행되지 않으므로 무시해도 된다.

```
import turtle                # turtle 모듈을 불러온다.
turtle.shape('turtle')       # 커서모양을 거북이 모양으로 바꾼다.
                             # 바꾸지 않으면 화살표 모양이 기본이다.
turtle.forward(100)          # 100 픽셀만큼 전진하면서 줄을 그린다.
turtle.right(90)             # 오른쪽으로 90도 회전한다.
turtle.forward(100)          # 100 픽셀만큼 전진하면서 줄을 그린다.
turtle.right(90)             # 오른쪽으로 90도 회전한다.
turtle.forward(100)          # 100 픽셀만큼 전진하면서 줄을 그린다.
turtle.right(90)             # 오른쪽으로 90도 회전한다.
turtle.forward(100)          # 100 픽셀만큼 전진하면서 줄을 그린다.
turtle.color('red')          # 컬러를 빨간색으로 바꾼다.
turtle.circle(50)            # 반지름 50픽셀 길이로 원을 그린다.
```

파이썬을 구동시키고 위의 프로그램을 입력하여 실행하면 다음과 같은 결과가 나온다.

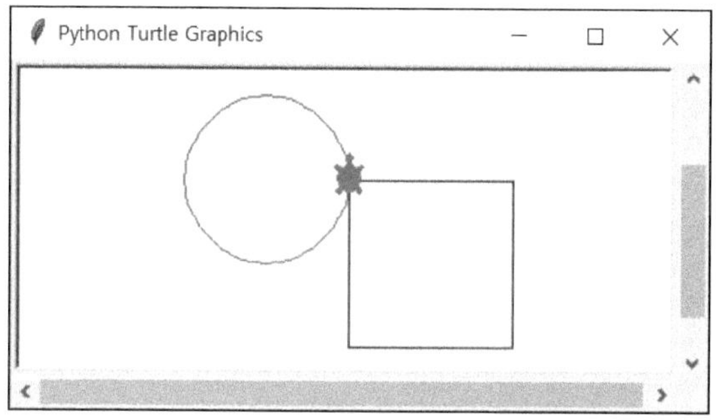

그림 8-2 ▸ 터틀 모듈을 이용하여 도형그리기

터틀 모듈은 다음 표 8-2와 같이 다양한 그래픽 함수를 제공한다.

표 8-2 ▸ 터틀 그래픽 함수

터틀 그래픽 함수	설명
`shape('turtle')`	커서 모양을 거북이 모양으로 변경
`penup()`	펜 올리기
`pendown()`	펜 내리기
`pensize(3)`	펜 굵기를 3으로 바꿈
`clear()`	화면 지우기
`left(x), right(x)`	각도 x도 왼쪽으로 회전, x도 오른쪽으로 회전
`forward(x), backward(x)`	x 픽셀만큼 전진, x 픽셀만큼 후진
`goto(x,y)`	(x, y) 좌표로 이동하기
`circle(r, a)`	반경 r, 각도 a의 호 그리기, a가 생략 되면 원을 그림
`setheading(a)`	각도 a도 방향으로 진행방향 결정
`bgcolor('blue')`	배경색을 파란색으로 바꿈
`color('red')`	펜 색을 빨간색으로 바꿈
`fillcolor('red')`	도형 내부를 칠하는 색깔을 빨간색으로 바꿈
`speed(x)`	거북이가 그림을 그리는 속도. 0이 가장 빠름
`write('우리나라')`	'우리나라' 글자를 화면에 출력함
`begin_fill()` `end_fill()`	도형의 내부를 색상으로 채우기 시작과 끝을 지정함 이 두 개의 함수 사이에 그리는 도형은 내부색이 채워짐

실습예제 8-9

파이썬의 터틀을 이용하여 다음과 같은 조건에서 선택적으로 그림을 그리는 프로그램을 작성하여보자.

선택문을 사용하여 키보드상의 g가 입력되면 앞으로 100 전진, 키보드상의 b가 입력되면 뒤로 100 후진, 키보드상의 l이 입력되면 좌측으로 90 회전, 키보드상의 r이 입력되면 우측으로 90 회전하도록 한다.

문제 해결방법

① 키보드에 입력된 값과 해당 문자 비교

② 해당 문자가 입력되면 지시대로 수행

단계 1 파이썬 IDLE를 실행한 후 File- New File 메뉴를 선택하여 새로운 프로그램을 작성한다.

단계 2 아래와 같이 입력한다. 소스코드 중 while는 반복적으로 어떠한 일을 수행하고자 할 때 사용하는 것으로 문자를 계속 입력받아 거북이를 움직이게 하기 위해서 사용하였다. 이 반복문은 'q'가 입력되면 반복문, 즉 거북이를 움직이게 하는 문자 입력을 더 이상 받지 않게 된다.

ex8-9.py - D:\SWnPS\ch08\ex8-9.py (3.7.1)

```
import turtle as t

t.shape("turtle")
t.color("blue")  #turtle를 파란색으로 변경

ch =""
while ch!='q':   #q가 입력되면 종료되고, 그렇지 않으면 계속 반복됨.

    ch= t.textinput("","g(go),b(back),l(left),r(right)중 입력")

    if ch == "g":                # 사용자가  "g "을 입력하였으면
        t.forward(100)
    elif ch == "b":              # 사용자가  "b "을 입력하였으면
        t.backward(100)
    elif ch == "l":              # 사용자가  "l"을 입력하였으면
        t.left(90)
    elif ch == "r":              # 사용자가  "r "을 입력하였으면
        t.right(90)
```

단계 3 파일을 저장한 후 실행하여 g, b, r, l 중 원하는 문자를 입력한 후 거북이의 움직임을 확인해보자. 더 이상 문자를 입력하고 싶지 않을 때 'q'를 입력하면 된다.

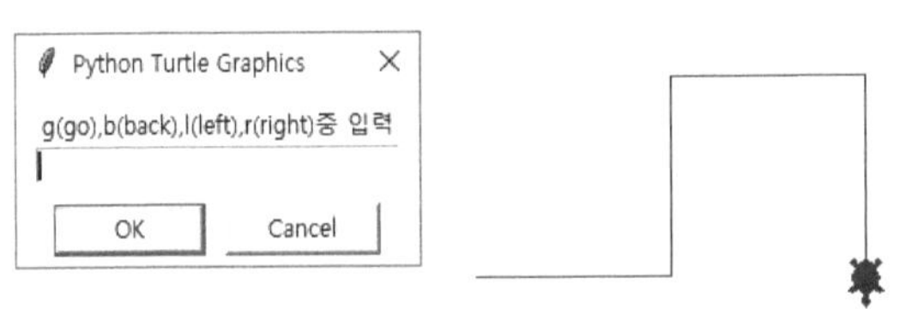

실습예제 8-10

18세기 무렵 유럽의 동프로이센에 쾨니히스베르크라는 도시가 있었다. 이 도시를 가로 질러서 큰 강이 하나 흐르고 있었는데, 모두 7개의 다리가 강 위에 놓여 있었다. 쾨니히스베르크의 다리 문제란 임의의 한 점에서 출발하여 일곱개의 다리를 단 한 번만 지나서 출발점으로 되돌아올 수 있는가 하는 문제로, 오일러는 모든 다리를 단 한 번만 거쳐서는 절대 출발한 지점으로 돌아올 수 없다고 결론지었다. 오일러는 이 쾨니히스베르크 다리 문제를 연필을 떼지 않고 선을 한 번씩만 그릴 수 있는가 하는 한붓그리기 문제로 바꿔서 생각한 것이다.

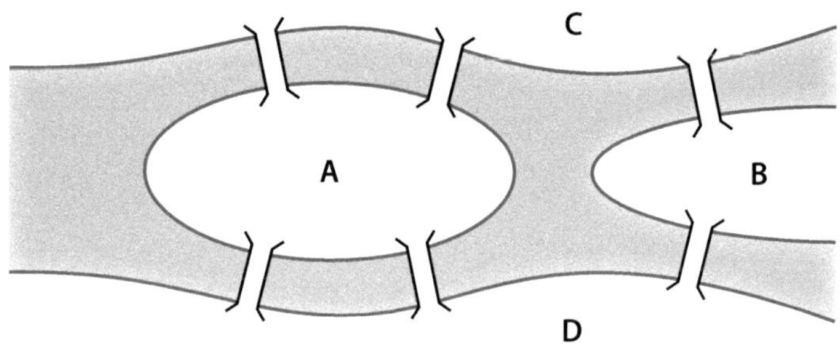

오일러는 한붓그리기를 할 수 있는 도형의 특징을 다음과 같이 정리했다.

- 꼭짓점에 붙은 선의 개수가 짝수면 '짝수점', 홀수이면 '홀수점'이라고 한다.
- 홀수 점의 수가 0또는 2개인 경우만 한붓그리기를 할 수 있다.
- 홀수 점의 수가 0개 인 경우는 출발점과 도착점이 일치한다.
- 홀수 점의 수가 2개 인 경우는 한 홀수 점은 출발점이 되고, 다른 홀수 점은 도착점이 된다.

아래 그림은 쾨니히스베르크의 다리를 그래프로 단순화 한 것이다. A지점에서 나갈 수 있는 길이 5개 이므로 A점은 홀수 점이다. B, C, D점도 각 각 나갈 수 있는 길이 3개로 모두 홀수 점이다. 즉 쾨니히스베르크의 다리는 홀수 점의 수가 4개 이므로 한붓그리기를 할 수 없다.

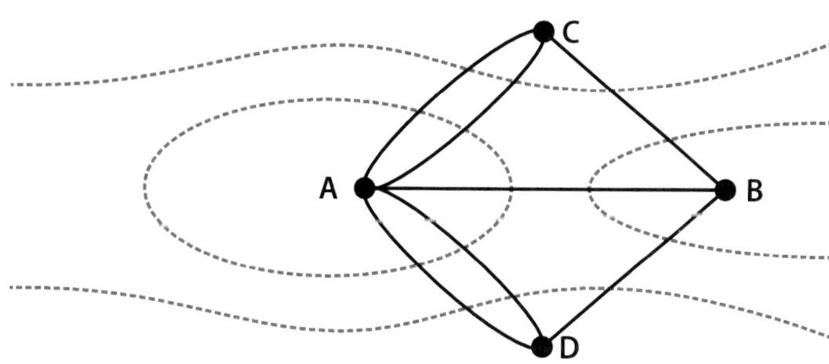

여러분들도 한붓그리기를 해본 경험이 있을 것이다. 다음 그림과 같은 도형을 한붓그리기 하려면 어디서 시작해야 할까? 이 문제를 해결하여 출발점과 도착점을 찾은 다음, 파이썬 터틀그래픽을 이용하여 실제로 그려보자.

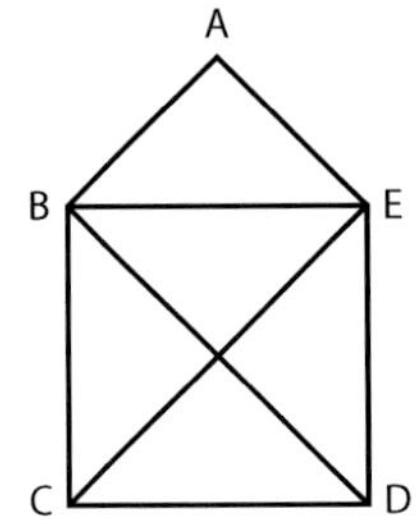

생각해보기

① 자료 수집/분석/표현

- 입력 자료: A, B, C, D, E 꼭짓점에 붙은 선의 수
- A점: 2개(짝수), B점: 4개(짝수), C점: 3개(홀수), D점: 3개(홀수), E점: 2개(짝수)

② 문제 분해/추상화/알고리즘 설계

- 홀수 점의 수가 2개 인 경우는 오일러의 정리에 의해 한 홀수 점은 출발점이 되고, 다른 홀수 점은 도착점이 된다. 즉 그림 8-7에서 홀수 점인 C에서 출발해서 D에서 끝나는 한붓그리기가 가능하다.

문제 해결방법

① 파이썬의 터틀 모듈을 import 한다.

② 아래 그림과 같이 길이와 각도를 정하고 C점에서 출발해서 D점에서 끝나는 한붓그리기를 설계한다.

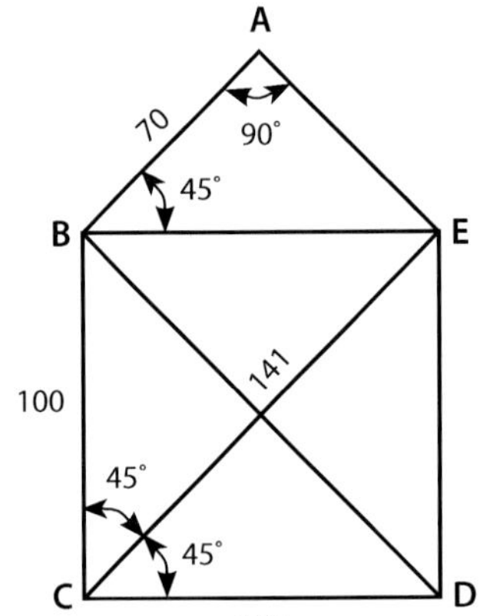

단계 1 파이썬을 시작한다. 파이썬 프로그램이 실행되었으면 [File] 메뉴로 들어가서 [New File] 메뉴를 선택하여 다음과 같이 새로운 프로그램을 작성하도록 하자.

```
*ex8-10.py - D:\SWnPS\ch08\ex8-10.py (3.7.1)*
File Edit Format Run Options Window Help
import turtle as t

t.shape('turtle')
t.left (90)
t.forward (100)
t.right(90)
t.forward (100)
t.right(90)
t.forward (100)
t.right(90)
t.forward (100)

t.right(135)
t.forward (141)

t.left(90)
t.forward (70)

t.left(90)
t.forward (70)

t.left(90)
t.forward (141)
Ln: 26 Col: 0
```

TIP 프로그램 코드의 첫줄에서 'import turtle'로 하지 않고 'import turtle as t'로 한 이유는 이 프로그램에서는 터틀 이름을 't'로 사용하겠다는 의미이다. 이와 같이 프로그램의 상단에 터틀의 새로운 이름을 정의하고 나면, 이후에 사용하는 터틀은 모두 't'라는 이름으로 간단하게 사용할 수 있다.

단계 2 완성된 파이썬 프로그램을 저장하도록 하자. 저장이 완료되었으면 F5 키를 누르거나 [Run] 메뉴의 하위 [Run Module] 메뉴를 클릭해보자. 프로그램이 성공적으로 수행된다.

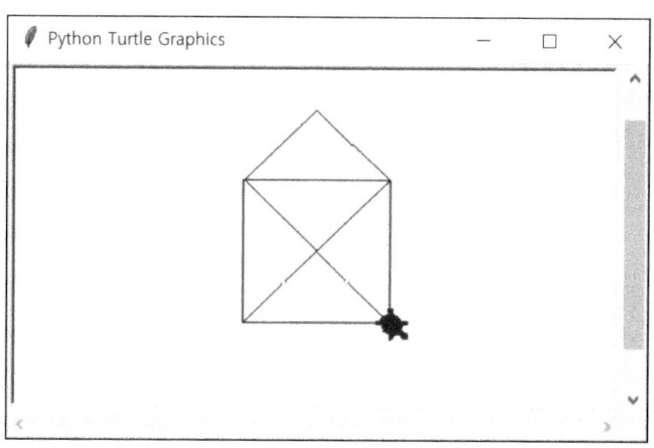

실습예제 8-11

다음 파이썬 프로그램을 분석해보고 실행과정을 일일이 따라 가면서 어떤 그림이 그려지는지 종이에 직접 그려보고 실행 결과와 비교해보자.

ex8-11.py - D:\SWnPS\ch08\ex8-11.py (3.7.1)

```python
import turtle as t

def flag(radius, color):
    t.left(270)
    t.color(color)
    t.begin_fill()
    t.circle(radius/2.0, -180)
    t.circle(radius,180)
    t.left(180)
    t.circle(-radius/2.0, -180)
    t.end_fill()

flag(100,"red")
t.setheading(180)
flag(100, "blue")
```

Ln: 18 Col: 0

실행 결과

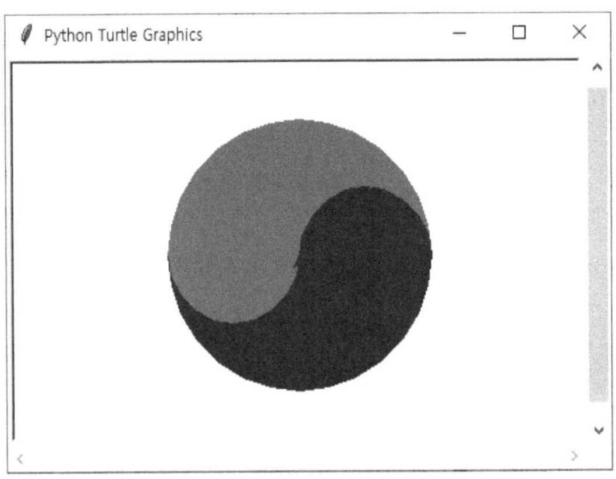

수행과제 8-3

학과		학번		이름	

다음 도형에서 한붓그리기가 가능한지 오일러의 공식을 적용해서 분석해보고, 가능하다면 파이썬 터틀그래픽을 이용하여 한붓그리기로 그리는 파이썬 프로그램을 작성해보자.

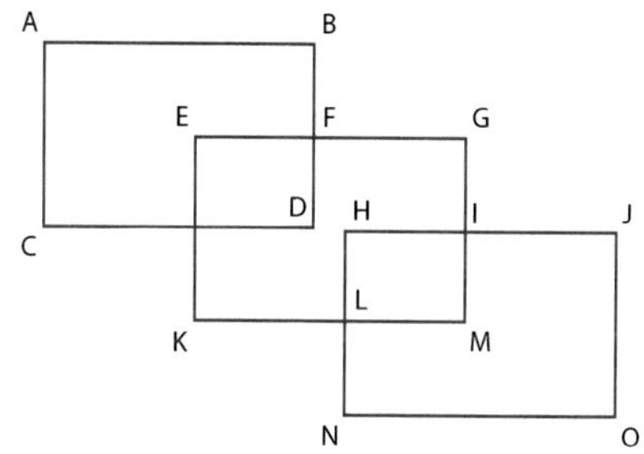

생각해보기

① 자료 수집/분석/표현

- 입력 자료: A, B, C, D, ... , N, O 각 꼭짓점에 붙은 선의 수
- 홀수 점의 수가 0개 인 경우이므로 출발점과 도착점이 일치한다.

② 문제 분해/추상화/알고리즘 설계

- 꼭짓점에 붙은 선이 짝수면 '짝수점', 홀수로 이루어진 점은 '홀수점'이라 한다.
- 짝수점만 있는 경우 어느 점에서든 붓을 떼지 않고도 한 번에 그릴 수 있다.
- 시작점을 기준으로 이동해야할 거리와 각도를 적당하게 산정한다.

절취선

SOFTWARE and **P**ROBLEM **S**OLVING

수행과제 8-4

학과		학번		이름	

다음 그림과 같이 세 개의 막대기가 있다. 이 막대기를 이용하여 삼각형을 만들보고, 먼저 삼각형을 만들 수 있는지를 판단한 후 만들 수 있다면 이 삼각형이 직각삼각형인지 아니면 일반삼각형인지를 판단하는 프로그램을 파이썬으로 작성해보자.

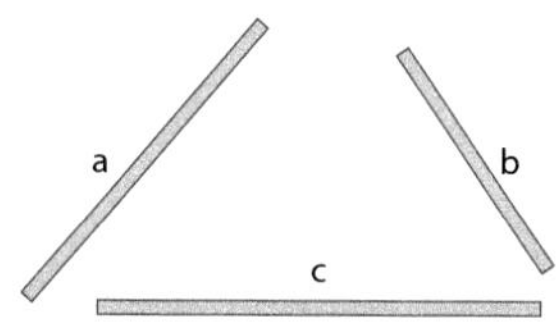

생각해보기

① 자료 수집/분석/표현

- 입력 자료: 막대기의 길이 a, b, c
- 출력 자료: 삼각형의 종류

② 문제 분해/추상화/알고리즘 설계

- 세 개의 막대기 중에서 가장 긴 막대기의 길이가 나머지 두 개의 막대기의 길이의 합보다 길면 삼각형이 될 수 없다.
- 삼각형이 성립되었다면 가장 긴 막대기의 길이의 제곱이 나머지 두 개의 막대기의 길이의 제곱의 합과 같으면 직각삼각형이고, 같지 않으면 일반삼각형이다.

절취선

SOFTWARE and PROBLEM SOLVING

01. A학생이 학교에서 중간고사 시험을 보았다. A 학생의 국어, 영어, 수학 시험 성적이 85점, 95점, 90점일 때, 총점과 평균점수를 구하는 프로그램을 파이썬으로 작성하시오.

> **문제 해결방법**
>
> ① kor=85, eng=95, math=90
>
> ② kor, eng, math 성적의 합과 평균을 계산하여 출력(print)한다.

02. 어떤 수 N을 1부터 N까지 나누어 나머지가 0이 되는 수를 인수라 한다. 입력된 수 N의 인수를 구하는 프로그램을 파이썬으로 작성하시오.

03. 인터넷 회원 가입 사이트에서 주민등록번호를 입력하는 경우가 종종 있다. 그런데 주민등록번호를 한 글자라도 잘못 입력하면 다시 입력하라는 메시지가 나온다. 여러분이 입력한 주민등록번호가 잘못되었다는 것을 컴퓨터는 어떻게 알아낼까? 우리나라 주민등록번호는 체계적으로 만들어져 있으며 주민등록번호 각 자리의 숫자를 계산하는 방식을 사용하여 주민등록번호의 오류를 찾아낼 수 있다. 물론 주민등록번호 체계상으로 오류가 없다고 하더라도 실제로 존재하는 주민등록번호는 아닐 수 있다.

다음은 우리나라 주민등록번호 체계이다.

① ABCDEF-GHIJKLM (ABCDEF: 생년월일, G: 남녀구분, M: 체크번호)

② 주민등록번호 각 자리의 숫자에 각 각 2, 3, 4, 5, 6, 7, 8, 9, 2, 3, 4, 5를 곱해 합을 구한다.

③ 구한 합계를 11로 나눈 나머지를 구한다.

④ 숫자 11에서 ③에서 구한 나머지를 뺀 숫자가 주민등록번호의 마지막 체크번호와 같아야 한다. 이때 결과가 11, 10이 나올 경우에는 끝자리만을 사용한다.

우리나라 주민등록번호 체계를 참조하여 주민등록번호 13자리를 입력하면 올바른 주민등록번호 인지를 판별하는 문제를 파이썬을 이용하여 해결해보자.

> **생각해보기**
>
> ① 자료 수집/분석/표현
>
> - 입력 자료: 주민등록번호 13자리
> - 출력 자료: 주민등록번호가 맞는지 틀렸는지 판단 결과를 출력

② 문제 분해/추상화/알고리즘 설계

- 주민등록번호 13자리를 각 자릿수 별로 분리하여 정수로 변환한다.
- 주민등록번호 체계를 참조하여 알고리즘을 설계한다.

실행 결과

```
Python 3.7.1 Shell
File Edit Shell Debug Options Window Help
Python 3.7.1 (v3.7.1:260ec2c36a, Oct 20 2018, 14:57:15) [MSC v.1915 64 bit (AMD64)] on win32
Type "help", "copyright", "credits" or "license()" for more information.
>>>
====================== RESTART: D:/SWnPS/ch08/sol8-3.py ======================
주민등록번호: 9901251514526
주민등록번호가 틀렸습니다.
>>>
====================== RESTART: D:/SWnPS/ch08/sol8-3.py ======================
주민등록번호: 9909291677546
올바른 주민등록번호입니다.
>>>
Ln: 11 Col: 4
```

04. 우리나라에서는 사람의 나이를 계산할 때, 한국씩 나이와 만 나이 두 가지를 사용한다. 하지만 공식적으로는 만 나이를 사용해야 한다. 각자 본인의 만 나이를 계산해보자. 만 나이를 계산하는 과정을 살펴보면 만 나이를 계산하는 기준일이 생일을 지났느냐 아니냐에 따라 계산하는 방법이 달라진다. 그러면 어떤 사람의 생년월일을 입력받아 기준(현재) 날짜의 만 나이를 계산하여 아래의 실행결과 그림과 같이 출력되도록 파이썬으로 작성해보자.

생각해보기

① 자료 수집/분석/표현

- 입력 자료: 생년월일, 기준 날짜(만 나이를 계산하려고 하는 시점이 되는 기준 날짜)
- 출력 자료: 만 나이

② 문제 분해/추상화/알고리즘 설계

기준(현재) 날짜가 2019년 5월 15일 이라고 가정했을 때, 생년월일을 이용하여 만 나이를 계산하는 과정을 다음 세 가지 경우로 나누어 생각할 수 있다.

- 경우 1: 출생 월이 5월 이전, 즉, 1월에서 4월 사이에 태어난 경우인 경우

```
만 나이 = 기준(현재) 년도 - 출생 년도
```

- 경우 2: 출생 월이 5월인 경우는 두 가지 경우로 다시 나뉜다.

```
출생 일이 15일 이전, 즉 5월 1일에서 5월 10일 사이에 태어난 경우
만 나이 = 기준(현재) 년도 - 출생 년도
출생 일이 15일 이후, 즉 5월 16일에서 5월 31일 사이에 태어난 경우
만 나이 = 기준(현재) 년도 - 출생 년도 - 1
```

- 경우 3: 출생 월이 5월 이후, 즉, 6월에서 12월 사이에 태어난 경우인 경우

```
만 나이 = 기준(현재) 년도 - 출생 년도 - 1
```

실행 결과

```
Python 3.7.1 Shell
File Edit Shell Debug Options Window Help
====================== RESTART: D:\SWnPS\ch08\sol8-4.py ======================
현재 년도  입력: 2019
현재 월 입력: 5
현재 날짜 입력: 15
본인이 태어난 년도 입력: 2001
본인이 태어난 월 입력: 7
본인이 태어난 날짜 입력: 17

오늘의 날짜 : 2019 년 5 월 15 일
당신은 2001 년 7 월 17 일생 이므로
정확한 만 나이는  17 세 입니다.
>>>
                                                              Ln: 15 Col: 4
```

05. A씨는 휴일 오전 10시 경 가족들과 함께 놀이공원을 갔다. 그런데 이 놀이공원은 입장권을 구매해야 입장을 할 수 있는 곳이었고, 놀이공원 입장권 매표소에는 다음과 같은 팻말이 붙어 있었다.

주간 요금(17시 이전 입장)	야간 요금(17시 이후 입장)
- 성인(18세 이상): 20,000원 - 청소년(7~17세): 성인 요금에서 30% 할인 - 유아(7세 미만): 0원 - 경로(65세 이상): 0원	- 성인(18세 이상): 15,000원 - 청소년(7~17세): 성인 요금에서 30% 할인 - 유아(7세 미만): 0 원 - 경로(65세 이상): 0원

A씨와 함께 놀이공원에 입장하려는 가족은 모두 5명으로 A씨(40세), A씨 부인(39세), 아들(10세), 딸(8세), A씨의 아버지(66세)이다. 이들의 입장료의 합을 계산하는 프로그램을 파이썬으로 작성하시오.

생각해보기

① 자료 수집/분석/표현

- 입력 자료: 입장객의 총인원, 나이, 입장 시각
- 출력 자료: 놀이공원 입장객의 입장료의 합

② 문제 분해/추상화/알고리즘 설계

- 입력받은 입장객의 나이가 7세 이상이고 65세 미만인 경우만 입장료를 계산한다.
- 입력받은 입장객의 입장 시각을 17시 이전과 이후로 분리하여 각각의 요금 체계를 적용한다.

실행 결과

```
Python 3.7.1 Shell
File  Edit  Shell  Debug  Options  Window  Help
Python 3.7.1 (v3.7.1:260ec2c36a, Oct 20 2018, 14:57:15) [MSC v.1915 64 bit (AMD64)] on win32
Type "help", "copyright", "credits" or "license()" for more information.
>>>
====================== RESTART: D:\SWnPS\ch08\sol8-5.py ======================
현재시간을 입력하세요: 10
인원 수를 입력하세요: 5
나이를 입력하세요: 40
나이를 입력하세요: 39
나이를 입력하세요: 10
나이를 입력하세요: 8
나이를 입력하세요: 66
현재시간 : 10 시
입장인원 : 5 명
입장료는  63800.0 원입니다.
>>>
                                                                    Ln: 15  Col: 4
```

SOFTWARE and
PROBLEM SOLVING

랩터와 파이썬 설치하기

학습목차

01 랩터

랩터(랩터)는 순서도를 기반으로 하는 개발환경으로 미 공군에서 개발하여 무료로 보급하는 프로그래밍 교육 도구이다. 랩터 개발 환경에서 개발한 순서도[1]를 실행할 수 있기 때문에 자체적인 프로그래밍 언어라고도 할 수 있다. 또한 랩터는 순서도 작성을 편하게 할 수 있을 뿐만 아니라 작성한 순서도를 한 스텝씩 따라가면서 실행되는 과정을 시각적으로 볼 수 있어 알고리즘의 흐름을 쉽게 파악하는데 아주 유용한 도구이다.

랩터 설치하기

랩터 프로그램은 랩터홈페이지(raptor.martincarlisle.com)에서 무료로 최신버전을 제공해준다.

1. http://raptor.martincarlisle.com/ 홈페이지로 접속한다.

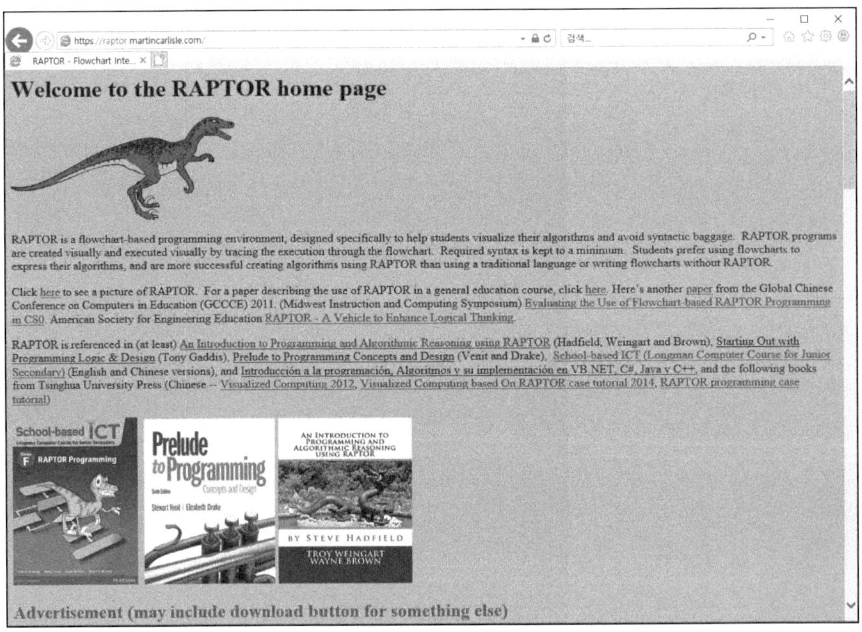

[1] 순서도는 프로그램 개발을 위한 설계 보조 도구로 개발되었으며, 코딩의 기초 자료가 된다. 프로그램의 수정이나 확장 시 유용한 자료로 사용되며, 프로그램을 작성하지 않은 사람도 프로그램의 논리적인 체계를 쉽게 파악할 수 있게 도와준다.

2. 접속한 화면을 조금 아래로 움직여 [Download latest version]을 클릭하면 화면 하단 부분에 다운로드 창이 보인다. 이때 나타난 다운로드 창에서 실행 버튼을 클릭한다.

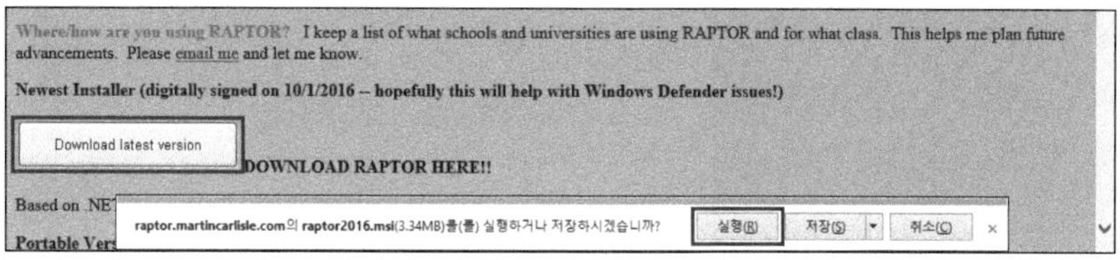

3. 랩터 Setup Wizard 창이 나타나면 [Next]버튼을 클릭한다.

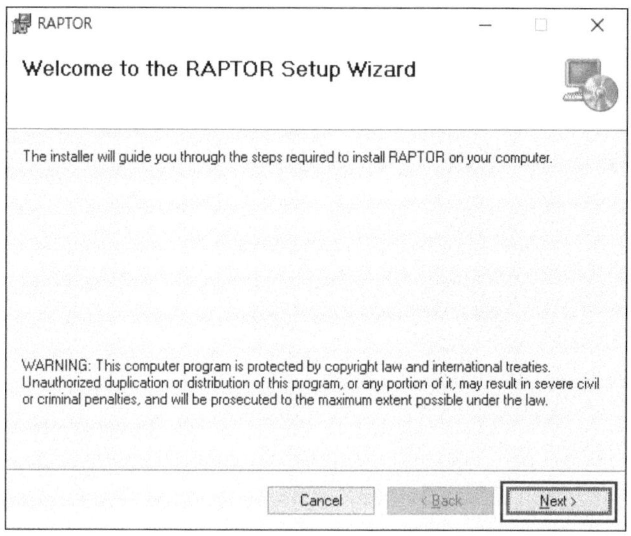

4. 랩터를 설치할 위치를 확인한 후, [Next]버튼을 클릭한다.

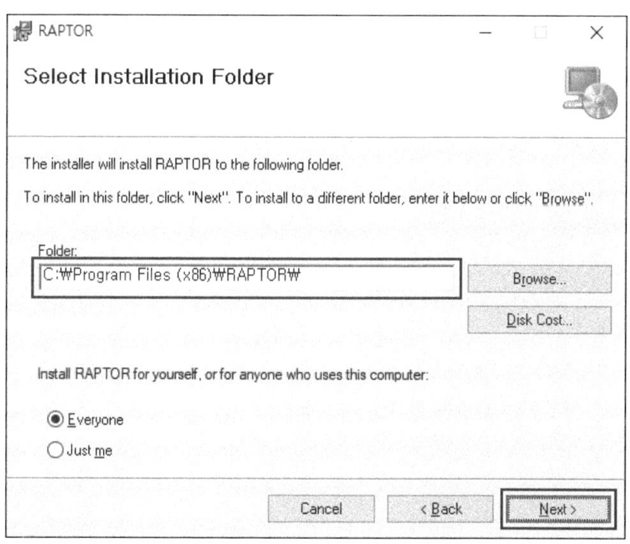

5. 설치 확인(Confirm) 창이 표시되면 [Next]버튼을 클릭한다.

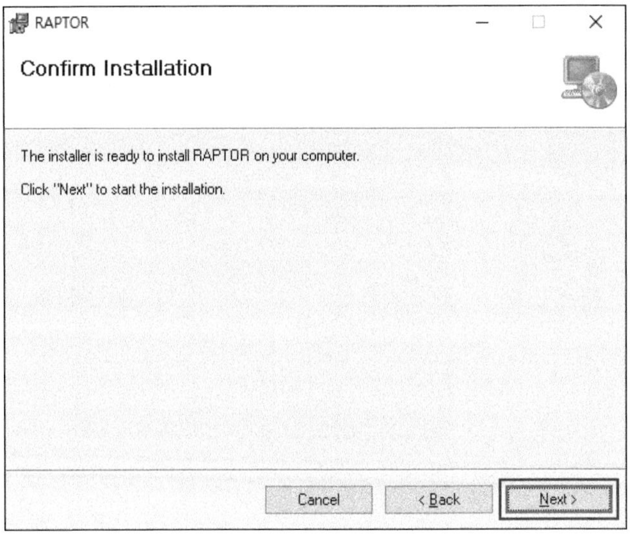

6. 설치 완료 창이 표시되면 [Close]버튼을 클릭한다.

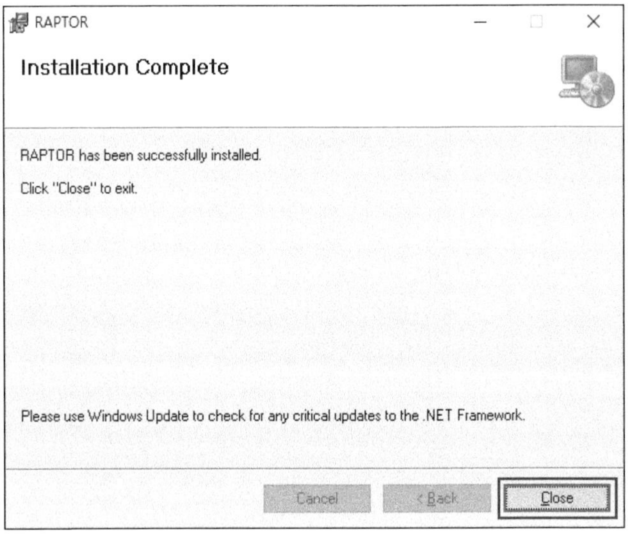

7. [C:\Program Files (x86)\RAPTOR] 폴더에서 raptor.exe 파일을 더블클릭하여 실행하면 랩터가 시작된다. raptor.exe 파일을 선택한 후 마우스 오른쪽 버튼을 클릭하여 바탕화면에 바로가기를 만들어서 사용하는 것이 편리하다.

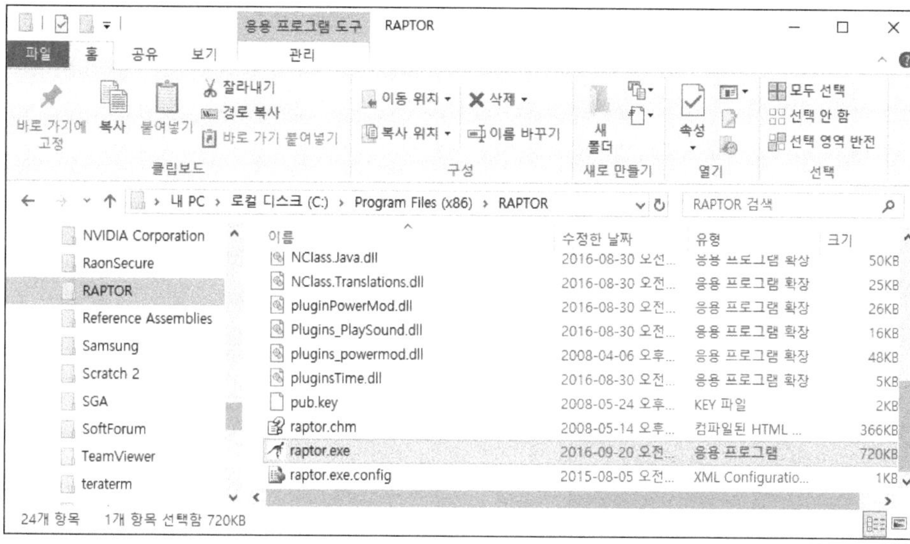

8. 설치된 랩터를 실행하면 다음과 같은 초기화면이 나타난다.

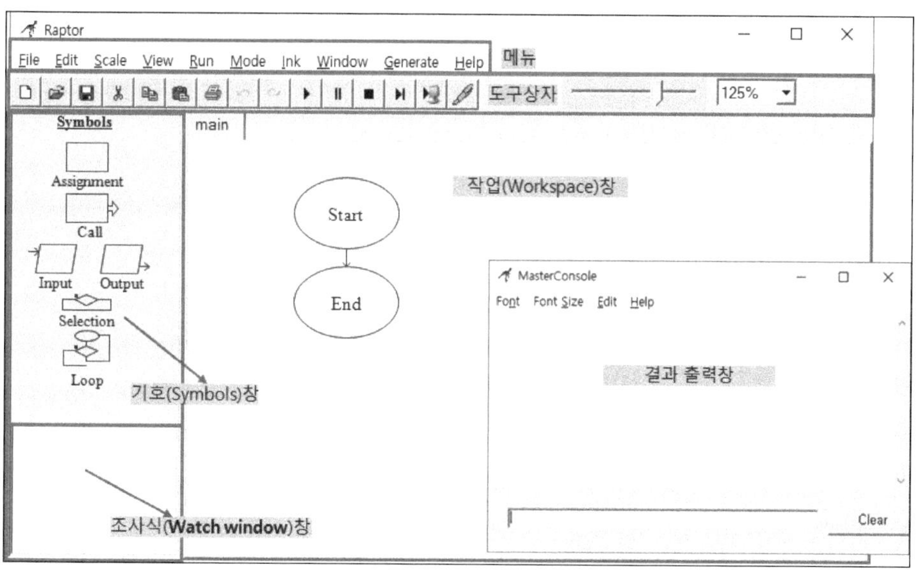

랩터 반복문 설정 변경하기

랩터를 처음 설정 그대로 실행한 후, loop 도형을 사용하면 조건의 방향(yes, no)이 아래의 <그림 1>과 같이 되어 있다. 이 방향은 일반적으로 사용하는 Loop구분의 조건 방향과는 반대로 되어 있다. 그래서 YES와 NO의 위치를 바꾸어줘야 한다. <그림 2>와 같이 YES오 NO의 위치를 바꿔보자.

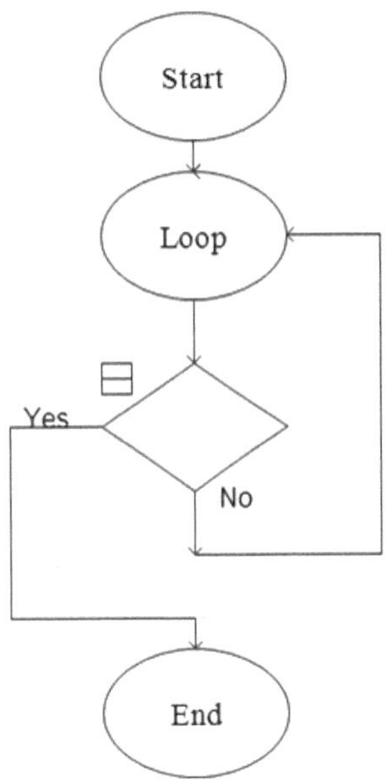

〈그림 1〉

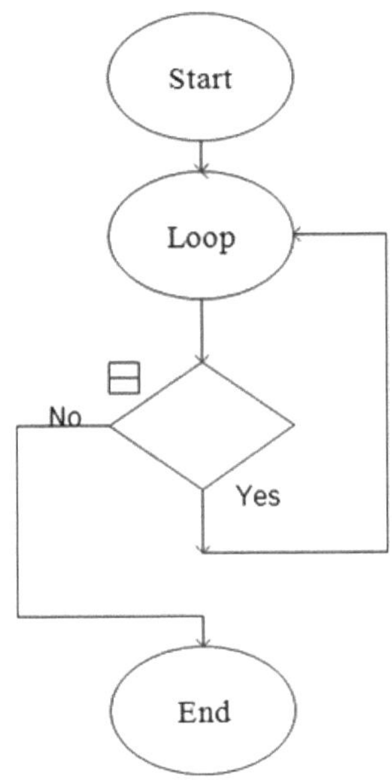

〈그림 2〉

주의 컴퓨터의 레지스트리를 바꾸는 작업이므로 신중하게 따라해야 하며, 잘못 작업하게 되면 윈도우를 다시 설치해야할 경우가 발생할 수 있으므로 주의해야 한다.

1. 윈도우 홈버튼을 눌러 실행 입력 창에 'regedit'을 입력한다. 또는 키보드의 '윈도우 버튼 + R' 을 눌러 나타난 실행 창에 'regedi'를 입력한다.

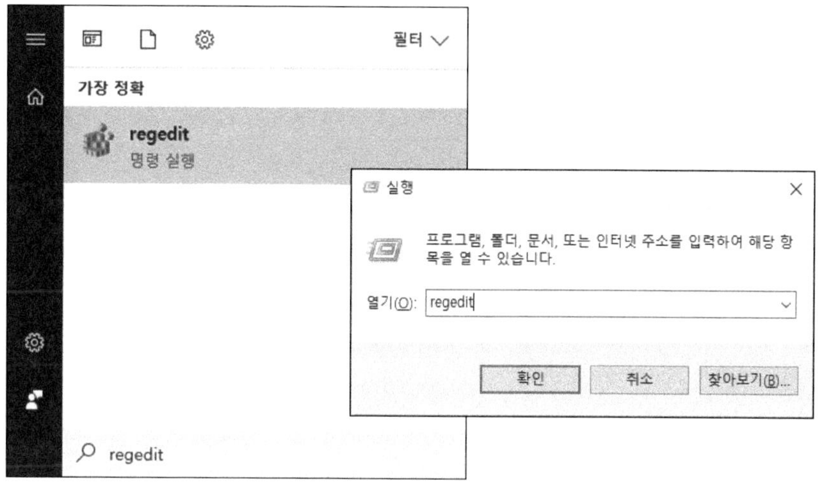

2. 레지스트리 편집기가 실행된다. 나타난 레지스트리 편집기에서 왼쪽 화면의 컴퓨터에서 'HKEY_LOCAL_MACHINE' 을 더블클릭한다.

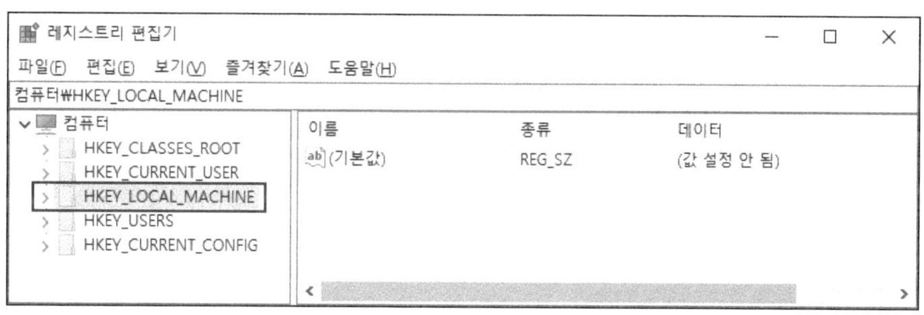

3. 펼쳐진 메뉴에서 SOFTWARE를 더블클릭한다.

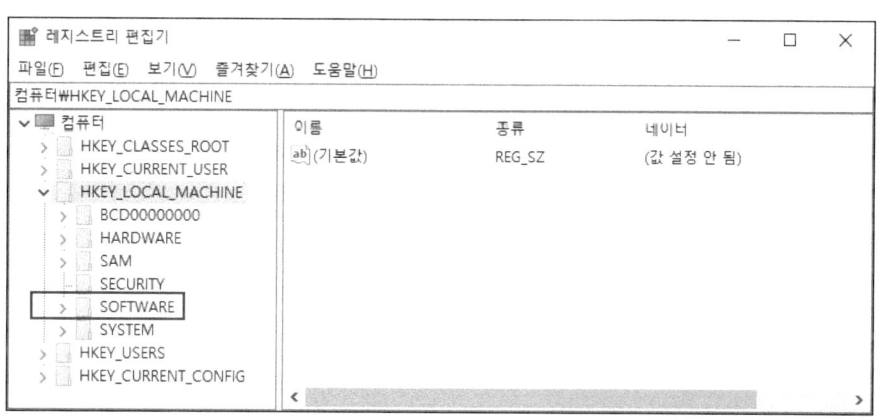

4. 펼쳐진 메뉴에서 RAPTOR를 클릭한다. 만약 SOFTWARE 아래에 RAPTOR가 없으면 SOFTWARE 글자 위에서 '오른쪽 마우스 클릭 → 새로 만들기 → 키(K)'를 선택한다.

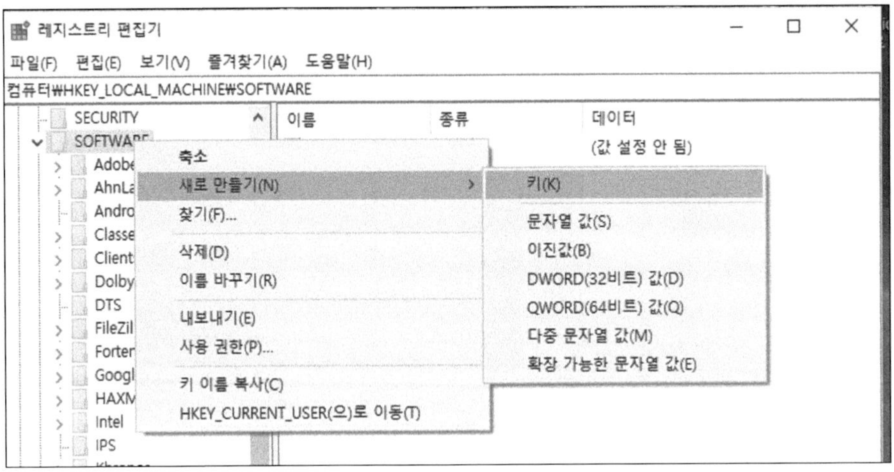

5. 새 키 #1이라고 나타나면 키 이름을 '랩터'로 입력한다.

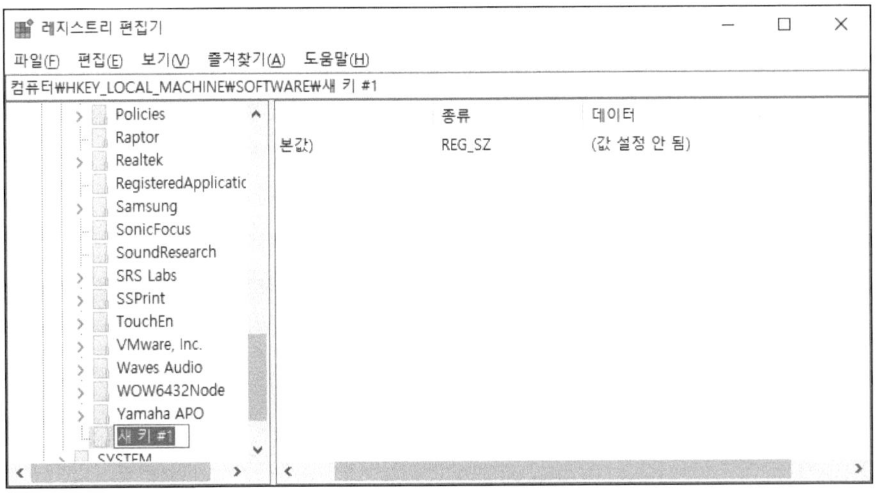

6. 새로 생성된 랩터를 클릭한 후 나타난 오른쪽 화면에서 마우스 오른쪽 버튼을 클릭한 후 '새로 만들기 → 문자열 값(S)' 을 선택한다.

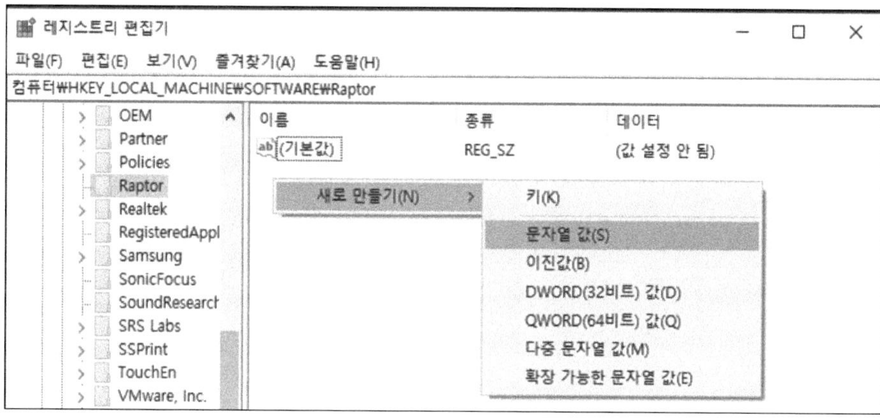

7. '새 값 #1'의 위치에 'reverse_loop_logic'로 입력한다.

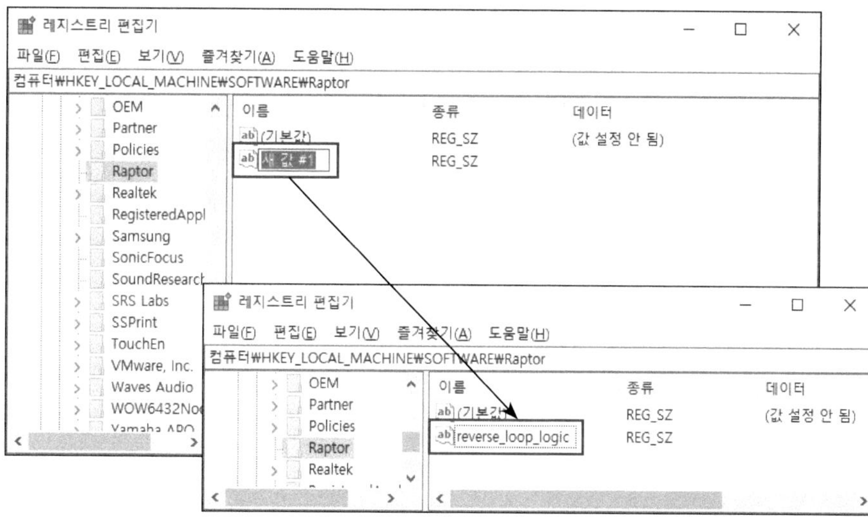

8. 입력된 'reverse_loop_logic'를 더블클릭을 하여 나타난 창에서 값 데이터(V)에 'true'를 입력한 후 확인을 클릭한다.

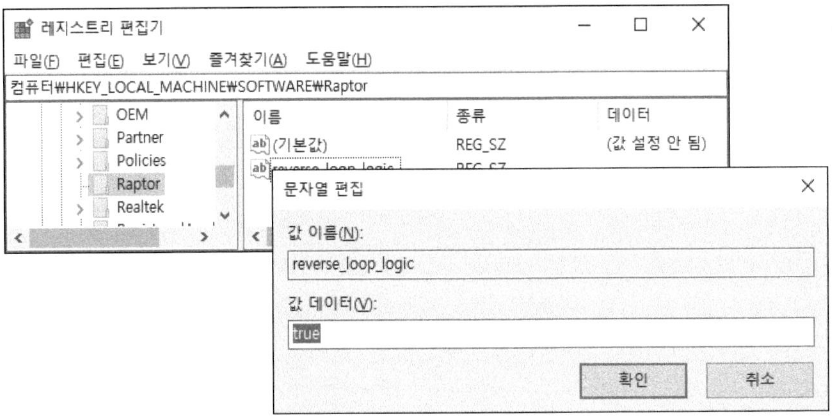

9. 'reverse_loop_logic'의 데이터 값이 true가 정확하게 입력된 것을 확인했다면 모든 창을 닫는다.

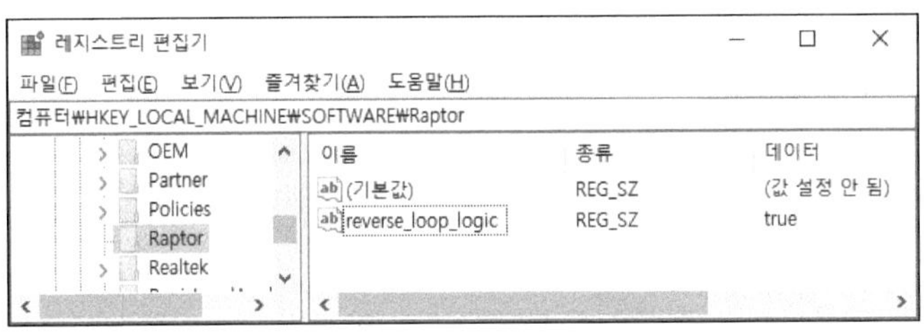

10. 랩터를 실행하고 Loop 도형을 삽입한 후 Yes와 No의 위치가 바뀐 것을 확인한다.

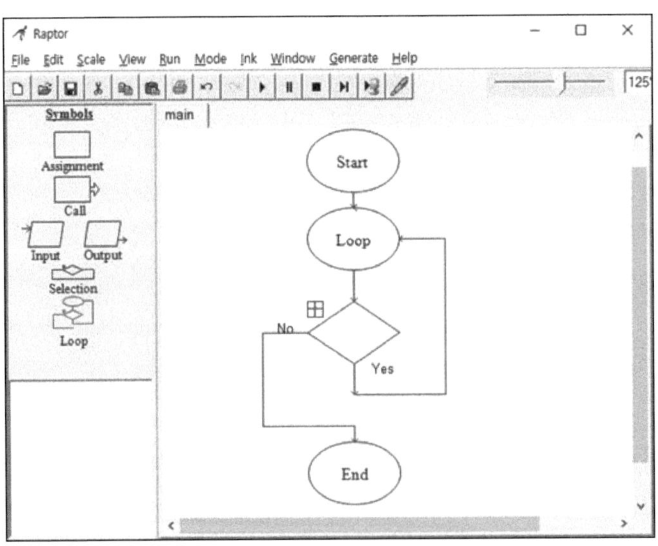

02 Python

파이썬(Python)은 1991년에 발표된 인터프리터방식의 언어로 암스테르담의 귀도 반 로섬(Guido Van Rossum)이 개발한 언어이다. 파이썬이라는 이름은 창시자인 귀도 반 로섬이 즐겨 보던 영국의 6인조 코미디 쇼인 "몬티 파이썬의 날아다니는 서커스(Monty Python's Flying Circus)"에서 따왔다고 한다.

파이썬은 컴퓨터에 설치되어 있는 운영체제와 상관없이 설치가 가능한 독립된 플랫폼을 제공한다. 먼저 일반 컴퓨터에서 가장 많이 사용되고 있는 윈도우 운영체제를 기반으로 설치해보자.

윈도우즈에서 파이썬 3.x 설치하기

본 책에서는 윈도우즈 10버전을 기반으로 파이썬에서 제공하는 IDLE(Integrated Development Environment) 통합개발 환경 프로그램 버전 3.6.2를 다운로드하여 설치한다.

TIP 본 사용하는 예제는 3.x 버전이므로 최신 버전이나 3.x 버전 중 어떠한 것을 다운받아도 무방하다. 현재 최신 버전은 3.7.1이며, 이 버전을 다운로드받아도 괜찮다.

1. http://www.python.org/에 접속하여 [Downloads]를 클릭하면 IDLE 통합환경 파이썬 프로그램 최신 버전이 나타난다(최신 버전은 다를 수 있으며, 현재 최신 버전은 3.7.x이다. 이 버전을 다운로드받아 설치하여도 무방하다).

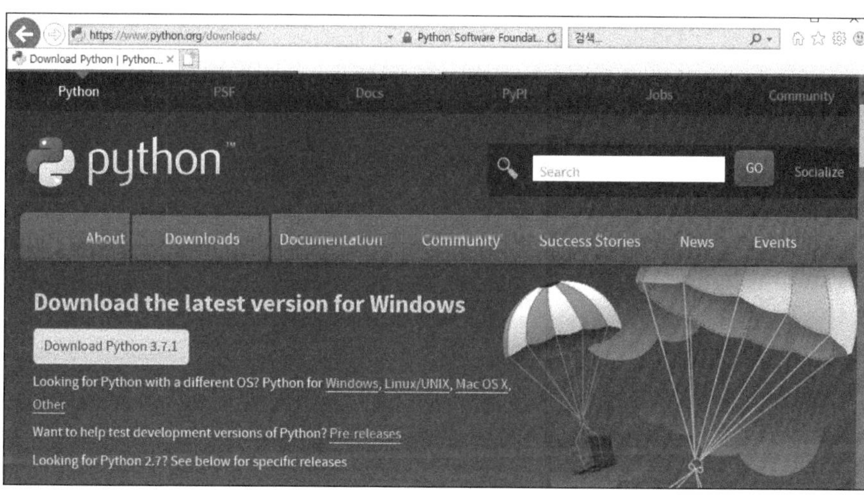

2. 파이썬 3.6.x 버전 이상을 설치하면 본 교재의 내용을 실습하는데 아무 문제가 없다. 적당한 버전을 찾은 후 다운로드를 클릭한다.

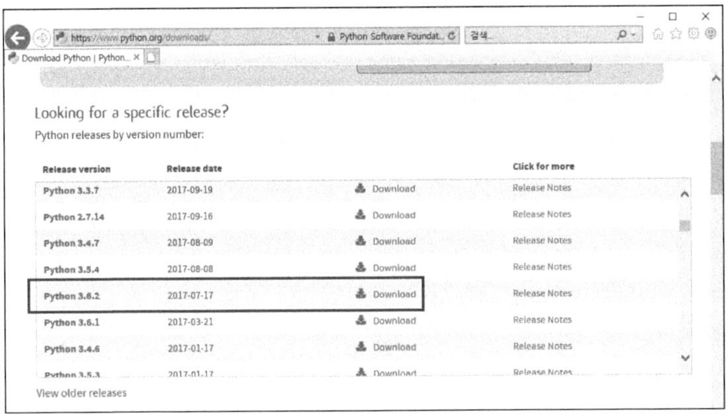

3. [다운로드]를 클릭 한 후 나타난 파이썬 3.6.2버전 화면의 하단 부분의 Files 중 Windows x86-64 executable installer 클릭한 후 나타난 다운로드 창에서 실행을 클릭한다.

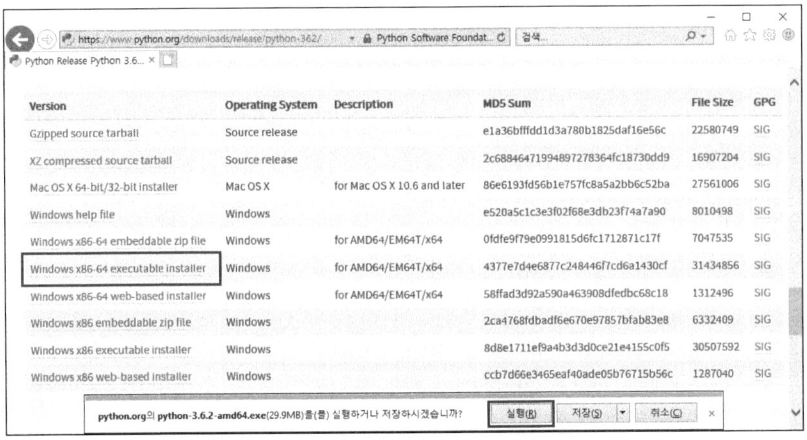

4. [실행]을 클릭한 후 나타난 Python 3.6.2 Setup 화면에서 화면의 하단부분의 Add Python 3.6 to PATH를 클릭한 후 [Install Now]를 선택한다.

TIP

- Install launcher for all users(recommended)를 체크하면 현재 윈도우시스템에 등록된 모든 사용자용으로 설치되며, 체크를 해제하면 관리자 용으로만 설치된다.
- "Add Python 3.6 to PATH"를 선택하면 윈도우 환경변수 PATH에 자동으로 파이썬 설치 경로가 추가된다. "Add Python 3.6 to PATH"를 체크해주길 권장한다.

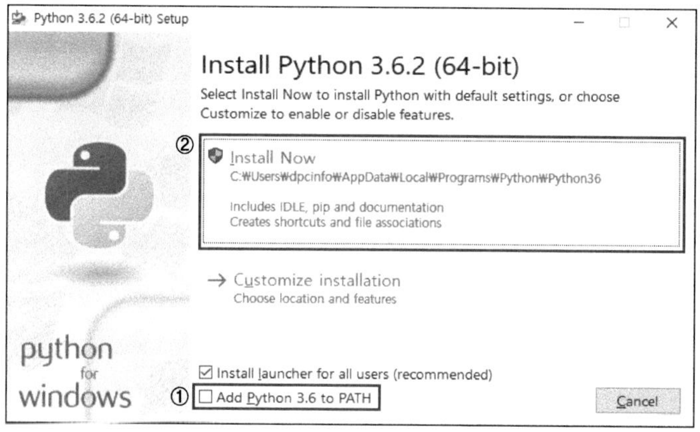

5. 파이썬 프로그램 설치가 진행된다.

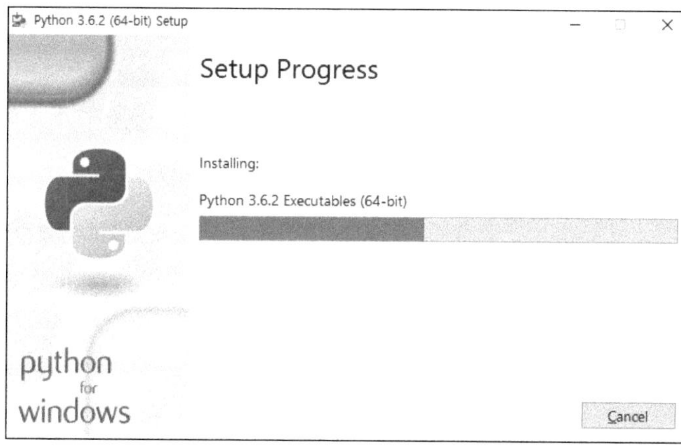

6. 파이썬 프로그램 설치가 완료되면 [Close]를 클릭하여 설치화면을 닫는다.

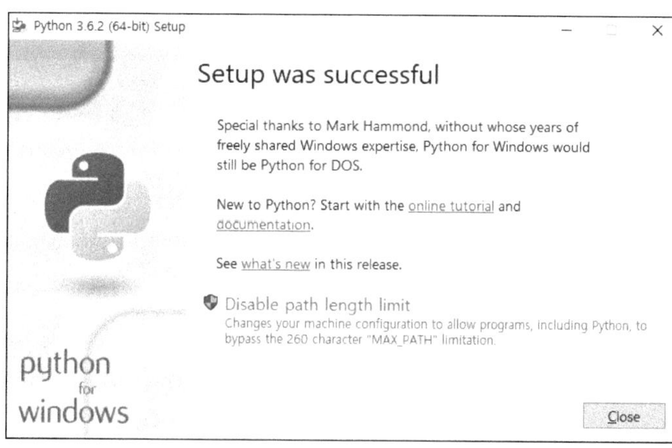

찾아보기

SOFTWARE and **P**ROBLEM **S**OLVING

저자소개

조대제

경북대학교 대학원 컴퓨터공학과에서 공학박사 학위를 취득하였으며, 현재 경북 안동에 위치한 국립안동대학교 공과대학 멀티미디어공학과의 교수로 재직 중이다. 관심분야는 컴퓨터알고리즘, 디지털콘텐츠보안, 멀티미디어시스템, 소프트웨어교육 등이다.

송희헌

충북대학교 대학원 전자계산학과에서 이학박사 학위를 취득하였으며, 한국전자통신연구원의 선임연구원을 거쳐 현재는 경북 안동에 위치한 국립안동대학교 사범대학 컴퓨터교육과 교수로 재직 중이다. 관심분야는 컴퓨터교육, 인공지능, 패턴인식, 인공신경망 등이다.

배미영

국립안동대학교 대학원 멀티미디어공학과에서 공학박사 학위를 취득하였으며, 현재 안동대학교 등에서 전공 및 교양수업을 담당하고 있다. 관심분야는 컴퓨터비전, 디지털콘텐츠보안, 웹 보안, 앱 개발, 소프트웨어교육 등이다.

소프트웨어와 문제해결

인 쇄 2019년 12월 16일
발 행 2019년 12월 19일

저 자 조대제, 송희헌, 배미영
발 행 인 채희만
출판기획 안성일
영 업 한석범
관 리 이승희
편 집 최은지, 한혜인
발 행 처 INFINITYBOOKS
주 소 경기도 고양시 일산동구 하늘마을로 158
대방트리플라온 C동 209호

대표전화 02)302-8441
팩 스 02)6085-0777

도서 문의 및 A/S 지원
홈페이지 www.infinitybooks.co.kr
이 메 일 helloworld@infinitybooks.co.kr

I S B N 979-11-85578-55-2
등록번호 제 25100-2013-152 호
판매정가 **20,000원**